Tortuga
Hispaniola
Santiago
Puerto Rico
St. John
St. Thomas
St. Martin
Saba
Barbuda
St. Chistopher
Antigua
Montserrat
Guadeloupe
Marie Galante
Dominica
Martinique
Fort de France
St. Lucia
Grenada
St. Vincent
Bridgetown
Barbados
Mona
Santo Domingo
Meer
Aruba
Curaçao
Kleine Antillen
Margarita
Pto La Cruz
Trinidad u. Tobago
Maracaibo
Maracaibo See
Arica
Valparaiso
Magellan Str.
Magellan
Kap. Hoorn

FREIBEUTER

Das bunte wilde Leben der Buccaneers in der Karibischen See

Janusz Piekalkiewicz

FREIBEUTER

Das bunte wilde Leben der Buccaneers
in der Karibischen See

SÜDWEST VERLAG MÜNCHEN

Redaktionelle Bearbeitung:
Margret M. Laufenberg

Umschlag: Roger Seitz
Gesamtherstellung: Waldheim-Eberle, Wien
ISBN 3 517 00424 3

Inhalt

Vorwort

Dieses Buch wurde für all diejenigen geschrieben, die das Abenteuer und das Meer lieben. Es erzählt von Männern, die vor drei Jahrhunderten, begierig nach Gold, in der Neuen Welt kreuzten, deren Leben und Taten aber fast ebensowenig Spuren hinterlassen haben wie das Kielwasser ihrer Schiffe.

Aber noch mehr: Dieses Buch wurde zum Teil von ihnen selbst geschrieben. Es gibt einen Auswahl aus ihren persönlichen Berichten wieder, wie sie sich in vergilbten Journalen und Logbüchern finden.

In einer von Klassen und Vorurteilen eingeschränkten Welt waren die Flibustiers und Buccaneers stolz, die einzigen Menschen ohne Herren zu sein: den Größten dieser Welt gleich. Sie waren keine Piraten im rechtlichen Sinne. Während die Piraten Schiffe jeder Nation, samt ihrer eigenen, überfielen, segelten die Flibustiers und Buccaneers fast immer mit einem von einer Regierung erteilten Kaperbrief, der sogenannten Kommission, als Privatbesitzer eines quasi Kriegsschiffes, des Privatiers. Sie waren berechtigt, feindliche Schiffe anzugreifen; ihren Lohn dafür entnahmen sie der Prise. Kein geringer Teil der Freibeuter-Schiffe war entweder Besitz oder ausgerüstet worden von ordnungsliebenden, hochangesehenen Adligen, Kaufleuten oder Regierungsbeamten, die einen Schlaganfall rechtschaffener Entrüstung erlitten hätten, wagte es jemand, die Vermutung auszusprechen, daß sie auch nur mit den Seeräubern sympathisierten.

Der Freibeuter war an sich nur ein unzufriedener Mensch — der Platz, den die Gesellschaft ihm zugewiesen hatte, war ihm zu eng, abstoßend und unbequem. Er arrangierte sich zwar einige Jahre lang — und dann gab er es auf; weigerte sich, das Spiel weiter mitzumachen. Er rüttelte an der Ordnung, und seine Revolte war nichts anderes als Reaktion auf die Herausforderung durch die Gesellschaft.

Zu Beginn des 17. Jahrhunderts tauchten sie in der Karibik auf. Es war die Konsequenz des religiösen Friedens in Europa. Der alte Kontinent fand seine Ruhe wieder, und dies zwang so manchen zur Untätigkeit. Staat und Kirche festigten ihr Gefüge — der Raum für persönliche Freiheit wurde immer enger. Fahnenflüchtige, Wehrdienstverweigerer und die Revoluzzer jener Zeit verließen Europa — sie machten sich in die Karibik auf, wo die Gesellschaft sich noch nicht gefestigt hatte.

Einer von ihnen, Kapitän Roberts, sollte sagen: »Im Dienste der Könige gibt es nichts als Schmach und Arbeit ohne Lohn; hier atmet man nichts als Freiheit und Vergnügen ohne Einschränkung.«

Janusz Piekalkiewicz

Die verbotene neue Welt

Am Tag der heiligen Elisabeth, am 19. November 1527, lag der spanische Kapitän Gines Navaro mit seinem Schiff vor La Mona, der kleinen Affeninsel in der Karibik, zwischen dem heutigen Haiti und Puerto Rico, als neben ihm ein Schiff Anker warf.
Keiner der Anwesenden ahnte, daß er an einem bedeutsamen Ereignis teilhatte: Das erste englische Schiff war in den von den Spaniern bisher streng gehüteten Gewässern der Neuen Welt aufgetaucht; ein erster Vorbote derer, die ein Jahrhundert später Spaniens Macht über diese Meere endgültig brechen würden: der Buccaneers und Flibustiers.

1453: Nach monatelanger Belagerung besetzen die Türken Konstantinopel, das Zentrum der orthodoxen Christen. Ein Kapitel der Weltgeschichte ist damit abgeschlossen. Das östliche Mittelmeer und, was noch wichtiger ist, die alten Handelsstraßen nach Persien, Indien und China sind Europa für Jahrhunderte verschlossen.
Auf der anderen Seite des Kontinents jedoch, auf der Iberischen Halbinsel, ist der Islam in schwere Nöte geraten. Spanier und Portugiesen sind es nie müde geworden, die Mauren aus Europa zu vertreiben. Während sie noch mit ihnen kämpften, hatten sie bereits begonnen, die Küste Afrikas zu erkunden.
33 Jahre nach dem Fall Konstantinopels umsegelt Vasco da Gama das Kap der Guten Hoffnung und eröffnet damit Portugal den Seeweg nach Indien. Fünf Jahre später, 1492, stößt Christoph Kolumbus nach Westen vor, um für Spaniens Krone einen anderen Weg nach dort zu erforschen. Er hält die Länder, die er dabei entdeckt, für Westindien.
Nur wenig später findet man die Spanier an fast jeder Küste des amerikanischen Kontinents. Sie betrachten Westindien und die gesamte »Neue Welt« als ihr Eigentum. Zunächst gilt es daher, sich die Beute rein politisch zu sichern, wo die größte Gefahr von seiten Portugals mit seiner leistungsfähigen Schiffahrt droht.
Das Königspaar Ferdinand und Isabella von Spanien wendet sich deshalb an seinen Landsmann, Papst Alexander VI. Einen besseren Befürworter ihrer Pläne hätten sie wahrhaft nicht finden können.
Rodrigo Borgia, das Haupt einer berühmten Familie und eine der schillerndsten Gestalten unter den Stellvertretern Christi auf dieser Welt, war noch nicht ganz 25 Jahre alt, als er den Kardinalshut bekam. Seine offizielle Konkubine, die schöne Rosa Banozza, gebar ihm im Laufe der Zeit fünf Kinder: vier Söhne und eine Tochter, mit der er später zusammenlebte — Lucrezia. Sie ist bis heute der Inbegriff der perversen, skrupellosen Giftmischerin. Die gesamte Familie scheute vor keinem Verbrechen zurück, wenn es um die Verwirklichung ihrer ehrgeizigen Pläne ging.
1492 ist es Kardinal Borgia gelungen, sich preiswert und mit finanzieller Unterstützung des spanischen Monarchenpaares den durch den Tod Papst Innozenz' VIII. gerade frei gewordenen Stuhl Petri zu erkaufen. Papst Alexander VI. ist unter anderem auch die Einführung der berüchtigten Buchzensur, des Index, zu verdanken, der für die katholische Kirche bis heute Gültigkeit besitzt, obwohl er damit eigentlich nur vermeiden wollte, daß die Kunde von seinen Taten sich verbreitete. Er war es auch, der anordnete, den berühmten Denker Savonarola als Ketzer zu verbrennen. Selbst kam er 1503 durch Gift um, das einer seiner Söhne für einen gerade als Gast bei ihm weilenden Kardinal parat gehalten hatte.
Vorher aber, nicht ganz sechs Wochen nach der Rückkehr Kolumbus' von seiner ersten Entdeckungsreise, gab er bereits am 3. Mai 1493 eine Bulle

aus, die seinen königlichen Wohltätern den eroberten Teil der Neuen Welt ein für allemal erhalten sollte. Papst Alexander griff zum Lineal, zog auf der Karte eine ideale Gerade, die 100 Seemeilen westlich der Azoren vom Nordpol bis zum Südpol durch den Atlantik verlief, und tat als Nachfolger des hl. Petrus in der Bulle »Inter caetera« kund, daß alles westlich davon entdeckte und eroberte Land den Spaniern, alles östlich davon gelegene den Portugiesen gehören sollte. Wörtlich hieß es:

»Da Colomb gewisse entlegene Inseln und Festländer entdeckt hat, so geben Wir aus freiem Entschluß ohne Eures oder jemandes Antrieb und aus apostolischer Machtvollkommenheit alle diese neu entdeckten Inseln und Länder, soweit sie noch keinem christlichen König gehören, Euch und Euren Erben und verbieten allen anderen, bei Strafe der Exkommunizierung, dahin zu fahren und ohne Eure Erlaubnis Handel zu treiben.«

Eine ganze Zeit lang wagt es niemand, hieran zu rütteln. Das Schicksal eines gewaltigen Kontinents hängt damit auf Gedeih und Verderb von den

Indios beim »Goldfischen«

Spaniern ab. Die Bulle, eine der unheilvollsten, die der Vatikan je verkündet hat, bildet den Grundstein des Gebäudes spanischer Kolonien in der Neuen Welt; sie schafft die Voraussetzungen zur Entwicklung der Verhältnisse, in denen 150 Jahre später Buccaneers und Flibustiers gedeihen können. Schon bald ergießt sich auf den Spuren Kolumbus' ein nicht mehr versiegender Ansturm von Abenteurern in die Neue Welt, die Westindischen Inseln der Karibik.

Aufstände der verzweifelten Ureinwohner werden blutig niedergeschlagen; die mächtigsten Kaziken schafft man mit Hilfe von Mord und Verrat aus dem Wege. Die gesamte Bevölkerung wird in Gemeinden, sogenannte Repartimientos, aufgeteilt. Schon in den ersten Zeiten der Kolonisierung wird jedem Spanier die seiner Würde oder seinen Verdiensten entsprechende Zahl dieser Repartimientos zugeteilt, damit diese ihm Frondienste leisten. Sie werden gezwungen, jährlich eine bestimmte Menge Gold für ihren Herrn und den König von Spanien aufzubringen.

Aber wehe ihnen, wenn sie kein Gold mehr schaffen können! Ganze Stämme gehen zugrunde; systematisch zu Tode gequält, bei lebendigem Leibe geröstet oder gevierteilt. Die Flüchtigen jagt man mit Bluthunden; Kinder und Frauen werden aufgespießt, geschändet und zerstückelt.

Die Konsequenzen lassen nicht lange auf sich warten. Mütter töten ihre Kinder nach der Geburt, um ihnen das schreckliche Schicksal zu ersparen. Doch mit den Eingeborenen sterben auch die Arbeitskräfte aus. Einige Jahrzehnte lang hilft man sich, indem man auch auf der entlegensten Insel regelrechte Treibjagden auf Eingeborene macht und sie als Arbeiter in goldträchtige Gegenden bringt. Eines Tages aber geht man auch bei diesen Jagden mit leeren Händen aus. Als letzter Ausweg werden nun Negersklaven herangeholt. Die zähen Afrikaner sollten sogar ihre Peiniger überleben: Als freie Republikaner beherrschen sie heute manche Insel der Karibik.

Der zahlreiche, privilegierte Adelsstand der Spanier, der sich zumeist in den größeren Städten ansammelt, übt durch Müßiggang und Verschwendung eine unheilvolle Wirkung auf die übrigen Kolonisten aus. In ihrem religiösen Eifer etablieren daneben die Könige Spaniens einen machtvollen Kirchenapparat, der einerseits hervorragende Leistungen bei der Zivilisierung der Eingeborenen vollbringt, sich andererseits aber auch der fettesten Stücke der besetzten Länder bemächtigt und ganze Scharen müßiger, unproduktiver und oft zügelloser Mönche dorthin bringt.

Die Krone sucht schon von Anfang an, den spanischen Handel auszuweiten und alle Schätze Westindiens durch ein straffes und recht kompliziertes Wirtschaftssystem zu monopolisieren. Der Schwerpunkt desselben liegt aber nicht in Amerika, sondern in Spanien selbst. Die Kolonien werden nach den Erfordernissen des Mutterlandes verwaltet, nicht nach ihren eigenen Bedürfnissen. Und dies muß eines Tages unweigerlich zur Katastrophe führen. Eine Reihe falscher ökonomischer Theorien untergräbt den Fortschritt

Unter der Aufsicht der Spanier suchen Indios nach Gold

Spaniens weiter. So soll zum Beispiel mit allen zu Gebote stehenden Mitteln Gold importiert und gehortet werden, und man bemüht sich, den Reichtum des Landes nicht durch Ermutigung von Handwerk und Industrie zu erhalten, sondern durch steigende Steuern. Der Mangel an Arbeitskräften und das allgemeine Vorurteil gegenüber mechanischer Arbeit unterhöhlen die Industrie noch weiter. Dazu noch durch die Vertreibung des besonnensten und fleißigsten Teils seiner Bevölkerung, der Juden, geschwächt, ist Spanien bald nicht mehr imstande, eigene Produkte in die Kolonien zu exportieren, ja es ist nicht einmal genügend vorhanden, um die Bedürfnisse des Mutterlandes zu befriedigen. Da für die Kolonien ein striktes Verbot der Herstellung von Gebrauchsgütern, Lebensmitteln und jeder Art von Bekleidungsstücken besteht, sind sogar die Eingeborenen gezwungen, alles, was sie am Leibe tragen, aus den Importen zu kaufen. Und was noch schlimmer ist: Innerhalb weniger Generationen sind die hochentwickelten Herstellungsmethoden der Inka, der Maya und Azteken in Vergessenheit geraten! Sogar die Kultivierung von Öl und Wein ist den Kolonien untersagt. Auch damit soll man sich aus Spanien versorgen. So werden die blühenden Weinberge Perus vernichtet. Um den Latifundienbesitzern des Mutterlandes zu Reichtum zu verhelfen, wird der Ackerbau in der Neuen Welt trotz außerordentlich fruchtbaren Bodens absichtlich so gering wie möglich gehalten. Die Krone schreibt den Kolonisten selbst die Art und Anzahl von Gebäuden vor, die sie zu errichten haben. Natürlich müssen hier als erstes eine Kirche sowie ein Depot für den König gebaut werden.

Die Preise für Artikel des täglichen Bedarfs steigen in unerschwingliche Höhen; es mangelt an allem. Wie die Bulle Papst Alexanders bestimmt, dürfen sich in den westindischen Gewässern nur spanische Schiffe mit spanischen Besatzungen und Waren sehen lassen. Fremden ist dies unter Androhung strengster Strafen untersagt, von denen diejenige der Exkommunizierung allerdings die am wenigsten gefürchtete ist. Meist schickt man das fremde Schiff auf Grund und seine Besatzung zu Sklavenarbeit in die Bergwerke. Einwanderung ist Ausländern sowieso verboten — einerseits, um die Kolonien vor der Verseuchung durch Häresie zu schützen — andererseits, um die Fremden von den spanischen Besitzungen fernzuhalten.

Um das Wirtschaftsmonopol besser durchsetzen zu können, werden nur einige wenige Einschiffungshäfen in der Neuen Welt angelegt, die Tausende Kilometer auseinanderliegen und zur Versorgung ihres Hinterlandes bei weitem nicht ausreichen. Für die Provinz Neu-Granada zum Beispiel ist der einzige Hafen derjenige von Cartagena; für Mexiko Vera Cruz. Die Inseln der Karibik und das Gros der anderen Provinzen werden nur mehr sporadisch von sogenannten »registrierten Schiffen« aus Spanien versorgt.

Gewaltige Reiche, wie Peru oder Chile, denen jeder direkte Handel über den Pazifik oder die »Südsee«, wie der Stille Ozean um diese Zeit noch genannt wird, strikt untersagt ist, müssen sich mit den kärglichen Waren begnügen, die auf dem Rücken von Mauleseln über den Isthmus geschleppt werden — was die an sich schon gesalzenen Preise auf ihr Zehnfaches treibt. Die spanische Handelsflotte — zumeist lahme, schwerfällige Galeonen, dazu ungenügend in ihrer Anzahl — kann bestenfalls etwa zehn Prozent des jährlichen Bedarfs der Kolonien herbeischaffen. Manches Mal vergehen einige Jahre, bis der eine oder andere Artikel überhaupt wieder lieferbar ist. Man fragt sich heute, von wem und wozu all diese Dekrete, Anordnungen und Vorschriften erdacht worden sind, die jeder elementaren Logik spotteten und Spanien und seinen Kolonien nur geschadet haben. Denn auch in Spanien ist der gesamte Kolonialhandel in ähnlicher Weise reglementiert und eingeschränkt. Nur ein einziger Hafen, Sevilla, genießt das Vorrecht, die Verbindung zur Neuen Welt aufrechtzuerhalten — und ausgerechnet dieser Hafen ist für diesen Zweck ganz und gar ungeeignet. Nur Schiffe von weniger als 200 Tonnen lassen sich über die mächtigen Sandbänke von San Lucar vor der Einfahrt nach Sevilla hinwegbugsieren.

Die Güter müssen auf kleine Kähne umgeladen werden; da die Schiffe immer größer werden und der Verkehr immer reger, herrscht Tag und Nacht ein heilloses Durcheinander. Über Generationen hinweg verstehen es die verschiedenen offiziellen Organisationen sowie die Händler von Sevilla, jede Opposition zu unterbinden. Erst 1717 kommt es endlich so weit, daß Sevilla seine Vormachtstellung im Handel mit Westindien mit Cadiz teilen muß. Den Scharen von Beamten der Krone ist es nämlich sehr viel wichtiger, zu verhindern, daß sie um ihren Anteil am Import und Export betrogen werden, als eine natürliche Entwicklung des Handels in jenen Häfen zuzulassen, die eigentlich viel besser dafür geeignet sind.

Die Verwaltung des gesamten Handels zwischen Spanien und seinen Kolonien ist der sogenannten Casa de Contratación vorbehalten, die schon am 20. Januar 1503 durch einen königlichen Erlaß gegründet worden ist und deren Hauptsitz sich in Sevilla befindet. Nichts darf ohne ihre Genehmi-

Der Goldturm von Sevilla

gung nach Westindien verfrachtet und nichts von dort nach Spanien gebracht werden; weder für den Handel noch für den König selbst.
Sie wächst zu einem wahren Staat im Staate heran und ist in der Furcht, die sie verbreitet, etwa der Heiligen Inquisition vergleichbar. Der Casa sind zwei wesentliche Aufgaben anvertraut: Die erste ist es, die Auswahl unter denjenigen zu treffen, die nach Westindien übersiedeln wollen. Nicht nur,

daß sie tiefgläubig zu sein haben — auch ein guter Leumund ist notwendig; und beides muß von ihrem Pfarrer schriftlich bestätigt sein. So hat die Kirche die Besiedlung der Kolonien praktisch von Anfang an in der Hand.
Die zweite Aufgabe der Casa liegt in der Kontrolle und Besteuerung von Import und Export aller Güter und Werte, die zwischen der Neuen Welt und dem Mutterland bewegt werden. Viele prachtvolle Bauten Spaniens aus jener Zeit, die man noch heute mit Bewunderung betrachtet, verdanken ihre Entstehung diesen Einnahmen der Casa.
Jedes nach Westindien abgehende Schiff muß, bevor es in See sticht, die dreifache Kontrolle der Casa über sich ergehen lassen.
Die erste, die noch im Hafen von Sevilla stattfindet, dient der Klärung der Frage, ob das Schiff überhaupt seetüchtig und ihm die Hin- und Rückreise zuzumuten ist.
Die zweite Kontrolle ist der Besatzungsliste gewidmet, der Identität der Passagiere, der Ladung und der Bewaffnung, die streng reglementiert ist, und schließlich dem Proviant, der für 80 Tage ausreichen muß. Die vorschriftsmäßige Belastung des Schiffes wird nach einer einfachen Methode festgestellt: Berührt ein in bestimmter Höhe am Rumpf angebrachter Eisenring den Wasserspiegel, so ist die höchstzulässige Kapazität erreicht. Die kreisförmige Freibordmarkierung, die heute an Handelsschiffen zu sehen ist, stammt aus jener Zeit.
Die dritte Kontrolle findet nach dem Auslaufen, in San Lucar an der Mündung des Guadalquivir, statt. Hier wird überprüft, ob und wie eventuelle Auflagen der ersten beiden Kontrollen berücksichtigt worden sind. Danach bleibt dem Schiff nichts weiter übrig als abzureisen.
Bei der Rückkehr aus den Kolonien sind die Überprüfungen gar noch strenger. Noch auf See kommt ein Inspektor der Casa an Bord. Jegliche Kontaktaufnahme zum Land ist vorläufig untersagt. Die Ladung wird genauestens mit den Frachtbriefen verglichen; erst dann darf sie, natürlich ebenfalls unter Bewachung, gelöscht werden.
Zunächst einmal wird danach der Anteil des Königs gesichert, und erst dann besteuert man die Ladung — eine Prozedur, die manchem ein Vermögen einbringt, da auch damals schon die Überzeugung verbreitet war, daß es keine Todsünde ist, den Staat zu bestehlen. Ganze Scharen Beamter, Funktionäre und Inspektoren sind mit Eifer dabei, sich ein möglichst großes Stück des Kuchens zu sichern. Dank weitverzweigter, wo nötig bis an den Hof reichender Einflüsse verstehen sie es natürlich, ihr Tun jeder Art von Kontrolle zu entziehen.
Als zum Beispiel eines Tages trotz aller Voraussicht jemand auf die Idee kommt, den Tenedor de Prastimentos zu überprüfen, den Vorratshalter, dem die Belieferung der Schiffe mit allem Eßbaren obliegt, stellt man fest, daß der arme Mann eine derart komplizierte Buchhaltung führt, daß man allein ein Jahr braucht, nur um die Bücher des Vorjahrs zu überprüfen.

Auch die Navigation wirft so manches Problem auf, so daß schon 1507 das Amt eines Piloto Major geschaffen wird. Der erste ist kein Geringerer als Amerigo Vespucci. Unter seinen Auspizien stöbert ein Kollegium erfahrener Kapitäne Bordbücher und einzelne Berichte durch, prüft die Seeleute auf ihre Fachkenntnisse und hält die Seekarten auf dem neuesten Stand.

Darüber hinaus steht der Casa ein ganzer Stab versierter Spezialisten zur Seite; Schiffsbauer, Artilleristen, Mediziner bis hin zu Geistlichen und Juristen, die darauf achten, daß weder Ausländer, Protestanten noch Mohammedaner oder erst kürzlich zum christlichen Glauben konvertierte Juden Einlaß in die Neue Welt finden. Doch gibt es trotzdem immer wieder blinde Passagiere; und so mancher Seemann läßt sich nur anheuern, um am Zielort zu verschwinden. Gelegentlich machen sich auf diese Weise ganze Schiffsmannschaften aus dem Staub.

Dem einzelnen, der einmal nach Westindien übersiedelt ist, wird eine Rückkehr unmöglich gemacht — ja, sie ist sogar strikt verboten. Man kann dies natürlich umgehen, indem man bei der Ankunft in der Heimat dem entsprechenden Kontrolleur der Casa seinen Obolus entrichtet.

Im übrigen birgt nicht nur die spanische, sondern die gesamte Seefahrt jener Zeit noch so manches Problem in sich.

Es ist üblich, die Schiffe unter freiem Himmel zu bauen. Mehr als ein Jahr lang liegen Kiel und Spanten unbeplant: Regen und Sonne, Wind und Wetter ausgesetzt. Zuvor schon monatelang in Salzwasserlake und Kalköfen gesiedet, ist das Holz des Gerippes bereits grün vor Fäulnis, noch ehe die ersten Planken angebracht werden. Die Nägel aus Holz, die man statt solcher aus Metall zu verwenden pflegt, passen nur selten, und das Wasser, das durch die undichten Rümpfe eindringt, beschleunigt das Faulen noch. Die Bilgen stehen voll stinkenden Wassers und voller menschlicher und tierischer Exkremente. Dreckiger Ballast, fette Ratten und Leichen, die man, im Ballast vergraben, aus der Neuen Welt zur letzten Ruhe in die Heimat zurückzubringen pflegt, strömen Gerüche aus, die auch den stärksten Mann in die Knie zwingen können.

Die Seeleute hausen meistens in irgendeiner freien Ecke an Deck; selten unter Deck zwischen lebendem Vieh, Schweinen und Schafen, wo dann jeder Matrose kaum mehr als 40 Zentimeter freien Raum für sich zur Verfügung hat. Daneben führen die Schiffe als Ersatz für diejenigen, die unterwegs sterben, immer eine Reihe überzähliger Seeleute mit.

Die Lebensverhältnisse an Bord sind erschreckend, nicht nur nach heutigen Maßstäben, sondern sogar im Vergleich mit dem damaligen Leben an Land. Kojen besitzen nur der Kapitän und der Lotse.

Während der frische Wind und die Sonne über das Deck streichen, das klare Salzwasser unter dem Kiel dahinströmt, siecht die Mannschaft dahin. Eine Tour nach Westindien gilt schon dann als ein Erfolg, wenn nur jeder vierte am Skorbut oder einer anderen Krankheit umgekommen ist.

»Der Skorbut machte meinen ganzen Gaumen faul«, berichtet ein Seefahrer, der schwarzes und faules Blut absonderte. »Meine Schenkel und Beine waren schwarz und brandig, und ich war gezwungen, jeden Tag mein Messer zu gebrauchen, um durch Einschnitte dieses schwarze und faule Blut aus meinem Fleisch abfließen zu lassen. Ich brauchte mein Messer auch für mein Zahnfleisch, das faul war und über meine Zähne wuchs. ... Wenn ich dieses tote Fleisch weggeschnitten und viel schwarzes Blut zum Abfließen gebracht hatte, spülte ich meinen Mund und meine Zähne mit meinem Urin aus und rieb sie sehr stark ... Und am schrecklichsten war es, daß ich nicht essen konnte und daß ich mehr schlucken als kauen mußte.«

Bei schlechtem Wetter fehlt unter Deck jegliche Lüftung. Luken sind zwar da, aber frische Luft kommt nur durch die Geschützpforten, die jedoch bei hohem Seegang verriegelt werden.

Es ist fast unmöglich, die nasse Kleidung, mit der man von der Deckwache kommt, zu trocknen, da bei verschlossenen Pforten schon nach kurzer Zeit das Kondenswasser von den Deckbalken tropft.

Es herrscht ein ewiges Dämmerlicht; denn wegen der Feuergefahr brennt nur das Kompaßlicht. Und zwischen den derart eingepferchten Matrosen bewegen sich ganze Armeen von Kakerlaken, Tausendfüßlern, Wanzen, Läusen und Ratten.

Zwieback und Salzfleisch stellen die Hauptnahrung des Seevolks dar. Der Schiffszwieback, das sogenannte »Seebrot«, eine Mischung aus hartgebakkenem Mehl und Wasser, ist in der Regel schimmlig und voller Würmer. Auch die Suppe aus getrockneten Erbsen oder die Hafergrütze strotzen nur so von Maden — von dem schrecklich riechenden Käse mit seinen langen, dünnen Würmern ganz zu schweigen. Trinkwasser stellt ein ebenso großes Problem dar. Es stinkt schon nach wenigen Tagen und ist bald von grünlichem Schaum überzogen. Im allgemeinen wird bei Regen in Eimern und auf großen Planen, die man in der Takelage aufhängt, Wasser gesammelt. Der an Bord befindliche Proviant ist kaum geeignet, die von schwerer Arbeit und Infektionen ausgemergelten Seeleute bei Kräften zu halten, von denen die harte Arbeit an Bord und das tropische Klima eigentlich beste Kondition verlangen.

Sobald sie das Festland aus den Augen verloren haben, sind die Seeleute einzig ihren primitiven Navigationsinstrumenten ausgeliefert. Selbst die einfachste Messung mit einem Astrolabium oder dem Jakobsstab verlangt vom Navigator wahre Akrobatenleistungen, wenn er sich gegen das schaukelnde, auf den Wellen tanzende Schiff sichern muß, um den Winkel des auf die Sonne oder die Sterne ausgerichteten Instruments möglichst genau feststellen zu können. Außerdem sind Himmelsbeobachtungen vom Wissen um die genaue Uhrzeit abhängig, und es gibt keine Uhr, die für Schiffe auf hoher See von Nutzen sein könnte. Der zuverlässigste Helfer des Seemanns ist immer noch der Kompaß — doch auch bei ihm ahnt man um

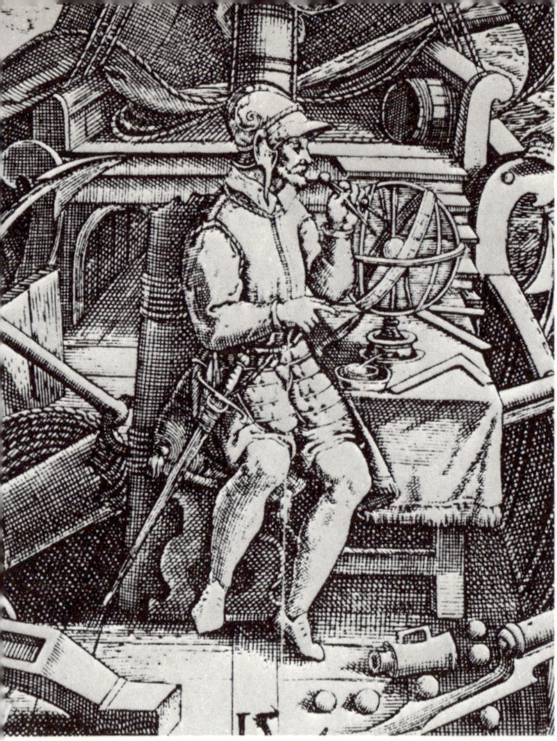

Ein Navigator des 16. Jahrhunderts bei seinen Messungen an Deck

diese Zeit kaum etwas von seiner Mißweisung, der Ablenkung der Kompaßnadel durch das Magnetfeld der Erde.
In der Tat pflegen die erfahrenen Kapitäne der spanischen Galeonen »Breiten zu segeln« — sie steuern nach Süden oder Norden, bis ihr Breitengrad, also ihre Entfernung vom Äquator, durch Himmelsbeobachtung festgestellt ist, und biegen dann gen Westen oder Osten ab.
Die Tatsache, daß die schwerfälligen Galeonen nicht hart am Wind segeln können, bedeutet, daß sie viel mühseliger »kreuzen« müssen als spätere Schiffe. So genügt manchmal schon ein leichter Gegenwind, um eine Reise beträchtlich zu verlängern. Auch die Entdeckung der vorherrschenden Winde, heute als Passatwinde bekannt, ist ein langwieriger Prozeß. Die Galeonen müssen sich generationenlang im Zickzackkurs gegen die scheinbar unerschöpflichen Winde durchkämpfen, bis das Geheimnis eines Tages gelöst wird und man dahinterkommt, daß der Weg entlang der gewundenen Luftkorridore, in denen die Passatwinde vorherrschen, der günstigste ist. Erst jetzt folgen die Galeonen von Sevilla aus dem Bogen des Nordostpassats, der sie in etwa vier Wochen von den Kanarischen Inseln zu den Kleinen Antillen bringt.
Bei der Casa gilt für die Reisen nach Westindien der Geheimtip: »Nach Süden steuern, so tief, bis die Butter schmilzt« — etwa bis auf die Höhe der Insel Teneriffa — »und dann schnurgerade nach Westen!«
Auf den Heimfahrten im Winter muß man sich zwar bis zu den Bermudas gegen den Wind durchkämpfen — dann aber kann man sich erleichtert vom Westwind bis nach Sevilla treiben lassen.
Die Abhängigkeit von Wind und Wetter wird durch die Unhandlichkeit der Galeonen noch verstärkt. Schon die alltäglichen, einfachsten Manöver kosten Unmengen von Schweiß, und so manches Schiff sinkt, weil seine Mannschaft zu erschöpft ist, die zur Rettung nötigen Manöver auszuführen. Und dann taucht neben allen Tücken des Meeres und der Witterung eine neue Gefahr für die spanischen Schiffe auf.
Die findigen Seefahrer der Bretagne und der Normandie merken schnell, wie auch sie sich einen Anteil an den Reichtümern Amerikas sichern können.

Sie kreuzen im Atlantik und halten Ausschau nach den schwer beladenen Galeonen, die sich auf der Rückreise aus dem fernen »Eldorado« befinden. Viele fette Happen fallen so den Seeräubern in die Hände — allerdings sind es Franzosen und nicht, wie man allgemein glaubt, Engländer, die diesen Reigen eröffnen. Sie zwingen die Spanier, sich neue Taktiken einfallen zu lassen. Während es bisher praktisch jedem spanischen Schiff, das die Bedingungen der Casa erfüllt, erlaubt ist, allein und zu beliebiger Jahreszeit in die Neue Welt aufzubrechen, dürfen schon ab 1526 Handelsschiffe nur noch im Verband, einer Art Flottille, segeln. Ein Dekret vom Juli 1561 macht das System der »Flota«, heutigen Konvois ähnlich, obligatorisch. Gleichzeitig wird jedem Kapitän bei Strafe des Verlusts von Schiff und Ladung verboten, allein nach Amerika zu reisen.

Jedes Jahr stellt man nun zwei Riesenkonvois zusammen; der erste ist für Terra Firma bestimmt und geht nach Cartagena und Porto Bello, der andere soll den Hafen von Vera Cruz in Mexiko anlaufen. Der letztere, als »Silberflotte« bekannt, kommandiert von einem Admiral, segelt gewöhnlich erst im Frühsommer nach Neu-Spanien, wie Mexiko damals genannt wurde, um die Zeit der gefährlichen Hurrikane im Golf von Mexiko zu meiden. Die von einem General geführten Konvois für Terra Firma — man nennt sie Galeones — dagegen stechen schon zu Beginn des Jahres in See, im Januar oder Februar.

Beide Flotten bestehen aus etwa 60 bis 80 Schiffen; bei ihnen befinden sich ungefähr zehn Kriegsschiffe als Geleitschutz. Falls sich die Abreise bis zum März hinzieht, überwintert man zumeist in Havanna und kehrt im folgenden Frühjahr gemeinsam mit der Flota heim. Ab und zu segeln auch beide Konvois zusammen aus Spanien ab und gehen erst irgendwo bei Guadeloupe auf eigenen Kurs. Sobald nun die Regionen erreicht sind, in denen sie sich sicher fühlen können, machen sich in der Dämmerung auch einzelne Schiffe auf den Weg, um an den Küsten der zahlreichen Inseln Handel zu treiben. Gewöhnlich erreicht die Flota Cartagena etwa zwei Monate nach ihrer Abreise aus Spanien. Die Galeonen haben zwar Weisung, nicht länger als einen Monat in Cartagena zu weilen, doch verstehen die Händler der Stadt es immer, die Kapitäne dazu zu bewegen, ihren Aufenthalt auf beinahe das Doppelte auszudehnen, da die Güter aus Neu-Granada, Margarita oder von der Küste Venezuelas nicht immer rechtzeitig in Cartagena eintreffen, auf deren Säcke voller Gold, Smaragde, Perlen oder Indigo, Tabak und Kakao man eben warten muß.

Inzwischen hat die Nachricht vom Eintreffen der Flota auch den Vizekönig von Lima in Peru erreicht. Seine Südsee-Armada bringt aus Callao, dem Hafen von Lima, die Königssteuer und andere Werte aus Peru und Chile — eine Anzahl beträchtlicher Schätze, denn immerhin hat der Warenumschlag von Porto Bello Ende des 17. Jahrhunderts bereits einen Gesamtwert von heutigen 350 Millionen DM erreicht.

Auf der Heimreise geht es wegen des in diesen Breiten herrschenden Ostwindes sowie des Labyrinths von Riffen, Sandbänken und Untiefen zunächst nach Cartagena. Von hier aus muß der General eine Nachricht nach Spanien schicken, in der er den Zustand der Schiffe und Ladungen sowie den Tag des Auslaufens und den wahrscheinlichen Termin seiner Ankunft in Sevilla bekanntgibt. Die ganze Zeit nämlich, während derer die Konvois in Westindien sind, hält Spanien seine Häfen von der Außenwelt hermetisch abgeriegelt, damit auf keinen Fall Einzelheiten über die Stärke der Flota oder den Wert ihrer Ladungen an die Außenwelt dringen können.

Von Cartagena aus geht es weiter nach Kuba zum Hafen von Havanna, dem größten und bestgeschützten Westindiens. Hier werden die Galeonen überholt und ausgebessert.

Aufgrund der unangenehmen Erfahrungen, die spanische Seeleute inzwischen in tropischen Gewässern gesammelt haben, scheuen sie keine Mühe, um zu verhindern, daß die Planken ihrer Schiffe ihnen eines Tages, von Würmern zerfressen, buchstäblich unter den Füßen auseinanderfallen.

Der Teredo, der Schiffswurm, ist einer der gefürchtetsten Feinde der Seefahrer. Findet er auch nur eine Handbreit ungeschütztes Holz, so beißt er sich durch: Es dauert nicht lange, und der Schiffsrumpf gleicht einem Schwamm.

Doch damit nicht genug. Außen am Rumpf siedeln sich ganze Kolonien von schnell wachsendem Tang und Muscheln an, wodurch die Galeonen noch ungelenker und langsamer werden. Es bleibt nur eins: Kielholen.

Zu diesem Zweck schafft man die Schiffe dicht an den Strand; die Kanonen und Vorräte werden an Land gebracht. Mit Hilfe von Flaschenzügen, die man an den Masten oder Ankern befestigt hat, legt man die Galeone dann in seichtes Wasser. Nicht selten sind die Schiffsböden so sehr vom Teredo zerfressen, daß die Kraft eines Fingers genügt, um ein Loch in sie hineinzudrücken. Nur eine langwierige und mühselige Holzbehandlung kann die Arbeit des Teredo, wenn auch nicht verhindern, so doch ein wenig erschweren. Man reißt dazu die alte, angegriffene Verkleidung ab, ersetzt sie durch eine neue und bespannt diese mit mehreren Schichten Segeltuchstoff, der mit einer Lösung aus Pech, Talg, gebranntem Kalk, Roßhaar und Teer bestrichen wurde. Dünne Bleiplatten kommen darüber, so dicht mit breitköpfigen Nägeln beschlagen, daß diese fast ihre gesamte Fläche bedecken.

Das derart versiegelte Schiff ist schwer und langsam. Schiffseigner, die sich eine derart kostspielige Prozedur nicht leisten können, reiben die Rümpfe ihrer Galeonen einfach nur mit Teer ein, was auch hilft und seine besonderen Vorteile zeigt, wenn man von Seeräubern verfolgt wird und es auf die Geschwindigkeit ankommt.

Ausgebessert, voll beladen mit den Schätzen der Neuen Welt und zusätzlich mit Tabak, Gewürzen, Rohrzucker und anderen Gütern Kubas versehen, segeln sie ab.

Cartagena während des 17. Jahrhunderts

Auf keinen Fall darf man später als Mitte September in Richtung Spanien auslaufen. Manche Flotten, die es dennoch riskieren, im Winter nach Hause zu segeln, laufen südlich der Bermudas entlang, um sich dann allmählich auf einen höheren Breitengrad durchzuzwängen, wobei sie oft eine ganze Reihe von Schiffen auf den berüchtigten und gefürchteten Sandbänken der Bermudas einbüßen, die man von daher noch heute Silberbänke nennt.
Versuchen sie, dies zu vermeiden, und geraten sie dabei zu weit nach Süden, so werden sie oft von den Winden erfaßt und nach Westindien zurückgetrieben, wo das ganze Spiel von vorn beginnt.
Haben sie schließlich alle Korallenriffe, Hurrikane und die anderen Gefahren der Karibik hinter sich, so müssen sie im offenen Atlantik bereit sein, den Kampf mit den Seeräubern aufzunehmen.

Eine der schwerfälligen spanischen Galeonen des frühen 17. Jahrhunderts

Die spanischen Schiffe des 16. und 17. Jahrhunderts, mit ihrem kurzen Kiel, dem hoch aufragenden Heck und Vorderdeck und fast so breit wie lang, bauchig und schwerfällig, sind für die schnittigen, flachen, dicht am Wind segelnden Schiffe der Seefahrer aus Saint-Malo oder Dover leichte Beute.

Die Galeonen sollen zwar laut Vorschrift der Casa mit 60 oder gar 70 Kanonen bestückt sein — ein Seeräuber besitzt höchstens ein Zehntel davon —, doch ist diese Überlegenheit der Spanier zumeist nur auf dem Papier vorhanden. Zwar sind die Vorschriften der Casa hinsichtlich der Bestückung der Schiffe mit Bordkanonen, der Menge von Pulver und Kugeln besonders streng, doch werden gerade sie am allerwenigsten beachtet, obwohl die Visitatores bei ihren regelmäßigen Kontrollen immer alles in bester Ordnung finden. Denn in Porto Bello, Cartagena, Vera Cruz und auch Havanna kann jeder Kapitän im Fall des Falles bei geschäftstüchtigen Kaufleuten Kanonen jeden gewünschten Kalibers samt dem dazugehörigen Pulver oder Kugeln ausleihen. Die Inspektoren der Casa sind aber noch nicht wieder an Land, da beginnt man schon mit der Demontage der geliehenen Bewaffnung, um den dadurch gewonnenen freien Raum und die Tonnage für gewinnträchtige Fracht nutzen zu können.

Obwohl der König Kriegsschiffen das Mitführen von Handelsware, außer für ihn selbst, strengstens verboten hat, wird auch dieses Gebot nie ganz ernst genommen. Die Kriegsschiffe sind zuweilen so sehr überladen, daß es so gut wie unmöglich ist, sie zu verteidigen, ganz zu schweigen von ihrer eigentlichen Aufgabe, dem Schutz der Handelsschiffe gerecht zu werden. Denn außer den Waren, die ziemlich jeden noch freien Raum an Bord in Anspruch nehmen, wimmelt es auf diesen Kriegsschiffen auch noch von Passagieren. Die Chroniken der Casa enthalten einen Fall, in dem auf einer einzigen Galeone — übrigens der wichtigsten, nämlich dem Flaggschiff des Flottenadmirals — 700 Mann an Bord mitgeführt wurden, von denen allein 400 blinde Passagiere waren.

Wenn Seeräuber ein solches Schiff angreifen oder gar entern, so können sich die Spanier nur in den seltensten Fällen wirksam verteidigen, da ihnen überall Stapel von Waren oder aber Passagiere den Weg versperren. Man ist daher jedesmal froh, wenn die Azoren ohne Zwischenfälle erreicht sind. Dort erhält man gewöhnlich eine Nachricht aus Spanien über vermutete Positionen von Seeräubern, die dem Konvoi auflauern. Vom Passieren der Kanarischen Inseln wird im allgemeinen abgeraten, da es gerade in dieser Gegend von Piraten nur so wimmelt.

Oft kommt es vor, daß schon von den Bermudas Piraten gemeldet werden und sich auch dadurch die Rückreise nach Spanien verzögert. Stellt man

Kapern eines Schatzschiffes

fest, daß es nicht mehr möglich ist, bis zum 10. Oktober in Sevilla einzuschiffen, lädt man die Schiffe in Havanna aus, wo sie dann überwintern. So bleibt auch die Flota manchmal zwei Jahre lang aus.

Die Kapitäne der Schiffe, die zur Flota gehören, haben nicht nur die Pflicht, sich um den alltäglichen Kram, wie Navigation und notfalls Verteidigung des Schiffes, zu kümmern, sie müssen auch darauf achten, daß regelmäßig Gottesdienste abgehalten werden und Glücksspiele unterbleiben. Sie haben Sorge dafür zu tragen, daß weder Flüche vorkommen noch unter den Besatzungsmitgliedern »Erzählungen von Zoten, schmutzigen Geschichten und unfrommes Gerede geduldet werden«.

Die einzige Abwechslung auf der monatelangen Fahrt sind der obligatorische tägliche Gottesdienst, die Tage der religiösen und nationalen Feste oder eben die verbotenen Glücksspiele. Ist der Kapitän ein brutaler Typ, so kann sein Schiff zu einer schwimmenden Hölle werden. Man weiß von Kapitänen zu berichten, die einem Mann mit einem einzigen Knüppelschlag das Haupt spalteten oder ihn auspeitschen ließen, nur weil er zum Segelbergen oder -setzen zufällig als letzter an Deck gekommen war.

In solchen und ähnlichen »Panzertruhen« schaffte man das Gold aus der Neuen Welt nach Spanien

Die Schätze der Neuen Welt, die Spanien unermeßlichen Reichtum und grenzenlose Macht verheißen haben, bringen dem Lande selbst ein Wirtschaftschaos. Die Preise klettern in schwindelnde Höhen, wie man sie in ganz Europa nicht kennt. Und die Jugend Spaniens, die Substanz der Nation, schmilzt im tropischen Abenteuer der Ausbeutung Amerikas dahin; in Kämpfen oder Kolonialexperimenten. Ohne jede seemännische Tradition und ohne geeignete Schiffahrt, nur unter dem dürftigen Vorwand der Erstentdeckung und gestützt auf die ominöse Bulle ihres Untertanen, Papst Alexanders, beanspruchen Spaniens Könige fast die Hälfte der zu dieser Zeit bekannten Welt für sich.

Die Lage in den Kolonien ist insbesondere dadurch unerträglich, daß die Flotte bei weitem nicht imstande ist, sie auch nur mit dem Allernotwendigsten zu versorgen, wozu sie um so mehr verpflichtet wäre, da den Kolonien Eigenproduktion und Handel mit dem Ausland strengstens verboten sind.

Das Gros der spanischen Siedler in der Neuen Welt, von wo Jahr für Jahr tonnenweise Gold, Silber, Edelsteine und andere kostbare Güter in das gestrenge Mutterland abgehen, lebt somit fast barfuß und in Lumpen. Die Konsequenzen lassen nicht lange auf sich warten; denn all jene Schritte, die das Mutterland unternimmt, um die Kolonien noch fester in den Griff zu bekommen und Fremde von ihrer Ausbeutung fernzuhalten — das ausgeklügelte System der jährlichen Flota-Konvois und die einzelnen Anlaufhäfen —, gerade diese zur eigenen Sicherheit ersonnenen Maßnahmen erweisen sich bald als die entscheidenden Faktoren des kommenden Desasters. Es geht gut, solange die Minen noch von Gold strotzen und Eingeborene beraubt und versklavt werden können. Als aber das Eldorado erschöpft ist und die in den Goldbergwerken arbeitenden Indianer nach und nach verschwinden, stellen sich die Schwierigkeiten ein.

Die Kriege, die Karl V. und auch Philipp II. führen, fordern immense Summen und ruinieren daneben den Arbeiterstand und das Handwerk. Spanien kann nichts mehr exportieren; seine Erzeugnisse decken gerade den Eigenbedarf.

Andere Länder Europas springen als Lieferanten ein und lassen sich ihre Dienste teuer bezahlen: Erlesene Produkte der Kolonien, außerdem Gold und Silber sind gerade gut genug. Mit einemmal ist nun das stolze Monopol, das die Casa de Contratación für sich ersonnen hat, nichts weiter als ein gewöhnlicher Zwischenhandel.

Am schlimmsten trifft dies alles natürlich die Kolonien, die eines Tages die Phantasiepreise, die selbst für einheimische spanische Waren gelten, nicht mehr zahlen können. Andererseits ist ihnen aber noch immer die Eigenproduktion sogar der notwendigsten Lebensmittel und Bedarfsartikel brutal verboten. Immer öfter brechen Aufstände und Hungersnöte aus, bis man endlich zur Selbsthilfe schreitet. Die Ära der Konterbande beginnt.

Die Portugiesen, die Entdecker Brasiliens, denen selbst Papst Alexander diesen Besitz nicht hat streitig machen können, sind als erste zur Stelle. Mit vollbeladenen Schiffen durchqueren sie die westindischen Gewässer — attraktive Waren aus Europa an Bord. Unter dem Vorwand, in Seenot zu sein und ihre Schiffe ausbessern zu müssen, suchen sie spanische Häfen auf, wo sie Geschäfte mit der Bevölkerung machen. Natürlich ist dies kein ungefährliches Spiel — als Strafe können sie, je nach Phantasie des Richters, grauenvoll zerstückelt oder in Öl gesiedet werden.

Doch bald schon kommen die korrupten Kolonialbeamten und Gouverneure dahinter, daß es für sie besser ist, wenn die Schmuggler am Leben bleiben und weiterhin ungestört Handel treiben, während sie selbst dabei nur Prozente zu kassieren brauchen. Außerdem kann das Mutterland ja gegen ein solches Bündnis überhaupt nicht viel ausrichten, da es seiner Marine unmöglich ist, auch nur einen Bruchteil des gewaltigen Gebietes zu beaufsichtigen.

Für das Ausland wiederum sind die Berichte und Bordbücher, die die Kapitäne nach Hause bringen, kostbarer als jeder Gewinn aus dem Schmuggel.

Denn seit Kolumbus' Zeiten gilt alles, was nur irgendwie mit der Topographie der Neuen Welt zu tun hat, als bestgehütetes Geheimnis Spaniens. Genaue Ortsangaben, Küstenbeschreibungen, Strömungen, Winde und Karten hierüber besitzen bisher nur seine Seefahrer. Spaniens Macht verbreitet nur deshalb solche Ehrfurcht, weil man sie einfach überschätzt. Nun aber stellt sich allmählich heraus, daß manches bisher als höchst vollkommen Gepriesene einfach faul ist und daß eigentlich jeder, wenn er sich nur etwas Mühe gibt, genausogut teilhaben kann an den Reichtümern Amerikas. Diese und ähnliche Erkenntnisse lassen natürlich das unternehmungslustige Seeräubervölkchen der Bretonen und Flamen nicht kalt. Seit jeher ist es für sie einträglich gewesen, ab und zu ein Schiff der Silberflotte zu kapern. Zu Beginn des 16. Jahrhunderts ist diese Art von Lebensunterhalt auch für Scharen junger Engländer, Katholiken und Protestanten, die vor der Verfolgung durch Edward VI. Zuflucht in Nordfrankreichs Häfen oder in Schlupfwinkeln der irischen Küste gesucht haben, zur Hauptbeschäftigung geworden.

Unter ihnen finden sich selbst Angehörige der würdigsten Familien Britanniens. Als nach der Thronbesteigung Elisabeths die meisten von ihnen in den Staatsdienst zurückkehren, bleiben die Mannschaften ihrer Schiffe dennoch beim alten Job.

Der Schrecken der damaligen Zeit: der Scharfrichter

Auch eine große Anzahl von Schiffsbesatzungen aus der Bretagne oder der Normandie, die der ewigen Kabeljaujagd in den kalten Gewässern Neufundlands müde sind, hat sich schon Jahre zuvor eines Besseren besonnen und ist zu Seeräubern geworden. Bereits vor der Jahrhundertwende lungern sie am Kap San Vincent, bei den Azoren oder den Kanarischen Inseln umher. Schon Kolumbus hatte sich nach der Rückkehr von seiner letzten Reise im Jahre 1498 darüber beschwert, er habe über eine neue Route nach Madeira segeln müssen, um den vor Kap San Vincent lauernden Bretonen zu entkommen.

Zu Beginn der Elisabethanischen Ära tasten sich die anglo-irischen Seeräuber an der Küste Spaniens entlang, um die Schatzgaleonen zu plündern. Die Spanier sind mit Repressalien nicht kleinlich. Die gefaßten Engländer

fristen ihr Dasein an die Ruder von Galeeren gekettet, verfaulen in Kerkern oder werden auf der Plaza von Valladolid einfach verbrannt.
Dies alles geschieht zu einer Zeit, in der sich die großen Seemächte Europas, wie Frankreich, England und Holland, in vollem Aufschwung ihrer wirtschaftlichen Entwicklung befinden und sich bereits um neue Absatzmärkte und Rohstoffversorgung zu kümmern beginnen. Schon zur Zeit Heinrichs VIII. hat England sich eine Marine geschaffen, wie sie sich damals kein Land, auch Spanien nicht, hätte träumen lassen. Mit Durchführung der Reformation und der Lösung Britanniens vom päpstlichen Einfluß ist es Heinrich daneben gelungen, sein Land auch politisch auf eigene Füße zu stellen.
Die englische Seefahrt ist bereit für den Kampf gegen Spaniens Macht — und zwar auch da, wo sie am empfindlichsten zu treffen ist: an den Quellen des spanischen Reichtums in Westindien.
Denn auch die englischen Schiffsbauer und Navigatoren haben nicht geschlafen. Die Techniken der Seefahrt werden gerade zu Beginn des 16. Jahrhunderts weiter vorangetrieben und die Spanier erheblich überrundet. Man schafft einen Schiffstyp, der niedrig, leicht und damit wendig und schnell und den veralteten spanischen Galeonen in jeder Hinsicht überlegen ist.
Der erste, der dies in der Neuen Welt feststellen soll, ist der spanische Kapitän Gines Navaro, der am 19. November 1527 mit seiner Karavelle vor La Mona liegt und Kassawa, Maniok-Mehl, lädt. Als er den schmucken, mit Kanonen gut bestückten Dreimaster sieht, kommt es ihm erst gar nicht in den Sinn, daß er ein ausländisches Schiff sein könnte. Navaro hat sein Leben lang nur spanische Schiffe hier angetroffen; andere dürfen sich ja sowieso nicht blicken lassen.
Man weiß bis heute nicht mit Sicherheit, welches englische Schiff es war, das es als erstes wagte, in die Höhle des Löwen einzudringen. Auch der Name seines mutigen Kapitäns ist unbekannt. Man vermutet, daß es die »Samson« gewesen ist, die am 20. Mai 1527, zusammen mit der »Maid of Guildford«, die Themse hinabsegelte. Die beiden Schiffe, besetzt mit »verschiedenen klugen Männern zur Suche nach fremden Regionen«, sind von König Heinrich VIII. ausgeschickt worden. In der stürmischen Nacht des 1. Juli 1527 wird die »Samson« von ihrem Begleitschiff getrennt.
»Der freundliche englische Kapitän des Dreimasters«, weiß Gines Navaro zu berichten, »bat mich, auf sein Schiff mitzukommen, um es zu besichtigen. Ich ging und sah das ganze Schiff. Der Engländer trug nichts bei sich als Wein, Mehl und Proviant sowie einige Tauschartikel wie Tuch und Leinen. Er hatte auch noch andere Dinge: eine gute Artillerie, Schiffszimmerleute, eine Schmiede mit Amboß sowie andere Handwerker und Gerät, um neue Schiffe zu bauen, falls es nötig werden sollte. Auch war ein Backofen da, in dem Brot gebacken werden konnte. Die ganze Besatzung bestand aus etwa 60 Mann. Der Kapitän der Engländer fragte mich, ob ich der lateini-

schen oder englischen Sprache mächtig sei, da er mir das Patent, welches er vom König von England erhalten habe, zeigen wolle. Ich mußte dies jedoch verneinen und habe das Patent daher auch nicht zu sehen bekommen.

Der Kapitän landete mit 20 bis 30 Leuten auf La Mona, und sie blieben bis Mittwoch nachmittag. Alle kamen sie bewaffnet. Donnerstag morgen hörte man Schüsse und das Blasen der Trompeten, die sie bei sich trugen; dann setzten sie Segel und fuhren ab mit Richtung San Domingo, bis wir sie aus der Sicht verloren. Ich blieb bis Freitag auf La Mona an Land und fuhr dann zur Insel Puerto Rico.«

Ein spanischer Chronist berichtet später über das weitere Schicksal des Dreimasters: »Am Abend des 25. November 1527 erschien ein englischer Korsar unter dem Vorwand, daß er auf einer Entdeckungsreise sei, mit einem großen Schiff in der Nähe der Hafenmündung von San Domingo, der Hauptstadt Hispaniolas, wo der Kapitän mit zehn oder zwölf Seeleuten mit einem Beiboot an Land ging und um Erlaubnis zum Einkauf und Handel bat. Im gleichen Augenblick gab der Alkalde Francisco de Tapia Befehl, einen Schuß auf das Schiff zu feuern, das geradewegs in den Hafen einlief. Als die Engländer dies sahen, kehrten sie um, und auch die, die sich im Boot befanden, drehten bei.

Entsprechend dem ihnen gebotenen Empfang zogen sie sich zurück und nahmen Kurs auf die Insel Puerto Rico. Nachdem sie daselbst in der Bucht von San German eingetroffen waren, sprachen sie mit der dortigen Bevölkerung, baten um Proviant und beklagten sich über das Volk von San Domingo, indem sie sagten, daß sie nicht zu dessen Ärger, sondern mit Geld und Waren zum Handeln gekommen seien; dort habe man sie aber gar nicht erst empfangen.

Sie erhielten etwas Proviant und gaben Zinn und ähnliche Dinge als Bezahlung. Dann segelten sie in Richtung Europa ab, wo sie vermutlich nie ankamen, da jede weitere Nachricht über das Schiff fehlt.«

Der eifrige Alkalde, dessen Schießbefehl den Engländer zur Umkehr bewog und ihm so höchstwahrscheinlich — jedenfalls vorerst — das Leben rettete, wird in den Kerker geworfen, da »er es dem Schiff nicht erlaubt hatte, in den Hafen einzulaufen, und es statt dessen vertrieb, wenngleich es doch nicht ohne Zustimmung der Stadt und des Forts hätte absegeln können«.

Längst nicht alle der ersten Visiten Fremder in der Neuen Welt sollten so friedlich verlaufen.

Neun Jahre später, 1536, ebenfalls im November, läuft ein unbekanntes französisches Schiff in den Hafen von Chagre am Isthmus von Darien ein und kapert einen Spanier, der mit einem Dutzend Rösser aus San Domingo kommt. Der Franzose kippt die Pferde über Bord und verschwindet mit dem Schiff als Prise.

Einen Monat später taucht er vor der Küste von Havanna auf und wirft

Ein Schiff läßt im Hafen seine Kanonen sprechen

in einer ruhigen Bucht, wenige Seemeilen vor der Stadt, Anker. Die Bürger von Havanna machen ihn aus, und da gerade fünf spanische Schiffe im Hafen ihrer Stadt liegen, bewegen sie deren Kapitäne zur Jagd auf den Franzosen. Die Schiffe, sämtlich Galeonen von mehr als 200 Tonnen, schicken sich zum Angriff an und feuern mehrere Tage lang vergebens auf das fremde Schiff, eine schnittige Patache mit geringem Tiefgang, die außerhalb der Reichweite der Kanonen der behäbigen Galeonen liegt.
Eines Morgens sehen die verdutzten Spanier, wie die Patache Segel setzt und mit Hilfe ihrer Ruder aus der Bucht zu entkommen sucht. Ein Spanier nach dem anderen kappt die Ankertaue, um ihr schnell zu folgen. Doch müssen sie ihr Vorhaben schon bald aufgeben, da sie ein derart schweres Wetter überrascht, daß ihre Mannschaften nach und nach die Schiffe verlassen und in die Boote gehen, um sich an Land zu retten.
Als der Franzose diese Wendung des Schicksals wahrnimmt, läuft er erneut seine Bucht an, wohin der Wind dann auch noch drei der Galeonen treibt. Die Franzosen suchen sich von den drei Galeonen die beste aus, rüsten und bewaffnen sie neu, verbrennen die beiden anderen Schiffe und entkommen

nach Florida, von wo aus sie immer wieder die Silberflotte beunruhigen, deren Route nicht weit von dort verläuft.
Mit der Zeit werden die Angreifer, durch derartige Erfolge ermutigt, immer gerissener und dreister.
So erscheint eines Nachts im Juli 1555 der berüchtigte französische Kapitän Jacques Soré mit seiner Karavelle und 500 Mann vor Havanna. Noch vor Tagesanbruch überfällt er die Stadt, jagt die völlig überraschte Garnison samt Gouverneur davon und zwingt die Festung zur Kapitulation. Die Garnison versucht zwar in der Nacht darauf, die Stadt zurückzuerobern, doch vergebens. Wütend über die Frechheit der Spanier und selbst verletzt, läßt Soré alle Gefangenen niedermetzeln, Kathedrale und Krankenhäuser verbrennen, die Häuser plündern und den größten Teil der Stadt dem Erdboden gleichmachen. Nach Verladen der gesamten eroberten Artillerie auf ihr Schiff führen die Franzosen noch Streifzüge in das Hinterland durch, brandschatzen die Plantagen und machen sich schließlich vier Wochen später mit ansehnlicher Beute davon.
Schon zwei Monate später, am 4. Oktober 1555, taucht ein weiterer Franzose, der Wind von Sorés Besuch bekommen hat, vor Havanna auf. Ein paar hundert Mann gehen an Land, verwüsten diejenigen Plantagen, die Soré noch übersehen hat, verbrennen die inzwischen wiederaufgebauten Häuser und nehmen darüber hinaus eine Karavelle mit, die vollbeladen mit Leder gerade im Hafen liegt.
Die Franzosen sind auf den Geschmack gekommen: Von nun an wird Westindien Jahr für Jahr, mal hier, mal dort, auf ähnliche Weise heimgesucht. Nur selten gelingt es, die Angreifer zurückzuschlagen. Die spanischen Städte in der Neuen Welt sind zuwenig befestigt, oft fast ohne Munition, und es fehlt an Soldaten. Außerdem sind die Entfernungen zwischen den einzelnen Städten zumeist ganz erheblich, während ihr Hinterland aus undurchdringlichem Dschungel besteht, ohne Weg und Steg, so daß es kaum Chancen gibt, rechtzeitig Hilfe heranzuholen. In der Regel fliehen die Einwohner, sobald sie vom Heran-

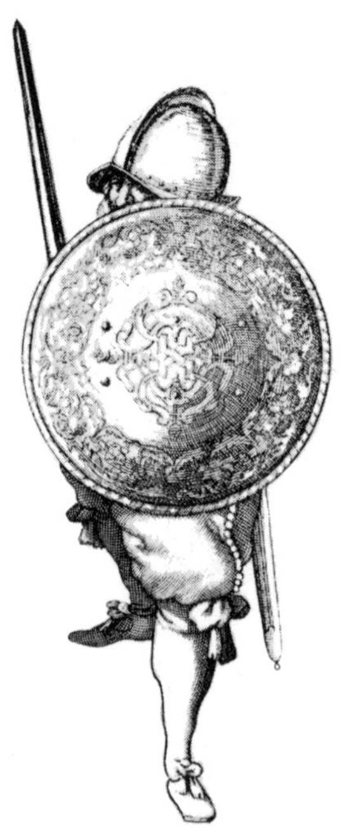

Die Bekleidung der Spanier war seinerzeit für die Tropen nicht gerade sehr geeignet

nahen von Angreifern hören, mit ihren Wertsachen in die Wälder, um dort Schutz vor den gefürchteten Eindringlingen zu suchen.
Doch sind es nicht nur räuberische Absichten, die bald immer öfter fremde Schiffe vor die westindischen Küsten führen. Der Sklavenhandel, mit dem man schnell und nahezu mühelos ein Vermögen machen kann, ist ab Mitte des 16. Jahrhunderts einer der häufigsten Gründe. Die rasche Entvölkerung Westindiens hat Spaniens Krone gezwungen, die Einfuhr von Negersklaven zu erlauben. Aber auch hier reichen die eigenen Liefermöglichkeiten nicht aus, um den dringendsten Bedarf zu decken, so daß die spanischen Siedler nicht widerstehen können, wenn ausländische Seefahrer ihnen Sklaven anbieten — ungeachtet der drakonischen Strafen für den Handel mit Fremden, der nach wie vor als Schmuggel geahndet wird.

Drake & Co.

1936. Nicht weit von San Francisco findet man zu Füßen eines aus dem Pazifik ragenden Felsens in der Drake-Bucht eine bronzene Platte, etwa 60 × 80 cm groß.

In der rechten unteren Ecke klafft ein Loch; zwei Kerben oben und unten deuten darauf hin, daß sie einmal irgendwo befestigt gewesen ist.

Die in etwas ungelenken Buchstaben eingemeißelte Inschrift ist schnell entziffert:

»Durch dies sei allen Menschen bekanntgegeben, daß am 17. Juni 1579 durch die Gnade Gottes und im Namen Ihrer Majestät Königin Elisabeths von England und ihrer Nachfolger ich für immer Besitz nehme von diesem Königreich, dessen König und Volk freiwillig ihre Rechte und Titel an dem ganzen Land in Ihrer Majestät Besitz geben, nun benannt von mir und bekannt für alle Menschen als Nova Albion. Francis Drake.«

Es ist dies eine der wenigen Spuren, die von den Überfällen des berühmten englischen Seefahrers in der Südsee geblieben sind, die einst die Spanier der Neuen Welt in Angst und Schrecken versetzten.

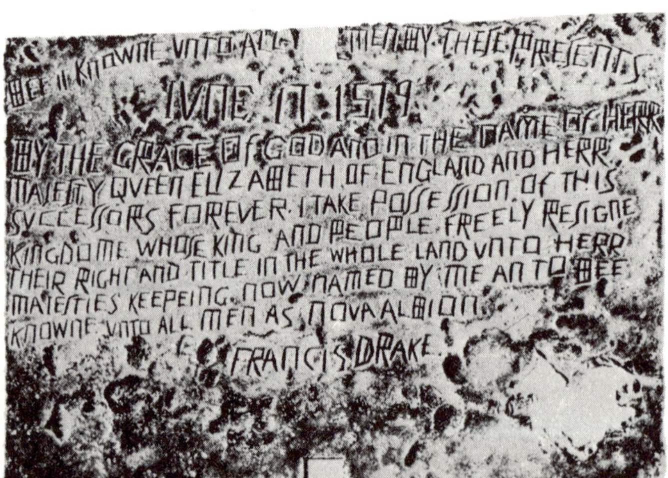

John Hawkins, einer der größten elisabethanischen Seekapitäne, gehört zu den ersten illegalen Sklavenlieferanten. Zusammen mit Thomas Hopkins stattet er drei Schiffe aus und segelt nach Afrika.

John Hawkins

An der Küste von Sierra Leone bemächtigen sie sich »teilweise mit dem Schwert und teilweise mit anderen Mitteln« einer Ladung von etwa dreihundert Negern und überqueren mit ihrer kostbaren Fracht den Atlantik in Richtung San Domingo.

Nicht ganz sicher, wie man ihr Erscheinen aufnehmen wird, gibt Hawkins bei seiner Ankunft im Hafen vor, der Sturm habe ihn vom Kurs abgetrieben; er litte an Proviantmangel — und habe, um das Maß voll zu machen, nicht einmal Bargeld, dafür zu zahlen. Er bäte deshalb um Erlaubnis, »gewisse Sklaven«, die er dabei habe, verkaufen zu dürfen. Das Angebot wird von den Spaniern begeistert angenommen, und der Gouverneur, der es zum Glück nicht für nötig erachtet, das königliche Dekret allzu streng auszulegen, ist damit einverstanden, daß die Engländer zwei Drittel ihrer Fracht verkaufen. Die restlichen hundert Neger werden als »Deposit« beim Konzil Hispaniolas hinterlegt, denn weder Hawkins noch der Gouverneur scheinen Komplikationen zu befürchten. Für den Erlös kauft Hawkins an Ort und Stelle eine Schiffsladung der verschiedensten Gewürze und anderer kostbarer Waren, deren eine Hälfte ein spanisches Schiff unter Aufsicht von Thomas Hopkins nach Spanien bringen soll, um sie dort mit entsprechendem Gewinn zu veräußern. Hawkins segelt derweil mit dem Rest nach England.

Bedauerlicherweise jedoch ist die Casa gar nicht erpicht auf derartige Transaktionen. Gleich nach der Ankunft in Spanien wird die gesamte Ladung konfisziert, während Hopkins nur um Haaresbreite der Inquisition entgeht. Die hundert auf Hispaniola hinterlegten Sklaven werden in der Folge ebenfalls beschlagnahmt, und Hawkins bekommt weder für sie noch die Waren auch nur einen Penny. Das einzig greifbare Ergebnis seiner Bemühungen ist ein neues Dekret der Casa, das ganz besonders englischen Schiffen jeglichen Handel in Westindien verbietet — unter welchem Vorwand auch immer sie zu diesem Zweck angereist kommen sollten.

Als Elisabeth I. Hawkins später bei seiner Ernennung zum Zahlmeister der Flotte in den Adelsstand erhebt, verleiht sie ihm zugleich ein Wappenschild, das einen Mohren zeigt, »geziemend gefärbt und mit einem Strick gefesselt«, was den »rühmlichen Leistungen« des Seefahrers durchaus angemessen ist. Niemandem wäre es damals eingefallen, den Handel mit dem »schwarzen Ebenholz« für etwas Niederträchtiges zu halten, ja selbst die Königin ist persönlich an so manchem derartigen Unternehmen finanziell beteiligt.

Das 16. Jahrhundert ist für Europa voll blutiger religiöser Streitigkeiten, bei denen kein Pardon gegeben wird. Überall, wo es nur denkbar ist, prallen haßerfüllte Katholiken und Protestanten aufeinander. Ist das protestantische England für Seine Allerkatholischeste Majestät, den König von Spanien, zu seiner Zeit der beste Verbündete des Vatikans, der Hort der Ketzer, den man, denn dies ist höchste Christenpflicht, einfach zu vernichten hat, so rechtfertigen England und seine Anglikaner, die protestantischen Holländer und die französischen Hugenotten ihre Überfälle auf das Besitztum des katholischen Spanien mit den ihnen eigenen theologischen Standpunkten. Zwar kann sich, was Macht und Einfluß anlangt, England mitsamt seinen Verbündeten bei weitem noch nicht mit Spanien messen, doch sind ganze Scharen zu allem entschlossene, mit ihrem Metier vertraute Seefahrer bereit, jede Mühsal auf sich zu nehmen und nichts zu unterlassen, was die Macht des militanten Spanien und die Schätze seiner Neuen Welt schmälern kann.

Elisabeth bemüht sich anfangs, diesen erklärten Absichten ihrer Glaubensgenossen keinen offiziellen Glanz zu verleihen; dies wohl auch, um keinen offenen Krieg mit Spanien zu provozieren. Was sie natürlich nicht daran hindert, von den Streifzügen ihrer seefahrenden Untertanen als stiller Teilhaber zu profitieren.

Nach außen hin gelten diese als »Privatiers«, private Unternehmer — ihre Fahrten werden von wohlhabenden Kaufleuten und dem Adel finanziert, die ihnen zu diesem Zweck an Schiffen, Mannschaften, Ausrüstung und Bewaffnung nur das Beste anvertrauen.

Und wenn nun der Botschafter Spaniens Elisabeth die Klagen seines Königs vorträgt, was zunächst gelegentlich, dann immer öfter vorkommt und schließlich zur Regel wird, so hat die Monarchin ein unerschöpfliches Repertoire von Ausreden parat. Einmal sind die Schuldigen »ganz sicher keine« ihrer »Untertanen«, sondern Englisch sprechende Schotten oder andere Landsleute, zum anderen wird, wenn die Beweise nicht anderweitig widerlegt werden können, die königliche Zusage gegeben, den Verbrecher sofort festnehmen und seiner rechtmäßigen Bestrafung zuführen zu lassen, sobald man seiner habhaft werde.

Im Frühjahr 1572 laufen im Hafen von Plymouth die Vorbereitungen zu einer neuen Privatiersfahrt auf Hochtouren. Ein gesetzter, stämmiger junger Mann mit rötlichem, krausem Haar und Vollbart, noch nicht 30 Jahre alt, wirbelt zwischen Stapeln von Proviant umher, die von Matrosen unter Deck verstaut werden.

Francis Drake, zur Zeit noch ziemlich unbekannt, ein Freund und Schüler John Hawkins', rüstet sich zu seinem ersten selbständigen Streifzug. Seine eher bescheidenen Schiffe, die »Swan« und die »Pascha«, mit ihren ganzen 70 Tonnen und 74 Mann Besatzung, von denen die meisten nicht einmal das Alter ihres Kapitäns erreicht haben, lassen mehr Zweifel am guten Verlauf des Unternehmens aufkommen als alles andere.

Francis Drake entstammt einer strenggläubigen protestantischen Seemannsfamilie, ist schon von klein auf an das Meer gewöhnt, ein kühner Seefahrer und ein fanatischer Verfechter seiner Religion.

Am 14. Mai 1572 ist es soweit. Mit vollen Segeln stechen die beiden Schiffe in See. Kurs: Westindien. Francis Drake an Bord der »Pascha«, sein Bruder John als Kapitän der »Swan«.

Schon innerhalb von 25 Tagen haben sie den Atlantik überquert — eine seemännische Leistung, die bisher keine Parallele hat — und tauchen vor Nombre de Dios im Golf von Darien am Isthmus, dem heutigen Panama, auf. Sie handeln schnell, legen sich vor der Stadt in einen Hinterhalt und greifen mit einer Streitmacht von 50 Mann von Land her die Stadt Nombre de Dios an. Allerdings haben sie Pech. Regen macht ihr Schießpulver unbrauchbar, und bald zwingt sie eine Beinverwundung Drakes, sich aus der Stadt zurückzuziehen, noch bevor sie sich überhaupt nach Beute haben umsehen können. Doch lassen sie sich nicht entmutigen und rücken nun gegen Cartagena an. Aber auch hier ergeht es ihnen ähnlich. Die von mächtigen Mauern umgebene Stadt verteidigt sich zäh, und die Engländer müssen den Rückzug antreten. Erst die Eingeborenen, mit denen sie Freundschaft schließen, sollten ihnen zum Erfolg verhelfen.

Diego, einer der entlaufenen indianischen Sklaven, die von den Spaniern »Cimarrones« genannt werden, dem Drake vor Nombre de Dios Leben und Freiheit schenkte, ist zu seinem ergebensten, besten Berater und Kundschafter geworden. Drake ist klug genug, auf ihn zu hören, und man beschließt, zunächst irgendwo unterzutauchen, um auf günstigere Zeiten für einen Überfall zu warten: einen Überfall auf die gewinnversprechenden, mit Gold und Silber beladenen Maultiertrecks.

Also segeln sie mit ihren Schiffen den Golf von Darien aufwärts und verbergen sich in einer ruhigen, abgeschiedenen Bucht, wo sie unter der Anleitung Diegos Unterkünfte bauen, die den Häusern der Cimarrones gleichen. In der feuchten, unerträglichen Hitze ist dies keine leichte Aufgabe, und Drake gewährt seinen Leuten als erstes 14 Tage Ferien. Er läßt sogar ein Stück Dschungel roden und einen Spielplatz anlegen, wo sich jeweils eine Hälfte der Mannschaft mit Kegeln und Scheibenwerfen belustigt, während die andere schwer schuftet: Tag für Tag wechseln sich die beiden ab.

Mit der Regenzeit kommt auch die Seuche. Gar mancher hätte jetzt end-

Ein Maultiertreck überquert den Isthmus

gültig den Mut verloren. 28 Mann sind bereits an den verschiedensten unbekannten Krankheiten gestorben oder ihren Verwundungen erlegen; auch Drakes Brüder haben beide den Tod gefunden. Inzwischen haben sich ihnen gut 30 Cimarrones angeschlossen, die darauf brennen, gemeinsam mit ihnen gegen die Spanier zu ziehen. Sie bringen zwei wertvolle Nachrichten: Die Maultiertrecks sind bereits auf dem Wege, und die spanische Flotte, die alljährlich eigentlich erst im Frühjahr eintrifft, liegt jetzt schon in Nombre de Dios.

Drake schickt unverzüglich eines seiner kleinen Schiffe aus, um diese letztere Meldung nachprüfen zu lassen. Er selbst rüstet sich mit 18 noch kampffähigen Männern und 30 Cimarrones zum Aufbruch. Die im Lager verbleibenden Kranken vertraut er John Oxenhams Obhut an, dem er ganz besonders einschärft, nur ja keinem Boten Glauben zu schenken, der nicht eine schriftliche Meldung von seiner Hand vorweisen könne.

Einige der Cimarrones führen den Zug an. Nach zweitägigem Anmarsch lagern sie bereits vor Venta Cruz, dem allgemein üblichen Rastplatz zwischen Panama und Nombre de Dios. Von hier aus geht es bergauf. Sie marschieren nur frühmorgens, warten im Schatten der Wälder die Mittagshitze ab und ziehen dann bis Sonnenuntergang weiter.

Allmählich wird die Luft frischer und klarer; die Hitze bleibt zwar, doch weicht die Schwüle des Dschungels dem würzigen Duft der Kiefern. Die immer gut gelaunten friedlichen Indianer schleppen den Proviant und die gesamte Ausrüstung, so daß die Engländer sich nur um die Waffen zu kümmern brauchen. Man verbringt die erfrischenden Nächte gemeinsam,

während die Wachen lauschen, ob die Glocken des Maultiertrecks nicht doch schon zu hören sind.
Am 11. Februar 1573 führt einer der Cimarrones Drake zu einem mächtigen Baum, in dessen Stamm stufenartige Kerben eingehauen sind. In der gigantischen Krone des Baumes befindet sich eine von Menschenhand geschaffene Plattform, die einem guten Dutzend Männern Platz bietet. Oben angelangt, breitet sich vor den Augen Drakes ein Panorama aus, das vor ihm noch kein Engländer erblickt hat. Weit in der Ferne schimmert die endlose Fläche des Pazifiks, hinter ihm liegt der Golf von Mexiko. Es ist möglich, daß zwei Generationen zuvor, im September 1513, der spanische Abenteurer Vasco Nunez de Balboa von hier aus als erster Europäer die Küste der legendären Südsee erblickt hat.
Drake sinkt ergriffen in die Knie und beschwört den Herrgott, er möge ihn einmal mit einem englischen Schiff jenes Meer befahren lassen.
Noch am gleichen Tag beginnt die Streitmacht Drakes mit dem Abstieg in Richtung Panama. Nach langem, anstrengendem Marsch erblicken sie in der Ferne endlich die Stadt, ihren Hafen und die Schiffe. Am Abend wird haltgemacht. Man entsendet einen Indianer nach Panama, der den Abmarschtermin des Maultiertrecks auskundschaften soll. Es ist bekannt, daß die Spanier die Hitze des Tages schlecht vertragen und mit ihren Konvois vorzugsweise bei Nacht durch den Dschungel ziehen. Einige Stunden später schon ist der Kundschafter zurück. Noch diesen Abend, so meldet er, werden drei Züge aus Panama abgehen. Ein Treck, der dem Schatzmeister von Lima und dessen Tochter gehört und aus acht mit Gold und Juwelen beladenen Lasttieren besteht, sowie zwei weitere Züge mit Silber und Proviant.
Drake zieht sich etwa zwölf Meilen in Richtung der Berge zurück, von wo sie gekommen sind, um vom Platz des Überfalls aus einen möglichst kurzen, bequemen Weg zu dem Versteck wählen zu können, wo die »Pascha« und die Pinassen auf seine Rückkehr warten. Er bestimmt daher, daß der Überfall in der Dunkelheit stattfinden soll und befiehlt seinen Männern, ihre Hemden über die Röcke zu streifen, damit sie sich durch das helle Leinen im Wirrwarr des Kampfes vom Feind unterscheiden. Der ganze Haufen geht daraufhin zu beiden Seiten des Pfades in Stellung. Drake schärft jedem einzelnen ein, nicht hervorzustürmen, ehe er nicht mit seiner Pfeife das Signal gegeben habe. Falls sich jemand aus Richtung Venta Cruz nähern sollte, noch bevor der Maultiertreck den Hinterhalt erreicht habe, so sollen sie sich ganz still verhalten. Nach diesem Verweis wird Essen verteilt und ein Schluck Branntwein, da für die Nacht Kälte erwartet wird. Dann kriecht jeder in sein Versteck, um Drakes Signal abzuwarten.
Es dauert nicht allzu lange, bis in der Ferne die Glocken der Lasttiere zu hören sind — in diesem Augenblick aber ist plötzlich der Teufel los.

Mit einemmal hört man nämlich das Klappern von Pferdehufen herankommen, und ein gewisser Robert Pile, der offenbar zuviel »Aqua Vita« getrunken hat und »wähnte, die Maultiere seien da«, springt aus seinem Versteck. Zwar reißt ihn ein geistesgegenwärtiger Indio sofort wieder zurück — doch zu spät: Der Reiter gibt seinem Pferd die Sporen und verschwindet im gestreckten Galopp in Richtung Panama.
Natürlich kann Drake nicht wissen, warum der Spanier in diesem Tempo an ihm vorbeischießt. Inzwischen sind die Glocken des Trecks immer näher gekommen.
Drake bläst in seine Pfeife. Seine Leute stürzen aus den Büschen, und schon einen Augenblick später sind die Treiber, die gar keinen Widerstand leisten, überwältigt. In den Packkörben der Tiere jedoch finden die enttäuschten Engländer statt der erhofften Schätze nur Lebensmittel. Der mit Gold und Juwelen beladene Treck des Schatzmeisters und seiner Tochter ist spurlos verschwunden! Einer der Treiber, der ins Verhör genommen wird, sagt schließlich aus, man habe einen spanischen Hidalgo getroffen, der auf seinem Weg im Busch die plötzlich auftauchende

Ein spanischer Reiter feuert aus seiner Muskete

Silhouette eines Mannes gesehen hätte. Als der Schatzmeister dies erfuhr, befahl er seinen Leuten, schleunigst umzukehren. So sind eben nur die Trecks mit dem Proviant weitergezogen.

Nach kurzer Überlegung ordnet Drake den sofortigen Aufbruch an. Es geht in Richtung der Stadt Venta Cruz. Etwa eine Meile vor Venta Cruz stoßen sie auf einen spanischen Posten, eine gegen die Überfälle der Cimarrones eingerichtete Patrouille, Piquette genannt. Man fordert sie auf, anzuhalten, doch Drake erwidert, sie seien Untertanen der Königin von England und verlangten als solche freien Durchzug. Die Spanier eröffnen daraufhin sofort das Feuer. Drake selber wird leicht verwundet. Als sie dies sehen, stürzen sich die Cimarrones auf die Spanier und verjagen sie in das Dickicht des Urwalds.

Nachdem die Feldwache verschwunden ist, rennt die gesamte Meute nach Venta Cruz hinein. Die überraschten Einwohner suchen mitsamt den Soldaten im Kloster Schutz. Drake braucht daher nur eine Wache vor der Klosterpforte aufzustellen und gibt seinen Leuten sodann zwei Stunden zur Plünderung der Stadt. Beim ersten Sonnenstrahl ist der ganze Spuk bereits vorüber. Im Eilmarsch geht es zurück. Wieder erweisen die Cimarrones sich als treue Freunde. Sie sorgen für den Proviant, bauen Unterkünfte für die Nacht, tragen sogar den einen oder anderen der geschwächten Engländer und kundschaften die Umgebung aus.

Drake und seine Leute haben es ihnen zu verdanken, daß sie der Verfolgung durch die Spanier entkommen und die Bucht, in der ihre Schiffe verborgen sind, unbehelligt wieder erreichen.

Am Ankerplatz ist alles in bester Ordnung. Wenige Tage später schon beschließt Drake, mit einer Pinasse nach Westen zu segeln; die übrigen sollen, außer einigen Wachen, die bei der »Pascha« bleiben, unter John Oxenham die zweite Pinasse bemannen, ostwärts segeln und versuchen, ein Proviantschiff zu kapern, da die Vorräte zur Neige gehen. »Fahr los, Johnny«, scherzt Drake, »und komm mit Truthühnern und fetten Schweinen zurück!«

Oxenham zieht aus, und als er mit seinen Männern nach einigen Tagen zurückkommt, ist Drake fassungslos: Die Beute, die sie mit sich schleppen, ist tatsächlich eine Ladung fetter Truthähne und Schweine!

Drake selbst hat das Glück aber auch nicht im Stich gelassen. Er hatte ein mit Gold beladenes Schiff gekapert und Nachricht von einem zweiten erhalten, das eine noch größere Ladung an Bord haben sollte. Allerdings war es so stark bewacht, daß er den Gedanken an seine Eroberung hatte fallenlassen müssen.

Die nagelneue Fregatte mit dem Feder- und Borstenvieh, die Oxenham mitbringt, gefällt Drake so ausnehmend gut, daß er beschließt, ein Kriegsschiff daraus zu machen.

Das Osterfest steht vor der Tür. Sie feiern es in ihrer Bucht — wie

in ihren besten Tagen: Der Wein fließt in Strömen, und ein Truthahn nach dem anderen wandert in den Topf.
Gleich nach den Feiertagen unternimmt Drake mit der neuen Fregatte eine kleine Rundreise, während der er ein französisches Schiff aus Le Havre findet, dessen Mannschaft dem Verdursten nahe ist. Drake nimmt die Franzosen zu seinem Unterschlupf mit und stimmt zu, daß sich ihr Kapitän, Julien Le Testu, ein Hugenotte und einer der besten Hydrographen seiner Zeit, am nächsten Streifzug beteiligt. Drake läßt den Franzosen, die durch die Entbehrungen der letzten Wochen arg mitgenommen sind, fünf Tage Zeit, sich zu erholen.
Inzwischen werden Pläne für das neue Unternehmen geschmiedet. Die beiden Kapitäne Drake und Le Testu werden mit der gekaperten spanischen Fregatte, unterstützt von zwei Pinassen, in See stechen. Die »Pascha«, Le Testus Schiff und die dritte Pinasse bleiben derweil im Versteck. Die gemeinsame Streitmacht zählt 15 Engländer, 20 Franzosen und 20 Cimarrones.
Drake hat vor, bei der Mündung des Rio Francisco, eines kleinen Flusses etwa 20 Meilen östlich von Nombre de Dios, an Land zu gehen. Als er feststellt, daß die neue Beutefregatte immer mehr Wasser saugt, verfrachtet Drake seine Leute in die Pinassen. Die Fregatte wird im Schutz einer Landzunge versteckt zurückgelassen, wo sie bis zur Rückkehr der Pinassen bleiben soll. Drake besteigt ebenfalls eine der Pinassen, und sie rudern so weit flußaufwärts, wie es der Wasserstand zuläßt. Dann schickt er die Boote mit der notwendigsten Besatzung zurück. Sie sollen zur Fregatte segeln und am vierten Tag wieder an Ort und Stelle sein. Der Platz, den Drake für den Überfall bestimmt hat, ist tatsächlich gut gewählt: eine Meile vor dem westlichen Dock von Nombre de Dios, also am Ende des langen Wanderweges, wenn die Führer der Trecks mit ihren Schutzwachen alle Gefahren bereits hinter sich glauben.
Kurz nach Sonnenuntergang des zweiten Marschtages haben sie Nombre de Dios umgangen und schleichen unter Führung der Cimarrones zu beiden Seiten dicht an den Pfad heran. Spät in der Nacht treffen die Kundschafter der Cimarrones mit der Nachricht ein: »Drei Züge, insgesamt 190 Lasttiere, schwer mit Silber und Gold beladen, sind unterwegs.« Schon eine Weile später hört man in der Dunkelheit den Klang der Glocken, und kurz darauf marschiert der Zug ahnungslos zwischen den beiden Reihen der Angreifer durch. Auf Anraten der Indianer bemächtigen sich Drakes Leute zunächst nur des ersten, führenden Maultieres und des allerletzten. Die übrigen 188 Tiere legen sich daraufhin wie auf Kommando nieder. Die Begleitwachen versuchen zwar noch schwach, Widerstand zu leisten, aber sie sind schnell in die Flucht geschlagen. Kapitän Le Testu zieht sich beim Kampf jedoch eine böse Magenverletzung zu, während einer der Cimarrones sogar getötet wird. Der Rest stürzt sich auf die

Lastkörbe, die vollgestopft sind mit Gold, Goldmünzen und Juwelen. 15 Tonnen Silber, die man außer dem Gold findet, werden an Ort und Stelle vergraben. Man beschließt, sie irgendwann später zu holen.
Kaum sind sie mit der übrigen Beute abgezogen, als das Getümmel eines rasch herannahenden 50 Mann starken Trupps spanischer Soldaten hörbar wird. Schwer bewaffnet macht sich Le Testu mit zwei Landsleuten auf, um seinen Kameraden Rückendeckung zu geben. Es gelingt ihm zwar, die Spanier zu stoppen, doch bezahlt er dies mit seinem Leben. Darüber hinaus stellt sich heraus, daß ein weiterer Franzose fehlt. Wie man später erfährt, war er betrunken und hatte sich allein auf den Weg gemacht. Er verirrte sich und fiel prompt in die Hände der Spanier. Sie nahmen ihn ins Verhör, und unter der Folter sagte er ihnen, wo die 15 Tonnen Silber vergraben waren.
Inzwischen marschiert Drake mit seinen Männern Tag und Nacht durch die Wälder. Man gönnt sich kaum eine Pause, obwohl jeder an der kostbaren Last schwer zu schleppen hat. Am Nachmittag des vierten Tages stehen sie endlich wieder an der Mündung des Rio Francisco — doch ist weit und breit keine Spur von ihren Pinassen zu sehen. Statt dessen kreuzen sieben spanische Schiffe in der Bucht. Allem Anschein nach kommen sie vom Ankerplatz der englischen Fahrzeuge her. Doch ist Drake nicht der Mann, sich schnell entmutigen zu lassen. Er ruft seine Männer zusammen, und schon bald darauf waten alle in das Hochwasser des Flusses, aus dem sämtliche »sich anbietenden« Stämme herausgeholt werden. Schon um Mittag liegt ein primitives Floß vor ihnen am Strand. Ein Baumstamm wird entästet, geschält und dann der Länge nach gespalten. Aus der einen Hälfte entsteht ein Mast, während aus dem übrigen Holz Ruder gebastelt werden. Ein leerer Zwiebacksack dient als Segel. Der Seegang in der Flußmündung ist zwar hoch, doch drängen sich Drake und drei seiner Männer mutig auf ihrem ungewöhnlichen Fahrzeug zusammen. Drake hofft noch immer, irgendwo die Pinassen zu finden. Tatsächlich erreichen sie die See, wenn sie auch bei jeder Woge bis zum Hals in die Fluten geraten. Einen halben Tag lang plagen sie sich vorwärts. Die Sonne brennt auf sie herab, und jeden Augenblick laufen sie Gefahr, ins Meer hinausgetrieben zu werden, wo furchterregende Haie lauern. Endlich legt sich der Weststurm, und die spanische Flottille verschwindet. Von Osten her kommt eine leichte Brise auf.
Kurz vor Sonnenuntergang erspäht Drake in der Ferne zwei Punkte, die sich rasch nähern. Es sind die beiden Pinassen! Wie wild schwenken Drake und seine Männer ihren Zwiebacksack, doch bricht die Nacht zu schnell herein, und die Pinassen verschwinden hinter einer Landzunge. Drake folgt ihnen in der Dunkelheit nach. Wie sich herausstellt, sind sie gegen den starken Westwind nicht vorwärts gekommen und haben sich nur auf ihre Ruder verlassen müssen. Deshalb haben sie die Mündung

Mit solchen und ähnlichen Hindernissen suchten die Spanier die Eindringlinge zu stoppen

des Rio Francisco nicht rechtzeitig erreichen können. Jetzt geht es schnell in Richtung Mündung zurück, wo die Kameraden warten. Sie erreichen ohne Zwischenfälle die Fregatte, die noch immer sicher in ihrem Versteck liegt, und sind schon am nächsten Tage mit ihrer kostbaren Beute wieder bei der »Pascha« und dem französischen Segler. Die Beute wird zu gleichen Teilen an die englische und die französische Mannschaft verteilt.
Nachdem dies getan ist, rüsten sie sich für den Rückweg an den Ort des Überfalls. Sie wissen noch nichts vom Schicksal Kapitän Le Testus und seiner beiden Leute und haben die Absicht, auch die im Dschungel vergrabenen 15 Tonnen Silber abzuholen. Daß das Versteck inzwischen von den Spaniern geräumt worden ist, erfahren sie von einem der vermißten Franzosen, den sie im Wald finden. Von ihm hören sie auch, daß Kapitän Le Testu inzwischen tot und der andere Franzose in spanischer Gefangenschaft ist.

Obwohl das Erdreich im Umkreis einer Meile von den Spaniern umgewühlt worden ist, stöbern ein paar unermüdliche Optimisten doch noch 15 Silberbarren auf — den kümmerlichen Rest von 15 Tonnen. Im Triumph werden sie zum Ruheplatz gebracht, wo man sich nun zur Heimfahrt rüstet. Drake takelt die »Pascha« ab und gibt sie auf. Er selbst richtet sich mit seiner Mannschaft auf der von Oxenham gekaperten spanischen Fregatte ein.

Im August 1573 erreichen sie mit ihren Schätzen an Bord den Hafen von Plymouth.

Was die Spanier am meisten berührt und beunruhigt, ist nicht die Tatsache, daß sich Drake in ihre Einflußsphäre gewagt hat, sondern die, daß er dies und seine Streifzüge mit Unterstützung der Cimarrones durchführen konnte. Sie fürchten — und das ganz zu Recht —, dies könne ein Vorspiel zu Expeditionen noch größeren Umfanges gegen ihre Besitzungen sein.

Im Jahre 1577 organisiert Drake seine größte Expedition. Er ist kein Unbekannter mehr. Seine Verbindungen reichen bis in die nächste Umgebung Königin Elisabeths. Unter dem Vorwand, die »Terra Australia«, von der bereits Gerüchte umlaufen, entdecken zu wollen — eine Deckstory für die Ohren des spanischen Gesandten in London —, hat er im Einvernehmen mit der Königin einen Plan ausgearbeitet, Spanisch-Amerika anzugreifen.

Ein Freund, der begüterte Höfling Doughty, springt ebenfalls ein und hilft, das kleine Geschwader auszurüsten, das aus drei bewaffneten Schiffen, dem Flaggschiff »Pelikan« mit 100 Tonnen, der »Elisabeth« mit 80 Tonnen, der »Marigold« mit 30 Tonnen, sowie zwei kleinen Pinassen, der »Swan« und der »Christopher« mit je 15 Tonnen, besteht.

Am 13. Dezember 1577 segeln sie aus Plymouth ab. Als Drake die Planken seines Schiffes betritt, kann er nicht ahnen, daß dies der Anfang einer Reise ist, die ihn um die ganze Welt führen wird, der ersten Weltumsegelung, die ein einzelner Schiffskapitän vollbracht hat.

Zunächst steuern sie die Küste Brasiliens an. Acht Monate später stehen sie am Eingang der Magellanstraße, die sie in die Südsee, den Pazifik, führen soll. Diese Gegend ist den britischen Seefahrern bisher nur vom Hörensagen bekannt. Der Weg durch die Südsee ist eines der bestgehüteten Geheimnisse Spaniens, das um die langen, ungeschützten Küsten Chiles und Perus bangt.

Die zwei Versorgungspinassen »Swan« und »Christopher« werden, als sie sich als nicht mehr seetüchtig erweisen, zu Brennholz geschlagen. Die »Pelikan« und die zwei anderen Schiffe, »Marigold« und »Elisabeth«, gelangen noch gemeinsam in die Magellanstraße. Hier aber geraten sie in einen heftigen Sturm, der sie einen Monat lang nach Süden abtreibt. Die »Marigold« zerschellt, während die »Elisabeth« so weit vom Kurs abkommt, daß sich ihr Kapitän entschließt, statt zum vereinbarten Treffpunkt zu segeln, auf eigene Faust nach England zurückzukehren. Hier verbreitet er die Nachricht, Drakes Schiff sei mit Mann und Maus gesunken. Bei seiner tollkühnen Fahrt nach Süden sichtet Drake als erster Seefahrer die Spitze des südamerikanischen Kontinents, das später so berüchtigte Kap Hoorn.

Die Strapazen und Entbehrungen der schweren und gefahrvollen Route schlagen sich im Unmut der Mannschaft nieder. Dazu versucht Drakes Passagier und Freund, der Edelmann Doughty, der offenbar die Nerven verliert, sie zur offenen Meuterei aufzuwiegeln. Als die mehrfachen Aufrufe Drakes zur Ruhe keinen Erfolg haben, beruft er eine Art Kriegsgericht ein und läßt Doughty kurzerhand den Kopf abschlagen.

Die Situation wird immer kritischer. Drake entscheidet zwar, der »Pelikan« den klangvollen Namen »Golden Hind« zu verleihen, doch bleibt fraglich, ob das Vertrauen der Mannschaft in die Expedition dadurch bestärkt werden kann.

Nach 52 stürmischen Tagen erreicht Drake mit einer durch Krankeit und Überfälle von Indianern, die ihnen beim Wasserholen auflauern, dezimierten und ausgemergelten Mannschaft den Hafen des heutigen Valparaiso. Hier gelingt es ihm, sich mit frischem Proviant zu versorgen. Keines der großen und kleinen Schiffe im Hafen widmet der »Golden Hind« irgendwelche besondere Aufmerksamkeit. Sie können nicht ahnen, daß der kleine, ziemlich heruntergekommene Dreimaster ein Engländer ist. Unmittelbar neben der »Golden Hind« liegt die Karavelle »Los Reyos« unter dem hochgeschätzten spanischen Entdecker Kapitän Mendana vor Anker. Sie ist für die Abfahrt nach Panama bereit. Die drei Männer, die sich gerade an Deck der »Los Reyos« befinden, winken ihnen zu und laden die Engländer herzlich ein, doch herüberzukommen, um eine Flasche Wein mit ihnen zu leeren. Thomas Moone, einer der Gefährten Drakes, läßt sich dies nicht zweimal sagen. Zusammen mit ein paar Männern setzt er sich ins Beiboot und rudert zu der Karavelle hinüber. Kaum haben sie das Deck des Schiffes unter den Füßen, als sich Moone schon mit dem Schlachtruf »Nieder mit dir, du spanischer Hund!« auf einen seiner Gastgeber stürzt. Einer der Spanier rettet sich durch einen Sprung ins Wasser; die anderen werden gefangengenommen. Danach begeben Drakes Männer sich an Land und nehmen die Siedlung im Handstreich. Ihre Beute ist jedoch gering: In der einzigen Kapelle finden sie einen Kelch, ein paar Kännchen und ein Altartuch. Die sieben gefangenen Spanier werden an Land gelassen, und die Engländer segeln mit der Karavelle als Prise ab. An Bord des Schiffes finden sie einen Zentner Gold, 1770 Weinkrüge und, was das wichtigste ist: einen griechischen Lotsen, der sie eines Tages nach Lima bringen sollte.

Der Erfolg von Valparaiso bestätigt den Männern die Richtigkeit ihres Vorhabens, die vielversprechenden Gewässer weiter nach Norden hinauf zu segeln. Um für dieses Unternehmen gerüstet zu sein, legen sie die »Golden Hind« zunächst einmal am Strand einer stillen Bucht der chilenischen Küstenprovinz Atakama auf Kiel. Das kleine Schiff ist nun schon ein volles Jahr auf See; unter seiner Wasserlinie hat sich ein wahres Dickicht von Muscheln und Tang angesiedelt. Jetzt wird die ganze Kruste säuberlich von den Schiffsplanken abgeschabt, und der Rumpf frisch geteert. Das Takelwerk kann aus den Beständen der gekaperten Karavelle vollständig erneuert werden.

Dann erst geht es richtig los. Sie steuern dicht an der Küste entlang — so nahe, daß »jedwede dort befindliche Person vom Schiff aus deutlich gesehen werden konnte«. Diese Methode beschert ihnen Erfolg. Unweit des Städtchens Tarapaca erwischen sie einen Spanier, der tief schlafend mit Säcken voll Silber, das viertausend Dukaten wert ist, am Strande liegt. Man kann sich die Überraschung des armen Mannes vorstellen.

Die Hiobsbotschaft, Drake kreuze in der Südsee, verbreitet sich immer rascher und eilt ihm schon bald voraus. In Arica zum Beispiel erfahren die Engländer, daß ein Schiff mit wertvoller Fracht gerade nach Norden unterwegs ist. Als sie die Beute nach anstrengender Jagd endlich finden, liegt sie friedlich in einer Bucht vor Anker. Hoffnungsvoll erstürmen sie den Segler — doch das Schiff ist leer! Die rechtzeitig gewarnte Mannschaft hat die Ladung und sich selbst in Sicherheit gebracht. Drake läßt erbost sämtliche Segel des Schiffes hissen und schickt es ohne eine Menschenseele an Bord für alle Zeit in die Weite des Pazifik.

Am 15. Februar 1579 schlüpft Drake kurz nach Sonnenuntergang mit seiner »Golden Hind« nach Callao, dem Hafen von Lima, hinein. Bedächtig steuern sie in die Mitte des Hafenbeckens und gehen vor Anker.

Drake wartet, bis es dunkel ist, dann stürmen sie die umliegenden Nachbarschiffe. Die überraschten und verschlafenen Mannschaften wehren sich kaum — sie haben auch nicht viel zu beschützen; die Beute ist mehr als mager. Man findet insgesamt nur eine Kiste mit Silber und ein paar Ballen Seide. Doch von einem Gefangenen, einem bescheidenen Aushilfswächter, erfahren sie etwas Bedeutsames. Er ist der erste, der ihnen einen Hinweis auf das Großschiff »Nuestra Señora de la Concepción« gibt. Dieser königliche Segler ist mit der Aufgabe betraut, den jährlichen Ertrag der Silber- und Goldminen von den Küsten Chiles, Perus und Ekuadors zur Landenge von Panama zu schaffen, von wo die Schätze mit den Mauleseltrecks über den Isthmus gebracht werden.

Die Jagd beginnt.

Die Schatzgaleone hat auf ihrem Wege nach Panama bereits 14 Tage Vorsprung. Drake zeigt seinen Leuten eine kunstvolle, kostbare Goldkette, die Belohnung für denjenigen, der das Schiff, wegen seiner mächtigen Bewaffnung auch »Cacafuego«, der Feuerspeier, genannt, als erster sichten wird.

Schon am nächsten Tag kapern sie eine Fregatte in der Hoffnung, irgend etwas von dem Schatzschiff zu erfahren. Aber die Besatzung weiß von nichts.
Drake setzt sich vorsorglich in eine Pinasse und segelt dicht an der Küste entlang, während die »Golden Hind« ihre Reise weit draußen auf See fortsetzt.
Kurz vor Paita haben sie Erfolg. Die Mannschaft eines Schiffes, das sie dort entern, erzählt, daß die Galeone erst zwei Tage zuvor von hier in See gestochen sei.
Drake läßt schleunigst alle Segel setzen. Schon am nächsten Tag überholen sie bei günstigem Wind eine spanische Barke, die ebenfalls nach Panama steuert, und erfahren von ihrer Besatzung, daß der »Cacafuego« nicht ganz 24 Stunden zuvor an ihr vorbeigezogen sei. Bei strahlendem Sonnenschein, von heftigem Wind getrieben, passieren die Engländer den Golf von Guayaquil und den Äquator. Am 1. März 1579 um 3 Uhr nachmittags befinden sie sich am Kap San Francisco.
Plötzlich schreit vom Mastkorb hinab der kleine John Drake, ein Vetter des Admirals, der als Page fungiert, die goldene Kette gehöre ihm. Tatsächlich haben seine scharfen Augen gut vier Meilen voraus das lang gesuchte Schatzschiff erspäht.
Der Kapitän des stolzen »Cacafuego«, Don Juan de Anton, der gemächlich nach Panama steuert, läßt das kleine, unbekannte Schiff im Bewußtsein seiner Größe und Bemannung ruhig herankommen. Er wäre nicht im Traum darauf gekommen, in diesen Gewässern auf einen Feind zu treffen. Der Spanier hält auf das Schiff zu, das sich ihm ebenfalls nähert, und steuert arglos dessen Längsseite an. Es ist etwa 9 Uhr abends am 1. März. Die »Golden Hind« kommt näher, und der neugierige Spanier erkundigt sich, von wo sie kämen und wer sie seien. Als Antwort fordert Drake ihn auf, unverzüglich die Segel zu streichen und sich zu ergeben.
»Wer will mir den Befehl geben, meine Segel zu streichen? Komm an Bord und streich sie selbst!« ruft der Kapitän der Galeone erbost.
Die verdutzten Spanier haben sich von ihrer Überraschung noch nicht erholt, als Drakes Leute schon die Enterhaken schwingen und auf die »Nuestra Señora de la Concepción« hinüberspringen. Überrascht und nur hinter der Bestückung des Schiffes stark, ergibt sich die im Nahkampf nicht ausgebildete Besatzung der Schatzgaleone rasch.
Vier Tage lang schleppen die Engländer bei sonnigem Wetter und glatter See nun ihre Beute aus dem Rumpf der »Nuestra Señora«. 26 Tonnen Silber in Barren, 13 Kisten gemischten Silbers, 80 Pfund Gold, Truhen voller Edelsteine, Juwelen und Perlen sowie andere Waren im Werte von über 200.000 Pfund Sterling verschwinden in der »Golden Hind«. Der Kapitän des Schatzschiffes sitzt währenddessen als Drakes Gast bei Tisch und erholt sich bei bestem Wein von den Schrecken des Überfalls.

Die »Golden Hind« kapert die »Nuestra Señora de la Concepción«, den sogenannten »Cacafuego«

Er darf die »Golden Hind« von oben bis unten besichtigen, und Drake zeigt sich auch sonst von seiner besten Seite. Er überreicht dem Kapitän eine kostbare, goldene Kette mit einem eingravierten Namenszug: Francisco Drake. Als er dem Spanier dann noch eine gute Reise wünscht, kann dieser es nicht fassen, daß der Engländer ihm sein Schiff zurückgibt und er segeln darf, wohin er will.

Das Glück begleitet Drake weiter: Am 14. März kapern sie eine spanische Fregatte. Ihre Ladung: feinstes chinesisches Porzellan der Ming-Epoche und Seiden. Drake ist zwar nicht hell begeistert, läßt sie aber trotzdem umladen, weil »seine Frau Seide und Porzellan brauchte«.
Der Kapitän der Fregatte, Don Francisco Zapate, schildert den Kapitän der »Golden Hind« später folgendermaßen:
»Dieser Engländer nennt sich Francis Drake; er ist ungefähr 38 Jahre alt, von kleiner Statur und sehr robust. Seine ganze Haltung ist vornehm, sein Gesicht macht einen frischen Eindruck, ein schöner Bart gibt ihm ein gutmütiges Aussehen. An der rechten Backe ist eine Narbe sichtbar, die von einer Pfeilwunde herrührt. An einem Bein hat er eine weitere Schußverletzung, die er einst in Westindien von einem Armbrustschuß davontrug. Er ist ein großer Seemann; sein Vater wie auch seine Vorfahren waren Seeleute; mit John Hawkins ist er verwandt. Seinen eigenen Bruder, Thomas, hatte er bei sich; dieser diente wie jeder andere als einfacher Schiffer. Thomas war 22 Jahre alt, er war von kleiner Statur, aber sehr breitschultrig. Drake brachte von England, wie erzählt wurde, 170 Mann mit. Doch viele von seinen Leuten starben, und jetzt bestand seine Mannschaft nur noch aus 80 Köpfen, darunter 8 Knaben. Aus England brachte er auch einen Neger namens Diego mit, der Spanisch und Englisch sprach. Er hat ihn vor etwa sieben Jahren auf einer Fregatte vor Nombre de Dios gefangengenommen. Das größte Schiff seiner Flotte war 220 Tonnen schwer, von den beiden anderen umfaßte das eine 150, das andere nur 50 Tonnen. Das Admiralsschiff war gut ausgerüstet und ein schneller Segler. Eine große Anzahl eiserner und bronzener Geschütze lugte über Bord. Der Korsar hatte drei nautische Bücher in seinem Besitz, das eine war in französischer, das andere in englischer Sprache abgefaßt, das dritte war ›Magellans Entdeckungsfahrt‹. Drake führte ein Tagebuch, in das er Vögel, Bäume und Seelöwen einzeichnete. Im Zeichnen war er sehr geschickt. Er und sein Vetter John, der gleichfalls gut zeichnete, schlossen sich oft in seiner Kabine ein, um in Muße zeichnen zu können.«
Was Don Francisco am meisten beeindruckt, sind die Zeichnungen, die die beiden von der ganzen Küste in ihrer der Natur entsprechenden Farbenpracht skizziert haben. Es ist ihm klar, daß sich demnächst jeder Engländer, mit den naturgetreuen Abbildungen Drakes in der Hand, in den bisher so streng geheimgehaltenen Gewässern zurechtfinden wird.
Übrigens hat Drake, was die Kartographie anlangt, eine besonders glückliche Hand. Schon im nächsten gekaperten Schiff findet er nicht nur zwei ausgezeichnete, erfahrene Lotsen, die selbst für die Spanier eine Rarität darstellen, sondern mit ihnen auch ganze Stapel unschätzbar wertvollen Kartenmaterials und Skizzen des Pazifik und des Chinesischen Meeres bis hin zu den Molukken — die ersten Karten dieser Art, die je ein Engländer zu sehen bekommen hat.

Oben: Er schenkte Spanien die Neue Welt — Papst Alexander VI.

Rechts: Die Sehnsucht der Freibeuter — spanische Dublonen (17. Jahrhundert)

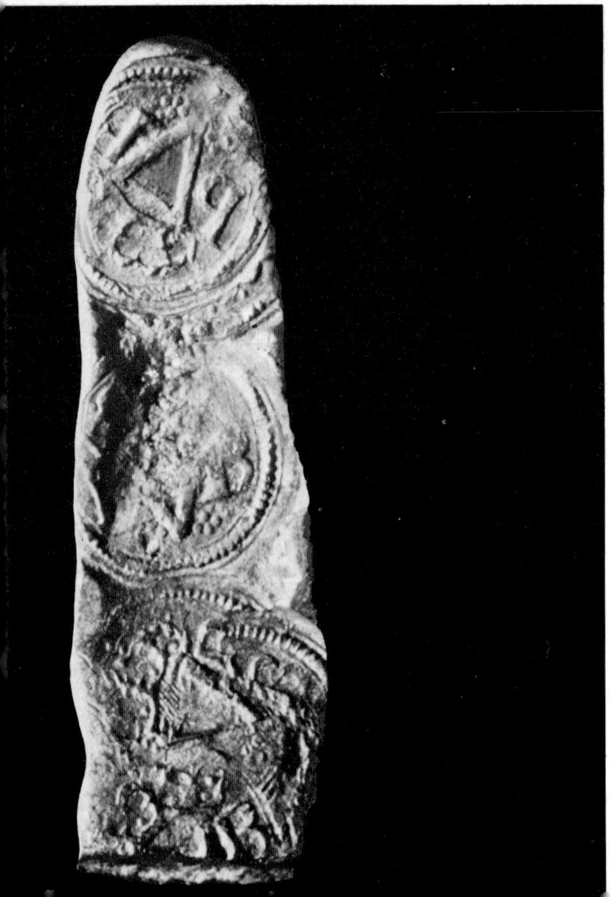

Die meistgeschätzte Beute: Silberbarren (17. Jahrhundert), oben, und Goldbarren (17. Jahrhundert), links

Sie sind immer die bestgehüteten Krongeheimnisse gewesen, auf denen die wahre Macht Spaniens beruhte. Da hinsichtlich jeder Einzelheit über diese Regionen zwischen Spanien und Portugal schon ein erbarmungsloses Rennen herrscht, kann man sich die Bedeutung dieser Beute für England vorstellen. Die Spanier rüsten in aller Eile einige Schiffe und schicken sie Drake auf die Fersen, um weiteres Unheil zu vermeiden.

Aber das Glück bleibt der anderen Seite vorbehalten. Zwei der Schiffe segeln ab und vergessen, Proviant mitzunehmen. Andere, wenngleich mit schweren Kanonen bestückt, gehen ohne Munition und Pulver in See.

Da die kleine, mit allerlei Schätzen vollgestopfte »Golden Hind« keine Beute mehr unterzubringen vermag und es andererseits auf der Hand liegt, daß die ganze spanische Südseeflotte alarmiert ist, beschließt Drake, Heimkurs zu nehmen.

Höchstwahrscheinlich sind es die beiden tüchtigen Lotsen und die eroberten Karten, die ihn zu der Entscheidung bewegen, den weiten, ungewissen Weg durch den Pazifik und um Afrika herum nach England zu wählen. Nachdem sie bis über Kalifornien hinaus nach Norden vorgestoßen sind, wenden sie sich nach Westen. Der große Ozean liegt vor ihnen; die Stimmung an Bord ist ausgezeichnet. Den lieblichen chilenischen Rotwein braucht man nicht zu sparen; sie speisen von Porzellan- oder Silbergeschirr. Zwar landen sie bei einem Sturm unweit der Küste von Celebes arg mitgenommen auf einem der gefürchteten Korallenriffe, und man sieht schon das Ende kommen — aber die »Golden Hind« steht eben doch unter einem glücklichen Stern. Sie bekommen das ungemein robust gebaute Schiff wieder flott und segeln weiter. Bevor sie Java und das Kap der Guten Hoffnung anlaufen, lädt man noch weitere, wenn auch leichte, aber kostbare Fracht: Gewürze. So erreichen sie am 5. November 1580 den Hafen von Plymouth.

Sie kommen wie aus einer anderen Welt. Keiner hat noch auf ihre Rückkehr gehofft, da die Besatzung der »Elisabeth« schon vor Jahren geschworen hat, sie seien untergegangen.

Die von den Strapazen der Weltumsegelung verblichene und vielfältig geflickte »Golden Hind« ist mit ihrem von Muscheln und Tang überwucherten Rumpf eher einem »Fliegenden Holländer« ähnlich als dem schmucken Schiff, das drei Jahre zuvor von hier aus in See stach.

Als der König von Spanien von Drakes Rückkehr erfährt, setzt er Himmel und Hölle in Bewegung, um die Schmach zu rächen, die dieser Drake ihm bereitet hat. Sein Botschafter in London legt Königin Elisabeth eine Beschwerde und ein Beweisstück nach dem anderen vor, um klarzustellen, daß ihr Untertan kein Entdecker, sondern ein gemeiner Seeräuber ist. Angesichts dieser Tatsache und auch wohl, um den spanischen König nicht noch mehr zu brüskieren, erwägt die Königin offiziell, den Seefahrer ins Gefängnis zu werfen.

Schießpulverherstellung

Ein halbes Jahr nach seiner Rückkehr erteilt sie ihm Befehl, mit der »Golden Hind« die Themse anzusteuern und sie nach Deptford zu bringen.

Überraschend erscheint Elisabeth am 4. April 1581 an Deck der »Golden Hind«. Sie speist mit Drake und schlägt ihn, den Spaniern zum Trotz, an Deck seines Schiffes zum Ritter.

Kurz zuvor haben alle Geldgeber, die es ihm ermöglichten, mit der Flottille von fünf Schiffen auf Fahrt zu gehen — die Königin gehört auch zu ihnen —, ihre Anteile erhalten: Für jedes Pfund, das sie Drake anvertraut hatten, bekamen sie 47 zurück.

Während der drei nächsten Jahre macht Drake auf Befehl der Königin, die Spanien nicht weiter reizen will, im Kanal Jagd auf Piraten.

Erst als Philipp II. seinen Untertanen im Jahre 1585 den Handel mit England strikt verbietet und englischen Schiffen die Einfahrt in spanische Häfen verschließt, schickt die Königin Drake als Vergeltungswaffe los. Unter seinem Befehl segelt eine Flotte von 25 Schiffen gegen die Westindischen Inseln.

Am 5. September 1585 erscheinen sie vor San Jago und durchwühlen die Stadt. Von hier geht es nach San Domingo und Cartagena; auf der Rückreise zerstören sie das spanische Fort auf Ost-Florida. Mit reicher Beute legen sie am 28. Juli 1586 wieder im Hafen von Plymouth an.

Schon im April des nächsten Jahres ist Drake aufgrund einer Order der Königin wieder unterwegs. Diesmal soll er versuchen, die Ansammlung spanischer Seestreitkräfte vor Englands Küsten zu verhindern. Drake befindet sich noch in Heimatnähe, als die Königin ihm einen neuen Befehl nachsendet, der es ihm verbietet, spanische Häfen anzugreifen. Man weiß nicht genau, ob er ihn erhalten hat oder nicht. Vielleicht gab Drake auch nur vor, ihn nie gesehen zu haben. Tatsächlich dringt er in den Hafen von Cadiz ein, versenkt und verbrennt dort 33 spanische Schiffe und entführt vier weitere.

Trotz dieses Rückschlags läßt Philipp II. sich nicht von seinem Plan abbringen, die englische Konkurrenz von den Weltmeeren hinwegzufegen. Im Jahre 1588 sticht aus den spanischen Häfen die größte Flotte in See, die die Welt bis dahin gesehen hat: die »Unbesiegbare Armada« — mit dem erklärten Ziel, England zu besetzen. Nicht nur das Wetter und die Stürme, auch Drake als Vizeadmiral und sein Freund John Hawkins haben entscheidenden Anteil an der Zerschlagung der Armada.

In diesen Tagen wird Spaniens Seemacht endgültig gebrochen, und die Vernichtung der Invasionsflotte rettet England; denn die spanischen Soldaten, einmal auf der Insel, wären nicht so leicht abzuschlagen gewesen.

Am 28. August 1595 starten die beiden Freunde Hawkins, nun 75, und Drake, 55 Jahre alt, zu einem neuen Unternehmen. Wieder geht es gegen Westindien. Doch diesmal sollte es für die zwei keine Rückkehr mehr geben.

27 gutausgerüstete Schiffe mit Mannschaften und Landungstruppen, insgesamt 2500 Mann, stechen in See.

Doch die Orte, die man noch vor wenigen Jahren im Handstreich und mit ein paar Booten voller verwegener Haudegen einnehmen konnte, sind inzwischen zu gutverteidigten Festungen ausgebaut worden. Diesmal ist das Glück auf Spaniens Seite. Ein unbedachter, vergeblicher Anschlag gegen Las Palmas hat nicht nur die gesamten Kanarischen Inseln irritiert — Westindien ist schon in Alarmbereitschaft versetzt, lange bevor Drake in Sicht kommt.

In Puerto Rico wartet eine weitere Überraschung. Als sich die Landungsboote der Engländer dem Hafen nähern, geht aus ausgebauten Schiffskanonen und Musketen ein wahrer Regen von Geschossen auf sie nieder. Hier ereilt denn auch den alten Hawkins sein Schicksal. Am 24. November 1595 stirbt er, traurige Prophezeiungen auf den Lippen, in Sichtweite des Hafens von Puerto Rico.

In einem Anflug von Verachtung für Spanien ankert Drake in Schußweite des Forts. Als er in seiner Kabine das Abendmahl einnimmt, dringt eine Kanonenkugel durch die Schiffswand, zerschmettert den Schemel unter ihm und tötet zwei seiner Offiziere. Die Engländer ziehen sich daraufhin respektvoll zurück.

Eine Phantasie-Abbildung: So stellte man sich in der Alten Welt einen Überfall Drakes auf einen spanischen Hafen in Amerika vor

Im Hafeninnern liegen mehrere spanische Fregatten, die, wie einige Gefangene zu berichten wissen, für den Transport nach Spanien mit Gold im Werte von etwa drei Millionen Dukaten, das bereits in einem Fort lagert, beladen werden sollen.
Um Drake das Eindringen in den Hafen zu erschweren, versenken die Spanier quer zur Einfahrt eine große Hulk. Am zweiten Abend greifen die Engländer mit ihren Pinassen und kleinen Fahrzeugen die fünf spanischen Schiffe an. Das Gefecht, das hierauf beginnt, kostet sie 400 Mann, während auf spanischer Seite nur eine Fregatte, die bis zur Wasserlinie abbrennt, verlorengeht. Die übrigen vier jedoch bleiben kampffähig, und der Schatz bleibt in seinem sicheren Gewahrsam in den Verliesen des Forts.

Der Isthmus von Panama. Ausschnitt aus einer Karte des 17. Jahrhunderts

Darauf versucht Drake sein Glück bei der Stadt Santa Maria. Doch die Stadt ist leer. In ihren Mauern sind weder Menschen noch Schätze zu finden. Drake verbrennt sie und nimmt Kurs auf Nombre de Dios. Hier halten ein paar Spanier ein kleines Fort, das sie indes schon beim ersten Sturm der Engländer preisgeben — auch hier marschiert Drake nur in eine öde Stadt ein.

Seit ihrem Rückzug von Puerto Rico haben sie »auf See nicht ein einziges spanisches Schiff gesichtet, das der Jagd wert gewesen wäre; nicht ein einziges spanisches Regiment leistete an Land Widerstand, und abgesehen von ein paar Silberbarren und ein paar kleinen Stangen Gold wurde nichts erbeutet«.

Am 29. Dezember 1595 brechen 750 Engländer, die Elite der Truppe, zur Überquerung des Isthmus und zum Angriff gegen Panama auf. Den Silvestertag feiert Drake, indem er Nombre de Dios dem Erdboden gleichmacht und die im Hafen liegenden Schiffe in Brand setzt. Am Neujahrstag ist die spanische Siedlung eine rauchende Trümmerstätte. Die Flotte setzt gerade Segel, um nach Porto Bello weiterzureisen, als ein Cimarrone mit einer Botschaft eintrifft. Die Truppe habe Panama nicht erreichen können und befände sich in vollem Rückzug.

Tatsächlich trifft am nächsten Abend der zusammengeschmolzene Haufe müder, verwundeter und dem Tode naher Soldaten ein. Tag und Nacht von spanischen Scharfschützen verfolgt, sind sie den schmalen Pfad durch den Dschungel emporgestiegen. Oben auf dem Berg, an der Wasserscheide, von wo Drake einst zum erstenmal den Pazifik sah, hatte sie ein Hagel von Geschossen aus einem versteckten Fort empfangen. 20 Mann waren schon getötet, ehe man sich überhaupt seiner Lage bewußt war. Von freundlichen Cimarrones erfuhren sie, daß die Spanier schon vor einigen Jahren eine ganze Kette solcher Forts eingerichtet hätten; sie waren seit der Alarmnachricht sämtlich stark befestigt worden. Um das Unglück noch zu vervollkommnen, hatte der Regen den Engländern das meiste ihrer Vorräte ungenießbar gemacht, während auf den schmalen Pfad vor ihnen krachend Bäume hinabstürzten, die von den Spaniern gefällt worden waren und ihnen immer wieder den Weg versperrten. Selbst wenn sie Panama erreicht hätten, so hätten sie die Stadt nicht halten können. Daher entschloß man sich zum Rückzug. Die nicht mehr marschfähigen Verwundeten hatte man der »Gnade« der Spanier überlassen müssen. In dieser Situation entscheidet Drake, die Schiffe zu überholen, was schon längst fällig ist, und besseres Wetter abzuwarten.

Sie legen bei Escudo de Veragua an: Von allen Inseln der fieberverseuchten Küste ist sie die schlimmste. Während dieser Ruhepause erkrankt Drake als einer der ersten an Ruhr. Am 23. Januar bleibt er aus Kräftemangel in seiner Kajüte. Nur einen einzigen Befehl erteilt er noch: das Geschwader schnellstens von diesem verfluchten Ort wegzubringen und vor dem Wind nach Porto Bello zurückzusegeln.

Ehe sie diesen Hafen erreichen, weiß Drake, daß seine Stunden gezählt sind; er hat nur noch einen Wunsch: auf offener See bestattet zu werden. Am 28. Januar 1596, als sie bereits vor Porto Bello liegen, stirbt Drake.

Am nächsten Tag segeln sie aufs Meer hinaus und drehen eine Meile von der Küste entfernt bei. Zu beiden Seiten seines Flaggschiffs, der »Defiance«, auf der Sir Francis Drake in seinem Bleisarg ruht, ist ein Fahrzeug wie eine Fackel entzündet; prasselnd schießen die Flammen hoch. Aus sämtlichen Kanonen grüßt die Flotte ihren Admiral, und vom Deck des Flaggschiffes dröhnen die Trompeten. Der bleierne Sarg wird langsam hinuntergelassen, und die türkisblauen Tiefen des Golfs von Darien nehmen Englands größten Seemann auf.

Die Erinnerung an seine Taten bleibt jahrhundertelang nicht nur in England und Spanien lebendig; selbst die Deutschen fühlen sich berührt, aus welchen Gründen auch immer. In Baden zum Beispiel war man sehr fest davon überzeugt, daß Drake auch ein Wohltäter der Menschheit gewesen sei — er soll nämlich als erster die Kartoffel nach Europa gebracht haben. Und wenn dies auch nicht stimmt, so setzten ihm die dankbaren Bürger von Offenburg im Jahre 1853 dennoch ein Denkmal — allen Protesten der Fachwelt zum Trotz.

Die Brüder der Küste

»TORTUE (Tortuga), westindische, zur Republik Hayti gehörige Insel an der Nordküste Hayti's, 35 Kilom. lang, bewaldet und fruchtbar, aber unbewohnt«.
So sagt Meyers Konversationslexikon von 1878 aus.
Genau 250 Jahre zuvor, 1629, wurde dieses kleine Eiland, damals ebenfalls unbewohnt, fast über Nacht zur Wiege derer, die man später Buccaneers oder Flibustiers nennt.
Schon nach einiger Zeit war die Insel ihr sicherer Unterschlupf, dann mächtiges Bollwerk, das der Macht der Spanier trotzte, und über Jahre hinweg wichtigste Ausgangsbasis der Seeräuber.
Ihr Ruhm wuchs proportional zur von Tag zu Tag steigenden Zahl der »Brüder der Küste«, die nach der Devise »Raubt das Geraubte« ganz Spanisch-Westindien, Mittel- und Südamerika in Atem hielten.
Felsig und fast uneinnehmbar, mit einem geräumigen und sicheren, von der Natur selbst geschützten Hafen wurde Tortuga zu einer echten Seeräubermetropole.

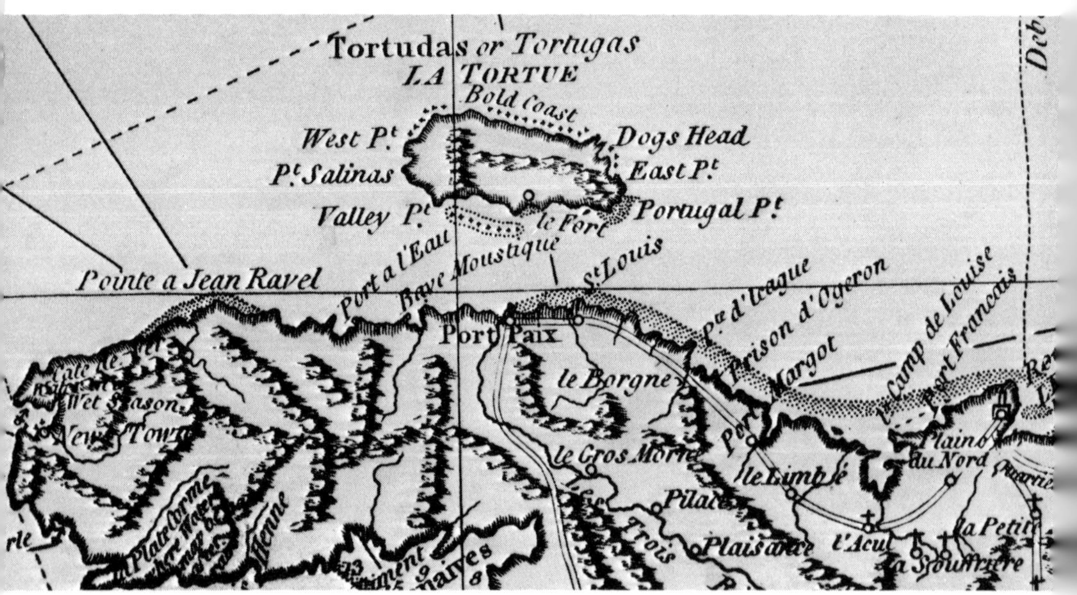

Siedlung der Pflanzer

Mit Beginn des 17. Jahrhunderts entfaltet sich ein neues Blatt der bewegten Geschichte der Karibik. Die Macht Spaniens bröckelt gerade in diesem Jahrhundert schnell ab. Sein Reich, zwar noch immer gewaltig, überschattet Europa bei weitem nicht mehr so, wie es zu Zeiten eines Karl V. oder Philipp II. der Fall gewesen ist.

Im Jahre 1603 stirbt Königin Elisabeth von England; ihre Nachfolger, die Stuarts, stützen eine Politik des Friedens und der Aussöhnung. Die Bourbonen auf Frankreichs Thron bringen ihrem Land eine Ära wirtschaftlichen Aufblühens. Holland kann im Jahre 1609 die spanische Herrschaft abschütteln und erlangt endlich seine Unabhängigkeit. Haben die Vertreter dieser Nationen bisher in Westindien als rauhe Seeräuber gehaust — im 17. Jahrhundert kommen sie als friedliche Kolonisten und Siedler.

Die Spanier haben es im Laufe des vergangenen Jahrhunderts verstanden, die Karibischen Inseln so restlos auszurauben und ihre Bevölkerung zugrunde zu richten, daß sie jetzt verständlicherweise selbst kein allzu großes Interesse mehr für sie hegen.

Zuerst gelingt es den europäischen Einwanderern, auf den Kleinen Antillen Fuß zu fassen. Die Inseln dieser beiden Gruppen, nach ihrer Lage zum Passat in Wind- und Leewärtige Inseln unterteilt, sind nicht allzu groß,

Überfall der Spanier auf Tortuga

leicht zu besiedeln und attraktiv, nicht nur durch ihren fruchtbaren Boden, sondern auch als vorgeschobene Stützpunkte für den gewaltigen und reichen Kontinent, vor dem sie liegen. Sie werden zum Pfand im wechselvollen Spiel von Diplomatie und Kolonisation, das ein gutes Jahrhundert lang dauern soll.

Schon im Jahre 1621 gründen die Holländer eine Westindien-Kompanie, die sich um den wirtschaftlichen Aufschwung sowie den Export und Import der von den Untertanen des Königs von Holland besiedelten Inseln kümmert; ein paar Jahre später sind es die Engländer, die ähnliches tun.

Die Insel St. Christopher, von den Engländern kurz St. Kitts genannt, ist die erste, die im Jahre 1623 von englischen und dann französischen Siedlern bevölkert wird. Es sind die Gründer der französischen Ansiedlungen auf

St. Kitts, die Richelieu bewegen, auch eine französische Westindien-Kompanie zu gründen.
»Die Gesellschaft der Inseln von Amerika« wird sie genannt und kolonisiert für Frankreich unter anderem Guadeloupe und Martinique.
Am 8. September 1629 liegt plötzlich die spanische Flotte vor St. Kitts. 30 Schiffe unter dem Kommando von Don Federico de Toledo setzen Truppen auf der Insel ab, die zehn Tage lang die französisch-englische Kolonie auf St. Kitts verwüsten.
Die französischen Siedler retten sich auf die benachbarte Insel Antigua; die Engländer, etwa 550 Siedler, werden nach Cartagena und Havanna verschleppt und von dort direkt nach England zurückgeschickt. Der Rest versteckt sich in den reichbewaldeten Bergen und kehrt, sobald die spanische Flotte am Horizont verschwindet, in seine zerstörten Siedlungen zurück. Drei Monate später ist die Kolonie bereits wieder aufgebaut.
Zu schwach, um die Aberdutzenden großen und kleinen Inseln der Karibik zu besiedeln, geschweige denn sie zu schützen oder gar zu überwachen, müssen die Spanier es einfach hinnehmen, daß sich auf der einen oder anderen Insel Fremde einnisten.
Eine der größten von ihnen, Hispaniola, das heutige Haiti, wo einst Kolumbus landete, ist von den spanischen Kolonisten nach und nach verlassen worden und verödet. Eigentlich sind nur noch das Fort und die Stadt San Domingo besetzt. Die Eingeborenen sind längst ausgerottet, während das zurückgelassene Vieh und die Haustiere der Europäer sich wild vermehrt haben.
Riesige Schweinerudel und Rinderherden, unzählige Pferde und sogar Hundemeuten trampeln wie im Paradies einträchtig über die Weiden der immer sattgrünen Ebenen, die von einem Ende der Insel bis zum anderen reichen.
Bis sich eines Tages irgendwo an der verlassenen Nordküste Hispaniolas eines der Seeräuberschiffe verfranst. Man weiß bis heute nicht genau, ob es aus St. Malo, Dünkirchen oder Brest stammte. Sie sind bei der Verfolgung spanischer Schatzschiffe hierhergekommen.
Auf Hispaniola finden sie, was sie gerade brauchen: sandige, geschützte Buchten, um in Ruhe ihr Schiff auf Kiel legen zu können; Wasser, und vor allem Unmengen von Fleisch. Es ist alles so verlockend, daß einige Matrosen nicht mehr an Bord gehen. Sie bleiben und jagen das verwilderte Vieh. Ein paar Mannschaften gestrandeter Schiffe und eine Handvoll entlaufener Sklaven schließen sich ihnen bald an. Das Fleisch der erlegten Tiere wird in Streifen geschnitten, getrocknet und zu schmackhaften, wohlriechenden Happen geräuchert — eine ideale Ergänzung der laffen Seemannskost und vor allem wochenlang haltbar.
Die Kunde von der Quelle dieser Leckerbissen verbreitet sich schnell von Hafen zu Hafen, und von einem Schiff zum anderen gibt man den Geheim-

tip an Händler, Schmuggler oder gar Seeräuberkapitäne weiter, denen die Versorgung ihrer Mannschaften immer Kopfzerbrechen bereitet. Vor jeder längeren Reise steuern sie nun schnell die Insel Hispaniola an, um sich mit dem vorzüglichen Fleisch zu versorgen. Sobald sich nur ein Schiff vor der Insel zeigt, warten die Jäger bereits mit ihrem Fleisch, Talg oder mit Fellen. Sie tauschen gegen all die Dinge, die sie benötigen, und beide Seiten sind zufrieden mit dem Handel, den sie miteinander machen.

Die Jäger bekommen bald Gesellschaft. Einigen Kolonisten, Franzosen und Engländern aus St. Kitts, gelingt die Flucht dorthin, als Don Federico de Toledo 1629 mit seinen Soldaten ihre Siedlungen überfällt. Viele von ihnen erliegen dem Reiz des halbwilden, aber unabhängigen Daseins, und sie beschließen, ihr Leben lang auf Hispaniola zu bleiben.

Doch schon im nächsten Jahr, 1630, geht die Idylle jäh zu Ende. Solange nämlich die Zahl der Jäger noch nicht allzu groß gewesen ist, haben die Spanier ihnen keine große Beachtung geschenkt. Die Kunde von diesem Paradies auf Erden verbreitet sich jedoch von Tag zu Tag weiter, wodurch die Zahl der Entrechteten, die hier Zuflucht suchen, ständig steigt.

Ein buntes Völkchen strömt in die Gefilde Westindiens: Schiffbrüchige, Deserteure, entlaufene Sklaven, freigekommene Gedungene, religiöse Flüchtlinge. Manche sind auch einfach Abenteurer, denen ihre Heimat zu eng geworden ist und die es schön finden, wie ein Urmensch in der Wildnis zu hausen. Verfolgte Schuldner oder verarmte Adelige, die hier ein Eldorado erhoffen, Versager ohne Aussichten und entflohene Kriminelle. Sie alle finden einen Platz in den herrlichen Hainen Hispaniolas. Alle machen Jagd auf die verwilderten Haufen der Rinder und Schweine, dressieren auch die Hunde zu diesem Zweck und bereiten das Fleisch zum Verkauf zu.

Die Männer tun sich zu zweien oder dreien zu einem kameradschaftlichen Bund zusammen und nennen sich nach den Verbänden französischer Matrosen Matelotages, die ihren Ursprung in den alten Blutsorden der Seefahrer haben. Völlige Gemeinschaft, gemeinsamer Besitz und gegenseitiger Erbanspruch sind die wesentlichen Merkmale dieser Jagd-Matelots. Man sucht sich einen Kompagnon, weil es einfach leichter ist, in diesem unheimlichen, von Urwäldern und Sümpfen durchzogenen Land zu überleben, oder weil man seinen Kompagnon schlicht als Ersatz für eine Frau betrachtet, die für den einzelnen unerschwinglich ist.

Eines Tages beschließen die Spanier zu zeigen, wer Herr im Hause ist. Eine Expeditionsstreitmacht wird gegen die Waldläufer ausgerüstet, und man beginnt zu morden und zu plündern. Daß sie es hier nicht mehr mit Indianern zu tun haben, erfahren die Spanier sehr schnell am eigenen Leib. Die Jäger nehmen die Herausforderung an, gehen zu einem regelrechten Guerillakrieg über und fügen dem Angreifer erheblichen Schaden zu. Doch sehen die Jäger bald ein, daß die Jagd auf Rinder oder Schweine einträglicher ist, und da sie lieber in Ruhe leben wollen, suchen sie ein sicheres

Tortuga, von der Insel Hispaniola aus gesehen

Plätzchen, von wo aus sie sich auch weiterhin ihrer Beschäftigung widmen können.

Es ist nicht schwer, es zu finden — es liegt sozusagen direkt vor ihrer Tür: die Insel Tortuga. Diese kleine, felsige Insel von acht Seemeilen Länge und zwei Seemeilen Breite ist nur durch einen schmalen Kanal von etwa fünf Seemeilen von der Nordküste Hispaniolas getrennt.

Von Hispaniola aus gesehen, ist sie einer Riesenschildkröte täuschend ähnlich, die auf den Wellen schwimmt, weshalb schon Kolumbus sie Tortuga, Schildkröte, getauft hat. Helgoland gleich ragen ihre steilen Klippen aus dem Meer. Eine liebliche Bucht an der Südseite ist ihr einziger Zugang und Hafen; zu beiden Seiten von mächtigen Felsen wie natürlichen Wellenbrechern flankiert und ausreichend tief für jedes Schiff. Täler, bedeckt mit üppigen Zedernwäldern voller Wild, und mit fettem Gras überzogene Savannen erstrecken sich bis an die steil abstürzenden Felsen.

Nach bewegten Jahren, in denen sich Franzosen oder Engländer im Besitz der Insel abwechselten, landet im August 1640 ein Franzose namens Le Vasseur mit einem Haufen von 50 Männern, sämtlich Hugenotten wie er selbst, und nimmt sie im Überraschungsangriff. Le Vasseur, ein gebildeter Mann mit einer stürmischen Vergangenheit, Architekt von Beruf, errichtet

Das Fort auf Tortuga, der sogenannte »Taubenschlag«

als erstes an dem am besten geeigneten Platz der Insel ein Fort: Den Gipfel eines Hügels, der dicht über dem einzigen Hafen herausragt, bildet ein steilwandiger Felsen mit einer Art geräumiger Plattform, auf der noch dazu eine Quelle sprudelt. Le Vasseur planiert den Gipfel in Terrassen und schafft eine Unterkunft für einige hundert Leute. Außerdem setzt er auf die Felskuppe ein Fort mit zwei Kanonen. In der Mitte der Anlage entsteht das Haus des Gouverneurs, wie er sich selbst nennt. Ein schmaler, treppenartig in die Felswand gehauener Pfad verläuft zum Fort, das man schließlich oben nur mit Hilfe einer eisernen Leiter erreichen kann. Wird das letzte Stück der Leiter hochgezogen, wie das jede Nacht geschieht, verwandelt sich die Felskuppe in eine uneinnehmbare Festung.
Der »Taubenschlag«, wie ihn Le Vasseur tauft, braucht nicht lange auf die Stunde seiner Bewährung zu warten. Schon drei Jahre später, 1643, rüsten die Spanier von San Domingo eine gut 600 Mann starke Streitmacht aus, die die Franzosen ein für allemal von Tortuga vertreiben soll. Doch bevor sie in der Bucht an Land gehen können, erfaßt sie bereits eine gut sitzende Salve der Fortartillerie. Eines der Schiffe sinkt, der Rest macht sich

aus dem Staub und versucht sein Glück an einer windgeschützten Stelle, etwa zwei Meilen vom Fort entfernt. Es gelingt ihnen tatsächlich, auf der Insel Fuß zu fassen. Noch auf dem Marsch aber geraten sie in einen Hinterhalt, den ihnen die Leute Le Vasseurs bereitet haben; sie verlieren fast die Hälfte ihrer Männer. Nur mit knapper Not bringen sie es fertig, zu ihren Schiffen zu kommen und abzusegeln. Von diesen Vorfällen stark beeindruckt, riskieren die Spanier zehn Jahre lang keinen neuen Versuch, die Franzosen zu vertreiben. Und für Tortuga kommen gute, ruhige Zeiten; eine richtige Kolonie wächst heran mit Hafenanlagen, Kirche, Magazinen und vor allem — Kneipen. Die Jäger von der in Sichtweite liegenden Insel Hispaniola haben hier einen geschützten Platz für ihre Vorräte und ein sicheres Versteck in Zeiten der Gefahr. Seeräuber treffen hier nach ihren Zügen entlang der spanischen Küste ein, um sich zu erholen, ihre Schiffe wieder in Ordnung zu bringen und vor allem einen Markt für ihre Beute zu finden.

Der Hafen ist zu jeder Zeit von französischen und holländischen Schiffen frequentiert, die hier das weithin berühmte geräucherte Fleisch und die von den Jägern präparierten Häute, die guten Ruf genießen, kaufen und im Austausch dafür Brandy, Gewehre, Kugeln, Schießpulver oder Bekleidung bringen.

Tabak- und Zuckerplantagen werden angelegt, und in Sorge um das Wohlbefinden seiner Schäfchen bringt Bertrand d'Ogeron, ein Edelmann aus Anjou und Nachfolger Le Vasseurs, sogar eine ganze Ladung Damen aus der Alten Welt heran, die unter lebhaftem Zulauf im Hafen Tortugas versteigert werden. Zwar sieht man so mancher von ihnen schon von weitem auffallend deutlich ihr Gewerbe an, andere wiederum sind eher schon ein wenig rostig — doch die heiratslustigen Jäger und Siedler sind trotzdem begeistert. Der Jesuit Le Pers, der erste Chronist Tortugas, der dabeigewesen ist, berichtet im Hinblick auf die opferwilligen Damen charmant: »Die Kolonie gewann damit den letzten Glanz, der ihr noch fehlte ...«

Da die frischgebackenen Ehemänner keineswegs auf ihr Jagd-Matelot-Bündnis verzichten wollen oder können, denn es stellt ja die Grundlage ihrer Existenz dar, andererseits aber auch nicht geneigt sind, den eigenen Herd zu missen, lebt bald die ganze Gruppe einträchtig in einer Art Kommune beisammen, worüber auch der Dominikanerpater Du Tertre, der seinerzeit in Westindien weilte, berichtet: »Die Gouverneure hatten wegen der Ärgernis erregenden Vorfälle das Verbleiben der Matelots im Haus ihrer verheirateten Kompagnons verboten.«

Tortugas Wohlstand lockt indessen immer mehr Jäger, Farmer, Schiffer und Kaufleute aus allen Teilen Westindiens an. Alle kommen, um leicht und schnell Geld zu verdienen — die wenigsten haben eine redliche Arbeit im Kopf.

Da Westindiens »Indianer« so gut wie ausgerottet sind, die Negersklaven

Ein Pflanzer schlägt seinen Sklaven

aber noch rar und teuer, kommt man auf die Idee, sich Arbeitswillige in der fernen Heimat zu besorgen. Man nennt sie »Engagés«. Angeworben werden sie zumeist in den Kneipen einer der vielen französischen Häfen der Kanal- oder Atlantikküste von einem geschäftstüchtigen Kapitän — öfter aber von irgendeinem dunklen Typ, der sich als Sonderbeauftragter dieses oder jenes Gouverneurs aus der Karibik ausgibt. Ganze Scharen junger Männer, die dem Ruf des Abenteuers folgen, lockt das geheimnisvolle Eldorado in der Neuen Welt. Da die meisten von ihnen in der Heimat sowieso nichts Gutes zu erwarten haben, sind sie bereit, jedem zu folgen, der ihnen goldene Berge verspricht und dazu noch ihre Zechschulden begleicht. Wenn sie dann auf der anderen Seite des Atlantiks die Planken des Schiffes verlassen, können sie nur noch darüber staunen, daß man sie inzwischen an einen ihnen völlig unbekannten Herrn verkauft hat, dem sie nun drei Jahre lang dienen müssen. Nicht selten sind es halbe Kinder und Sprößlinge guter Häuser, die in die Falle dieses bemitleidenswerten Schicksals geraten. Sogar die Negersklaven haben es besser. Sie sind zumindest den Unbilden des Klimas gewachsen und außerdem festes Besitztum ihrer Herren — und wer wird schon sein teuer bezahltes Eigentum zugrunde richten?

Als Engagé aber ist ihr Herr darauf bedacht, in den drei Dienstjahren soviel wie nur eben möglich herauszuwirtschaften. Schläge sind ihr tägliches

Urwald bedeckt große Teile der Neuen Welt: Die Jugend Spaniens, die Substanz der Nation, schmilzt im tropischen Abenteuer ihrer Ausbeutung dahin

Oben links: König Philipp II. von Spanien

Oben rechts: Sir Francis Drake

Links: Königin Elisabeth I. von England

Brot, vor denen sie weder Schwäche nach Krankheit schützen. Viele gehen dabei kaputt, und kein Hahn kräht danach.

Wer das alles aber überlebt, der ist zwar durch eine harte Schule gegangen, hat jedoch für den Fall, daß er in der Karibik bleibt, wie es zumeist geschieht, das Rüstzeug, mit der Zeit ein ganzer Kerl zu werden. Und es ist eine Tatsache, daß fast alle großen Flibustiers ihre Karriere als Engagé begonnen haben.

Die Insel Tortuga wird indessen regelmäßig von allen Schiffen angelaufen, die in spanischen Gewässern Schmuggel oder Seeraub treiben. Ihre Lage ist dazu wie geschaffen, ihre jeweiligen Statthalter nicht minder, und das reisefeste Rauchfleisch der Jäger bietet herrlichen Proviant für lange Fahrten.

Dies bringt für die Einwohner eine immer enger werdende Bindung zum Seewesen mit sich. Hinzu kommt, daß sich die Matelots von Hispaniola in immer größerem Maße in der neuen Kolonie ansiedeln, denn die Spanier rotten, um die unbequemen Gäste loszuwerden, planmäßig alles Großwild der Insel aus. Doch täuschen sie sich hinsichtlich des Erfolges dieser Maßnahme. Was der Jäger nicht mehr im Busch findet, sucht er sich anderswo, nämlich auf See.

Besonders für die Viehjäger ist die Versuchung groß, da ihr Lebensstil der allerrauheste ist. Am Tage durchstreifen sie mit ihrem Hund und Matelot

An Wildbret herrschte kein Mangel

die Wälder, schlafen nachts unter freiem Himmel oder einem rohen Schutzdach, das schnell aus Blattwerk und Fellen errichtet wird. Ihre Bekleidung ist von einfachster Art: grobe Stoffhosen und ein Hemd, das lose darüberhängt; beide Teile so schmutzig und vom Blut, Fett und Schweiß der geschlachteten Tiere durchtränkt, daß sie aussehen, als seien sie eingeteert. Ein Gürtel aus ungegerbtem Rinderfell hält das Hemd und an der einen Seite drei oder vier lange Messer, an der anderen einen Beutel für Schießpulver und Munitionskugeln. Eine Kappe, deren kurze Krempe über die Augen reicht, rohe Schuhe aus Rind- oder Schweinsleder, aus einem einzigen Stück gefertigt und über den Füßen zusammengebunden, sowie ein kurzes, großkalibriges Gewehr komplettieren die pittoreske Aufmachung. Oft tragen sie einen Sack aus Netzwerk an der Hüfte, in den sie nachts hineinkriechen, um die Moskitos fernzuhalten.

Das Fleisch des wilden Viehs wird von den Jägern nach einer Methode zubereitet, die die Spanier von den Indianern der Karibischen See erlernt haben. Es wird in lange Streifen geschnitten, gesalzen und auf Roste aus grünen Zweigen gelegt. Darunter wird ein Feuer entzündet, das reichlich mit dem Fett und den Abfällen des erlegten Wildes gespeist wird, so daß der Rauch von allen Seiten gut an die Fleischstücke heran kann. Lieblicher Duft streicht alsbald über die Savannen. Das Fleisch wird rot und saftig, und wenn es ausgeräuchert ist, sieht es sauber und appetitlich aus.

Die Indianer nannten ihren Räucherrost Boucan — und die Europäer übernehmen diesen Ausdruck für die Art der Zubereitung, die sie »boucanieren« nennen, worauf sich alsbald die Bezeichnung für die Jäger, »Boucaniers«, ergibt.

Als die Umstände die Jäger später dazu bringen, ihren Handel in Fleisch und Fellen mit dem Geschäft der Seeräuberei zu verbinden, verliert der Name seinen ursprünglichen Sinn und gewinnt, zumindest in der englischen Sprache, seine moderne und besser bekannte Bedeutung eines Piraten und Freibeuters, des »Buccaneers«. Die französischen Abenteurer hingegen scheinen das Wort »Boucanier« auf seine wirkliche Bedeutung beschränkt zu haben, nämlich die des Jägers und Fleischräucherers. Als sie sich in Seeräuber verwandeln, nehmen sie kurioserweise einen englischen Namen an und nennen sich »Flibustiers«, was mehr oder weniger der Art und Weise entspricht, wie französische Matrosen das englische Wort »Freebooters« (Freibeuter) aussprechen.

Die Bezeichnungen Buccaneers, Boucaniers und Flibustiers gibt es eine Zeitlang unterschiedslos nebeneinander. Als sich aber immer mehr Boucaniers dem Seeraub zuwenden, vermischen sich die beiden Ausdrücke. Beide, Buccaneers und Flibustiers, werden schließlich die beherrschenden Bezeichnungen für die westindischen Seeräuber und den Seeräuber schlechthin.

Die Boucaniers, die den Boucan mit dem Kiel des Piratenschiffes vertauscht haben, leben unter ähnlichen gesellschaftlichen Bedingungen wie als Jäger

Mit Fahrzeugen wie diesem Kanu, mit Einbäumen der Indios, begann die Karriere so manchen Freibeuters

weiter. Auch sie bilden Matelotagen, die sich gegenseitig zu unbedingter Kameradschaft und Ehrlichkeit verpflichten. Ihre Anfänge sind mehr als bescheiden. 20 oder 30 rauhe Burschen verschaffen sich ein Kanu, entern die erste Fischerbarke, die ihnen in den Weg kommt, und fahren damit nach Tortuga, wo stets Abenteurer in Mengen zu finden sind. Bald sind 150 Haudegen zusammengebracht, die den größten Schurken unter sich zum Kapitän wählen. Dieser hat jedoch nur während des Kampfes Befehlsgewalt, ansonsten gilt er nicht mehr als jeder andere und kann jederzeit wieder abgesetzt werden. Hierauf drückt man einem, der halbwegs schreiben kann, einen Federkiel in die Hand und diktiert ihm einige Artikel, zu deren Einhaltung sich jedermann feierlichst durch Eid auf die Bibel verpflichtet. Diese Artikel werden »Chasse Partie« genannt und regeln die Verteilung der erhofften Beute. Jeder Verwundete oder Kranke hat neben seinem Anteil zusätzlich 60 Tage lang Anspruch auf freie Behandlung durch einen Arzt, der samt seinem Pflasterkasten auf gemeinsame Kosten engagiert wird. Reicht die Beute nicht zur Befriedigung der Verwundeten aus, so ist es für die anderen Ehrensache, so lange zu kreuzen, bis die Kosten aufgebracht sind.

Oft werden die Fahrzeuge entliehen oder samt Ausrüstung von einer Gesellschaft von Unternehmern gestellt. In diesem Fall erhalten die Besitzer oder Unternehmer zumeist ein Drittel der Beute. Wenn ein Gouverneur, was später gefährlich oft geschieht, den Buccaneers Kaperbriefe ausstellt, so können auch er oder seine Regierung ein Zehntel des Gewinns beanspruchen.

Nach derartigen Vorbereitungen stechen sie dann in See. Waffen muß jeder selbst mitbringen. Auf Geschütze wird anfangs wenig Wert gelegt, obwohl sie als Staffage selten fehlen. Die Hauptsache ist eine Handvoll guter Mus-

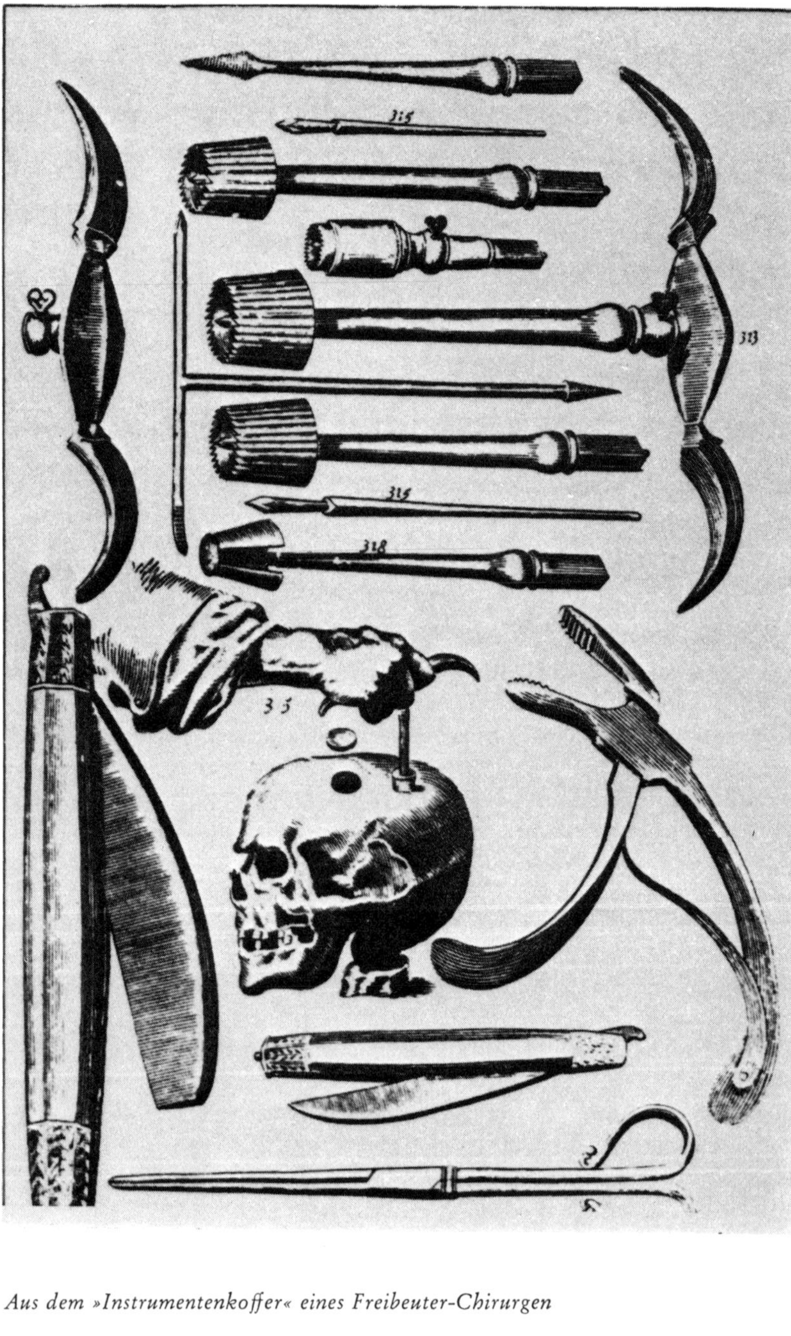

Aus dem »Instrumentenkoffer« eines Freibeuter-Chirurgen

keten, an denen die Jäger keinen Mangel leiden. Sonst ist die Ausrüstung des Freibeuters denkbar einfach: auf dem braunen, bärtigen Kopf ein schäbiger Hut oder ein buntes Tuch, am Körper ein grobes Hemd, das in einem Paar schmuddeliger Hosen steckt; um den Leib einen Riemen oder eine oftmals grellrote Schärpe, aus der die Pistole oder das lange Messer hervorragt.

Während der Fahrt sind die Augen aller ständig auf den Horizont gerichtet; denn wer als erster eine Prise erspäht, kann 1½ Anteile dafür einstecken. Kommt ein Segel in Sicht, so ändert sich mit einem Schlag das ganze Bild. Die Mannschaft greift diszipliniert zu den Waffen und ordnet sich. Die Musketiere drängen auf das Vorderdeck und suchen hinter der Bordwand Deckung. Am Heck steht der Kapitän. Alle übrigen scheinen plötzlich verschwunden zu sein. Sie liegen über das ganze Deck verteilt flach auf dem Bauch, das Messer zwischen den Zähnen, die geladene Pistole in der Linken, die Rechte frei zum Aufspringen. Ein Augenzeuge berichtet:

»Die räuberische Hatz war schon immer wohlüberlegt und wurde bereits mehr als ein dutzend Jahre exerziert. Die bewaffnete Fregatte von 20 bis 50 Tonnen ist das am meisten geschätzte schnelle Schiff. Die Takelung wird ausgewechselt, um soviel wie möglich an Segelfläche unterbringen und bessere Schiffe einfangen zu können. Allerdings muß man es vermeiden, die Beute, solange sie noch kein Mißtrauen hegt, zu erschrecken. Dafür gibt es mehrere Listen: ein herabgelassenes Segel und notfalls ein ins Schlepptau genommener Baumstamm verlangsamen die Fahrt erheblich. Bei Nacht holt man das Stück Holz ein und hißt alle Segel, um das Opfer wieder einzuholen.

Wenn das verfolgte Schiff, das vielleicht besser bewaffnet ist, den Kampf aufnimmt, so bereitet man alles für den Ansturm und das Entern vor. Im allgemeinen schneidet der Buccaneer seinem Opfer den Weg ab, um dessen Brücke unter Beschuß seiner Kanonen oder Musketen zu bekommen und die Verteidigung des Feindes in Unordnung zu bringen.

Die kleinere, wendige Bark huscht geschickt im Kielwasser des großen Schiffes hinterdrein und hält sich genau hinter seinem Heck. Jetzt muß der Rudergänger zeigen, was er kann, und jeder, auch der geringsten Bewegung des Feindes zu folgen bereit sein. Gelingt diesem nämlich eine rapide Wendung, so daß seine Breitseite gut liegt, dann können die Seeräuber ihre Seelen nur noch dem Teufel anvertrauen. Hinter dem Heck aber sind sie in bester Deckung. Denn hier befinden sich, jedenfalls bei spanischen Schiffen, höchstens zwei oder vier Geschützpforten, und die Buccaneers — für gewöhnlich gute Schützen — feuern auf die Soldaten, sobald diese sich an ihre Kanonen wagen. Und wenn der Seeräuber erst einmal dicht heran ist, nutzen die großen Geschütze sowieso nicht mehr viel, da ihr Neigungswinkel nicht tief genug ist, um die niedrige Barke bestreichen zu können. Die schreckensbleichen Spanier suchen dann gewöhnlich ihr Heil in einträchtigem Beten, schießen auch wohl mit ihren Musketen oder Pistoletten

Eine Korvette,
der Traum
aller Freibeuter

oder schleudern Brand- und Zündköpfe. Die Seeräuber hingegen stimmen ein Kampfgebrüll an, machen Krawall wie vom Teufel Besessene und schwenken wild ihre schwarzen oder scharlachroten Fahnen, was den Spaniern um so mehr in die Knochen geht, als sie genügend Fälle kennen, in denen die Räuber bei hartnäckigem Widerstand alle niedergemetzelt haben, wogegen sie bei rechtzeitiger Kapitulation Gnade walten ließen und Pardon gaben. Dies macht die Spanier noch bescheidener.

Schon pirschen sich die Räuber flink wie die wilden Katzen und durch eigene Verluste noch mehr angestachelt von unten an die überhängende Heckgielung heran. Mit ihren Enterhaken und Tauen finden sie den notwendigen Halt an den reichlichen Armaturen und Schnitzereien der unzähligen Heiligenfiguren, die, einem Kathedralenaltar gleich, gewöhnlich die Rückfront spanischer Schiffe zieren.

Andere Räuber schwingen sich wie die Affen an das Ruder und schlagen zwischen dieses und das Steuer Holzkeile, die auch die größte Karavelle steuerlos machen.

Da, wie es im Kontrakt steht, den ersten Räuber, der an Deck des Spaniers gelangt, ein Extraanteil erwartet, herrscht an den Entertauen und Gesimsen entsprechendes Gedränge. So mancher wird dabei in die See gestürzt, da die Spanier dem Geschehen auch nicht gerade untätig zusehen.

Schon schwingt sich die mit Macheten wie wild um sich schlagende Meute über die Reeling. Die Spanier schreien zu Gott oder flehen um Pardon;

dennoch werden sie meistens bis zum letzten Mann niedergemacht. Und wenn nach dem Kampf keiner von ihnen mehr am Leben ist, werden ihre Leichen an Achterdeck geschleppt, durchsucht und aus den Kleidern gezerrt, bevor sie so, wie der Herrgott sie schuf, der See übergeben werden.«

Natürlich geraten die Seeräuber auch manchmal an den Falschen; wenn sie etwa ein gut maskiertes Kriegsschiff leicht an Bord kommen läßt, um sie dann mit überlegener Kraft niederzumetzeln. Aber zumeist sind sie ihrer Sache sicher; denn Besatzung und Bewaffnung der spanischen Kauffahrer sind im allgemeinen mangelhaft.

Ist die Prise ein gutes Schiff, tauschen sie ihren eigenen, minderwertigen Kahn dagegen ein, um von nun an in größerem Stil zu rauben. Es ist dann Sache der Schiffsjungen, das verlassene Boot in Brand zu setzen oder zu versenken. Danach muß ein jeder feierlich schwören, daß er nichts von der Beute für sich beiseite geschafft hat. Wird einer des Meineids überführt, so wird er ausgestoßen oder, wenn man gerade unterwegs ist, auf einer einsamen Insel ausgesetzt.

Doch geschieht dies selten; denn dieselben Burschen, die den Spaniern gegenüber jeder Gemeinheit fähig sind, verhalten sich untereinander vollkommen ehrlich und helfen sich gegenseitig bereitwillig aus jeder erdenklichen Verlegenheit.

Merkwürdig ist, daß sich bei diesen heillosen Wüstlingen eine gewisse Religiosität erhält. Während die Boucaniers in den Steppen Hispaniolas praktisch gottlos sind, bewahren die Buccaneers auf See wenigstens fromme Gesten. Vor jeder Fahrt versammeln sie sich zu einem gemeinsamen Gottesdienst, und auch unterwegs holt der Räuberhauptmann alle Sonntage die Bibel aus der Kiste und liest, komisch genug, seiner verruchten Kumpanei die Leviten. Vor dem Kampf »umarmen« sie sich und »vergeben sich gegenseitig, was sie sich Böses getan«.

Nach erfolgreichen Aktionen aber lassen sie Dankgebete zum geduldigen Himmel emporsteigen, widmen der Kirche einen Anteil der Beute, ebenso wie sie das Gut und die Anteile der in Gefan-

Gelang es den Freibeutern erst, an Deck des verfolgten Schiffes Fuß zu fassen, so war es bereits abgeschrieben

genschaft Geratenen, die keine Erben hinterlassen, in den meisten Chasse-Parties für den Altar oder die Armen bestimmen.

Zwischen Jägern und Seeräubern gibt es zunächst nur geringe Unterschiede. Die gleiche Person vereinigt in sich die Beschäftigung des Kuhschlächters und Kreuzfahrers, was etwas Abwechslung bringt und die Möglichkeit, sich gelegentlich in einer anderen Beschäftigungsart zu üben. Im Verlauf der Zeit entlockt die See sie mehr und mehr ihrer früheren Tätigkeit. Selbst für viele Pflanzer, die in den neuen Siedlungen ankommen, ist die Anziehungskraft des Kreuzens gegen die Spanier unwiderstehlich. Die großen Gewinnmöglichkeiten, die sich hier bieten, üben nun einmal auf jeden abenteuerliebenden Charakter eine Anziehungskraft aus. Wenn auch die Strapazen, die man auf sich nehmen muß, sehr oft groß sind, so ist der Preis, den man gewinnen kann, dies durchaus wert. Ist das Glück an einem Tag auch wankelmütig, so kann doch der nächste schon unglaublichen Lohn bringen — und jeder Buccaneer, in der tropischen Hitze in Schweiß gebadet, oft Auge in Auge mit dem Hungertod, träumt davon, sich einmal im orientalischen Reichtum eines spanischen Handelsschiffes wälzen zu können. Dazu kommt der Anreiz der fernen Trugbilder spanischer Städte, die man nicht betreten darf, prächtiger Kathedralen und Kirchenschätze sowie des allgemein gerühmten Reichtums der Leute dort. Die Buccaneers beginnen sich von dem, was man gemeinhin Piraten nennt, zu unterscheiden. Während nämlich der Pirat nur auf See angreift, ist der Buccaneer das, was man vielleicht Amphibienkämpfer nennen kann. Ihm ist es gleich, ob er an Land oder auf See seine Beute macht — er stellt eine Art Kommando dar. Wenn er eben kann, greift er spanische Schiffe an; marschiert aber auch, wo nötig, erhebliche Strecken über Land, um eine Festung einzunehmen oder einem Schatztreck aufzulauern.

Der Beruf erfordert allerdings auch seine Tugenden. Man muß schnell sein und geschickt im Umgang mit den Waffen, denn sonst sind die Aussichten auf eine lange Karriere gering. Man übt sich daher tagtäglich im Schießen oder Säbelfechten. Eine gewisse Schlauheit ist wichtig, da man sein Leben häufig nur unter Anwendung von Kriegslisten retten kann. Die Haupttugenden aber sind Wille und Mut. Bei Expeditionen muß man lange Verfolgungen, grausame Verwundungen, ja sogar Amputationen, die zuweilen ohne Pflege bleiben, Schiffbruch an verlassenen Küsten, harte Kämpfe bei der Einnahme von befestigten Städten und die ständige Aussicht ertragen können, entweder zu triumphieren oder vernichtet zu werden.

Der Buccaneer wird selten alt. So wie er zumeist ohne Kindheit ist, bleibt er auch ohne ein beschauliches, hohes Alter. Es scheint, als fühle er sich deshalb verpflichtet, schnell leben zu müssen. Für die Zukunft jedenfalls arbeitet kaum einer.

Nach der Beutenahme macht die Aufregung des Kampfes einem großen Festgelage Platz, bei dem man bis zur Bewußtlosigkeit trinkt. Die wirklichen Abwechslungen und Vergnügungen aber gibt es erst an Land, in den Tavernen und mit den Mädchen. Das erbeutete Geld zerrinnt schnell. Trotzdem legen einige Seeräuber einen Teil ihres Geldes zurück — es gibt ja alles unter ihnen, sogar Sparer. Und die auf verlassenen Inseln vergrabenen Schätze sind nicht immer Legende.

Doch nicht nur die Verlockungen großer Reichtümer sind es, die den Buccaneer anziehen: Die Gemeinschaft mit Gleichgesinnten, oftmals revolutionären Charakteren, die Freiheit und Unabhängigkeit, die dieses Gewerbe bietet, sind ebenso wesentliche Gründe für seine Popularität. In einer Welt, die von Klassen und Vorurteilen eingeschränkt ist, sind die Buccaneers stolz darauf, die einzigen Menschen ohne Herrn und damit den Größten dieser Welt gleich zu sein. Dieser Wegfall jeglicher Standes- und Klassenunterschiede, die vollkommene Toleranz und die Besitzgemeinschaft, eine Art Gesellschaftsvertrag untereinander, sowie ein allgemeines Wahlrecht — vom freien Handel ganz zu schweigen — sind Ansätze all dessen, was wir heute unter Demokratie verstehen, und haben zu jener Zeit zweifellos Regierungsapparaten, Behörden und der Geistlichkeit mehr als eine schlaflose Nacht bereitet.

Bis etwa 1640 hat das »Buccaneeren« in der Karibik mehr oder weniger zufälligen und gelegentlichen Charakter. Erst nach 1650 steigt die Zahl der Freibeuter gewaltig. Von nun an spielen die Buccaneers bis zum Ende des Jahrhunderts eine der wichtigsten Rollen in diesem Abschnitt der westindischen Geschichte. Tatsächlich bringen sie die Macht Spaniens in der Neuen Welt zum erstenmal ins Wanken. Erst als sie gebrochen ist, kann auf ihren Trümmern das neue Amerika entstehen. Und die verwegenen Gesellen, die auf ihre Freiheit schwören, haben die Bezeichnung »erste Amerikaner« sicherlich verdient.

Schlimme Tage auf Tortuga

Am 2. Mai 1666 geht im Hafen von Le Havre ein junger Mann an Bord eines Schiffes der französischen Westindienkompanie. Auch er will in das sagenhafte Eldorado.
Sein Name: Alexandre Olivier Exquemelin. Er ist gerade 21 Jahre alt, stammt aus dem am Kanal gelegenen Hafen Honfleur, und man ist sich bis heute nicht darüber einig, ob er Holländer oder Franzose gewesen ist.
Wenn man auch nicht viel über seine Herkunft weiß, so ist doch sicher, daß er Aufzeichnungen hinterließ, die die frühesten und wohl wichtigsten authentischen Zeugnisse über das Leben und Tun der Buccaneers und Flibustiers darstellen.
Der junge Exquemelin — er soll irgendwann mit einer Art medizinischer Lehre in Berührung gekommen sein — ist ein guter Beobachter. Seine Aufzeichnungen, die ohne dramatische Ausschmückungen niedergeschrieben sind — was zur damaligen Zeit eine Seltenheit ist —, haben höchsten dokumentarischen Wert.
Die nur auf persönlichen Erfahrungen beruhenden Berichte zeichnen sich durch eine besonders reizvolle und unverfälschte Unmittelbarkeit aus. Seine Erinnerungen tragen den Titel:

»Piratica Americana — oder die amerikanischen Seeräuber, enthaltend die genaue und wahrhaftige Erzählung aller der schlimmsten Räubereien und unmenschlichen Grausamkeiten, welche die englischen und französischen Räuber wider die Spanier in Amerika verübt haben; beschrieben von A. O. Exquemelin, der selbst allen diesen Räubereien durch Not beigewohnt hat.«

Ohne sie würde all das, was sich in der zweiten Hälfte des 17. Jahrhunderts in der Karibik abgespielt hat, höchstens in verstaubten Akten spanischer, französischer oder englischer Staatsarchive schlummern, da selbst die Historiker von dieser Epoche, die zu den abenteuerlichsten und ungewöhnlichsten Kapiteln der Weltgeschichte zählt, nur beiläufig Kenntnis genommen haben.

Das Schiff, das Exquemelin über den Atlantik und in eine Welt voller Abenteuer bringt, heißt »Saint Jean«, ist mit 28 Kanonen bestückt, hat 20 Mann Besatzung und führt 220 Passagiere mit. Sein Kapitän, der Chevalier de Sourdis, ist ein guter Seefahrer. Denn trotz aller Gefahren, die auf See lauern, trotz Klippen, Stürmen und Verfolgung durch ein englisches Kriegsschiff, erreichen sie, ohne auch nur einen einzigen Mann verloren zu haben, am 7. Juli 1666 die Insel Tortuga.

Freilich ahnt der junge Mann nicht, welches Schicksal ihn erwartet. Zunächst läuft nämlich alles gut. Doch lassen wir ihn selbst berichten:

»Bis zum Jahre 1664 blieben die Gouverneure der Insel Tortuga auch deren Eigentümer und Herren. Dann nahm die französische Westindienkompanie die Insel in Besitz und bestimmte Monsieur Ogeron zum Gouverneur. Er gründete eine neue Kolonie mit Verwaltern und Knechten, da sie beabsichtigten, mit den Spaniern einen regen Handel zu beginnen, ähnlich den Holländern in Curaçao.

Doch dieses Vorhaben mißlang. Die Kompanie wollte mit fremden Nationen Handel treiben, konnte es jedoch nicht einmal mit ihrer eigenen. Zunächst kaufte jeder Franzose, ob Siedler, Pflanzer oder Bukanier, nach Herzenslust bei der Kompanie ein, die alles auf Kredit gab. Als es aber ans Bezahlen ging, waren plötzlich alle verschwunden.

So sah sich die Kompanie gezwungen, ihre Verwalter wieder abzuberufen, und sie befahl ihnen, alles, was nur ging, zu verkaufen.

Auf diese Weise wurden auch alle Knechte der Kompanie als Sklaven verkauft; manche für 20, andere für 30 Piaster.

Mir, der ich ja auch in den Diensten der Kompanie stand, erging es nicht besser. Ich hatte just das Unglück, zum ärgsten Schelm der ganzen Insel zu kommen. Der war damals Untergouverneur oder Generalleutnant und tat mir alles Übel an, so er nur erdenken konnte: Er ließ mich Hunger leiden und wollte mich zwingen, daß ich mich für dreihundert Piaster loskaufen sollte, wo ich doch nicht einmal einen besaß. Endlich fiel ich durch all das erlittene Ungemach in schwere Krankheit, und mein Meister, der fürchtete, daß ich sterben würde, verkaufte mich um den Preis von siebzig Piaster an einen Wundarzt. Als ich aber wieder gesund ward, hatte ich nichts als ein altes Hemd und ein Paar Unterhosen, um mich zu bekleiden. Jedoch mein neuer Herr war um vieles besser als der erste, denn er gab mir Kleider und alles, was ich vonnöten hatte, und nachdem ich ihm ein Jahr gedient, erbot er sich, mich für hundertfünfzig Piaster freizulassen und solang mit der Bezahlung zu warten, bis ich das Geld gewonnen.

Als ich nun frei war, war ich wie Adam, da er aus den Händen seines Schöpfers kam. Ich hatte nichts. So beschloß ich denn, mich unter die Kaper und Räuber zu begeben, unter welchen ich auch verblieben bin, bis in das Jahr 1672. Ich habe mit ihnen verschiedenen Zügen beigewohnt und viele der vornehmsten Raubstücke ausüben geholfen ...«

Von den französischen Bukanieren auf der Insel Española

»Die Franzosen, die auf der Insel Española sind, haben dreierlei Beschäftigungen, nämlich das Jagen, das Pflanzen und das Kaperfahren. Wenn ein Knecht von seinem Dienst frei wird, sucht er sich einen Kameraden oder Gefährten. Sie bringen dann das, was sie haben, zusammen und setzen eine Schrift auf, worin einige sich gegeneinander verbinden, daß der, welcher überlebt, alles haben soll; andere machen eine Verabredung, daß der Überlebende den Teil des Verstorbenen dessen Verwandten oder Weibe, wenn er verehelicht ist, herauszugeben verpflichtet sein soll. Nachdem nun dieser Vertrag besagtermaßen abgeschlossen ist, geht der eine auf die Kaper, der andere auf die Jagd oder zum Tabakpflanzen, je nachdem, was sie für das Beste halten.

Es sind aber der Jäger zweierlei, die einen gehen auf die Stierjagd um der Häute willen, die anderen auf die Wildschweinjagd, um das Fleisch an die Pflanzer zu verkaufen. Die Stierjäger werden Bukaniere genannt, es sind deren ehemals wohl fünf- oder sechshundert auf dieser Insel gewesen, gegenwärtig aber nicht mehr als dreihundert, weil die Stiere so wenig geworden sind, daß sie sehr hurtig sein müssen, um etwas zu finden und anzutreffen. Sie bleiben ein ganzes Jahr, öfter auch wohl zwei, ohne aus dem Busch zu kommen; dann gehen sie nach der Insel Tortuga, um sich da ihren Vorrat an Pulver, Blei, Schießrohren, Leinwand und dergleichen zu holen. Wenn sie dahin gekommen, verzehren sie in einem Monat, was sie in einem oder anderthalb Jahren gewonnen haben. Sie trinken den Branntwein wie Wasser, kaufen ein ganzes Faß Wein, dem sie den Zapfen ausschlagen, und trinken solange, bis nichts mehr darinnen ist. Sie laufen tags und nachts durch das Dorf und feiern das Bacchus-Fest, solang sie um Geld zu trinken kriegen. Inzwischen wird auch der Venus-Dienst nicht vergessen, so daß die Wirte und Huren allzeit sich freuen und bereit machen auf die Ankunft der Bukaniere und Kaper, gleich wie die Wirte und Huren zu Amsterdam auf die Ankunft der Ostindienfahrer und Kriegsschiffe. Nachdem dann alles aufgezehrt und auch ein Teil dazu geborgt ist, gehen sie wieder in den Busch und bleiben darinnen wieder ein Jahr oder anderthalb.

Nachdem sie auf den Sammelplatz gekommen sind, teilen sie sich in Trupps zu je fünf oder sechs. Diejenigen, die Knechte haben, gehen allein mit den Knechten und suchen sich einen wohlgelegenen Platz auf den Feldern aus, spannen da ihre Zelte auf und machen sich ein Häuslein, ihre Häute darin aufzubewahren, wenn sie trocken sind. Frühmorgens, wenn es zu tagen beginnt, rufen sie ihre Hunde zusammen und ziehen in den Busch, und zwar dahin, so sie meinen, die meisten Tiere anzutreffen. Vom ersten, das sie totgeschossen, nehmen sie ihren ›Branntwein‹ ein, das heißt, sie schlürfen alles Mark aus den Knochenröhren, ehe es kalt wird, alsdann schinden sie dem Tier die Haut ab.

Hierauf nimmt einer von ihnen die Haut und geht damit auf den Sammelplatz. So treiben sie es fort, bis ein jeder eine Haut gekriegt hat, und das währt bis ungefähr Mittag, manchmal etwas länger, manchmal etwas kürzer. Nachdem sie allesamt auf dem Sammelplatz angekommen sind, müssen die Knechte, wenn sie welche haben, die Häute zum Trocknen ausspannen und die Mahlzeit bereiten; sie besteht aus Fleisch, denn sie essen nichts anderes als Fleisch. Nach dem Essen nimmt jeder sein Rohr und sie gehen spaßeshalber Pferde schießen, oder sie schießen nach Vögeln, und zwar mit der Kugel, oder aber sie machen ein Wettschießen um einen Preis. Das Ziel ist zumeist ein Orangenbaum, und den Preis erhält, wer mit der Kugel die meisten Orangen abschießen kann, ohne sie außer an den Stielen zu beschädigen, was ihnen, wie ich selber gesehen, oftmals sehr wohl gelingt.

Den Sonntag verwenden sie, ihre Häute an den Strand und zu Schiff zu bringen. Da war einmal ein Knecht, der hätte am Sonntag gerne geruht und sagte zu seinem Herrn, daß Gott sieben Tage zu einer Woche eingesetzt habe, von welchen sechs zum Arbeiten seien und der siebente zum Ruhen.

Solche selbstgefertigten Häuser bewohnten die »Brüder der Küste«

Der Herr aber, der das also nicht verstehen wollte, schlug ihn sehr ungnädig mit einem Stock und sagte: ›Vorwärts, du Lump, meine Gebote sind so: Sechs Tage sollst du Häute sammeln und am siebenten sie an den Strand bringen.‹ Diese Leute sind grausam und unbarmherzig gegen ihre Knechte, so daß es erträglicher ist, drei Jahre auf einer Galeere zuzubringen als nur eins im Dienst eines Bukaniers.

Da war ein Bukanier, der hatte seinen Knecht so qualvoll mißhandelt, daß er meinte, ihn totgeschlagen zu haben. Als er weggegangen war, stand der Knecht wieder auf und wollte seinem Meister nachfolgen, konnte aber weder ihn noch den Sammelplatz mehr finden, so daß er gezwungen war, im Busch zu bleiben, ohne irgendeine Waffe, womit er hätte seine Nahrung suchen können. Er hatte weder ein Messer noch sonst etwas in der Welt, nur einen Hund, der bei ihm geblieben war. Nachdem er zwei oder drei Tage ohne Essen im Busch zugebracht hatte, geschah es, daß er auf einen Trupp wilder Schweine stieß, und der Hund, der bei ihm war, kriegte ein Junges zu fassen. Doch der Knecht hatte nichts, um Feuer zu machen und das Ferkel zu braten, ja, was noch schlimmer war, er hatte nichts, dasselbe aufzuschneiden, als einen Feuerstein. Womit er sich dann behalf, und, nachdem er das Ferkel geöffnet, aß er davon, so roh, wie es war, und ließ auch dem Hund sein Teil. Das Übrige bewahrte er, solange er konnte, weil er ja nicht wußte, wann er wieder etwas bekommen würde, denn er lief im Busch umher, ohne Menschen finden zu können.

Es trug sich einst zu, daß er mit seinem Hund auf der Jagd war und eine wilde Hündin sah, die ein Stück Fleisch im Maul trug, um es ihren Jungen zu bringen. Er folgte ihr bis zu ihrem Nest und bewarf sie so lange mit Steinen, bis sie tot war, dann nahm er das Fleisch und aß es auf. Von den Jungen nahm er zwei mit, denn sein Tier war auch eine Hündin, die kurz zuvor geworfen und noch so viel Milch hatte, die Kleinen aufzuziehen. Endlich geriet er auf einen Platz, wo er so viele kleine Ferkel kriegen konnte, wie zu seiner und seiner drei Hunde Nahrung nötig war. Er wurde dieses Leben so gewöhnt, daß er dort eine Zeitlang blieb, hoffte jedoch immer, daß die Jäger kommen würden, getraute sich indessen nicht, den Platz zu verlassen, aus Furcht, ihn nicht wiederzufinden und alsdann Mangel zu leiden. Inzwischen wurden seine Hunde groß und geschickt im Jagen, so daß er um seine Nahrung nicht mehr verlegen war. An das rohe Fleisch hatte er sich so gewöhnt, daß er nach keiner anderen Kost mehr trachtete. Sein größter Kummer war, daß er kein Messer besaß, das Fleisch zu schneiden. Wenn er auf der Jagd war und seine Hunde etwas fingen, mußte er so lange warten, bis sie gefressen und Löcher in das Tier gemacht hatten, danach riß er die Stücke Fleisch mit seinen Händen ab. Und er aß mit solcher Lust, als sei es die beste Kost, die er jemals in seinem Leben gegessen hatte.

Dieses Leben währte ungefähr vierzehn Monate, als er unversehens auf

Die »Brüder der Küste«: Streitigkeiten legte man im Duell bei

einen Trupp Bukaniere stieß. Als jene ihn sahen, staunten sie sehr, denn er sah ganz wild aus, weil er sich all die Zeit nicht geschoren hatte. Bis auf ein Stück Baumrinde, das er vor seiner Blöße trug, und einem Stück rohen Fleisch, das er über seinem Rücken hängen hatte, war er vollkommen nackt. Er erzählte, wie ihm von seinem Meister mitgespielt worden war. Darauf wollten sie ihn mitnehmen, aber er antwortete ihnen, daß sie ihn erst von seinem Meister befreien müßten, sonst wäre er entschlossen, lieber so weiterzuleben, wie er ein Jahr und mehr gelebt hatte, als wiederum zu seinem Meister zu kommen. Sie versprachen ihm das, nahmen ihn mit sich und schossen ihm soviel Geld vor, wie er nötig hatte, um sich von seinem Herrn loszukaufen.

Ich war damals auf dem Platz, als er gebracht wurde, und sah ihn mit Verwunderung an, denn er war fett und glatt und gesünder als damals, als er von seinem Meister ging. Er war das rohe Fleisch dermaßen gewohnt, daß er gekochtes weder essen noch vertragen konnte, denn sobald er solches gegessen, klagte er ein oder zwei Stunden über Magenweh und spie das Fleisch wieder aus, wie er's hineingegessen; wenn er aber rohes Fleisch aß, war er jederzeit wohlauf. Wir versuchten zwar, ihm das rohe Fleisch abzugewöhnen, allein er ließ nicht ab, davon zu essen, wenn wir es nicht sahen. Dasselbe habe ich auch an wilden Hunden bemerkt, die ein oder zwei Monate alt waren, daß sie kein gekochtes Fleisch essen wollten ...

... Die Bukaniere werden zuweilen von den Spaniern ausgekundschaftet und manchmal um ihre Hälse gebracht, wie schon verschiedenemal geschehen, denn aus San Domingo allein sind fünf Kompanien Spanier an die Nordseite gekommen, die Bukaniere aufzusuchen (beten aber gemeiniglich, daß sie diese nicht antreffen). Sie haben nämlich die Courage nicht, auf freiem Feld gegen sie zu stehen, sondern suchen sie aufzuspüren und ihnen im Schlafe die Hälse zu brechen. Ich will hier eine kurze Geschichte davon erzählen.

Einem französischen Bukanier, der frühmorgens mit seinem Knecht zum Jagen ausgegangen war, lauerten zwölf Spanier zu Pferde an einem Wege auf, wo er vorbei mußte. Weil er aber Hufspuren bemerkt hatte, nahm er einen anderen Weg, vermochte ihnen aber gleichwohl nicht zu entgehen, denn sie hörten das Blaffen seiner Hunde und stellten ihn auf offenem Feld. Als nun der Bukanier sah, daß er nicht entkommen konnte, blieb er stehen, schüttete Pulver und Blei in seinen Hut und setzte ihn vor seinen Füßen nieder; sein Knecht stellte sich hinter ihn Rücken an Rücken und tat desgleichen. In dieser Positur erwarteten sie die Spanier.

Die zwölf spanischen Reiter kamen mit ihren Lanzen, kreisten sie ein, riefen ihnen zu, sich zu ergeben, und versprachen ihnen Pardon. Doch der Bukanier traute ihnen nicht, denn er hatte den Spaniern so manchen Possen gespielt und wußte wohl, daß sie ihn lebendig verbrennen würden, wenn sie ihn hätten. Er antwortete daher, er begehre keinen Pardon, sondern der erste, der ihm zu nahe komme, würde es mit dem Leben bezahlen; zugleich ließ er sich auf ein Knie nieder und schlug das Rohr an, als ob er schießen wollte. Als die Spanier dies sahen, ritten sie ihres Wegs und ließen ihn in Frieden.

Ein anderer Bukanier, als er sich von einem Trupp Spanier überrascht sah, ging mit Anschlagen des Rohres auf sie los und fing an zu schreien und zu rufen, als sei noch viel Volk mit ihm. Da die Spanier dieses hörten, wurden sie bestürzt und nahmen Reißaus: So kam er mit dem Leben davon.

Die anderen Jäger tun nichts, als wilde Schweine schießen, das Fleisch einsalzen und an die Pflanzer verkaufen. In ihrer Lebensart sind sie von den ersten in nichts unterschieden. Doch will ich von ihrer Manier zu jagen erzählen, die freilich sehr unterschiedlich ist von der der Jäger hierzulande, wenn sie auf die Wildschweinhatz gehen.

Sie haben feste Plätze, wo sie drei bis vier Monate, ja manchmal wohl ein ganzes Jahr verbleiben, und diese nennen sie in ihrer Sprache Boucan. Es sind insgemein fünf oder sechs beieinander, es sei denn, daß ein Jäger sich einem Pflanzer verpflichtet (wie es Brauch ist), sein Haus ein ganzes Jahr lang mit Fleisch zu versehen. Wenn einer sich so verpflichtet, erhält er im Jahr zwei- bis dreitausend Pfund Tabak, dazu noch einen Knecht, ihm zu helfen. Auch ist der Pflanzer gehalten, ihm Pulver, Blei und Hunde zu stellen; alles übrige aber, was der Jäger sonst noch benötigt, muß er sich

Der Alltag des Bukaniere: die Jagd

selbst beschaffen. Sie haben außerdem noch einiges Pläsier, denn wenn sie am Morgen ihre Arbeit verrichtet haben, gehen sie nachmittags Pferde schießen, von denen sie das Fett nehmen und schmelzen, um Lampenöl daraus zu machen, das sie an die Pflanzer für hundert Pfund Tabak den Topf verkaufen. Noch mehr Verdienst haben sie, wenn sie Hunde großziehen, denn die verkaufen sie zu ihrem eigenen Profit. Jeder Hund, der zum Jagen taugt, wird für sechs Piaster verkauft, das ist der festgesetzte Preis bei ihnen.

Die anderen aber, die nicht verbunden sind, wie ich gesagt habe, gehen zu sieben oder achten: Einer von ihnen trägt alle Schießrohre, ein anderer führt die Hunde, und einer bleibt auf dem Platz, den sie Boucan nennen, allein zurück, um auf die Sachen aufzupassen, das Fleisch zu räuchern, Salz zu mahlen und zu kochen, bis die anderen von der Jagd kommen. Sie töten viel Wild. Manchmal mögen sie auf einer Hatz wohl hundert wilde Schweine totschießen, um sieben oder acht davon zu nehmen, denn sie haben die Säue gemeiniglich lieber als die Eber, weil sie allezeit fetter sind; es sei denn, daß es ein abgesondert Schwein ist, das sich allein seine Nahrung zu suchen pflegt. Diese tun gewöhnlich großen Schaden an Menschen und Hunden, wenn man nicht gar vorsichtig ist. Man muß sich stets nach

Hier entsteht das begehrte, schmackhafte Boucan-Fleisch

einem guten Baume umsehen, damit man dem wilden Schwein, so es etwa nur verwundet wird, entgehen kann, denn so sie einmal vorbeilaufen, braucht man nichts mehr zu fürchten, sie kommen nicht wieder, sondern laufen immer vor sich hin.

Wenn die Jäger heimkommen, zieht jeder seinem Schwein die Haut ab, löst die Knochen aus dem Fleisch und schneidet das Fleisch in Riemen von der Länge einer Elle, zuweilen kürzer, zuweilen länger, wie es trifft. Dann wird das zerschnittene Fleisch mit gemahlenem Salz bestreut. Drei oder vier Stunden lang lassen sie es im Salze liegen. Alsdann hängen sie es in einer Hütte, die dicht verschlossen ist, an Stecken und Rahmen, machen Feuer darunter an und räuchern es so trocken und hart, als sie für gut halten; hernach wird es gepackt. Wenn sie zwei- oder dreitausend Pfund beieinander haben, bringt es einer von ihnen zu den Pflanzern, um es zu verkaufen. Sie kriegen zwei Pfund Tabak für ein Pfund Fleisch.

Da wir nunmehr das Leben der Bukaniere beschrieben haben, wird es sich, einem günstigen Leser zu gefallen, nicht übel fügen, auch von der Pflanzer Leben zu erzählen.

Die Pflanzer haben die Insel Tortuga um das Jahr 1598 zu bebauen angefangen. Die erste Handelsware, die sie darauf gepflanzt haben, ist Tabak gewesen, der überaus gut war. Da aber die Insel sehr klein ist, haben sie nicht viel Plantagen anlegen können, besonders da sie wenig guten Boden hat. Sie haben auch Zucker pflanzen wollen, es ist aber nichts daraus geworden, weil niemand da war, der die Unkosten hätte tragen können, die zur Zuckermacherei vonnöten sind. Also hat sich der größte Teil der Einwohner auf das Jagen und die Kaperei verlegen müssen. Nachdem aber die Jagd auf der Insel abgenommen, hat sich ein Teil zum Feldbau entschlossen und die geeignetsten Plätze der Insel Española ausersehen, um allda Tabak zu pflanzen.

Der erste Platz, den sie genommen haben, ist der Cul de Sac an der Nordwestseite der Insel Española gewesen, den haben sie in verschiedene Quartiere geteilt, nämlich: la grande Ance, la Rivière de Nipes, le Rochelois, le petit Goave, le grand Goave, Léau-ganne; sie sind mit der Zeit an Zahl dermaßen gewachsen, daß sie jetzt wohl zweitausend Mann sind. Sie sind sicher vor den Spaniern, denn die können dahin nicht kommen. Im Anfang hatten sie viel Mühsal beim Landbau, zumal sie, von ihrer Arbeit vollständig in Anspruch genommen, ihre Nahrung nicht suchen konnten, und dazu war der Busch, wo sie ihre Plantagen hatten, voll wilder Schweine. Das war aber im Anfang auch ihr einziges Mittel, sich zu ernähren, denn sie hatten keine anderen Lebensmittel, um sich davon unterhalten zu können, wie auch heute noch ...

... Die Pflanzer haben da wenig Sklaven, sie arbeiten meistens selber mit Knechten, die ihnen für drei Jahre verbunden sind, und treiben also Kaufmannschaft mit Menschen, wie man in der Türkei zu tun pflegt, denn sie verkaufen ihre Knechte einer dem anderen, wie man in Europa mit Pferden tut.

Es gibt auch welche, die machen ein Geschäft daraus: Sie gehen nach Frankreich, suchen Volk in den Landstädten und bei den Bauern, machen große Versprechungen, aber wenn jene dann dorthin kommen, werden sie verkauft und müssen werken wie die Pferde, ja, schlimmer als die Neger.

Denn die Pflanzer sagen, daß sie einen Neger mehr schonen müssen als einen weißen Menschen, weil der Neger ihnen sein Leben lang dienen muß, der Weiße aber nur eine kurze Zeit. Sie traktieren ihre Knechte ebenso übel, wie es die Bukaniere tun, und fühlen kein Mitleid. Ob sie krank sind oder nicht, sie müssen gleichwohl in der Sonnenhitze arbeiten, die öfters ganz unerträglich ist, daß gar der Rücken dieser elenden Menschen durch den Sonnenbrand oft voller Krusten wird wie der von Pferden, die allzu schwere Lasten getragen haben. Die Knechte sind da durch die unverdaulichen Speisen und Veränderungen der Luft gewissen Krankheiten unterworfen. Sie werden schlaff, wassersüchtig und kurz von Atem, das nennen sie ›mal d'estomac‹, das kommt von nichts anderem als von übler Nahrung und Melancholie, von wegen der bösen Behandlung, die sie leiden. Es geraten manchmal Söhne aus gutem Hause dahin, die durch die Seelenhändler verführt worden. Wenn sie dann in solches Elend fallen, werden sie bald krank an der Landseuche, und dennoch werden sie deswegen nicht geschont, noch wird ihnen geholfen; im Gegenteil, man zwingt sie mit Schlägen zur Arbeit, so daß sie oft tot zu Boden sinken. Dann heißt es: Der Schelm hat lieber sterben wollen als arbeiten. Das habe ich mehrmals mit großer Betrübnis hören und mit ansehen müssen. Hier will ich einige Beispiele erzählen.

Ein junger Mensch aus gutem Hause war wegen übler Behandlung durch seinen Ohm, der Vormund über ihn war, hierher gelangt und kam in die Hände eines dieser Pflanzer. Dieser behandelte ihn sehr grausam und verlangte Arbeit von ihm, die ihm zu tun unmöglich war, gab ihm auch nichts zu essen. Darüber wurde der arme Mensch so verzweifelt, daß er in den Busch lief und daselbst Hungers starb. Ich selbst habe ihn dort tot gefunden, halb von den Hunden gefressen.

Noch etwas anderes will ich erzählen, was nicht weniger merkwürdig ist, nämlich von einem Pflanzer, dessen Knecht wegen schlechter Behandlung in den Busch lief. Doch wurde er wieder gefangen; sein Herr machte ihn an einem Baum fest und schlug ihn so lang, bis ihm das Blut stromweis den Rücken hinablief. Hierauf ließ er ihn mit einer Salbe aus Limonensaft, spanischem Pfeffer und Salz schmieren und also vierundzwanzig Stunden an den Baum gebunden stehen, hub darauf an, ihn aufs neue zu schlagen, bis daß er ihm unter den Händen verstarb. Die letzten Worte, die er redete, waren diese: ›Gott gebe, daß der Teufel Euch vor Eurem Ende so lange quäle, als Ihr mich vor dem meinen gequält habt.‹ Drei oder vier Tage nach des Knechts Tod wurde dieser Tyrann (so muß ich ihn nennen) gequält von einem bösen Geiste, der ihn Tag und Nacht quälte und noch quält, so er nicht gestorben ist. Er wird stetig geschlagen und gekratzt, daß er keinem Menschen mehr gleicht. Ich glaube, daß Gottes gerechtes Urteil dies zuließ, um den Missetäter zu strafen für alle die Mordtaten, die er bei dergleichen Gelegenheiten getan hat.

Ich habe noch drei Jünglinge gesehen, die aus Verzweiflung ihren Meister umgebracht haben, weil sie Tag und Nacht arbeiten mußten und kein Essen bekamen, sondern gezwungen waren, bei den Nachbarn um ein Stück Kassawe zu betteln. Diese Jünglinge wurden aufgehängt und bezeugten vor ihrem Tod, daß ihr Herr auch einen ihrer Mitgesellen totgeschlagen hätte. Solche abscheuliche Grausamkeiten werden zumeist von den Pflanzern ausgeübt, welche von den Karibischen Inseln kommen, denn dort behandeln sie ihre Knechte noch unbarmherziger als auf Española. Zu St. Christoph ist einer namens Belteste, der hat über hundert Knechte totgeschlagen. Und um zu beweisen, daß er ihnen gut begegnet, ließ er, sobald sie tot waren, frisches Fleisch, Eier und Wein neben sie setzen, daß man sagen sollte, er versorge seine Knechte auf das beste. Dieser scheute sich nicht zu sagen, es sei ihm alles eins, ob er selig oder verdammt werde, wenn er nur so viel Gut hinterlasse, daß seine Kinder sich Pferde und einen Kutschwagen halten könnten.

Die Engländer traktieren ihre Knechte nicht besser, sondern wohl noch schlimmer, denn sie behalten ihre gewöhnlich sieben Jahre. Und wenn sie sechs Jahre gedient haben, behandelt man sie dergestalt, daß es härter nicht geschehen kann; man zwingt sie so, ihren Meister zu bitten, sie an einen anderen zu verkaufen, was ihnen freilich nicht verweigert wird. Dann werden sie wieder für sieben Jahre verkauft oder mindestens für drei. Ich habe etliche gesehen, die fünfzehn, zwanzig, ja manche, die sogar achtundzwanzig Jahre Sklaven gewesen sind. Viele dieser Sklaven sind so einfältig, daß sie sich selber auf ein ganzes Jahr verkaufen, und zwar für eine gute Mahlzeit. Wenn bei den Engländern Feiertage (die sie mit Essen und Trinken herrlich begehen) zelebriert werden, geben die Herren den Sklaven, was sie begehren, aber hernach bringen sie es ihnen teuer genug auf die Rechnung.

Die Engländer haben auf den Inseln auch unter sich ein sehr strenges Gesetz. Wenn nämlich jemand die Summe von fünfundzwanzig englischen Schillingen schuldig ist und nicht bezahlen kann, soll er für eine gewisse Zeit, ein Jahr oder sechs Monate, als Sklave verkauft werden.«

Der Seeräuber Pierre le Grand

Der erste Kapitän der Flibustiers aus Tortuga, von dem man durch Exquemelin weiß, ist ein gewisser Pierre le Grand, ein Franzose aus Dieppe.

Im Jahre 1640 durchkreuzt le Grand mit seiner kleinen Barke und 28 Kompagnons monatelang erfolglos die Gewässer um Hispaniola. Sie sind schon einige Wochen unterwegs; der Proviant geht zu Ende, die Flibustiers beginnen zu murren und versuchen den Kapitän zur Umkehr zu bewegen. Das vom Sturm stark angeschlagene Schiff droht auseinanderzufallen. Obwohl sie die Pumpen nicht ruhen lassen, ist es ausgesprochen fraglich, ob sie mit ihrer lecken Barke die Insel Tortuga je wieder erreichen werden.

Sie befinden sich unweit des westlichen Zipfels Hispaniolas, am Cap de Tibron, als plötzlich ein majestätischer Verband Galeonen am Horizont auftaucht. Le Grand und seine Leute trauen ihren Augen nicht, als sie sehen, wie das größte Schiff sich mit vollen Segeln und wehenden Fahnen langsam von der Flotille absetzt. Die Flotte gerät bald wieder außer Sichtweite; nur die Galeone segelt aus unerklärlichen Gründen einsam weiter dahin.

Bald nimmt le Grand mit seiner bescheidenen Barke Kurs auf den in der untergehenden Sonne prachtvoll schimmernden Spanier. Es ist keine geringere als die Galeone des Vizeadmirals.

Der Flibustier kreuzt dem Riesen entgegen, der, im vollen Bewußtsein der Macht seiner zahlreichen Kanonen und einiger hundert Musketiere an Bord, von dem Franzosen überhaupt keine Notiz nimmt.

Le Grand braucht nicht lange zu überlegen. Der Barke ist der Heimweg sowieso kaum zuzumuten, und ob sie nun als Schiffbrüchige oder im Kampf gegen die Spanier aus dieser Welt scheiden, ist ihnen ziemlich gleich. Beim Streit der Waffen allerdings besteht noch die geringe Chance, Sieger und damit am Leben zu bleiben.

Le Grand legt seinen Leuten die Situation dar; alle stimmen enthusiastisch zu, das Husarenstück zu riskieren. Daraufhin gibt le Grand Befehl, man solle sich dem Admiralsschiff bis auf Rufweite nähern. Die Besatzung der stolzen Galeone scheint das armselige Fahrzeug der Franzosen kaum eines Blickes zu würdigen; selbst dann noch nicht, als es schon bis auf Musketenschußweite herangekommen ist. In der Abenddämmerung segeln sie dicht bei und gleiten Rumpf an Rumpf mit der Galeone dahin, während die Flibustiers bereits mit Pistolen und Haudegen in den Fäusten im Schutz der Dunkelheit in ihrer Barke lauern. Als einer der wenigen, die nicht im Nahkampf geübt sind, erhält der Wundarzt Befehl, im richtigen Moment mit einer Brechstange ein Loch in den morschen Boden der Barke zu schlagen, um sie zu versenken.

Nunmehr ohne eine andere Möglichkeit zu überleben als die, sich so schnell es nur geht der Galeone zu bemächtigen, klettern die Flibustiers behende an Deck derselben.
Erst jetzt nehmen die vollständig überraschten Spanier die Franzosen wahr. Mit dem Ruf: »Jesus, son demonios estos!« (»Jesus, da sind Gespenster!«) suchen sie Deckung.
Ohne daß sich ihm jemand in den Weg stellt, dringt le Grand in die Kajüte des Vizeadmirals ein, wo dieser sich mit seinen Offizieren gerade beim Kartenspiel amüsiert. Mit vorgehaltener Pistole zwingt der Franzose den Spanier, ihm sein Schiff zu übergeben.
Der Vizeadmiral hat gar keine andere Wahl: Waffen- und Pulverkammern sind schon von den Franzosen gesichert; die Besatzung und der Militärschutztrupp werden in Schach gehalten.
Es stellt sich heraus, daß der Vizeadmiral schon am vergangenen Tag vor der Barke der Franzosen gewarnt worden ist. Er aber hatte erklärt, er fürchte sich nicht einmal vor seinesgleichen, geschweige denn vor einem derart schäbigen Pott.

Die kleine Barke, das Standardfahrzeug des Freibeuters

Die Galeone erweist sich als echtes Schatzschiff. Truhen voller Gold, Juwelen und Edelsteine sind in ihren Kammern gestapelt, während Silberbarren als Ballast dienen.

Le Grand steuert das nächstgelegene Ufer an, setzt die Spanier, die sich nur allmählich von ihrer Überraschung erholen, an Land, behält einige, die sich ihm anschließen wollen, an Bord und steuert auf direktem Weg nach Frankreich.

In seiner Heimatstadt Dieppe angekommen, teilt er die Beute mit seiner Mannschaft, geht an Land und wird ein angesehener Bürger. Die See hat ihn nie wieder gesehen.

Pierre le Grand ist der erste und wahrscheinlich einzige Flibustier, der Fortuna, nachdem sie ihm einmal hold gewesen, nicht ein zweites Mal herausgefordert hat.

Andere Flibustiers, von denen Exquemelin uns berichtet, haben nicht weniger Glück gehabt — doch hatte keiner die Vernunft eines le Grand, sich im richtigen Augenblick vom Spiel mit dem Tod abzusetzen.

Die Nachricht von seinem großen Fang verbreitet sich schnell, und es dauert nicht lange, bis die Jäger und Pflanzer auf Hispaniola und Tortuga Wind davon bekommen.

Schon kurze Zeit später versuchen viele von ihnen ihr Glück bei den Spaniern — ein regelrechter Goldrausch hat sie gepackt. Sie erhaschen ein paar spanische Barken, die zwar kein Gold an Bord haben, dafür aber bis an den Rand mit Tabak und Häuten beladen sind. In Tortuga verkaufen sie die Beute und besorgen für das Geld Waffen, Munition und Proviant. Wenige Tage später laufen sie bereits wieder aus und kreuzen im heutigen Golf von Mexiko auf der Jagd nach Spaniern.

Nicht ganz vier Wochen später sind sie schon wieder mit zwei gekaperten Schiffen, diesmal voller Silber, zurück. Sie verkaufen die Ladung schnellstens und stechen erneut in See.

Dieses Spiel treiben sie sehr zum Verdruß der Spanier mit solchem Erfolg, daß die Flotte der Buccaneers innerhalb weniger Monate gut zwanzig Schiffe zählt und sich auch weiterhin schnell vermehrt.

Wie man einen solchen Beutezug zustande bringt, kann Exquemelin aus eigener Erfahrung berichten.

Über die Lebensweise der Seeräuber und ihre Art, die Schiffe auszurüsten

»Wenn ein Seeräuber in See geht, tut er es allen, die mit ihm fahren wollen, kund, und wenn sie denn allesamt fertig und beisammen sind, gehen sie an Bord, und ein jeder bringt an Pulver, Blei und Gewehr mit sich, was er benötigt. Sind sie vom Land abgefahren, ratschlagen sie miteinander, wohin sie sich wenden wollen, Viktualien zu suchen, nämlich Fleisch. Denn sie essen auf ihren Schiffen nichts anderes als Fleisch und wiederum Fleisch, es sei denn, daß sie den Spaniern andere Eßwaren abnehmen. Zuweilen machen sie ihren Proviant von wilden Schweinen, zuweilen von Schildkrötenfleisch, das sie auch einsalzen, zuweilen auch gehen sie die Corrales der Spanier plündern, das sind Hürden, worin die Spanier wohl an tausend Stück zahmer Schweine beisammen haben. Sie kommen des Nachts und fragen nach dem Haus, worin der Bauer wohnt, der die Wacht hat, und holen ihn aus dem Bett. Dann muß er ihnen so viele Schweine geben, wie sie begehren, sonst hängen sie ihn ohne Gnade auf.

Wenn sie aber selber jagen gehen müssen, nehmen sie einen Jäger ihrer eigenen Nation mit, der eine Koppel Hunde hat, und geben ihm so viel von jedwedem Wildschwein, als ihnen gutdünkt. Ein Teil von ihnen geht mit ihm, das Fleisch einzusalzen und zu räuchern, wie ich vorhin berichtet, ein anderer Teil bleibt beim Schiff, dasselbe vollends auszurüsten, Kiel zu holen und auszupichen, kurz alles zu tun, was vonnöten ist. Wenn sie dann so viel Fleisch eingesalzen haben, als ihnen dünkt genug zu sein, so bringen sie es zu Schiff und stapeln es in den Raum auf den Ballast. Davon kochen sie dann zweimal des Tages. Nachdem das Fleisch gekocht ist, wird das Fett, das obenauf im Kessel schwimmt, abgeschöpft und in so viele kleine Kalebassen zum Eintunken getan, als da hölzerne Mulden sind. Und also wird die Mahlzeit eingenommen mit nur einem Gericht, das öfter besser schmeckt als die delikatesten Speisen, die man auf großer Herren Tafel findet. Der Kapitän darf keine bessere Schüs-

Schildkrötensuppe und -filets waren schon immer ein Leckerbissen

sel haben als der Geringste, der da ist; wenn sie es merken, nehmen sie die ihrige und setzen sie an des Kapitäns Platz.

Nachdem das Schiff ausgerüstet und die Viktualien hineingebracht sind, wird abgestimmt und beschlossen, wohin man seinen Lauf nehmen und kreuzen wolle, zugleich auch ein Vertrag gemacht, den sie Chasse-Partie nennen. Darin wird spezifiziert, was der Kapitän für sich und sein Schiff haben soll.

Gemeiniglich wird dieser Kontrakt unter ihnen auf folgende Weise gemacht: Wenn etwas aufgebracht wird, soll von dem ganzen Kapital vorerst der Jägersold abgezogen werden, der gewöhnlich zweihundert Piaster beträgt, und dann der Lohn des Zimmermanns, der das Schiff gebaut und klargemacht hat; der beträgt 100 oder 150 Piaster, je nach dem Abkommen. Dann das Geld für den Wundarzt: für seine Medikamente 200 oder 250 Piaster — je nach der Größe des Schiffes. Ferner die Entschädigung

Das Verteilen der Beute erfolgte nach einem komplizierten Ritual, der sogenannten »Chasse-Partie«

der Verwundeten, sofern sie Glieder verloren haben, oder die gewöhnlichen Bedingungen für die, die verwundet sind und wie folgt entschädigt werden: für einen rechten Arm 600 Piaster oder sechs Sklaven; für einen linken Arm 500 Piaster oder fünf Sklaven; für ein rechtes Bein 500 Piaster oder fünf Sklaven; für ein linkes Bein 400 Piaster oder vier Sklaven; für ein Auge 100 Piaster oder ein Sklave; für einen Finger 100 Piaster oder ein Sklave; für einen steifen Arm so viel, als wenn er ab wäre; für eine Wunde im Leib, darin eine Kanüle getragen wird, 500 Piaster oder fünf Sklaven. Dieses alles wird vorher vom Kapital abgezogen und dann der Rest gleichmäßig geteilt in so viel Teile, als Mann auf dem Schiff sind. Der Kapitän bekommt vier bis fünf Mannsteile für sein Schiff, manchmal wohl mehr, und für seine Person zwei Teile. Der Rest wird unter die Mannschaft gleichmäßig verteilt, die Schiffsjungen erhalten die Hälfte von einem Mannsteil. Es geschieht auch wohl, daß untaugliche Gesellen dabei sind, die noch niemals gefahren sind, denen wird jedem etwas abgezogen und unter die anderen verteilt. Ist ein Schiff erobert, so steht es in ihrem Belieben, es dem Kapitän zu geben oder nicht. Sollte das Schiff, das sie genommen haben, besser sein als das ihre, so nehmen sie das bessere und stecken das ihre in Brand.

Wenn sie ein Schiff erobern, darf niemand plündern noch etwas nehmen, um es zu behalten, sondern alles Erbeutete an Geld, Juwelen, köstlichen Steinen und Kaufmannswaren wird ganz und gar unter sie geteilt, also daß keiner einen Pfennig mehr davon genießt als der andere: damit kein Betrug unterlaufe, ist ein jeder, ehe das Gut geteilt wird, verpflichtet, auf die Bibel einen Eid zu tun, daß er auch nicht eines Schilling Wert an Seide, Leinen, Wolle, Gold, Silber, Juwelen, Kleidern, Blei, kurz allem, was da erobert ist, für sich behalten habe; wenn aber einer einen falschen Eid tut, soll er von ihnen ausgestoßen sein und niemals mehr unter ihre Gesellschaft kommen dürfen.

Sie sind einander sehr getreu und behilflich. Ist einer, der nichts hat, so helfen ihm die anderen aus und borgen ihm so lange, bis er zu bezahlen vermag. Auch üben sie Recht und Gericht untereinander, denn wenn einer einen Totschlag begeht und seinen Widerpart meuchlerisch niederschießt, wird er an einen Baum gebunden und von einem, den er hierzu selbst erwählt, gleichfalls totgeschossen.

Wenn sie ein Schiff erobert haben, setzen sie die Gefangenen ans Land, sobald es ihnen möglich ist, ausgenommen zwei oder drei, die sie behalten, damit sie kochen und die Dinge tun, die sie selber nicht tun wollen, und wenn sie diese zwei oder drei Jahre behalten haben, lassen sie sie auch wieder laufen.

Des öfteren gehen sie auf die eine oder andere Insel an der Südseite von Cuba, um sich zu erholen. Sie ziehen das Schiff an Land, es auszubessern, und jeder geht und spannt sein Zelt auf. Von da gehen sie mit ihren

Kanoes, ein Trupp um den anderen, auf Raub aus und heben die Schildkrötenfänger von Bayame aus; das sind arme Fischer, die Schildkröten fangen, um sie zu verkaufen und ihre Weiber und Kinder damit zu unterhalten. Wenn sie aber von den Räubern aufgegriffen werden, müssen sie für sie Schildkröten fangen, solange die Räuber dort stille liegen. Ergibt es sich gar so, daß diese nach einer Küste kreuzen, wo Schildkröten zu fangen sind, nehmen sie die Fischer mit, so daß diese insgemein vier bis fünf Jahre von ihrem Weib und ihren Kindern wegbleiben, die unterdessen nicht wissen, ob ihre Männer oder Väter lebendig oder tot sind.
Der Seeräuber gewöhnliche Beschäftigung ist, nach dem Ziel zu schießen und ihr Gewehr sauber zu halten. Sie haben gutes Gewehr, nämlich Rohre und Pistolen. Ihre Rohre sind ungefähr viereinhalb Fuß lang und schießen eine Kugel, deren sechzehn aufs Pfund gehen. Auch haben sie Patronen und Patronentaschen, worin dreißig Schüsse sind, die tragen sie jederzeit bei sich, daß man sie also niemals unvorbereitet findet.
Wenn sie lange genug auf einem Platze verweilt haben, beratschlagen sie miteinander, wo sie nun hin sollen, ihr Abenteuer zu suchen. Ist dann jemand unter ihnen, dem Küsten bekannt sind, wo Kauffahrer ihren Handel treiben, der bietet seinen Dienst an.
Sie haben verschiedene Plätze, wo sie kreuzen, je nach den Zeiten des Jahres, denn diese Gegenden können wegen der starken Winde und Strömungen nicht jederzeit befahren werden. So kommt es, daß die Kauffahrer ihre gewissen Zeiten haben, auf jeder Küste ihren Handel zu treiben. Die von Neuspanien und von Campeche haben im Sommer den meisten Verkehr mit Schiffen, die von Campeche im Winter nach der Küste von Caracas, den Trinidadinseln und Margarita kommen, weil die Ost- und Nordostwinde es nicht zulassen, daß sie zur Sommerszeit kommen, denn sie haben alsdann Wind und Strömung gegen sich. Wenn aber der Sommer kommt, fahren die Schiffe wieder nach Hause. Die Kaper wissen die Straße, welche sie passieren müssen, sehr wohl, kreuzen und warten dort auf sie. Wenn diese Räuber einige Zeit auf See gewesen sind, ohne etwas aufgebracht zu haben, unternehmen sie manchmal desperate Anschläge, die ihnen zuweilen auch wohl glücken. Ich will davon hier einige Beispiele erzählen.«

Der Seeräuber Pierre Franc

»Ein gewisser Räuber, Pierre Franc genannt, von Dünkirchen gebürtig, war mit einer Barke und sechsundzwanzig Mann einst lang auf See gewesen.

Er hatte bei Cabo de la Vela gekreuzt, um einige Schiffe abzupassen, die von Maracaibo nach Campeche unterwegs waren. Weil er aber diese Schiffe verfehlt hatte, beschloß er mit seinem Volk nach der Rancheria zu gehen und die Perlfischer anzugreifen. Diese Rancheria ist nämlich ein Platz, unweit von Rio de la Hache, unter zwölfeinhalb Grad nördlicher Breite gelegen, wo eine Perlenbank ist. Dahin kommt alle Jahre eine Flotte von zehn bis zwölf Barken samt einem mit einundzwanzig Kanonen bewaffneten Begleitschiff von Cartagena, um mit Tauchern zu fischen. Jede Barke hat zwei Neger, die vier bis sechs Faden (sieben bis zehn Meter) tief nach Muscheln tauchen können. Diese Flotte hat er nun auf folgende Manier angegriffen.

Die Barken langen vor Anker auf der Bank und das Kriegsschiff am Gestade ungefähr eine halbe Meile davon. Es war ruhige See, und der Räuber konnte ohne Segel längs der Küste hinrudern, als ob er ein Spanier wäre, der von Maracaibo käme. Wie er aber die Perlenbank vor sich hatte, fuhr er auf das Hauptschiff unter den Barken los, das mit acht Kanonen bestückt war und sechzig wohlbewaffnete Leute an Bord hatte. Er kam heran und forderte sie auf, sich zu ergeben. Sie aber begannen im Gegenteil alle zugleich auf ihn zu schießen.

Die Räuber warteten so lange, bis jene ihre Ladung abgeschossen hatten, dann feuerten auch sie und trafen so wohl, daß nicht wenige Spanier dadurch erledigt wurden. Und ehe sie sich bereit gemacht, die zweite Charge abzugeben, kletterten ihnen die Räuber an Bord und zwangen sie, um Pardon zu bitten, was sie auch taten, in der Hoffnung, ihr Kriegsschiff würde ihnen zu Hilfe eilen. Doch der Räuber bohrte, um das Kriegsschiff zu betrügen, seine eigene Barke in den Grund und ließ auf dem eroberten Schiff die spanische Flagge wehen, bis er zur Abfahrt fertig war. Sie trieben alsbald die Spanier in den unteren Schiffsraum und stachen in See.

Inzwischen hatte das Kriegsschiff bereits Viktoria geschossen, weil es meinte, der Räuber sei erobert. Wie sie aber sahen, daß das Schiff seewärts lief, kappten sie augenblicklich ihr Tau und setzten ihm nach bis in den dunklen Abend, wo es ihnen beinahe gelang, den Räuber einzuholen, obwohl derselbe so viel Segel beisetzte, als ihm nur möglich war.

Perlen — unter spanischer Kontrolle von den Eingeborenen gefischt — waren eine von den Freibeutern hochgeschätzte Beute

Der Wind begann sich zu versteifen, trotzdem ließ der Räuber die Segel stehen, um dem Kriegsschiff zu entrinnen. Da traf ihn das Unglück, daß sein großer Mast durch die Kraft der vielen Segel niederstürzte. Gleichwohl ließ er den Mut nicht sinken, sondern machte seine Geschütze klar, ließ die Spanier paarweis zusammenbinden und war willens, mit nur zweiundzwanzig Mann gegen das Kriegsschiff zu fechten, denn der Rest seiner Mannschaft war verwundet und zum Kampf untauglich. Er

ließ also seinen großen Mast fahren und machte mit dem Fockmast und Bugspriet so viel Segel vor Wind, als er konnte.
Endlich aber erreichte ihn das Kriegsschiff und griff ihn so tapfer an, daß er gezwungen war, sich zu ergeben, jedoch nur unter der Bedingung, daß weder er noch seine Mannschaft Kalk oder Steine schleppen müßten (denn wenn die Spanier Räuber fangen, zwingen sie selbige, als Sklaven Kalk und Steine zu tragen, und behalten sie drei oder vier Jahre, und wenn sie ihrer nicht mehr bedürfen, schicken sie sie mit den Galeonen nach Spanien); auch ward ihm zugebilligt, ihn mitsamt seiner Mannschaft bei erster Gelegenheit nach Spanien zu senden. Er übergab nun die Beute mit großem Leidwesen, weil da mehr als hunderttausend Piaster an Perlen vorhanden waren, denn der Fang von allen Barken war da zusammengeschüttet. Gewiß wäre das für diesen Räuber eine große Beute gewesen, wenn er sie hätte behalten dürfen, was ihm ohne allen Zweifel hätte glücken müssen, wäre der große Mast nicht gebrochen.
Sehet allhier noch ein ander Exempel, das nicht minder kühn begonnen und nicht minder unglücklich geendigt hat.«

Der Seeräuber Bartholomäus de Portugees

»Bartholomäus de Portugees, ein Portugiese von Geburt, fuhr mit dreißig Mann von Jamaika in einer Barke, die mit vier Kanonen bestückt war. Als er in der Gegend des Cabo Corrientes an der Insel Cuba war, kam ihm ein Schiff entgegen, das von Maracaibo und Cartagena nach Havanna und weiter nach Española wollte. Das Schiff war mit zwanzig Kanonen bewaffnet und lief mit siebzig Mann, sowohl Passagieren als Schiffsvolk, und war auch sonst mit allem anderen wohl versehen.
Die Räuber beschlossen untereinander, solches anzugreifen, was sie auch mit großer Courage taten, wurden aber von den Spaniern tapfer abgeschlagen. Doch sie griffen ein zweites Mal an und nahmen das Schiff mit Verlust von nur zehn Mann und vier Verwundeten. Also haben das Schiff ihrer fünfzehn in Besitz genommen, während von den Spaniern an Gesunden und Verwundeten noch vierzig am Leben waren.
Weil ihnen nun aber der Wind, um nach Jamaika zu segeln, entgegenstand, beschlossen sie, da sie an Wasser Mangel litten, nach Cabo S. Antonio zu gehen, welches die westliche Ecke von Cuba ist. In der Nähe von Cabo S. Antonio stießen sie auf drei Schiffe, die von Neuspanien nach Havanna gingen; diese liefen auf sie los, zwangen ihnen die Beute ab, und sie mußten sich alle gefangen geben. Dies jammerte sie nicht wenig, eine so köstliche Beute ausliefern zu müssen, denn das Schiff war mit hundertundzwanzigtausend Pfund Kakao geladen und enthielt außerdem an die siebzigtausend Piaster. Zwei Tage nachdem sie genommen waren, erhob sich ein großer Sturm, so daß die Schiffe voneinander gerieten. Das große Schiff, auf welchem die Räuber gefangen waren, lief in Campeche ein.
Da kamen verschiedene Kaufleute an Bord dieses Kauffahrers, um dem Kapitän Willkommen zu bieten; und diesen war der Räuberkapitän bekannt, dieweil er an dieser Küste mit Morden und Brennen viel Schaden getan. Anderntags kam die Justiz an Bord, den Kapitän zu ersuchen, die Räuber in ihre Hände zu überstellen, was er auch tat, da er es nicht verweigern durfte. Weil sie aber nicht wagten, ihn in die Stadt zu bringen, da sie fürchteten, er würde ihnen entwischen, was er oftmals getan hatte, ließen sie ihn an Bord und richteten des anderen Tags am Strande einen Galgen auf, um ihn daran aufzuknüpfen. Da er aber gut Spanisch verstand, hörte er dies alles von den spanischen Matrosen erzählen und begann deshalb, etwas auszusinnen, sein Leben zu retten.

 Rechte Seite: Die „unbesiegbare“ spanische Armada

Sir Francis Drake. Sein Grab liegt eine Meile von der Küste Porto Bello entfernt

Er nahm zwei Gefäße, in denen Wein gewesen war, und stopfte sie mit Kork zu, so daß sie dicht hielten. Des Nachts, da sie allesamt schliefen — außer dem Wächter, der neben ihm stand und auf ihn achthaben sollte —, wandte er allen Fleiß an, denselben zum Schlafen zu kriegen; weil der aber nicht wollte, beschloß er, ihm die Kehle abzuschneiden, welches er denn tat, ohne daß der Wächter einen Laut von sich gab. Gleich darauf ließ er sich sachte mit seinen beiden Gefäßen ins Wasser fallen, schwamm mit ihrer Hilfe an Land und begab sich in den Busch, wo er drei Tage verborgen blieb, ehe er einen Weg erwählte.

Bartholomäus de Portugees (zeitgenössisches Porträt)

Des anderen Tages in der Frühe wurden Soldaten längs der Küste dahin ausgeschickt, wo sie ihn vermuteten, doch war er listiger als sie, denn er beobachtete sie; und als sie wieder nach der Stadt zurückgekehrt waren, nahm er seinen Weg längs des Strandes nach einem Ort, genannt El Golfo de Triste (ungefähr dreißig Meilen von der Stadt Campeche). Dort kam er nach Verlauf von vierzehn Tagen endlich an, nicht ohne viel gelitten zu haben, sowohl Hunger und Durst wie Mühsal der Reise; denn er durfte den direkten Weg nicht nehmen, um den Spaniern nicht in die Hände zu fallen. Vier ganze Tage arbeitete er sich auf Bäumen fort, ohne einen Fuß auf die Erde zu setzten. Es sind dies krüppelhafte Bäume, die am Strand wachsen, und sie haben so viele Wurzeln im Wasser wie Äste in der Höhe, so daß man da durchlaufen kann, jedoch nicht ohne Mühe. Er hatte nichts als eine Kalebasse mit Wasser in diesen vier Tagen und aß nichts als einen Schulpfisch, einer gewissen Art Schnecke ähnlich, den er auf den Klippen fing. Auch mußte er einige Ströme passieren, wiewohl er nicht gut schwimmen konnte. Doch einer, der in großer Not sein Leben zu retten trachtet, unternimmt, was ein anderer nicht zu ersinnen wagt. Er fand am Strand eine alte Planke, die durch die See angespült war, darin waren einige Nägel. Diese Nägel klopfte er mit Steinen platt und schliff sie hernach so lange, bis sie so scharf waren, daß er damit schneiden konnte. Er schnitt sich einige Ranken ab, etliche Hölzer, die er gesammelt, miteinander zu verbinden, und machte daraus ein Floß, um über den Strom zu setzen.

So kam er endlich nach Triste, wo er ein Raubschiff von Jamaika fand. Nachdem er sein Abenteuer erzählt hatte, redete er ihnen zu, ihm ein

Kanoe mit zwanzig Mann zu geben, um damit das Schiff, das vor Campeche lag und darinnen er gefangen gewesen, bei Nacht zu überfallen. Sie willfahrten ihm, und acht Tage darauf kam er bei dunkler Nacht vor die Stadt Campeche und ging unverzüglich und ohne ein Wort zu sprechen an Bord des Schiffs.
Die auf dem Schiff meinten, es sein ein Kanoe, das vom Land käme und Schleichware brächte, bemerkten diesen Irrtum aber sehr bald, da die Räuber allesamt aufs Schiff sprangen und es eroberten. Unverzüglich kappten sie das Ankertau und liefen unter Segel: Zwar war noch viel Kaufmannsware an Bord, jedoch das Geld war schon weggebracht.
Dieser Räuber vergaß nun alles erlittene Unglück, weil er ein schönes Schiff und Hoffnung hatte, damit eine große Fortun zu gewinnen. Aber da er meinte, daß er obenauf war, stellte ihm die schlimme Fortun, die ihn ständig verfolgte, bald wiederum ein Bein; denn nachdem er seinen Kurs nach Jamaika gerichtet, ward er unfern der Insel Pinos, die an der Südseite der Insel Cuba gelegen ist, von einem südlichen Wind ergriffen. Sein Schiff wurde wider die Klippen oder Bänke, Jardines genannt, geworfen, so daß er samt seiner Mannschaft das Schiff mit Verdruß verlassen und auf seinen Kanoes nach der Insel Jamaika flüchten mußte. Hier verblieben sie nicht lange, sondern machten sich wieder fertig, nach Beute zu gehen, allein, das Glück war ihnen stets zuwider.
Dieser Räuber hat viel Tyrannei an den Spaniern verübt, jedoch wenig Genuß aus seinen Räubereien gezogen, denn ich habe ihn in dem größten Elend von der Welt sterben sehen.«

Vom Seeräuber Rock dem Brasilianer und anderen

»Nunmehr will ich noch einige Stücke von einem Räuber erzählen, der noch auf Jamaika ist und nicht minderes vollbracht hat als die, deren hier bereits Erwähnung geschehen.

Dieser nun war ein Holländer von Geburt und hat lang in Brasilien gewohnt. Als nämlich die Portugiesen Brasilien wieder in Besitz nahmen, waren da verschiedene Familien, die sich wegbegaben; einige gingen nach Holland, andere auf die französischen oder englischen Inseln, auch nach Virginien. Dieser nun kam nach Jamaika, und weil er nicht wußte, was er tun sollte, um seinen Lebensunterhalt zu finden, begab er sich unter die Räuber und ward von ihnen ›Rock der Brasilianer‹ genannt. Nämlicher Rock fuhr anfangs als Gemeiner und machte sich beliebt bei allem Volk. So bekam er eine Partei auf seine Seite, die wider ihren Kapitän meuterte, von ihm abfiel, eine Barke nahm und diesen Rock zu ihrem Kapitän machte. In kurzer Zeit eroberten sie ein Schiff, das mit einer großen Summe von Neuspanien kam, und brachten es nach Jamaika.

Hierdurch kam Rock in großes Ansehen und wurde schließlich so vermessen, daß ganz Jamaika vor ihm bebte, allerdings ohne jegliche Zucht, sondern durch nichts anderes als dumme Furie. Wenn er betrunken war, lief er wie ein Toller durch die Stadt, und dem ersten, der ihm entgegenkam, schlug er Arm oder Bein ab, ohne daß es ihm jemand verweisen durfte, außer mit guten Worten; denn er benahm sich wie ein Wahnsinniger. Er hat wider die Spanier die größten Tyranneien verübt, die man nur ersinnen kann; einige von ihnen hat er an hölzerne Spieße gesteckt oder gebunden und zwischen zwei Feuern lebendig braten lassen, wie man einem Schweine tut, bloß darum, weil sie ihm den rechten Weg nicht gewiesen, als er Schweinehöfe zu plündern gedachte.

Rock der Brasilianer (zeitgenössisches Porträt)

Einst war er längs der Küste von Campeche hingefahren, daselbst seine Fortun zu suchen; es hatte ihn aber ein Sturm überfallen und das Schiff an den Strand geschmissen, so daß er mit seiner Mannschaft das Schiff verlassen und an Land flüchten mußte, ohne etwas mitnehmen zu können als das Gewehr, etwas Pulver und Blei.

Der Ort, an dem sie gestrandet waren, lag zwischen Campeche und Triste. Sie nahmen nun stracks ihren Weg nach dem Golf von Triste, wo die Räuber ihre Schiffe auszubessern pflegen. Nach drei oder vier Tagen waren sie durch Hunger, Durst und die Beschwerlichkeit des Weges so abgemattet, daß sie kaum mehr weiterkonnten; das Schlimmste aber war, daß sie von hundert spanischen Reitern wahrgenommen wurden, die ihnen entgegengeritten kamen.

Kapitän Rock ermunterte tapfer seine Kameraden und sagte, daß er für seinen Teil nicht gewillt wäre, sich zu ergeben, sondern lieber sterben, als sich den Spaniern gefangengeben wollte. Sie waren dreißig Mann stark, allesamt wohl bewaffnet, und weil sie sahen, daß sie einen Kapitän hatten, der ihnen guten Mut gab, beschlossen sie, lieber mit ihm zu sterben, als sich zu ergeben. Unterdessen stürmten die Spanier gewaltig heran, doch die Räuber ließen sie so nahe kommen, daß sie nicht fehlen konnten, so daß jeder Schuß einen Mann fällte. Nachdem dieses Gefecht ungefähr eine Stunde gewährt hatte, ergriffen die übriggebliebenen Spanier die Flucht. Die Räuber plünderten nun einige Packpferde, schlugen die verwundeten Spanier vollends tot, nahmen auch von den Pferden und dem Mundvorrat, den die Spanier bei sich gehabt, so daß sie ihren Weg bequem fortsetzen konnten, ohne mehr als zwei ihrer Gesellen verloren und zwei verwundet zu haben.

Sie zogen nun zu Pferde die Küste entlang, und noch ehe sie an den Golf gekommen waren, sahen sie eine spanische Barke, die unweit vom Gestade lag, um Holz zu holen. Sie ritten nicht weiter und schickten sechs Mann voraus, um die dazugehörigen Kanoes auszukundschaften. Des Morgens, als die Leute an Land kamen, eroberten sie diese Kanoes und bald darauf auch die Barke. Weil aber wenig Proviant darin war, schlachteten sie einige von ihren Pferden und salzten das Fleisch mit dem in der Barke gefundenen Salz ein, um so lange davon zu leben, bis sie es besser bekommen würden.

Kurze Zeit darauf nahm dieser Räuber ein Schiff, das von Neuspanien nach Maracaibo ging, um Kakao zu kaufen; es war mit Mehl und viel Geld beladen. Er kam mit seiner Prise nach Jamaika und dominierte da mit seinen Kameraden so lange, bis alles dahin war; denn es ist die Manier dieser Räuber, daß, wenn sie etwas aufgebracht haben, sie dessen nicht lange Meister bleiben, sondern sie spielen, huren und saufen, solange sie was haben. Einige von ihnen haben an einem Tag wohl zwei- bis dreitausend Piaster durchgebracht.

Ich habe einen auf Jamaika gekannt, der einer Hure fünfhundert Piaster gegeben hat, allein um ihre Heimlichkeit zu sehen. Ja, sie tun noch viele andere Gottlosigkeiten. Mein eigener Herr hat des öfteren ein Faß Wein gekauft, es mitten auf die Straße gesetzt, den Spund eingeschlagen, stellte sich dann dazu, und alle, die vorübergingen, mußten mit ihm trinken, andernfalls er sie mit einem Rohr, das er aus diesem Grund bei sich hatte, totgeschossen haben würde. Er hatte auch eine Tonne Butter gekauft, nahm die Butter heraus und schmierte sie jedem, der vorbeiging, auf seine Kleider oder auf den Kopf, wohin er gerade traf.

Untereinander sind diese Räuber barmherzig, denn wenn einer nichts hat, wird er von den anderen unterstützt. Sie haben auch guten Kredit bei den Schankwirten, aber in Jamaika darf man diesen nicht viel trauen, weil sie Euch leichtlich wegen Schulden verkaufen, wie ich des öfteren gesehen, selbst an dem, von welchem ich oben erzählt, daß er einer Hure, ihre Heimlichkeit zu sehen, soviel Geld gegeben. Er hatte wohl damals dreitausend Piaster, und drei Monate hernach ward er um seiner Schulden willen verkauft, und zwar von eben dem Mann, in dessen Hause er das meiste seines Geldes verpraßt hatte.

Dieser Rock der Brasilianer also hatte binnen kurzem all sein Geld aufgezehrt und mußte mit seinen Kameraden wiederum in See. Er ging nach der Küste von Campeche (denn dies war sein gewöhnlicher Raubplatz), war kaum vierzehn Tage da und fuhr in einem Kanoe, die Reede von

Selbst mit solchen Booten wagten es die Freibeuter, spanische Schiffe zu kapern

Campeche auszukundschaften, ob er nicht einige Schiffe daraus wegnehmen könnte.
Da fügte es aber sein Unglück, daß er selbst von den Spaniern weggenommen wurde, samt seinem Kanoe und noch zehn seiner Gesellen. Er wurde sogleich vor den Gouverneur gebracht, der ihn in ein dunkles Loch stecken ließ und ihm wenig zu essen gab.
Dieser Gouverneur hätte ihn gar zu gern aufhängen lassen, wagte es aber nicht, wegen der feinen List, die der Räuber ersonnen hatte. Schrieb nämlich an den Gouverneur einen Brief, so, als ob der von seinen Genossen käme; darin wurde gedroht, wenn er ihm irgendein Leid antäte, würden sie keinem Spanier, den sie kriegten, Pardon geben. Der Gouverneur mochte bei diesem Brief fürchten, daß es ihm selbst an den Hals gehen könnte, denn die Räuber hatten unter Anführung eines gewissen ›Mansveldt‹, der ein berühmter Räuber auf Jamaika gewesen, einmal Campeche schon beinahe genommen. Daher beschloß er, ihn mit den Galeonen nach Spanien zu senden, ließ ihn mit einem Eid geloben, daß er nie mehr rauben wollte, und drohte ihm, wenn er ihn wieder finge, ihn ohne Gnade aufzuhängen.
Dieser Räuber war nicht lang in Spanien, sondern suchte Gelegenheit, wieder nach Jamaika zu kommen. Er hatte unter den Spaniern auf der Reise aus Westindien durch Fischen fünfhundert Piaster gewonnen, welches Geld er anwendete, um Kleider und andere Notwendigkeiten zu kaufen, womit er wieder nach Jamaika zurückkehrte.
Daselbst angekommen, übte er seine Räubereien schlimmer als zuvor und tat den Spaniern Übles an, soviel, als er nur vermochte.
Als nun die Spanier merkten, daß sie dieser Räuber nicht ledig werden konnten, beschlossen sie, die Zahl ihrer Fahrten zu vermindern; doch hat ihnen das nichts geholfen, denn weil die Räuber auf See keine Schiffe mehr kriegen konnten, taten sie sich zusammen, setzten an Land und plünderten viel Städte und Dörfer aus.
Der erste Räuber, der diese Manier in Schwung gebracht hat, war ein gewisser ›Ludwig der Schotte‹ (Lewis Scott), der die Stadt Campeche eingenommen, geplündert und gebrandschatzt, hernach aber wieder verlassen hat. Nach ihm kam ein gewisser Mansveldt, der sich unterstand, in Neugranada zu landen und bis in die Südsee auf Raub auszugehen, aber durch Mangel an Viktualien wieder umzukehren gezwungen ward. Er nahm zuerst die Insel Santa Catalina ein und machte daselbst Gefangene, die ihn auf den Weg nach der Stadt Cartago brachten, welche in dem Reich von Neugranada liegt.
Ein gewisser Räuber, genannt ›Johann Davis von Jamaika‹, hat in demselbigen Reich eine kühne Tat getan. Er war lange Zeit in dem Golf von Pocatauro gewesen, daselbst einigen Schiffen aufzulauern, die von Cartagena nach Nicaragua unterwegs sein sollten. Weil er sie aber

verfehlte, beschloß er, mit seinem Volk nach dem Fluß von Nicaragua zu gehen, das Schiff an der Mündung zu lassen, mit Kanoes stromaufwärts zu fahren und also bei Nacht in die Stadt zu gelangen, um die Kirchen und die vornehmen Kaufleute auszuplündern. Sie waren neunzig Mann stark auf dem Schiff und hatten drei Kanoes bei sich. Sie ließen also zehn Mann auf dem Schiff zurück, die anderen begaben sich alle in die Kanoes. Bei Nacht ruderten sie den Fluß hinauf, des Tags hielten sie sich unter den Bäumen verborgen (wie sie es auch mit ihrem Schiff getan, damit es von den Indianern, die zum Fischen an die Flußmündung kommen, nicht gesehen werden sollte).

Unversöhnliche Feinde: Buccaneers und spanische Reiterei

In der dritten Nacht, ungefähr um Mitternacht, kamen sie in die Stadt. Die Schildwache nahm sie für Fischer, die im Lagon fischen, weil ein Teil von ihnen sehr gut spanisch sprach; auch war ein Indianer mit ihnen, der dort gewohnt hatte, aber geflohen war, weil die Spanier ihn hatten zum Sklaven machen wollen. Dieser Indianer sprang an Land, stürzte auf die Schildwache, die sie Vigia nennen, los und ermordete sie. Darauf gingen sie allesamt, drei oder vier der vornehmsten Bürger aufzuklopfen, und nahmen dort alles Geld, das sie im Hause fanden, und raubten auch einige Kirchen aus.

Von einigen Flüchtlingen, die ihnen aus den Händen entwischten, ward jedoch ein Geschrei durch die ganze Stadt gemacht. Die Bürgerschaft und die Garnison begann auf die Beine zu kommen, wodurch denn die Räuber gezwungen waren, so viel von der Beute zusammenzuraffen, als sie konnten, und zu flüchten. Auch nahmen sie einige Gefangene mit, um, falls man sie einholte, durch diese Pardon zu erlangen. Sobald sie an die Küste hinabgekommen waren, machten sie ihr Schiff auf das schleunigste bereit und stachen in See; die Gefangenen aber mußten ihnen als Lösegeld so viel Fleisch zukommen lassen, wie sie benötigten, um nach Jamaika zu kommen.

Derweil sie noch vor der Mündung des Stromes waren, kamen wohl fünfhundert Mann in Waffen heran, in welche sie lustig mit ihren Kanonen hineinfeuerten; so mußten also die Spanier sie mit ihrem Gut zu ihrer größten Schande hinwegsegeln sehen und leiden, daß neunzig Räuber da landen und in ihre Stadt kommen durften, die doch mehr denn vierzig Meilen von der Küste abgelegen ist und über achthundert Mann Besatzung hat, und in so kurzer Zeit sich eine so schöne Beute von dort holten.

Die Räuber hatten über vierzigtausend Piaster an gemünztem Geld und silberne Gefäße und Juwelen mitgenommen.

Kurze Zeit hernach kam Davis mit seiner Beute in Jamaika an, wo er alles gar bald aufzehrte, so daß sie wieder ausfahren mußten, ein neues Abenteuer zu suchen. Er kriegte dann mehrere Räuber zusammen, die stellten ihn, weil er ein guter Anführer war, zum Oberhaupt auf über ihre sieben oder acht Schiffe.

Sie beschlossen, längs der Nordküste von Cuba hinzusegeln, um der Flotte von Neuspanien aufzulauern und womöglich einige von den Schiffen zu rauben; doch das mißglückte ihnen. Um aber dessenungeachtet nicht ohne Beute nach Hause zu kommen, beschlossen sie, nach der Küste von Florida zu gehen, wo sie landeten und ein Städtchen, genannt S. Augustin de la Florida, einnahmen.

Das Städtchen war mit einem Kastell versehen, darin zwei Kompanien Soldaten lagen. Gleichwohl und dem Kastell zum Trotz plünderten sie die Stadt und legten mit der gemachten Beute wieder ab, ohne daß ihnen die Spanier irgendein Leid antun konnten ...«

Der Aufstieg des berühmten Seeräubers François Lolonois und der Anfang seiner Räubereien

»François Lolonois war aus Frankreich gebürtig von einem Platz, genannt Les Sables d'Olonnes, in Frankreich am Meer gelegen.
Er wurde in seinen jungen Jahren als Knecht oder Sklave nach den Karibischen Inseln eingeschifft, und nachdem er da seine Zeit ausgedient hatte, kam er nach der Insel Española zu den Jägern, unter denen er eine Zeitlang blieb; hernach zog er zum Rauben wider die Spanier aus, wobei er große Beute erlangte und unaussprechliche Grausamkeiten beging.
Ich will hier nur die vornehmsten Stücke beschreiben, die er bis zu seinem Tode verübt hat.
Nachdem er zwei oder drei Reisen mit den Räubern ohne ein eigenes Schiff getan und sich jedesmal sehr mutig erwiesen hatte, gab ihm der Gouverneur von Tortuga, Monsieur de la Place, ein Schiff, um damit auf Raub auszugehen und sein Glück zu versuchen, da zu selbiger Zeit zwischen Frankreich und Spanien Krieg war. Er brachte damit große Beute auf, aber seine Grausamkeiten machten ihn unter den Spaniern so berüchtigt, daß sich die ganze Küste entlang, so von den Spaniern bewohnt ist, ein großes Geschrei erhob, und wenn sie ihm auf See begegneten, fochten sie so lange, bis sie nicht mehr konnten, denn er gab den Spaniern wenig Pardon.
Jedoch Fortuna, die ihm lange Zeit gedient, begann ihm alsbald den Rükken zu kehren, wodurch er in großes Unglück geriet, denn er verlor sein Schiff bei einem Sturm aus Norden an der Küste von Campeche und war gezwungen, um das Leben zu retten, mit seiner Mannschaft an Land zu gehen.
Hier wurde er von den Spaniern wahrgenommen, die den größten Teil seiner Leute totschlugen. Er aber, als er sah, daß es da für ihn keine Gnade gab, und er auch nicht entlaufen konnte, denn er war bereits

François Lolonois (zeitgenössisches Porträt)

verwundet, beschmierte sich mit Blut und kroch unter die Leichen, die da lagen. Nachdem der Feind weg war, lief er buschwärts, allda zu bedenken, wie er sein Leben retten könne. Da er nun wieder zu sich selbst gekommen und seine Wunden verbunden hatte, machte er sich in spanischen Kleidern auf nach Campeche, redete dort einige Sklaven an und gelobte, ihnen die Freiheit zu verschaffen, wenn sie seiner Weisung folgten. Diese Sklaven gehorchten seinen Worten, stahlen ihrem Meister ein Kanoe und begaben sich mit dem Räuber auf See, um nach Tortuga hinüberzufahren.

Die Spanier, die einige seiner Gesellen ins Gefängnis geworfen hatten, fragten nach ihm, bekamen aber, da sie es auch nicht besser wußten, von ihnen zur Antwort, er sei tot. Da machten sie in den Kirchen eine Danksagung und brannten Viktoria darob ab, Gott dankend, daß er sie von einem so grausamen Räuber erlöst habe. Inzwischen war dieser Räuber, der sich mit dem Kanoe und den Sklaven auf die Reise begeben hatte, in Tortuga angelangt, und, anstatt sich nach einem anderen Amt umzusehen, um dergleichen Gefahren, als er ausgestanden, zu entrinnen, suchte er Mittel, wie er am besten wieder zu einem Schiff kommen könne.

Er begab sich mit einem kleinen Schiff, das er mit List gewonnen, und einundzwanzig wohlbewaffneten Mann wieder auf See nach der Nordküste der Insel Cuba, vor ein Städtchen, genannt la Villa de los Cayos, wo ein Handel von Häuten, Tabak und Zucker nach Habana geschieht. Und weil es da längs der Küste hin sehr untief ist, gebrauchen die Spanier keine anderen Fahrzeuge als Barken.

Lolonois meinte nun, einige dieser Barken zu rauben, doch ward er von etlichen Fischern, die ihm zu ihrem Glück entrannen, gesehen; sie gingen über Land nach Habana und klagten dem Gouverneur, daß der französische Räuber Lolonois mit zwei Kanoes an der Küste wäre, sie zu plagen, und daß sie nicht wagten, ihren Handel fortzusetzen.

Der Gouverneur konnte das nicht glauben, da er Schreiben aus Campeche erhalten hatte, daß dieser Räuber tot wäre; trotzdem ließ er auf der klagenden Spanier Ansuchen hin ein Schiff bereitmachen, mit zehn Kanonen bestückt und mit neunzig streitbaren Männern wohlbewaffnet, und schickte es aus mit Order, nicht wiederzukommen, ohne die Räuber gänzlich ausgetilgt zu haben. Und aus diesem Grund gab er ihnen einen Neger mit, der Henker sein und die Räuber alle aufknüpfen sollte, ausgenommen den Hauptmann, den sollten sie nach Habana bringen.

Dieses spanische Fahrzeug langte also vor la Villa de los Cayos an, aber statt daß es die Räuber aufsuchte, wurde es selbst von den Räubern aufgesucht, denn sie hatten von einigen Fischern, die sie gefangen, Nachricht erhalten, daß das Schiff an den und den Platz und in bestimmter Absicht gekommen sei; und damit meinten diese, die Räuber zu erschrecken und

Eine »Barg«, der vorzugsweise von englischen Freibeutern benutzte Schiffstyp

von der Küste zu vertreiben. Aber im Gegenteil; denn aus Begier, ein Schiff zu haben, und vermittels dessen desto mehr Unheil anzurichten und auch größere Fortun zu machen, beschloß er, mit seinem Volk das Schiff anzugreifen. Selbiges lag nun auf einem salzigen Fluß, welchen die Spanier Estera nennen.

Die Räuber zwangen einen von diesen Fischern, sie hinzubringen. Es war etwa zwei Uhr in der Nacht, als sie anlangten und sich sogleich zu beiden Seiten des Schiffes unter den Bäumen verbargen. Jedoch die Wache rief sie an, und sie ließen durch den Gefangenen, der bei ihnen war, antworten. Sie wurden gefragt, ob sie die Räuber nicht gesehen hätten. Darauf antworteten sie nein, und sie glaubten, die Räuber wären, von ihrer Ankunft benachrichtigt, geflüchtet; doch wurden sie am nächsten Morgen eines anderen belehrt, da sie von den Räubern begrüßt wurden, ohne daß sie sie sehen konnten. Die Spanier stellten sich sogleich in Kampfstellung auf und schossen, weil auf jeder Seite des Stromes eines von der Räuber Kanoes lag, nach beiden Seiten aus ihren Kanonen; nachdem aber die Spanier zwei- oder dreimal chargiert hatten, nahmen die Räuber ihre Gelegenheit wahr, kamen beiderseits mit den Haudegen in den Fäusten an Bord und jagten alle Spanier in den unteren Schiffsraum.

Lolonois ließ sie einen nach dem anderen heraufkommen, und sowie sie durch die Klappe hervorkamen, hieb er ihnen den Kopf ab. Nachdem er so einen Teil um den Kopf gebracht, kam der Neger, der den Henker der Räuber hätte machen sollen, und rief: ›Señor Capitan, no mé matéis yo os diré la verdad.‹ Das ist: ›Herr Kapitän, tötet mich nicht, ich will Euch die Wahrheit offenbaren.‹

Lolonois ließ ihn beichten und fuhr darauf in seiner vorigen Arbeit fort, allen Spaniern die Köpfe abzuschlagen, bis auf einen, dem er einen Brief für den Gouverneur von Habana gab und auch mündlich auftrug zu sagen, daß er keinem Spanier, soviel er auch deren kriegte, Pardon geben würde; tat auch zur gleichen Zeit ein Gelübde, daß er sich lieber selbst morden als in der Spanier Hände übergeben wolle. Selbigen Inhalts war der Brief und unter anderem auch, daß er hoffe, dem Gouverneur von Habana noch einstens selbst zu tun, was er an ihm hätte tun wollen. Als der Gouverneur von Habana die Nachricht von diesem üblen Erfolg erfahren, ergrimmte er so sehr, daß er allen Räubern, so er in diesen Gewässern kriegen würde, den Tod zuschwur. Allein, er ward von allen Inwohnern der Insel Cuba ersucht, solches nicht zu tun, weil doch die Räuber hundert von ihnen bekommen könnten, ehe sie einen von den Räubern bekämen und sie doch alle Tage auf See sein müßten, ihren Unterhalt zu suchen. Also baten sie den Gouverneur inständig, solche Feindseligkeiten zu unterlassen.

Lolonois hatte nun zwar ein Schiff erobert, aber wenig Beute darin gefunden, so daß er beschloß, hier und da einige Mannschaft zu sammeln und mit seinem Schiff wiederum zum Kreuzen auszulaufen.

Dies tat er denn auch mit gutem Gelingen; denn er nahm in der Bai von Maracaibo ein Schiff weg, das mit viel Geld und Kaufmannsware nach Maracaibo ging, um Kakao einzuhandeln. Danach kam er in Tortuga mit großen Freuden wieder an. Er war da noch nicht lange gewesen, da faßte er den Entschluß, eine Flotte zu formieren und damit an der spanischen Küste zu landen, hatte auch einige Gefangene, die versprachen, ihn dahin zu bringen, doch müßte er eine Macht von fünfhundert Mann beisammen haben. Seine Meinung war nämlich, Maracaibo einzunehmen und weiterhin den ganzen See zu umfahren und alle Städte und Dörfer auszuplündern. Diese Gefangenen waren dort sehr wohl bekannt, namentlich ein Franzose, der daselbst verheiratet war.

Lolonois ließ alle Räuber, die in See waren, sein Vorhaben wissen, so daß er in der Zeit von zwei Monaten an vierhundert Köpfe beisammen hatte und so zu seiner Absicht gelangte.

Nun war auf der Insel Tortuga noch ein anderer Räuber, genannt ›Michael der Baske‹, welcher mit seinen Räubereien so viel gewonnen hatte, daß er nicht mehr in See fuhr; er war Major auf der Insel Tortuga. Dieser, da er mutmaßte, es dürfte große Beute geben, insofern des Lolonois Anschlag wohl ablief, schloß Freundschaft mit Lolonois und bot ihm seinen Dienst an. Er sei, so sagte er, geschickt, das Volk zu Land zu befehligen, bei was für Gelegenheit immer; und weil er sich in Europa im Krieg verdient gemacht hatte, setzte ihn Lolonois zum Hauptmann ein über seine Macht zu Lande. Sie schifften ihr Volk in acht Fahrzeugen ein, darunter des Lolonois Schiff das größte war, bewaffnet mit zehn Stück Kanonen.

Nachdem sie nun alle bereit waren, gingen sie, sechshundertsechzig Mann stark, am letzten April von der Insel Tortuga unter Segel. Sie fuhren an einen Platz, Bayaha genannt, an der Nordseite von Española gelegen, wo sie noch einen Trupp Jäger mitnahmen, samt allen Viktualien, so sie vonnöten hatten, um bis an den Ort, wo sie landen wollten, versorgt zu sein.

Am letzten Juli des selbigen Jahres gingen sie unter Segel und setzten ihren Kurs nach dem Osteck der Insel, genannt Punta Espada, wo sie ein Schiff zu Gesicht bekamen, das von Puerto Rico nach Neuspanien gehen sollte; es war mit Kakao beladen.

Der Admiral Lolonois verfolgte es allein, indem er seiner Flotte Order gab, an der Insel Savona, die an der Südseite der Insel Española unweit der Punta Espada liegt, auf ihn zu warten. Endlich, nachdem er es zwei Stunden gejagt hatte, kehrte sich das spanische Schiff gegen ihn, der zum Schlagen wohl versehen war; trotzdem wurde es nach zweistündigem Gefecht erobert. Es war mit sechzehn Kanonen bestückt und hatte fünfzig wehrbare Mann an Bord. Darin wurden hundertzwanzigtausend Pfund Kakao, vierzigtausend gemünzte Piaster samt wohl zehntausend Piaster an Juwelen gefunden. Das Schiff wurde von Lolonois zum Löschen nach Tortuga gesandt, mit Order, sobald dies geschehen sei, wieder nach der Insel Savona zurückzukehren, wo die Galiote darauf warten sollte.

Als sie mit der Flotte bei der Insel Savona anlangten, fanden sie da ein Schiff, das von Comana kam und mit Kriegsmunition und Geld zur Bezahlung der Garnison von San Domingo beladen war. Dieses Schiff kriegten sie ohne einen Schuß; es war montiert mit acht Kanonen und hatte siebentausend Pfund Pulver, eine Partie Musketen, Lunten und zwölftausend gemünzte Piaster an Bord. Dies war ein sehr glücklicher Anfang und gab den Räubern große Courage, weil ihre Flotte gleich fürs erste so sehr vermehrt worden war.

Als das Schiff mit Kakao nach Tortuga kam, ließ der Gouverneur sofort ausladen und schickte es, mit frischem Proviant versehen, eilig dem Lolonois, der darauf wartete, wieder zurück. Nach Ablauf von vierzehn Tagen kam es bei Lolonois wieder an, der sich auf demselben einschiffte und sein eigenes Schiff seinem Maat, ›Antony du Puis‹ genannt, überließ. Er hatte auch an Stelle der bei der Eroberung des Schiffes Getöteten und Verwundeten neue Rekruten bekommen, so daß seine Flotte nun in gutem Stande war, und jedweder frischen Mut fühlte, sich Beute zu erkämpfen.

Also gerüstet, segelten sie ab und nahmen ihren Kurs nach der Bai von Maracaibo . . .«

»... Als nun Lolonois mit seiner Flotte in dem Golf von Venezuela angekommen war, ging er außer Sicht der spanischen Vigia vor Anker. Des anderen Tags in der Früh war er mit seiner Flotte vor der Mündung des Sees, genannt Laguna de Maracaibo, allwo er vor der Barre den Anker fallen ließ und sein Volk an Land setzte, um ein Fort, genannt el Fuerte de la Barra, zu attackieren, weil er nicht durchkonnte, ohne dicht an der Festung vorbeizukommen. Diese Festung bestand aus nichts anderem als einigen Schanzkörben, die rund um eine Batterie mit sechzehn Kanonen gesetzt waren; dazu war Erde aufgeworfen, um denen, die darin waren, Deckung zu geben.

Die Räuber waren ungefähr eine spanische Meile von da gelandet und stellten sich in Schlachtordnung auf, das Fort zu erstürmen.

Der Kommandant des Forts hatte einige Soldaten in einen Hinterhalt gelegt, um den Räubern in den Rücken zu fallen und sie womöglich in Unordnung zu bringen; inzwischen wollte er von vorne einen Ausfall tun. Allein die Räuber hatten ungefähr fünfzig Mann vorausgesandt, die der im Hinterhalt Liegenden gewahr wurden, dieselben schlugen und auch verhinderten, daß sie wieder in das Kastell retirierten. Unterdessen kam der übrige Haufe im Sturme hinterdrein, und in der Zeit von drei Stunden hatten sie das Fort erobert, ohne andere Waffen als ihre Rohre in der Faust.

Mittlerweile waren die Spanier, die im Hinterhalt gelegen, nach der Stadt Maracaibo geflüchtet und setzten da die Bürger in großen Schrecken, indem sie berichteten, daß die Räuber mit einer Macht von zweitausend Mann anrückten.

Diese Stadt war nämlich zehn oder zwölf Jahre zuvor von den Räubern geplündert worden, was noch in der Bürger Gedächtnis war. Sie begannen nun alle ihre Habseligkeiten zu packen, um zu flüchten. Die Schiffe hatten, luden ihr Gut ein und setzten nach Gibraltar über, wo sie von Stund an die Ankunft der Räuber ruchbar machten und meldeten, daß das Fort de la Barra bereits genommen sei; die anderen aber, die keine Gelegenheit fanden, ihr Gut auf Schiffen zu retten, führten es auf Pferden und Mauleseln zu Lande weg.

Die Räuber, als sie das Fort erobert hatten, ließen sogleich ihre Flagge wehen zum Zeichen, daß ihre Schiffe einfahren sollten. Die übrige Zeit des Tages verwendeten sie darauf, das Fort zu schleifen, alles darinnen zu verbrennen, die Kanonen zu vernageln, ihre Verwundeten an Bord zu bringen und ihre Toten zu begraben. Des folgenden Tags in der Früh gingen sie mit der Flotte nach Maracaibo unter Segel, das ungefähr sechs Meilen von da weg liegt. Es war völlig windstill, also daß sie nicht anders als mit der Flut gehen und an diesem Tag nur wenig vorwärtskommen konnten.

Stadt, Hafen und Festung Maracaibo. Ausschnitt aus einer Karte des 17. Jahrhunderts

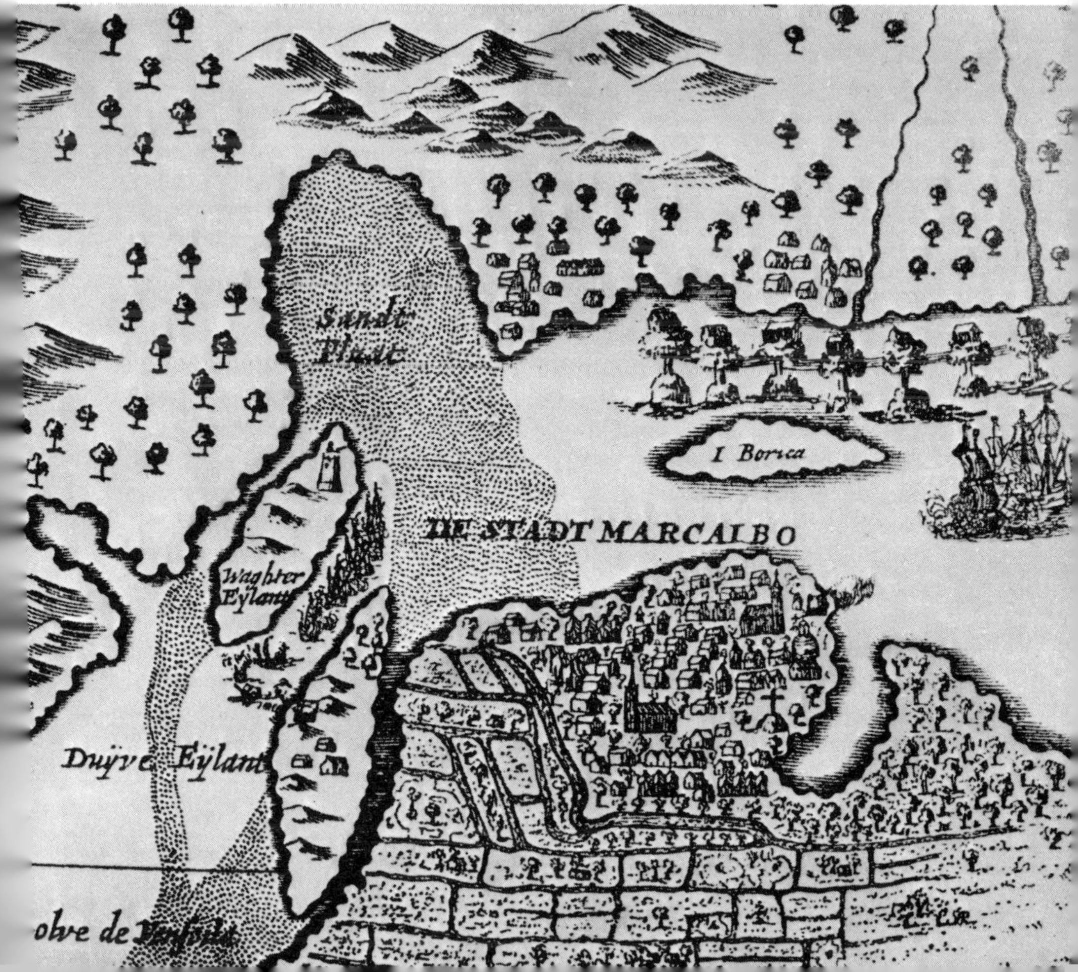

Wenn es um Schatzverstecke ging, kannten die Freibeuter kein Pardon

Am nächsten Tag waren sie vor der Stadt Maracaibo und stellten sogleich ihre Schiffe in Ordnung, um unter dem Schutz ihrer Kanonen zu landen, denn sie meinten, die Spanier würden einiges Volk hinter dem Gesträuch, so am Ufer steht, verborgen haben. Ihre ganze Mannschaft wurde in die Kanoes eingeschifft, um an Land geführt zu werden. Als sie sich dem Strand zu nähern begannen, lösten die Schiffe ihre Kanonen, und alsbald sprang die Hälfte der Mannschaft aus jedem Kanoe an Land, während die andere Hälfte in den Busch schoß. Das Schießen blieb jedoch unerwidert.

In die Stadt gekommen, sahen sie niemand, denn alle die Spanier waren mit Weib und Kind geflohen; jedoch fanden sich in den Häusern noch allerhand Vorräte, wie Wein und Branntwein, auch eine Menge von Hühnern, Schweinen, Brot, Mehl usw. Hier begannen sie sich lustig zu machen, denn sie waren viele Wochen lang in keiner so guten Küche gewesen, hatten vielmehr im Gegenteil ein kärglich Leben geführt. Jedwede Kompagnie legte Beschlag auf die besten Häuser, die auf dem Markte standen. Alsbald wurden Wachen ausgestellt, und die große Kirche wurde zum Haupt-Corps de Garde gemacht.

Am nächsten Tag schickten sie eine Partei von hundertfünfzig Mann aus, um einige Gefangene zu machen und von denselben zu erforschen, wo das Gut der Bürger verborgen wäre. Gegen Abend kam die ausgesandte Partei wieder in die Stadt mit ungefähr zwanzigtausend Piaster, etlichen mit unterschiedlichen Gütern beladenen Mauleseln und ungefähr zwanzig Gefangenen, sowohl Frauen als Männern und Kindern.

Von diesen Gefangenen legten sie am folgenden Tag einige auf die Folterbank, um zu erfahren, ob sie kein verborgenes Gut mehr wüßten;

Eine der stillen Buchten Hispaniolas (Haiti)

aber niemand wollte bekennen. Lolonois, der den Tod von zehn oder zwölf Spaniern für nichts achtete, zog seinen Säbel aus der Scheide und hieb vor aller Augen einen Spanier in Stücke, wobei er ihnen zurief, wenn sie nicht sagen wollten, was sie wüßten, würde er ihnen allen miteinander dasselbe tun. Also kriegte er durch seine Drohungen einen von ihnen so weit, daß er versprach, ihn dahin zu bringen, wo seine Leute waren.

Die Flüchtlinge aber, als sie merkten, daß sie von den Gefangenen verraten waren, vergruben einen Teil ihres Gutes in der Erde und veränderten alle Tage ihren Lagerplatz, so daß die Räuber sie schwerlich, es sei denn durch Zufall, finden konnten, zumal sie sich dermaßen voreinander selbst fürchteten, daß der Vater auch seinem Sohn nicht traute.

Endlich, da die Räuber vierzehn Tage allda gelegen, beschlossen sie, nach Gibraltar zu gehen. Die Spanier aber, die ihre Macht ausgekundschaftet hatten, schickten stracks mit einer Barke an die von Gibraltar und gaben ihnen zu wissen, daß die Räuber wohl die Absicht hätten, bis nach Merida zu ziehen, was unter denen zu Gibraltar große Bestürzung erregte. Sie sandten unverzüglich einen Boten an den Gouverneur, ihm Nachricht von diesen Dingen zu geben.

Der Gouverneur von Merida, der lange in Flandern als Oberst gedient hatte, war guten Muts, die Räuber mit wenig Mühe zu bezwingen. Er kam also hinab nach Gibraltar mit ungefähr vierhundert wohlbewaffneten Mann und gab den Bürgern sogleich Order, sich unter Waffen zu stellen. Hierauf musterte er sie und fand sie an vierhundert Mann stark, so daß sie mit dem von ihm mitgebrachten Volk an achthundert Mann ausmachen mochten. Dann ließ er längs dem Strande eine Batterie von zweiundzwanzig Stück Kanonen aufwerfen und mit Schanzkörben decken; überdies hatte er noch eine Redoute mit acht Stück Geschütz. Am Strande hin ging eine große Straße, diese ließ er stopfen und eine andere in den Morast machen, die ganz unbrauchbar war, weil man bis an die Knie in den Schlamm einsank.

Die Räuber, die von all diesen Vorbereitungen nichts wußten, hatten ihre Gefangenen auf die Schiffe gebracht, zusamt dem Raub, den sie in Maracaibo geholt, und begaben sich unter Segel nach Gibraltar. Als sie aber dieses Platzes ansichtig wurden, sahen sie die Flagge über dem Orte wehen und viel Volks am Strand.

Lolonois, als Hauptmann dieser Räuber, hielt Rat mit seinen Unterhauptleuten und danach mit dem Volk; er stellte ihnen vor, wie es da ein heiß Eisen anzutasten gäbe, da die Spanier, so lange vorher von ihrer Ankunft in dem See benachrichtigt, sich sehr stark gemacht hätten. Hierauf erklärte er seine Meinung: ›Sind sie stark‹, sagte er, ›um so größere Beute haben wir zu erwarten, wenn wir den Sieg über sie davontragen.‹ Sie stimmten ihm einhellig zu und sagten, lieber wollten

Linke Seite: Engländer auf Beutezug (oben) und in der Schlacht (unten)

sie in Hoffnung auf gute Beute kämpfen, als viel umherschweifen, ohne was zu finden. Er antwortete mit dieser Rede: ›Ich will euch vorangehen; den ersten, der sich im Gefecht nicht mutig zeigt, schieße ich nieder.‹ Nachdem sie dergestalt ihren Entschluß gefaßt, gingen sie mit ihren Schiffen unter der Küste ungefähr eine Viertelmeile von der Stadt vor Anker. Am nächsten Morgen vor Sonnenaufgang ließ Lolonois sein ganzes Volk an Land gehen. Sie waren dreihundertachtzig Mann stark, ein jeder mit einem guten Rohr versehen und die Patronentasche an der Seite, darin dreißig Schuß Pulver waren; daneben eine oder zwei Pistolen und einen guten Haudegen. Nachdem sie einander die Hand gegeben und eidlich gelobt, einander bis in den Tod beizustehen, begann Lolonois zu marschieren und rief: ›Allons mes frères, suivez moi et ne faîtes point les lâches!‹ Das heißt: ›Wohlan, meine Brüder, folgt mir und seid nicht zaghaft!‹ Und so rückten sie denn vor, um anzugreifen. Da sie aber vermeinten, auf den Weg zu kommen, der ihnen durch ihren Führer gewiesen war, fanden sie denselben gestopft und einen anderen in den Morast gemacht, welchen die Spanier nach Wohlgefallen beschießen konnten. Dennoch ließen sie den Mut deshalb nicht sinken, zogen ihre Säbel, hieben Äste von den Bäumen und füllten den Weg damit, um nicht so tief im Schlamm zu waten.

Inzwischen schossen die Spanier mit Kanonen dermaßen auf sie los, daß sie von dem Rauch und dem Getös, das die Kugeln in dem Gehölz machten, weder hören noch sehen konnten. Endlich kamen sie auf festen Grund, wo sie sechs Kanonen vor sich sahen, die mit Schrot und Musketenkugeln auf sie abgeschossen wurden. Nach Abschießen dieser Geschütze machten die Spanier einen Ausfall, fanden aber bei den Räubern einen solchen Empfang, daß ihrer nur wenige wieder in die Schanze zurückkamen. Unterdessen spielten die Kanonen beständig auf die Räuber, wodurch sie viele Tote und Verwundete kriegten; sie suchten deshalb durch den Busch zu brechen, aber solches wollte ihnen nicht glücken, dieweil die Spanier große Bäume abgehauen hatten, die Wege damit zu sperren. Dieses Mißgeschicks ungeachtet verloren sie den Mut nicht, sondern antworteten mit ihren Feuerrohren den Spaniern nach Kräften.

Die Spanier wagten es nun nicht mehr, einen Ausfall zu machen, die Räuber aber konnten nicht über die Schanzkörbe kommen.

Da Lolonois dies merkte, ersann er eine List, die Spanier zu täuschen, und begann deshalb, mit seinem Volk zurückzuweichen. Sobald die Spanier dies sahen, fielen sie mit ungefähr zweihundert Mann aus. Da kehrten die Räuber stracks wieder um, schossen ihre Rohre ab, nahmen dann ihre Haudegen zur Hand, fielen über die Spanier her und schlugen die meisten tot. In dieser Furie schritten sie über die Toten hinweg, überwältigten die Schanzkörbe, trieben die dahinterliegenden Spanier in die Flucht, verfolgten sie und schlugen alles tot, was sie fanden.

Eine Abteilung, die sich in die Redoute retiriert hatte, ergab sich auf Condition, daß sie Pardon haben sollte. Die Räuber verbrannten sofort die spanische Flagge, nahmen alles gefangen, was sie im Dorfe fanden, und jagten es in die große Kirche, vor die sie auch ein gut Teil Kanonen schafften und eine Brustwehr anlegten, weil sie nicht wußten, was über sie noch kommen könnte, und sich einbildeten, es würden die Spanier noch Volk zusammenbringen, sie von da zu vertreiben.

Doch anderen Tages waren sie nicht mehr in Sorge, als sie, um dem Gestank zu wehren, die Leichname zusammenbrachten und wohl fünfhundert Spanier erschlagen fanden, ohne die Verwundeten, die in den Busch geflohen und dort gestorben waren; zudem hatten sie noch mehr als hundertfünfzig Mann gefangen und wohl fünfhundert an Weibern, Sklaven und Kindern. Nachdem nun alles in Stille war, zählten sie auch ihre eigenen Toten, deren waren es vierzig und dreißig Verwundete, von denen der größte Teil hinstarb, von wegen der Luft, die Fieber verursachte; auch kam der kalte Brand in kurzer Zeit in ihre Wunden. Die Räuber schmissen alle toten Spanier in zwei alte Barken, die am Strand lagen, und fuhren damit eine Viertelmeile Wegs in den See hinein, allwo sie die Barken versenkten.

Nun versammelten sie alles Geld und Gut, das sie in der Stadt gefunden, und blieben vier oder fünf Tage in der Stadt, um auszuruhen, ohne auf Partie zu gehen. Die Spanier verbargen inzwischen ihre Habe so gut, wie es ihnen möglich war. Die Räuber aber begannen danach wieder auf Partie zu gehen, wodurch sie viel Gut in der Stadt zusammenbrachten wie auch viele Sklaven, die sie auf den Plantagen erhaschten.

Sie waren da ungefähr vierzehn Tage lang gewesen, als die Gefangenen vor Hunger und Ungemach zu verschmachten begannen, weil nämlich die Räuber da wenig Fleisch gefunden hatten. Mehl war wohl genug da, doch waren sie zu faul, Brot für sich selbst zu backen, geschweige denn für die Spanier. Die Hühner, Schafe, Kühe und Schweine, die da waren, wurden von ihnen totgeschlagen zu ihrer eigenen Nahrung; für die Spanier aber schlugen sie Esel und Maulesel. Wer das nicht essen wollte, mußte Hungers sterben; denn anderes kriegten sie nicht. Besser ging es den Weibern, die sich die Räuber hielten, mit ihnen zu buhlen; einige brauchten sie mit Gewalt, andere mit ihrem eigenen Willen, viele aber ließen es aus Hungersnot zu. Die Gefangenen, die sie für reich hielten, legten sie alle Tage auf die Folterbank, und wenn sie nichts bekennen wollten, schlugen sie dieselben gar tot.

Endlich, nachdem sie etwa einen Monat da gelegen, schickten sie vier Gefangene, um die Bürger aufzufordern, zehntausend Piaster als Brandschatzung herbeizuschaffen, wenn nicht, würden sie das ganze Dorf in Brand stecken. Dazu gaben sie den Spaniern zwei Tage Zeit.

Da nach Verlauf dieser zwei Tage die Brandschatzung noch nicht bei-

Verbrannte Städte markierten den Weg der Freibeuter

sammen war, fingen sie an, das Dorf anzustecken. Als die Spanier sahen, daß die Räuber das ganze Dorf zu Asche verbrennen lassen wollten, baten sie, es möge ihnen doch belieben, das Feuer wieder zu löschen, und das geheischte Geld würde aufgebracht werden. Die Räuber löschten das Feuer, freilich nicht, ohne daß etliche Häuser Schaden nahmen, ja, eine Klosterkirche brannte bis auf den Grund ab.

Nach Empfang der Schatzung brachten sie ihr Raubgut zu Schiff samt einer großen Menge Sklaven, für die kein Lösegeld gezahlt worden war (denn alle Gefangenen mußten Lösegeld zahlen, und die Sklaven mußten zurückgekauft werden), und segelten nach Maracaibo ab.

Daselbst angekommen, fanden sie, daß die Spanier noch ebenso bestürzt waren wie zuvor. Sie schickten einige Gefangene, die sie aus Maracaibo hatten, den Gouverneur und die Bürgerschaft aufzufordern, dreißigtausend Piaster als Lösegeld für die Stadt an Bord zu bringen, andernfalls sie die ganze Stadt verbrennen würden. Unterdessen liefen sie noch allenthalben auf Partie nach Beute, nahmen die Bildsäulen, Glocken und Gemälde aus den Kirchen und brachten sie zu Schiff; dazu auch viel Schiffsvorrat, den sie in den Packhäusern fanden.

Die Spanier, die ausgesandt waren, die Brandschatzung einzutreiben, kamen mit der Order wieder zurück zu verhandeln. Endlich wurde unter ihnen verglichen, daß die Spanier zwanzigtausend Piaster und fünfhundert Rinder geben sollten; wenn dies bezahlt wäre, sollten die Räuber nicht mehr auf Partei auslaufen, sondern nach Schlachtung des Viehs davonfahren, welches sie dann auch taten, zur großen Freude der Einwohner, die ihnen ein besser Ade als Willkommen boten.

Drei Tage nach ihrem Wegzug kamen sie aber zur großen Verwunderung der Spanier wieder zurück, wodurch neuer Schrecken entstand. Die Ursache war, daß sie ein Warenschiff, das sie mitgenommen, nicht über die Bank an der Mündung der Lagune hinüberbringen konnten, weswegen sie genötigt waren, umzukehren und einen Lotsen zu holen, den ihnen die Spanier alsbald zusandten, um sie desto geschwinder loszuwerden, wie sie denn auch zu guter Letzt, nachdem die Räuber zwei Monate in diesem See geweilt hatten, ihrer gänzlich ledig wurden.

Hierauf nahmen die Räuber ihren Kurs nach Española und kamen acht Tage später an einen Platz, genannt Isla Vaca (das ist ein Platz, wo sich einige französische Bukaniere aufhalten und das Fleisch an die Kaper verkaufen).

Hier brachten sie ihr Gut an Land, um solches nach ihrer Gepflogenheit untereinander zu teilen. Verteilten es also und befanden, daß es in Kontanten, Silberarbeit und Juwelen zweihundertsechzigtausend Piaster wert sei. Überdies bekam jeder noch wohl hundert Piaster an Leinwand und Seidenwaren, samt noch anderer Kleinigkeiten mehr. Zuerst bekamen die Verwundeten ihre Entschädigung, so, wie ich im ersten Teil berichtet. Hierauf wurde das Silberwerk gewogen und zu zehn Piaster das Pfund gerechnet, die Juwelen wurden ungleich gewertet, weil sie keine genaue Kenntnis davon hatten. Nachdem sie allesamt einen Eid getan, daß sie nichts beiseite gebracht, wurde einem jeden sein Geld, das ihm zukam, gegeben. Die Anteile derjenigen, so im Gefecht umgekommen waren, wurden ihren Kameraden oder Anverwandten gegeben.

Da nun alles gut geteilt war, fuhren sie von dannen und nahmen ihren Kurs nach Tortuga, wo sie einen Monat später mit großer Freude ankamen, welche aber für den einen länger als für den andern währte; denn so mancher blieb keine drei Tage Meister seines Geldes, es ward alles verwürfelt. Doch denen, die das ihre verloren, halfen die anderen aus. Es waren kurz zuvor drei Schiffe mit Wein und Branntwein aus Frankreich gekommen, so daß das Getränk sehr billig war, doch nur für kurze Zeit, denn es schlug bald wieder auf, so daß hernach ein Maß Branntwein für vier Piaster verkauft wurde.

Jedermann war damals Kaufmann in Tortuga, auch begannen manche zum Fischen zu gehen. Der Gouverneur bekam das Schiff voll Kakao für den zwanzigsten Teil seines Werts. Auch die Schankwirte bekamen ihren Anteil an dem Geld und die Huren den Rest, so daß die Räuber wieder zusehen mußten, welchen Weg sie nehmen sollten, um neues Geld und neue Beute zu erjagen, selbst Lolonois, der doch ihr Haupt war...«

Lolonois unternimmt einen erneuten Versuch, die Stadt San Jago de Leon und Nicaragua einzunehmen, wo er schließlich in großem Elend stirbt

»Lolonois hatte unter denen von Tortuga durch den letzten Zug, den er unternommen und der ihm so wohl geglückt war, großen Ruf erworben, — hatte er doch große Beute gemacht.

Allein, es ging mit ihm, wie's im Sprichwort heißt: ›Was mit der Flut gekommen ist, geht mit der Ebbe wieder dahin‹, so daß er sich denn bald genötigt sah, eine neue Unternehmung anzufangen. Es ward ihm auch nicht mühsam, seine Leute dazu zu bestimmen, denn die letzte Fahrt hatte sie dermaßen gelockt, daß es sie gar nicht schwer ankam, eine neue auf sich zu nehmen. Zudem war das Vertrauen, das sie in Lolonois setzten, so groß, daß sie ihm, ob er sie gleich in die größten Gefahren der Welt hineingeführt hätte, dennoch nachgefolgt wären.

Endlich beschloß Lolonois zusamt seinen Mithauptleuten, einen Raubzug nach den Gewässern von Nicaragua anzutreten, um dort die sämtlichen Städte und Dörfer zu plündern.

Nachdem solchergestalt also Lolonois den bestimmten Entschluß gefaßt hatte, den Nicaraguazug zu tun, zog er etwa siebenhundert Mann zusammen und ließ das Verladeschiff, das er in Maracaibo gekapert hatte, fertig machen. Auf dieses kamen dreihundert Mann; die übrigen begaben sich auf kleine Schiffe, fünf an der Zahl, so daß es im ganzen eine Flotte von sechs Schiffen ausmachte. Ihr Versammlungsort war der Ort Bayaha auf der Insel Española, wo sie den Fleischvorrat für die Fahrt einsalzten und an Bord nahmen.

Nachdem sie ihren Vertrag gemacht und die Schiffe fahrbereit dalagen, gingen sie unter Segel und nahmen Kurs nach einer Ortschaft namens Matamano am Südende der Insel Cuba: Ihre Absicht war, dort alle Kanoes zu rauben, die sie finden könnten; es wohnen dort nämlich viele Schildkrötenfischer, die Schildkröten fangen und einsalzen, um sie nach Havanna zu bringen. Die Räuber aber hatten Kanoes nötig, um ihr Schiffsvolk auf den Strom zu verbringen, weil ihre Schiffe zu starken Tiefgang hatten, um durch die Untiefen hindurchzukommen.

Endlich, nachdem sie diese armen Leute ihrer nötigsten Geräte beraubt und noch einen Teil von ihnen selbst mitgeschleppt hatten, stachen sie in See und nahmen Kurs nach Cabo Gracias a Dios, das auf fünfzehn Grad nördlicher Breite an der Festlandküste liegt, etwa hundert Meilen südlich von der Insel de los Pinos. Allein, sie wurden von Windstille überkommen, und die Strömung trieb sie nach dem Golf von Honduras. Sie taten wohl ihr

Bestes, um wieder hinauf zu gelangen, jedoch hatten sie Wind und Strömung wider sich, auch konnten die anderen Schiffe dem des Lolonois nicht nachkommen.

Das Ärgste von allem aber war, daß ihnen die Lebensmittel auszugehen anfingen, so daß sie gezwungen waren, Orte zu suchen, wo sie neuerlich Proviant finden konnten. Zuletzt nötigte sie der Hunger, Land zu suchen und mit ihren Kanoes den erstbesten Flußlauf aufwärts zu fahren, um nach Nahrung zu sehen.

Sie kamen mit einigen Kanoes in den Xaguastrom, an dessen Ufern Indianer wohnen, plünderten dort alle Indianerbehausungen, die sie fanden, und brachten zu ihren Schiffen etlichen spanischen Weizen hernieder, den sie Mais nennen: auch Schweine, Hühner, Truthühner — alles, was sie eben erwischen konnten. Allein, dies alles war noch nicht genug, damit an den Platz zu kommen, wo sie hin wollten. Sie hielten darum nochmals miteinander Rat und beschlossen, einstweilen die ungünstige Witterung vorübergehen zu lassen: Währenddessen wollten sie alle Städte und Dörfer am ganzen Golfe ausplündern.

Sie segelten also der Küste entlang und suchten für diesmal nichts anderes als Nahrung. Überall, wo sie hinkamen, räumten sie so gründlich auf, daß

Das Hamak, die Hängematte, eine Erfindung der Indios und das von den Freibeutern am meisten benutzte Schlafgestell, ist auch uns erhalten geblieben

sie die Einwohner selber in Hungersnot brachten; denn sie aßen alles auf, dessen sie habhaft werden konnten. Selbst die Affen auf den Bäumen schossen sie tot, um sie zu verzehren.
Sodann kamen sie nach Puerto Cavallo, wo es etliche spanische Lagerhäuser gibt, in welche man die Güter vom Binnenlande her so lange unterbringt, bis sie von den Schiffen abgeholt werden. Dort fanden sie einen spanischen Kauffahrer, der mit zwanzig Kanonen und sechzehn Bassen ausgerüstet war; nachdem sie diese weggenommen, gingen sie an Land, plünderten alles, was sie fanden, und verbrannten die Lagerhäuser mitsamt den Häuten, die darin waren. Auch machten sie eine Anzahl Gefangene, die sie sehr übel traktierten, so daß diese armen Leute alle Tage gepeinigt wurden mit allen Marterarten, die man ausdenken kann.
Wenn Lolonois jemanden auf die Folterbank hatte spannen lassen und der nicht sogleich auf seine Frage antwortete, so hieb er ihn mit seinem Seitengewehr in Stücke und leckte dann mit der Zunge das Blut vom Degen ab, indem er den Wunsch aussprach, er möchte solchermaßen den letzten Spanier totgeschlagen haben; und wenn einer von den armen Spaniern in seiner Herzensangst oder unter der Wirkung der schweren Foltern, die er über sie verhängte, sich erbot, sie zu anderen Landsleuten hinzuführen, dann aber in seiner Verstörtheit den Weg nicht recht finden konnte, so taten sie dem tausenderlei Martern an und schlugen ihn zu guter Letzt auch noch tot.
Nachdem sie die meisten ihrer Gefangenen durch die allerfurchtbarste Quälerei und Marter ums Leben gebracht hatten, fanden sie schließlich doch noch zwei, die sie nach einer etwa zwölf Meilen von Puerto Cavallo gelegenen spanischen Stadt namens San Pedro führen sollten.
Lolonois machte sich in eigener Person bereit, mit dreihundert Mann dorthin zu ziehen, und ließ als Obersten seiner zurückbleibenden Leute den Moses van Klijn zurück. Er selbst machte sich mit beiden Führern auf den Weg. Doch kaum war er drei Meilen marschiert, da stieß er auf einen Hinterhalt etlicher Spanier, die ihm wacker Widerstand leisteten. Dennoch nahm er die Stellung ein und trieb die Spanier in die Flucht.
Die sämtlichen Verwundeten, die die Spanier zurückließen, frug er nach der Stärke der spanischen Macht aus; danach schlug er sie, auf daß sie ihn nicht verrieten, tot. Auch einige unverletzte Gefangene hatte er gemacht: Diese frug er nach dem Wege und danach, ob noch andere Spanier in solchen gedeckten Stellungen lägen, was sie mit ›Ja‹ beantworteten. Er nahm dann von diesen jeden einzeln auf die Seite und frug sie, ob sich kein anderer Weg finden ließe, derlei Hinterhalte zu vermeiden. Als sie hierauf verneinende Antwort gaben, brachte er sie vor die sämtlichen anderen Gefangenen und frug sie nach dem Wege: Jedoch sie antworteten, daß sie keinen anderen Weg wüßten.
Lolonois ward deretwegen von teuflischer Bosheit ergriffen, öffnete einen von den Gefangenen bei lebendigem Leibe, schnitt ihm das Herz heraus,

Lolonois schreckte vor keiner Grausamkeit zurück: Ein Spanier wird gezwungen, das Herz eines Landsmannes zu essen

biß hinein und schmiß es einem der anderen ins Gesicht mit den Worten: ›So Ihr mir keinen anderen Weg weiset, werde ich Euch dasselbe tun.‹ Diese armen Kerle versprachen in höchster Not, ihn einen anderen Weg zu führen — der wäre freilich schwer gangbar.

Wie dem auch sein mochte: Um ihm zu willfahren, brachten sie ihn auf einen anderen Weg. Da dieser sich aber als unbrauchbar erwies, sah er sich gezwungen, auf die große Straße zurückzugehen, wobei er voll Zorneswut sagte: ›Mordieu les bougres d'Espagnols me le payeront.‹ (›Himmeldonnerwetter, das werden diese Schufte von Spaniern mir teuer bezahlen!‹)

Am nächsten Tag kam er wiederum an einen Hinterhalt, den er mit solcher Wucht angriff, daß die Spanier keine Stunde lang standhielten. Er befahl seinen Leuten, keinen Pardon zu geben: Je mehr sie am Wege totschlügen, sagte er, desto geringeren Widerstand würden sie in der Stadt finden. Die Spanier aber gingen darauf aus, von diesen verdeckten Stellungen her den Räubern möglichst viel zu schaffen zu machen; deshalb retirierten sie von einer zur anderen.

Endlich kam Lolonois an die dritte Stellung dieser Art, und er verschonte diese ebensowenig wie die beiden anderen. Sie war allerdings sehr viel stärker, aber durch den Wurf etlicher Handgranaten nötigte er die Spanier,

die Flucht zu ergreifen, und verfolgte sie dann so heftig, daß er die meisten tötete, bevor sie die Stadt erreichten.
Dort war man des Kommens der Räuber gewärtig, und der Weg, darauf sie kommen mußten, war wohl versehen mit guten Barrikaden. Auch war kein anderer zu finden, auf dem man etwa diesem ausweichen konnte: Waren doch rings um die ganze Stadt Bäume gepflanzt, die man ›Raqueltes‹ nennt; die sind dermaßen voll Dornen, daß es unmöglich ist, hindurchzukommen. Solches ist viel ärger als die spanischen Reiter, die man in Europa einem anmarschierenden Heere in den Weg stellt.
Als die Spanier, die hinter den Barrikaden lagen, die Räuber zu Gesicht bekamen, begannen sie, diese eifrig mit Kanonen zu beschießen. Aber die Piraten legten sich platt auf den Bauch nieder und machten, nachdem einmal das grobe Geschütz abgefeuert war, einen Ansturm mit ihren Feuerrohren und Handgranaten, womit sie den Spaniern großen Schaden taten. Gleichwohl vermochten sie mit diesem Sturm noch nicht in die Stadt einzudringen, weshalb sie sich zum Rückzug genötigt sahen.
Später rückten sie in geringer Zahl neuerdings heran und schossen nicht eher auf die Spanier, als sie sicher zu zielen imstande waren, so daß denn auf jeden Schuß ein Spanier getötet oder verwundet ward.
Endlich, gegen den Abend, mußten die Spanier den Widerstand aufgeben. Sie ließen eine weiße Fahne wehen, zum Zeichen, daß sie parlamentieren wollten, und übergaben dann die Stadt mit der Bitte um Pardon und zwei Stunden Zeit, um sich mit etlichen Habseligkeiten an einen anderen Ort begeben zu können, was ihnen von Lolonois auch zugestanden ward.

Improvisierte Barrikaden: kein Hindernis für die Freibeuter

Hierauf kamen die Piraten in die Stadt und verhielten sich, ihrem Versprechen getreu, zwei Stunden lang ruhig. Aber das konnte den Spaniern wenig fruchten, denn die Räuber waren ihnen dicht auf den Fersen und nahmen ihnen alle ihre mitgenommenen Habseligkeiten, und dazu wurden sie selbst auch noch gefangengenommen. Übrigens war das meiste von ihrem Hab und Gut vorher fortgeschafft worden, so daß man in der Stadt nichts weiter fand als etliche Ledersäcke voll Indigo.

Nach einigen dort verbrachten Rasttagen, an denen sie ihre gewohnten Grausamkeiten verübten, verbrannten sie die Stadt und zogen mit der gemachten Beute ab. Als sie wieder an die Meeresküste zurückkamen, hatten indessen ihre bei den Schiffen zurückgebliebenen Gefährten der Küste entlang Streifereien unternommen und ein paar indianische Fischer eingefangen. Diese hatten ihnen gesagt, am Flusse Guatemala erwarte man ein Heckboot aus Spanien.

Sie beschlossen also, sich nach den Inseln auf der anderen Seite des Golfes zu begeben, um dort die Schiffe herzurichten; zwei Kanoes aber ließen sie vor der Mündung des Guatemalastromes, um dem Schiff aufzulauern.

Die Piraten setzten also ihre Schiffe instand, so rasch sie nur konnten, und hielten sich bereit für den Fall, daß ihnen Nachricht von der Ankunft des Schiffes zukäme. Einstweilen fuhren sie auf ihren Kanoes die Küste von Yucatan entlang, wo sich viele Indianer aufhielten, um auf das Ambre de gris (ambraähnliche Bitumenmasse) zu passen, das an die längs der festländischen Küste gelegenen Inseln angetrieben wird.

Die Räuber hatten auf der Insel Sambale, die etwa fünf Meilen von der Küste Yucatans abliegt, einige Indianerkanoes weggenommen. An dieser Insel wird Ambre de gris angespült, sobald ein Sturm aus Osten weht; die Strömungen bringen allerhand Dinge dahin; man hat auch Stücke von Kanoes gefunden, die von den (an die fünfhundert Meilen entfernten) Karaibeninseln durch die Strömung herübergetrieben worden waren. Zwischen dieser Insel und der Festlandküste ist das Meer ganz seicht, so daß größere Fahrzeuge nicht durchkommen ...

... Nachdem die Räuber dort etwa drei Monate lang zugewartet hatten, bekamen sie Nachricht von dem spanischen Schiff, auf das sie warteten, machten sich dann schleunig segelfertig und begaben sich dahin, wo das Schiff vor Anker lag und mit Löschen seiner Ladung beschäftigt war.

Sie machten sich zum Entern bereit und sandten zugleich einige kleinere Fahrzeuge an die Flußmündung, eine Barke abzuwarten, die sehr köstliche Waren stromabwärts brachte, wie Cochenille, Indigo und Silber. Das große Schiff war wohl versehen mit allem, was zu einer Verteidigung nottut: War es doch darauf aufmerksam gemacht worden, daß die Piraten an der Küste lägen, weshalb es denn ausgerüstet war mit einundvierzig Kanonen und anderer Munition im entsprechenden Verhältnis. Überdies hatte es hundertdreißig Mann Besatzung.

Eine Schatzgaleone wechselt ihren Besitzer

Lolonois versuchte, den Spanier mit seinem Schiff, auf dem er achtundzwanzig Kanonen hatte, zu entern, ward aber von dessen Besatzung dermaßen empfangen, daß er und noch ein anderes Schiff, das mit ihm war, sich zurückziehen mußten. Während die Piraten mit den Spaniern in Aktion waren, kamen aber vier Kanoes mit Kriegsvolk mitten im dichten Rauch heran, enterten den Spanier und zwangen ihn zur Übergabe.

Allein die Beute war nicht so groß, wie sie vermeinten; denn das Schiff war auf das schleunigste ausgeladen worden, da ja die Spanier gewarnt worden waren. Sie fanden also nur noch fünfzig Lasten Eisen, fünfzig Lasten Papier und eine gute Anzahl von Krügen mit Wein und noch einige andere Ballen von geringem Nutzen.

Nach Eroberung des Schiffes hielt Lolonois Rat mit seiner ganzen Flotte, in der Absicht, nach Guatemala zu fahren. Etliche stimmten ihm hierin bei, andere wieder nicht. Da waren viele, die noch nie bei den Räubern gewesen, und vermeinten, wenn sie nur mit denen zögen, könnten sie die Piaster von den Bäumen schütteln: Als sie sich nun darin betrogen sahen, wollten sie allesamt wieder nach Hause zurück.

Die anderen jedoch, die dieses Leben schon gewohnt waren, sagten, lieber wollten sie Hungers sterben als ohne Geld wieder nach Hause kommen.

Da die meisten von ihnen sahen, daß der Zug nach Nicaragua nicht glücken wollte, auch der größte Teil der Mannschaft also den Mut aufgab, beschlossen diese, sich von Lolonois zu trennen.

Zunächst wandte sich Moses van Klijn, der das bei Puerto Cavallo eroberte Schiff hatte, von ihnen und nahm Kurs gegen Tortuga, um in diesen Gewässern zu kreuzen.

Ein anderer, namens Pierre le Picart, beschloß desgleichen zu tun, als er sah, daß der andere auf und davon war. Dieser fuhr die Festlandküste entlang und kam nach Costa Rica, wo er am Fuße Veraguas landete. Sodann marschierte er mit seinem Volk nach dem Städtlein Veraguas und plünderte dieses, ungeachtet des bewaffneten Widerstands, den sie dort von seiten der Spanier fanden. Sie brachten einen Teil der Bürger gefangen auf ihr Schiff, doch war die Beute, die sie dort machten, unbeträchtlich, weil der Ort nur von armen Leuten bewohnt ist, die in den Bergwerken arbeiten.

Es gibt dort zwar etliche Goldminen, aber diese werden bloß von den Sklaven aufgeschlossen, welche die Erde aus den Bergen herausgraben und am Flusse auswaschen: Sie finden dabei meist kleine Goldkörnlein, so groß wie Erbsen, manche wohl größer, andere wieder kleiner, so daß denn auch die Räuber nicht mehr vorfanden als etwa sieben bis acht Pfund Goldes.

Ihre Meinung war wohl gewesen, sich höher hinauf zu begeben nach einer an der Südsee gelegenen Stadt namens Nata, diese zu plündern — es wohnen dort nämlich die meisten Kaufleute, die in Veraguas ihre Sklaven haben. Doch wegen der großen Menge Spanier, die auf sie lauerten, konnten sie nicht zu ihrem Ziel gelangen.

Lolonois war im Golf von Honduras mit dem Heckboot allein zurückgeblieben, das er mit seinen Gesellen den Spaniern abgenommen und auf welchem er dreihundert Mann hatte. Er wäre wohl den anderen nachgefolgt, aber weil sein Schiff schwer war, konnte er nicht so gegen die Strömung lavieren, wie die anderen, leichteren Schiffe es taten. Dazu gebrach es ihm an Proviant, so daß er, Mundvorrat zu suchen, sich nahe am Lande halten mußte. Sie schossen sich denn auch Affen und andere Tiere, derer sie habhaft werden konnten.

Endlich kam Lolonois nach vielem Umherschweifen über Cabo Gracias a Dios zu gewissen kleinen Inseln namens Islas de las Pertas, worunter sich zwei ziemlich große befinden, die die Piraten Carne-Land nennen. In der Gegend dieser Inseln lief Lolonois' Schiff auf eine Sandbank auf, da sein

Tiefgang bedeutender war, als er selbst gedacht hatte. Sie gingen mit allen Mann sofort an Land, die Geschütze wurden heruntergeholt und auch alles Eisen, das darin war, ausgeladen: Es half aber alles nichts — das Schiff blieb stecken. Sie beschlossen also desungeachtet, aus der Not eine Tugend zu machen, das Schiff zu zerschlagen, so gut es gehen wollte, um dann von dem gewonnenen Holz und Eisen eine lange Barke zu bauen ...

... Während Lolonois sich dort aufhielt, ging einer seiner Leute in Begleitung eines Spaniers in das Gehölz, ohne anderes Geleit und bloß mit einem einzigen Feuerrohr bewaffnet. Als sie eine bis anderthalb Meilen tief im Walde waren, wurden sie von einem Trupp Indianer überfallen. Der Franzose gab einen Schuß ab und hub an, sich auf die Beine zu machen, aber der Spanier blieb zurück, weil er nicht so gut laufen konnte. Jener gelangte bald darauf an den Strand, hatte jedoch seinen Gesellen verloren, der auch nicht wiederkam.

Einige Zeit hernach gingen ihrer zehn bis zwölf in den Busch, alle wohl bewaffnet. Auch jener Franzose war unter ihnen, und aus Neugier führte er sie in die Gegend, wo er die Indianer gesehen. Sie kamen schließlich an eine Stelle, wo die Indianer Feuer angemacht hatten, und fanden dort die Gebeine des vermißten Spaniers nebst einer gebratenen, halb aufgefressenen Hand. An dieser Hand erkannten sie, daß es die seine war, denn er hatte nur drei Finger daran gehabt. Nun sie einmal da waren, machten sie Jagd auf die Indianer und haben von ihnen auch vier Weiber und fünf Männer gefangen. Die brachten sie an den Strand und riefen die Indianer, die sie im Lager hatten, herbei, vermeinten durch diese mit ihnen reden zu können (denn die hatten da herum gewohnt). Allein, sie verstanden einander nicht. Die Räuber wiesen ihnen Korallen, Messer und Beile, die jene annahmen, begegneten ihnen überaus freundlich, boten ihnen auch Speis und Trank; sie wollten aber weder essen noch trinken, noch hat jemand bemerkt, daß sie während ihrer Gefangenschaft jemals untereinander geredet hätten.

Als die Räuber sahen, daß die Indianer in so großer Angst vor ihnen waren, ließen sie sie laufen, gaben ihnen auch allerlei Krimskrams mit, um sie anzulocken, und bedeuteten ihnen, wiederzukommen. Sie kamen aber nicht wieder, noch haben die Räuber sie seither auf der Insel wahrgenommen, wiewohl sie niemals irgendein Fahrzeug bei ihnen vorgefunden, mit dem sie hätten übersetzen können: mußten also mutmaßen, daß jene bei Nacht auf die kleinen Eilande hinübergeschwommen seien.

Indessen waren Lolonois und die Seinen eifrig dabei, das große Schiff auseinanderzunehmen. Aber da sie sahen, es würde längere Zeit dauern, bis sie allesamt fortkommen könnten, begannen sie zu arbeiten und Pflanzungen anzulegen, auf welchen sie einige Früchte zu ihrem Lebensunterhalt anbauen wollten.

Die erste der ausgesäten Arten war eine Gattung Bohnen, welche die Spanier ›Friholes‹, die Italiener ›Facioli‹ nennen. Nach sechs Wochen hatten sie auch eine große Menge spanischen Weizens wie auch Bananen und Bacoven, so daß sie nicht mehr fürchten mußten, Hungers zu sterben.

Nachdem sie dort fünf bis sechs Monate verweilt und aus den Trümmern des großen Schiffes eine lange Barke gebaut hatten, beschlossen sie unter sich, eine Partie nach dem Nicaraguaflusse auszusenden, um dort Kanoes zu nehmen und auf diesen dann die zurückgelassene Mannschaft abzuholen — und damit keine Uneinigkeit entstünde, würfelten sie es aus, wer in die Barke und die etlichen Kanoes, die sie noch hatten, kommen sollte. Die Hälfte der Leute begab sich dann in die Fahrzeuge, die andere verblieb auf der Insel.

Nach einer Segelfahrt von etlichen Tagen gelangte Lolonois an die Mündung des Nicaraguastromes, und dort kam ihm das Unglück, das ihn seit langem verfolgt, nun dicht auf die Fersen: Er wurde nämlich sowohl von den Indianern als auch von den Spaniern ausgespäht; ein großer Teil seiner Leute ward totgeschlagen, indes er selbst mit dem Rest zu flüchten genötigt war. Dennoch konnte sich Lolonois nicht entschließen, zu seinen Gesellen ohne Schiff zurückzukommen, und hielt drum Rat mit dem Volk, das er noch hatte: Sie wollten auf der Barke, die ihnen geblieben war, nach der Küste von Cartagena fahren und zusehen, ob sie dort kein Schiff bekommen könnten.

Allein es schien, daß Gott die Ruchlosigkeiten dieses Menschen nicht mehr weiter dulden, sondern ihn durch einen schlimmen Tod für alle die Grausamkeiten strafen wollte, die er an so vielen unschuldigen Menschen verübt hatte. Als sie nämlich nach dem Golf von Darien kamen, fiel er mit seinen Leuten in die Hände der Wilden, welche die Spanier ›Indios bravos‹ nennen.

Die haben ihn denn nach dem Berichte eines seiner Gesellen, der dasselbe Schicksal erlitten haben würde, hätte er sein Leben nicht durch die Flucht gerettet, in Stücke gehauen und gebraten.

Dies war das Ende eines Menschen, der so viel unschuldiges Blut vergossen und so viele Greueltaten begangen hat.«

Der Seeräuber Henry Morgan

Mit dem Jahre 1655 beginnt eine neue Ära in der Geschichte Westindiens, der Karibik und der Flibustiers.

Oliver Cromwell, Protektor der englischen Republik, stellt eine beachtliche Flotte von 83 Schiffen bereit, die im Dezember 1654 mit 2500 Mann an Bord und dem geheimen Auftrag, einen Teil der spanischen Besitzungen zu erobern, in England Segel setzt. Damit soll zum erstenmal ein integraler Teil der spanischen Neuen Welt durch Streitkräfte einer anderen europäischen Macht annektiert werden und zugleich eine der ersten wohlüberlegten Aktionen der Engländer zur Begründung eines Kolonialreiches stattfinden.

Admiral William Penn kommandiert die Flotte und General Robert Venable die Landungstruppen, die schließlich auf 4500 Mann anschwellen. Venable ist bei dieser Operation an keinen festen Plan gebunden; er soll bei seiner Ankunft in den westindischen Gewässern nach eigenem Gutdünken entscheiden, wo und wann er den Spaniern einen Streich spielen wird. So kommt man erst einige Zeit nach Eintreffen der Flotte in Bermuda zu dem Schluß, Hispaniola, die Urheimat der Buccaneers, anzugreifen.

Es gibt übrigens keinerlei Rechtfertigung für diesen geheimen Angriff auf spanische Kolonien. England lebt um diese Zeit in freundschaftlichen Beziehungen zu Spanien; beide Staaten führen sogar Verhandlungen über eine Allianz. Das Ganze ist mehr ein Rückfall in die elisabethanischen Zeiten der Goldjagd, in die Manieren eines Hawkins oder Drake.

Den letzten Anstoß hat eigentlich ein gewisser Thomas Gage gegeben. Der Engländer Gage, der als Dominikanermönch von seinem Orden nach Spanisch-Amerika entsandt worden war, ist 1641 nach England zurückgekehrt, zum Protestantismus konvertiert und Minister geworden. Seine Erfahrungen in Westindien und Mexiko macht er in einem höchst unterhaltsamen Buch publik, in dem er seine Landsleute darauf hinweist, wie wertvoll die spanisch-amerikanischen Provinzen für England sein können und wie leicht dies alles erobert werden kann. Er legt Cromwell ein Memorandum vor, in dem er die seinem Buch zu entnehmenden Folgerungen zusammenfaßt, wobei er versichert, daß die spanischen Kolonien spärlich besiedelt und die wenigen Weißen nicht kriegstauglich und nur knapp mit Waffen und Munition ausgerüstet seien. Er behauptet, die Eroberung von Hispaniola und Cuba sei eine Kleinigkeit, und sogar Mittelamerika wäre zu schwach, um effektvollen Widerstand leisten zu können.

Alles dies ist natürlich richtig, und hätte Cromwell nur eine besser ausgerüstete Streitmacht unter einem fähigeren Kommandeur ausgeschickt, so wäre das Ergebnis auch sicher anders ausgefallen. Die Taten der Buccaneers beweisen es ein paar Jahre später. Wie Cromwell ein derart schlecht zu-

Freibeuter englischer Provenienz greifen eine spanische Stadt an

sammenpassendes Paar dazu auserwählen konnte, die Eroberung Westindiens vorzunehmen, ist immer ein Geheimnis geblieben.
Venable ist ein leidenschaftlicher Angler, der es weit mehr vorzieht, Essays über die sportliche Art des Fangens von Forellen und Lachsen zu schreiben, als zu kämpfen. Ohne Zweifel ist er ein erfahrener Angler, doch ist er weder ein erfahrener noch ein tapferer Befehlshaber. Bereits im ersten Scharmützel mit den Spaniern bei San Domingo wird er von einer Handvoll Neger und spanischen irregulären Soldaten schändlich zurückgeschlagen, obwohl er eine Truppe von mehreren tausend Mann zur Verfügung hat. Als das eigenartige Gespann Jamaika erreicht, weigert sich der Anglergeneral gar, seine Truppen überhaupt an Land zu setzen, ehe die Kämpfe vorüber sind. Den Chronisten zufolge »wanderte er fortgesetzt über das Deck, eingemummt in seinen Mantel, seinen Hut über die Augen gezogen; aussehend, als ob er Physik studiere, mehr denn ein General«.
Im krassen Gegensatz zu diesem kuriosen Krieger steht Penn, ein lustiger, runder, blonder Mann, der einem gutmütigen Dorfpastor ähnlicher ist als einem zähen, alten Seewolf; der aber nichtsdestotrotz Feuer zeigt und sich selbst als eine wertvolle Stütze britischer Traditionen zur See erweist.
Um das alte, mächtige Fort auf Jamaika anzugreifen, führt der pummelige Penn mit einer kleinen Gruppe seiner Seeleute in ein paar winzigen Barken die Attacke persönlich an. Die Festung stürmend, nimmt er Jamaika im Handstreich. Als Lohn für diesen Erfolg wird er nach seiner Rückkehr in London prompt festgenommen und in den Tower geworfen. Die Anklage: Er sei ohne Erlaubnis zurückgekehrt. Doch vier Jahre später sind die Spanier dennoch gezwungen, Jamaika formell an die britische Krone abzutreten.
Eine besondere Rolle fällt der Insel dann in der zweiten Hälfte des 17. Jahrhunderts zu, als die Streitigkeiten zwischen England und Spanien immer stärker anwachsen. Sie wird zu einer wichtigen Ausgangsbasis für fast alle Streifzüge gegen spanische Besitzungen in der Neuen Welt.
Von hier startet auch der bedeutendste aller Buccaneers seine Unternehmungen: Sir Henry Morgan, der spätere Vize- und zeitweilig auch General-

Henry Morgan (zeitgenössisches Porträt)

gouverneur von Jamaika. Der kometenhafte Aufstieg dieses wohl berühmtesten Buccaneers umfaßt eine Periode von kaum fünf Jahren; all seine bemerkenswertesten Taten vollbringt er innerhalb einer Zeitspanne von nur zwei Jahren.

1635 geboren und einer weitverzweigten Waliser Familie entstammend — sein Vater ist Farmer —, hat Henry Morgan, wie er selbst von sich sagt, »die Schule bereits in jungen Jahren verlassen, um im Seefahren besser bewandert zu sein; ich bin viel mehr an die Lanze als an Bücher gewöhnt«. Noch als Schiffsjunge verschlägt es Morgan nach den Bermudas und von dort nach Jamaika. Hier liegt auch eine Flotte von nahezu 20 Fregatten unter Admiral Edward Mansfeld, dem Sprößling eines alten niederländischen Grafengeschlechts, der in Westindien zum britischen Marineoffizier geworden ist.

Morgan, der schon an einigen Buccaneerexpeditionen gegen die Küste von Honduras teilgenommen hat, gewinnt die Zuneigung Mansfelds, der ihm das Kommando über eines seiner Schiffe überträgt und ihn zum Vizeadmiral macht.

Gerade wird eine Expedition gegen Curaçao geplant, eine der reichsten Inseln der Kleinen Antillen. Sir Thomas Modyford, zur Zeit Gouverneur von Jamaika, beschäftigt sich höchstpersönlich damit. Mansfeld erhält die Zusicherung, daß er, falls ihm die Eroberung Curaçaos gelingt, der offiziellen Erlaubnis sicher sein kann, die Stadt gründlich auszuplündern.

Doch wird der Streifzug schnell zu einer Niederlage der Buccaneers. Mansfeld wird gefangengenommen und büßt für das stolze Vorhaben mit seinem Leben.

Diesem Umstand hat Morgan höchstwahrscheinlich den Sprung nach ganz oben zu verdanken. Die Buccaneers sehen nämlich keinen Geeigneteren als den jungen Waliser, dem das Kommando zu übertragen wäre. So avanciert Morgan, für ihn selbst überraschend, zum Admiral einer Streitmacht gutausgerüsteter Schiffe und einer Mannschaft erfahrener Seeräuber, die zu jeder Schandtat bereit sind.

Seine Kompagnons werden nicht enttäuscht. Der 32 Jahre alte Admiral löst die ihm gestellte Aufgabe beispielhaft. Von angenehmem Wesen, besonnen und energisch — so jedenfalls wollen spätere englische Geschichtsschreiber ihn gesehen wissen —, soll er auch die Gabe der eintreffenden Vorahnung besessen haben.

Man erwägt bereits die Rückkehr der Flotte nach Jamaika — doch Morgan ist anderer Ansicht. »Wenn wir nach der jetzigen Niederlage zurückkehren, so wird uns jedes Weib auf der Insel auslachen können — davon, daß der Gouverneur uns für den Tod des Admirals verantwortlich macht und wir womöglich alle Schiffe loswerden, ganz zu schweigen. Die Verluste, die wir auf Curaçao erlitten haben, können wir anderswo ausgleichen«, sollen seine Worte gewesen sein. Und so wird denn entschieden.

»Morgan hatte zunächst die Absicht, die Insel S. Catalina als Raubnest zu halten, und wandte alle Mittel daran, solches zu erreichen — hat er doch mehrmals dort Zusammenkünfte mit seinen Mitgesellen verabredet.
Er hatte verschiedenen Kaufleuten in Neuengland geschrieben, um etliche Lebensmittel dorthin spedieren zu lassen, und mit der Zeit hätte er die Insel so stark befestigt, daß es den Spaniern unmöglich gewesen wäre, ihn von dort zu verjagen. Auch die Macht des Königs von England hätte ihm nicht viel Abbruch tun können. Aber durch den Verlust der Insel wurde all sein Vornehmen zunichte.
Freilich ließ Morgan drum den Mut nicht sinken, sondern begann im Gegenteil, neue Pläne in Angriff zu nehmen. Er ließ ein Schiff zurüsten und beschloß, aus so viel Piraten als irgend möglich eine Flotte zu formieren, mit der er dann einen ansehnlichen spanischen Platz zu attackieren gedachte.
Als Treffpunkt bestimmte er die südlichen Voreilande von Cuba: Dort wollte er seine Flotte zusammenbringen und mit den anderen beratschlagen, welchen Ort sie angreifen sollten.
Morgan mochte schwerlich ganze zwei Monate an den südlichen Nebeneilanden Cubas gelegen sein — da hatte er auch schon eine Flotte von etwa zwölf Fahrzeugen samt siebenhundert Mann, Engländern und Franzosen, beisammen.
Er hielt nun einen entscheidenden Rat darüber, was man angreifen solle. Nun schlugen etliche vor, die Stadt Habana nächtens zu überfallen: Man könne sie unschwer plündern und einen Teil der Geistlichkeit gefangennehmen, bevor die Kastelle sich zur Verteidigung parat gemacht haben würden.
Hierüber äußerte denn ein jeder seine Meinung, doch wurde es nicht zum Beschluß erhoben, weil einige unter ihnen waren, die zu Habana in Gefangenschaft gewesen waren. Die sagten, sie seien nicht stark genug, um Habana zu plündern. Wenn man allerdings eine Flottille mit eintausendfünfhundert Mann Besatzung formieren könnte, dann wäre freilich gute Gelegenheit, die Stadt auf folgende Weise zu erobern: Man würde mit den Schiffen an dem Eilande de los Piños vor Anker gehen und mittels kleiner Fahrzeuge die Mannschaft nach Matamano verbringen, das etwa vierzehn Meilen von Habana entfernt sei. Als man aber einsah, daß die Mittel nicht ausreichten, um so viel Volk zusammenzubekommen, beschloß man, einen anderen Ort anzufallen.
Nun schlug denn ein anderer vor, die Stadt El Puerto del Principe, gleichfalls auf Cuba gelegen, anzugreifen: Er sei daselbst gewesen, und es befände sich sehr viel Geld dort, da die Kaufleute von Habana mit ihrem Gelde dahin kämen, um die Häute gegen bar zu kaufen, die in jener Gegend zugerichtet würden. Auch sei der Ort noch nie geplündert worden, da er ziemlich weit von der Küste abläge — die Leute wären also vor den Engländern gar nicht auf der Hut.

Puerto del Principe: Morgans Leute greifen an

Dies wurde von Morgan und seinen Mitgesellen gutgeheißen und zum Beschluß gemacht. Sogleich gab jener den Schiffen, die er bei sich hatte, Order, die Anker zu lichten und nach dem Puerto del Principe zunächst gelegenen Hafen zu fahren: Es ist dies ein Ort, welcher jetzt El Puerto de Santa Maria heißt.

Ehe sie aber dahin kamen, hatte ein Spanier, der lange Zeit bei den Engländern gefangen gewesen und dabei etliche Worte von ihrer Sprache aufgeschnappt hatte, allerhand von Puerto del Principe tuscheln hören. Er sprang daher bei Nacht über Bord und schwamm bis zum nächsten Eiland. Zwar sprangen die Englischen stracks in die Kanoes, ihn wieder aufzufischen, allein, er war rascher an Land als sie und versteckte sich unter den Bäumen, so daß sie ihn nicht finden konnten.

Am nächsten Tag schwamm dieser Spanier von jenem Eiland zu einem anderen hinüber, so lange, bis er endlich an die Festlandküste kam. Da er aber mit Weg und Steg wohl bekannt war, brauchte er nicht lange, um nach Puerto del Principe zu kommen, wo er denn die Spanier vor den Räubern warnte und sie über deren Streitmacht unterrichtete. Sogleich begannen diese ihr Gut zu bergen, und der Gouverneur des Ortes versammelte so viel Volk wie er konnte, worauf er mit einem Trupp Sklaven auf den Weg hinauszog, auf dem die Räuber kommen mußten. Er ließ auch eine große Anzahl Bäume niederhauen, um den Weg zu stopfen, und legte unterschiedliche Hinterhalte an, nach denen er auch etliche Kanonen verbringen ließ. Er hatte nun aus der Stadt und den umliegenden Orten etwa achthundert Mann zusammengebracht und versah alle seine Hinterhalte mit so viel Besatzung, wie er für nötig hielt; den Rest hielt er en masse nahe der Stadt auf einem schönen, weiten Felde beisammen, wo man den Feind von weitem herankommen sehen konnte.

Noch waren die Spanier dabei, ihre Hinterhalte gegen den Feind wehrhaft zu machen, als ihnen die Piraten schon auf den Leib rückten. Da sie die Wege versperrt fanden, zogen sie durch die Wälder, wodurch sie auch einigen von den spanischen Hinterhalten auswichen. Endlich kamen sie an jenes freie Feld, das von den Spaniern Savana genannt wird. Als die Spanier sie zu Gesicht bekamen, schickte der Gouverneur den Räubern sogleich einen Schwarm Reiter entgegen, um sie — vermeinte er doch, sie würden Angst bekommen, wenn sie ihn mit solcher Macht wider sie anrücken sähen —, falls sie die Flucht ergreifen sollten, durch diese Reiterei um Leib und Leben zu bringen.

Allein, es fiel ganz anders aus: Denn die Räuber, die bis dahin zum Schlag der Trommeln mit fliegenden Fahnen marschiert waren, fingen nun an, ihre Reihen aufzulockern und einen Halbmond zu bilden, wobei sie gleichzeitig die Spanier attackierten. Diese hielten ihnen fürs erste ziemlich wacker stand, aber das währte nicht lang. Denn als sie sahen, daß die Räuber ihr Ziel keineswegs fehlten und unablässig auf sie Feuer gaben, begannen sie zu erlahmen, zumal sie ihren Gouverneur zu ihren Füßen niedersinken sahen. Sie versuchten dem Waldrand zuzustreben, um auf bessere Weise entwischen zu können. Ehe sie freilich dahin gelangten, waren schon die meisten auf dem Schlachtfelde geblieben.

Hierauf marschierten die Räuber als unbestrittene Sieger und hohen Mutes der Stadt zu: Denn sie hatten bei diesem Gefecht, das etwa vier Stunden gewährt hatte, sehr wenig Tote und Verwundete zu beklagen. Kurz nach jenem Gefecht auf der Savana kamen die Räuber in die Stadt hinein, wo sie nochmals von einem Trupp Gegenwehr fanden, der bei den Frauen zurückgeblieben war; auch halfen jenen etliche, die auf der Savana gewesen und noch Hoffnung hatten, die Räuber von der Plünderung der Stadt abhalten zu können. Einige versammelten sich auch in ihren Häusern und

Morgan vor Puerto del Principe im Jahre 1668

schossen aus den Fenstern. Aber als die Piraten dessen gewahr wurden, drohten sie, die ganze Stadt in Brand zu stecken und Frauen und Kinder niederzumachen. Auf diese Drohung hin ergaben sich die Spanier, die Unheil fürchteten: Sie wußten, daß die Räuber nicht lange weitermachen und die Stadt unter ihrer Botmäßigkeit halten könnten, weshalb sie das Befürchtete wohl wirklich zur Ausführung gebracht haben würden.
Nachdem die Räuber solchermaßen die Stadt erobert hatten, hießen sie alle die Spanier, deren sie habhaft geworden waren, samt Weibern, Kindern und Sklaven, in die Kirche zu gehen, wo sie alles, was sie in der Stadt finden konnten, zusammentrieben.

Als nun dort alles beieinander war, huben sie an, auf die Streife zu gehen und brachten tagtäglich noch mehr Beute und Gefangene nach der Stadt, so daß ihnen die Zeit nicht lang ward; denn sie hatten ein Leben nach ihrem Sinn, aßen und tranken, solange etwas zu finden war. Die armen, elendigen Gefangenen, die in der Kirche waren, brachten die Zeit nicht auf so angenehme Art zu; sie waren viel weniger guten Mutes als die Räuber; denn sie bekamen gar wenig zu essen und wurden obendrein täglich mit unaussprechlichen Martern gequält, auf daß sie verraten möchten, wo sie ihr Geld und Gut verborgen hielten.
Da ward so mancher arme Teufel gefoltert, der weder Geld noch Gut hatte, sondern bloß von des Tages Arbeit Weib und Kind ernährte. Allein, diese Wüteriche achteten solches nicht; sie sagten bloß: ›Will er nicht bekennen, so hängt ihn auf!‹ Da waren arme Frauen mit kleinen Kindlein an der Brust, die nichts hatten, diese unschuldigen Lämmlein zu ernähren, weil sie selber vor Hunger und Schmerz vergingen. Aber auch das erweckte der Räuber Mitleid nicht. Wenn es ihnen einfiel, schossen sie zuweilen eine Kuh oder einen Stier nieder — wenn sie sich dann davon das beste Stück genommen hatten, gaben sie den Rest den Gefangenen — mochten sie damit tun, was sie wollten!
Allein, sobald nichts mehr zu essen noch zu trinken noch zu plündern da war, beschlossen die Räuber abzuziehen. Sie gaben den Gefangenen Weisung, daß sie sehen sollten, Lösegeld aufzutreiben, widrigenfalls sie sie nach Jamaika mitführen würden; auch sollten sie zusehen, eine Brandschatzung für die Stadt zusammenzubringen, sonst wollten sie diese vor ihrem Abzug noch in Asche legen. Mit dieser Botschaft sandten sie vier der gefangenen Spanier aus. Und damit ihnen Lösegeld und Brandschatzung desto eher gebracht werden möchten, taten sie den Spaniern noch mehr Torturen an als gewöhnlich.
Die vier ausgesandten Spanier kamen wieder und ergingen sich in Wehklagen vor dem General der Räuber: Sie hätten wohl ihr Bestes getan, um die Brandschatzung hereinzubekommen, allein, sie hätten die Leute gar nicht finden können; wollte aber der General sich noch vierzehn Tage gedulden, dann würden sie wohl das von ihm verlangte Geld zusammenbringen.
Während sie nun solchermaßen mit Morgan wegen der Brandschatzung zu verhandeln im Zuge waren, kamen sieben oder acht Räuber, die außerhalb der Stadt gewesen waren, um Rindvieh zu erjagen, zurück samt einem gefangenen Neger, der Briefe für einige der Gefangenen hatte — und als man die öffnete, befand sich's, daß sie vom Gouverneur von Santiago waren, der ihnen schrieb, er würde bald mit ausreichender Streitkraft heranrücken. Sie sollten sich also nicht übermäßig beeilen, den Räubern Lösegeld oder Brandschatzung zu bezahlen, sondern diese mit der Hoffnung auf Entrichtung des Lösegeldes noch vierzehn Tage hinzuhalten trachten.

Nun sah Morgan, daß die Spanier ihm mit ihrem Vorschlag einen üblen Streich zu spielen gesonnen waren, und ließ allsogleich die ganze Beute ans Meer bringen, wo seine Schiffe waren. Gleichzeitig ließ er den Spaniern sagen, wenn sie nicht am nächsten Tag die Brandschatzung bezahlten, würde er die Stadt in Brand stecken. Daß er die Briefe in seine Hand bekommen hatte, ließ er sich ihnen gegenüber aber nicht anmerken. Abermals gaben ihm die Spanier zur Antwort, es sei unmöglich, da die Leute weit und breit versprengt seien und sich das in so kurzer Zeit nicht machen ließe.

Endlich einigte sich Morgan, der all ihre Schliche wohl kannte, dahin, daß sie ihm fünfhundert Stück Rindvieh samt dem zum Einpökeln der Tiere nötigen Salz an die Seeküste liefern sollten. Obwohl sie ihm dies zugestanden, nahm er doch sechs der Vornehmsten als Geiseln mit, dazu die sämtlichen gefangenen Sklaven, und marschierte zur Küste. Tags darauf kamen die Spanier an den Ort, an dem Morgan mit seiner Flotte vor Anker lag, brachten das versprochene Vieh und forderten ihre Geiseln zurück. Doch Morgan, der ihnen nicht traute und keine Lust hatte, zu fechten, wo keine Beute zu holen war, weigerte sich, ihnen die Gefangenen auszuliefern, ehe nicht das ganze Fleisch auf den Schiffen wäre. Um ihre Mitbürger und Oberhäupter recht rasch freizubekommen, halfen nun die Spanier selbst den Piraten beim Schlachten der Tiere und beim Einpökeln. Die Räuber gestatteten ihnen solches gern, da sie dann weiter nichts zu tun hatten, als das Fleisch an Bord zu bringen.

Unterdes waren Mißhelligkeiten zwischen Franzosen und Engländern ausgebrochen. Sie wollten einander an den Leib rücken, weil ein Engländer einen Franzosen totgeschossen hatte — eines Markknochens wegen. Der Franzose hatte einem Rind die Haut abgezogen, als der Engländer dazukam und die Markknochen herausnahm. Darob fingen sie Händel an und forderten einander zum Zweikampf mit ihren Feuerbüchsen. Als sie nun an eine einsame Stelle gekommen waren, fand sich der Engländer früher parat als der andere, so daß er jenen von hinten durch den Leib schoß.

Darauf ergriffen die Franzosen ihre Büchsen und wollten die Engländer angreifen; aber Morgan trat dazwischen und versprach den Franzosen, daß er ihnen Recht schaffen wolle und, sobald sie nach Jamaika kämen, den Engländer aufhängen lassen würde. Sein Leben wäre wohl verschont geblieben, wenn er den anderen nicht heimtückisch niedergeschossen hätte, denn es passiert bei ihnen tagtäglich, daß sie einander zum Duell herausfordern; doch es muß dabei ehrlich zugehen — wenn sie dann einander ohne Hinterhältigkeiten umbringen, so fragt man nicht weiter danach. Morgan ließ also den Missetäter sogleich an Händen und Füßen binden, um ihn so nach Jamaika mitzunehmen.

Unterdes war alles Fleisch eingesalzen und verschifft worden, worauf Morgan die Geiseln losgab und mit seiner Flotte in See stach; als Rendezvousplatz für die Teilung der Beute hatte er eine der Inseln bestimmt. Dort angelangt, teilten sie denn auch die Beute und befanden, daß sie etwa fünfzigtausend Piaster an Geld und Silbergerät wie an sonstigen mitgenommenen Waren hatten. Sie hatten größere Beute erhofft: Dieses half ihnen wenig, denn damit konnten sie nicht einmal die auf Jamaika gemachten Schulden bezahlen.

Morgan schlug ihnen vor, ehe sie nach Jamaika gingen, noch auf Plünderung eines anderen Ortes auszuziehen. Allein, die Franzosen konnten sich mit den Engländern nicht vertragen, weshalb sie sich voneinander trennten, so daß Morgan mit seinen eigenen Leuten zurückblieb. Dennoch gab er den Franzosen zu verstehen, wie lieb es ihm gewesen wäre, wenn sie bei ihm verblieben wären, versprach ihnen auch, für sie redlich einzutreten: Doch sie wollten nicht bleiben.

Immerhin gingen sie als gute Freunde auseinander, und Morgan gelobte ihnen, wegen des vorgefallenen Mordes Recht ergehen zu lassen, was er auch wirklich erfüllte: Denn sobald er nach Jamaika kam, ließ er jenen Engländer sofort aufhängen . . .«

Morgan beschließt, die Stadt Porto Bello anzugreifen, rüstet seine Flotte aus und erobert die Stadt mit geringer Streitkraft

»Nachdem sich die Franzosen von Morgan getrennt hatten, schien es, als würden die Engländer, da sie nun so viel schwächer geworden waren, nicht mehr den Mut aufbringen, einen anderen Platz zu attackieren.
Allein Morgan gab ihnen neuen Mut, indem er sagte, wenn sie ihm nur folgen wollten, wüßte er schon Mittel und Wege, sie reich zu machen. Die gute Aussicht, die ihnen Morgan solchergestalt machte, bewog sie denn, weiter mit ihm zu ziehen. Er bekam noch ein Piratenschiff hinzu, das in Campeche gewesen war, so daß er über vierhundertsechzig Mann verfügte samt neun Schiffen, die er als Admiral befehligte.
Als endlich alles bereit war, stach er in See, wobei er von seinem Plan nichts weiter verlauten ließ, als daß er hoffe, seinem Volk eine reiche Beute verteilen zu können. Er hielt den Kurs nach dem Festland zu, und nach wenigen Tagen bekam er samt seinen Schiffen die Küste von Costa Rica zu Gesicht. Nachdem er die Gegend mit Sicherheit erkannt hatte, gab er seinen Beschluß den Unterführern und hernach auch der Mannschaft kund.
Seine Absicht war nämlich, Porto Bello nächtens zu überfallen und zu plündern, wobei er sich dahin äußerte, daß solches leicht zu machen wäre, da an der Küste niemand von ihrem Kommen eine Ahnung hätte. Manche wandten ein, daß sie zuwenig stark wären, um dies zu unternehmen. Worauf er entgegnete: ›Wenn wir gering an Zahl sind, dann wird der Anteil eines jeden desto größer sein.‹
Mit diesem Vorsatz ging man denn ans Werk.
Porto Bello liegt an der Costa Rica (spanisch: ›reiche Küste‹) auf zehn Grad nördlicher Breite und dreihundertundein Grad dreißig Minuten Länge, etwa vierzig Meilen vom Golf von Darien und deren acht westlich von Nombre de Dios.
Diese Stadt ist nächst Habana und Cartagena die festeste, die der König von Spanien in ganz Westindien besitzt. Sie ist beschirmt durch zwei Kastelle, die, am Eingang des Hafens liegend, diesen und die Stadt sichern, so daß denn ihnen zum Trotz kein Schiff in den Golf einfahren kann. Sie haben eine ständige Garnison von dreihundert Mann, und überdies ist die Stadt von vierhundert Bürgern bewohnt, die dort ihren ständigen Wohnsitz haben. Die Kaufleute halten sich an dem Orte nur auf, wenn Galionen da sind, ist er doch sehr ungesund durch die vom Gebirge kommenden Dünste. Sie leben für gewöhnlich in Panama, haben aber in Porto Bello ihre Lagerhäuser, die von ihren Dienern beaufsichtigt werden.

Porto Bello (Kupferstich aus dem 17. Jahrhundert)

Um die Zeit, wo die Galeonen oder die Schiffe der Grillos, welche die Neger dahin liefern, zu erwarten sind, wird das Silber von Panama auf Mauleseln herübergebracht.

Morgan, der diese Küste sehr gut kannte, kam mit seinen Schiffen gegen Abend nach Puerto de Naos, etwa zehn Meilen westwärts von Porto Bello. Da ihm alles wohl bekannt war, segelte er bei Nacht dem Ufer entlang bis Puerto del Pontin, das etwa vier Meilen von der Stadt entfernt ist. Dort angelangt, ging er vor Anker und sprang samt allen seinen Leuten in Kanoes und kleine Ruderboote. Bei den Schiffen ließen sie so viel Volk zurück, wie nötig war, um sie zu bewachen und sie am nächsten Tag in den Hafen hereinzubringen. Gegen Mitternacht kamen sie an einen Ort namens Estera longa Lemos, wo sie landeten.

Von da marschierten sie unter Führung eines Engländers, der vor kurzem dort gefangen gewesen war und deshalb die Wege sehr wohl kannte, bis zum ersten Vorposten der Stadt. Dieser Engländer ging mit drei oder vier Mann voraus, und sie fingen, ohne zu schießen und ohne irgendwelchen Lärm zu machen, die Schildwache ab. Sie banden nun ihren Mann fest und brachten ihn zu Morgan, der ihn sogleich ausfragte, wie es in der Stadt stünde und wie stark die Besatzung wäre, was der Gefangene auch alles berichtete. Sie ließen ihn dann gebunden an ihrer Spitze marschieren unter der Androhung, daß es ihm das Leben kosten solle, wenn er ihnen nicht die Wahrheit gesagt hätte.

Etwa eine Viertelstunde mochten sie mit ihm marschiert sein, da kamen sie an die Redoute, die sie umzingelten, damit keine Leute herauslaufen könnten. Hierauf hieß er die, die darin waren, diese Redoute übergeben, andernfalls würde er ihnen keinen Pardon gewähren. Sie hinwiederum bezeigten

sich einigermaßen widerspenstig und schossen tapfer drauflos, um zumindest die in der Stadt zu warnen, wie denn auch wirklich in der Stadt sogleich Alarm gerufen ward. Trotzdem war die Redoute bald bezwungen, und sobald die Piraten sie eingenommen hatten, sprengten sie sie in die Luft samt allen Spaniern, die darin waren.
Hierauf eilten sie weiter der Stadt zu, wo die meisten Bürger noch im Bett lagen: Hatte doch niemand gedacht, daß die Räuber so keck sein würden, einen festen Platz wie Porto Bello anzugehen.
Als nun die Räuber in die Stadt kamen, packten die Leute, die auf den Beinen waren, alles, was sie hatten, und schmissen es in die Brunnen. Sie

Porto Bello verteidigt sich

hofften noch, den Räubern würde Einhalt getan werden: Allein, von diesen ging ein Teil nach den Kastellen zu, der andere nach den Klöstern und nahm dort die ganze Geistlichkeit gefangen. Der Gouverneur hatte sich indes in die Kastelle zurückgezogen und gab tüchtig Feuer gegen die Piraten, die ihm die Antwort nicht schuldig blieben, denn sie zielten so genau auf die Geschützmündungen, daß die Spanier allemal sieben oder acht Mann verloren, bevor sie ein Geschütz laden konnten.

Das Gefecht hatte vom frühen Morgen bis zum Mittag gedauert, und noch immer hatten die Räuber das Kastell nicht einzunehmen vermocht. Ihre Schiffe lagen vor dem Hafeneingang, und wer etwa zur See hätte die Flucht ergreifen wollen, wäre nicht bis dahin gelangt infolge des gewaltigen Feuers, das die Kastelle zu beiden Seiten entsandten. Schließlich huben die Piraten, als sie sahen, daß sie viele der Ihren verloren hätten und dennoch

Mit Nonnen und Priestern als Schild stürmt Morgan die Festung von Porto Bello

bei den Kastellen nicht vorwärtskämen, mit Handgranaten draufloszugehen an. Auch versuchten sie, das Festungstor in Brand zu stecken, aber als sie dicht bis an dieses herangekommen waren, trieben sie die Spanier zu schleunigstem Rückzug, indem sie an die fünfzig Töpfe voll Pulver und auch große Steine auf die Piraten niederhageln ließen, was diesen großen Schaden tat.

Schon fingen Morgan und die Seinen an, den Mut sinken zu lassen — da sahen sie mit einemmal die englische Flagge von dem kleinen Kastell wehen und einen Haufen der Ihren mit Viktoriageschrei auf sich zukommen. Kaum hatte Morgan solches wahrgenommen, da begann er, wiewohl es ihm selbst übel ergangen war, neuen Mut zu fassen, und wandte sich stadteinwärts, um irgend etwas zur Eroberung des Forts ins Werk zu setzen. Es war ihnen daran um so mehr gelegen, da die Vornehmsten der Stadt sich darin befanden und Silber, Gold, Juwelen und auch die Kirchenkleinodien mitgenommen hatten.

Nun, Morgan ließ also zwölf große Leitern zimmern, auf denen vier Mann nebeneinander hinaufklettern konnten, nahm dann sämtliche Mönche und Nonnen her und ließ sie die Leitern zum Kastell tragen, ja, auch gegen die Mauern lehnen. Er hatte vorher dem Gouverneur entbieten lassen, daß er solches tun würde, so sie das Kastell nicht übergäben. Er erhielt aber zur Antwort, daß jener das Kastell nicht bekommen solle, solange er selber am Leben wäre. Darauf ließ denn Morgan die Leitern kommen, die denn wirklich unter Führung der Räuber von den Mönchen, Pfaffen und Frauen getragen wurden, die gar nicht daran dachten, daß der Gouverneur auf seine eigenen Leute schießen würde: Allein, er schonte ihrer so wenig als der Piraten selbst. Die Mönche beschworen wohl bei allen Heiligen des Himmels den Gouverneur, er möge doch das Kastell übergeben, damit ihr Leben verschont bliebe, doch sie fanden kein Gehör. Sie mußten die Leitern aufstellen, ob sie wollten oder nicht.

Als dann die Leitern an der Mauer standen, wurden sie sofort von etlichen Räubern erklommen, die mit Handgranaten und Stinktöpfen bewaffnet waren und die Spanier sehr heftig angriffen. Aber sie wurden durch diese gar grimmig zurückgetrieben.

Dennoch ließen die Piraten den Mut nicht fahren. Etliche steckten das Festungstor in Brand und kletterten mit der gleichen Behendigkeit wie zuvor die Leitern wieder hinan.

Als denn die Spanier sahen, daß man ihnen mit solcher Gewalt zu Leibe rückte, gaben sie ihre Sache verloren, mit Ausnahme des Gouverneurs, der ganz desperat sein eigen Volk wie den Feind niedermachte. Die Räuber boten ihm Pardon an. Er aber lehnte ihn ab mit diesen Worten: ›Mas vale morir como soldado honrado que ser ahorcado como un cobarde.‹ Das heißt: ›Besser als ein mutiger Soldat sterben denn am Galgen enden als ein Feigling.‹ Sie versuchten wohl, ihn gefangenzunehmen, konnten es aber nicht und waren genötigt, ihn niederzuschießen. Seine Frau und seine Tochter, die mit im Kastell waren, flehten ihn an, sein Leben zu erhalten; allein, es half nichts.

Nachdem das Kastell gefallen war — was sich gegen Abend zutrug —, wurden alle Gefangenen hineingeführt, jedoch Männer und Frauen in getrennte Gebäude. Einige Leute wurden zur Beaufsichtigung der Gefangenen kommandiert, dann brachten sie ihre eigenen Blessierten in ein nahe gelegenes Haus.

Nachdem sie all das wohl geordnet hatten, fingen sie ein lustig Treiben an mit Wein und Weibern. Fünfzig beherzte Männer hätten in dieser Nacht die sämtlichen Räuber ins Jenseits befördern können.

Am nächsten Tage begannen die Piraten, ihre Beute zusammenzutragen und die einzelnen Häuser abzusuchen; dann nahmen sie etliche aus dem

Gefangenenhaufen her und fragten sie, welche die Reichsten wären. Als ihnen dann diese gezeigt wurden, frugen sie sie, wo sie ihr Gut hätten. Wenn sie sich unwillig erzeigten, das zu verraten, wurden sie sofort auf die Folterbank gelegt und so lange gefoltert, bis daß sie entweder den Geist aufgaben oder die Sache bekannten.

So manche unschuldige Menschen, die nichts besaßen, starben als Märtyrer unter den Foltern, welche die Räuber ihnen antaten, so daß denn niemand frei von solchen war als diejenigen, welche sie zu ihrer versteckten Habe hinführten.

Unterdes wandte der Gouverneur von Panama, der von der Einnahme von Porto Bello Nachricht bekommen hatte, allen möglichen Fleiß daran, eine zur Vertreibung der Räuber ausreichende Macht zusammenzuziehen. Diesen kam von seiten einiger Gefangener, die sie machten, hierüber eine Warnung zu; sie ließen sich aber nicht sehr davon anfechten: Hatten sie doch ihre Schiffe bei sich, und wenn sie sich etwa nicht mehr halten könnten, würden sie eben die Stadt in Brand stecken und in See stechen.

Nachdem sie vierzehn Tage allda gelegen, begann die Landseuche gewaltig unter ihnen zu wüten, sowohl weil durch den Gestank der vielen toten Leiber die Luft verdorben war, als infolge der vielen Ausschweifung, die sie mit Trunk und Weibern getrieben hatten. Auch die meisten ihrer Blessierten starben; ebensowenig kamen von den Spaniern wieder auf die Beine — allein, die starben nicht durch Überfluß, sondern durch Not und Ungemach. Denn statt daß sie allmorgendlich, wie sie es gewohnt waren, ihr Täßlein Schokolade bekamen, waren sie glücklich, so sie ein Stücklein Brot oder Mauleselfleisch erhaschten.

Unterdes machte Morgan alles zur Abreise fertig. Die Beute wurde eingeschifft, dazu noch so viele Lebensmittel, wie zu bekommen waren. Sodann tat Morgan den sämtlichen Gefangenen kund, daß er Brandschatzung für die Stadt begehre: Bekäme er die nicht, so würde er die Stadt in Brand stecken und die Kastelle dem Erdboden gleichmachen. Und damit sie Sorge trügen, das Geld zusammenzubringen, erlaubte er ihnen, zwei Männer auszuschicken, welche die geforderte Summe von hunderttausend Piaster einsammeln sollten.

Diese zwei Männer, welche die Brandschatzung hatten holen sollen, begaben sich aber zum Gouverneur von Panama und berichteten ihm alles, was in Porto Bello vorgefallen war.

Der Gouverneur hatte schon einige Leute beisammen und kam damit in die Nähe von Porto Bello. Als aber die Räuber, die gar wohl auf ihrer Hut waren, hiervon Wind bekamen, paßten sie ihn mit einem Trupp von hundert gutbewaffneten Leuten in einer Enge ab und brachten eine Menge Volks um, worauf sie wieder in ihr Kastell zurückkehrten.

Der Gouverneur von Panama ließ nun Morgan wissen, wenn er nicht aus den Kastellen abzöge, würde er ihm mit großer Heeresmacht zu Leibe

rücken und niemandem Pardon geben. Allein Morgan, der keine Angst hatte und der stets nach Belieben das Weite suchen konnte, gab zur Antwort, daß er die Kastelle nicht räumen würde, ehe man ihm nicht das geforderte Lösegeld brächte; und wenn er äußerstenfalls schon zum Abzug genötigt werden möchte, dann würde er doch zum wenigsten die Kastelle dem Erdboden gleichmachen und sämtliche Gefangenen umbringen.
Da der Gouverneur von Panama keine Mittel und Wege ersah, wie er die Räuber zwingen könnte, überließ er es den Bürgern von Porto Bello, mit ihnen selbst fertig zu werden, und verblieb mit seinen Leuten außerhalb der Stadt. Endlich brachten die Bürger so viel zusammen, daß sie den Räubern die hunderttausend Piaster geben konnten, um ihrer ledig zu werden.
Höchst verwundert darüber, daß vierhundert Mann mit bloßen Handwaffen so starke Kastelle erobert hatten, obgleich es doch deren Verteidigern mitnichten an Courage gefehlt hatte, sandte der Gouverneur einen Mann mit der Bitte zu Morgan, ihm die Waffe zu zeigen, mit welcher er solch ein Kraftstück zuwege gebracht. Morgan empfing den Abgesandten des Gouverneurs freundlich und gab ihm ein französisch Rohr mit, dessen Lauf viereinhalb Fuß lang war und aus dem man mit Kugeln schießt, deren sechzehn aufs Pfund gehen, nebst einer Patronentasche mit dreißig Schuß Pulver, die er aus Frankreich hatte und die eigens zu diesem Zweck angefertigt worden war.
Nachdem er diese Sachen dem Gesandten ausgehändigt hatte, hieß er diesen seinem Herrn melden, daß er ihm das Rohr verehre und sich's über ein Jahr oder zwei zu Panama wieder holen kommen würde.
Der Gouverneur schickte denselben Abgesandten nochmals mit einem Geschenk zu Morgan. Es bestand aus einem goldenen Ring mit einer Rose aus Smaragdsteinen; auch ließ er ihm herzlich danken für sein Rohr und ihn bitten, daß er ihn nicht auf die Art besuchen möchte, wie er es mit Porto Bello getan, da es ihm vielleicht nicht so wohl bekommen dürfte.
Endlich zog Morgan ab, nachdem er seine Schiffe mit allerhand Viktualien und dem zu Porto Bello im Überfluß vorhandenen Schiffszubehör hatte versehen lassen. Dennoch konnte er sich's nicht versagen, etwas zur Erinnerung mitzunehmen, nämlich etliche Kanonen; die übrigen ließ er vernageln.
Kurze Zeit, nachdem er Porto Bello verlassen hatte, langte er bei den südlichen Cayos von Cuba an, wo er nach gewohnter Weise die gemachte Beute mit seinem Volk teilte. Sie fanden, daß sie an Geld, Juwelen und Silbersachen zweihundertfünfzehntausend Piaster hatten, ungerechnet des sonstigen Beutegutes an Leinwand, Seidenstoffen und anderen Waren mehr.
Nachdem die Beute verteilt war, kam Morgan nach Jamaika mit großer Ehre und Magnifizenz, dieweil er so viel Geld mitbrachte.«

Bericht von der Einnahme der Stadt Maracaibo, von den Räubereien im Maracaibosee und von der Zerstörung dreier spanischer Schiffe, die die Räuber am Entkommen hatten hindern wollen

»Nachdem Morgan eine Zeitlang in Jamaika zugewartet hatte und seine Leute ihr Geld wieder verzehrt, beschloß er einen neuen Raubzug nach der spanischen Küste.

Aus diesem Grunde bestimmte er den Piraten als Rendezvousplatz die Insel Vaca südlich von Española, wo gute Gelegenheit zum Herrichten der Schiffe ist, auch zum Einholen von Lebensmitteln, zumal allda auf der großen Insel viel Wildschweine sind. Dahin nun kamen viele englische und französische Räuber, um mit Morgan gemeinsame Sache zu machen, denn der glückliche Ausgang, den er bei seinen Anschlägen allzeit erfahren, hatte ihm einen großen Namen eingebracht.

Um eben dieselbe Zeit war ein mit sechsunddreißig Geschützen versehenes königliches Schiff von Neuengland her in Jamaika angelangt, und der Gouverneur schickte es dem Morgan, auf daß dieser sich eher getrauen möchte, einen starken Platz anzugreifen, der gute Beute versprach. Über die Ankunft des genannten Schiffes war Morgan höchst erfreut, denn er hatte unter seiner ganzen Flotte nicht ein einziges, das imstande war, nötigenfalls gegen ein Kastell etwas auszurichten.

Auch ein französisches Schiff war dort, mit vierundzwanzig Kanonen und zwölf metallenen Bassen, welche Morgan gar zu gern gehabt hätte. Allein, die Besatzung getraute sich nicht recht unter die Engländer — war doch dieser Franzose, als ihm eben sein Proviant ausgegangen war, auf hoher See auf ein englisches Schiff gestoßen, hatte von diesem etliche Lebensmittel herübergeholt und dafür kein Bargeld gegeben, sondern nur Anweisungen auf Jamaika und Tortuga.

Als nun Morgan sah, daß der Franzose keine Lust hatte, mit ihm zu gehen, nahm er ihn samt seinem Volk, ehe sie sich dessen versahen, auf dem großen Schiff gefangen, erhob auch Anspruch auf das Schiff mit der Begründung, jene hätten die Engländer ausgeraubt.

Indessen hielt Morgan Kriegsrat ab mit den Kapitänen der Piratenschiffe, um Entscheidung darüber zu treffen, welchen Ort an der spanischen Küste man angreifen solle. Der gefaßte Beschluß ging dahin, unter Segel zu gehen, den Kurs nach der Ostspitze der Insel Española zu nehmen und an der Insel Savona vor Anker zu gehen. Sollten etwa Schiffe von der Flotte abgetrieben werden, so würde man alldort sich wieder von neuem sammeln, alsdann auch beschließen, worauf man losgehen wolle.

Man trank unterdes auf des Königs von England Gesundheit und auf glücklichen Erfolg. Dabei ward lustig geschossen, und während die Herren

Ein Betriebsunfall: Durch großen Leichtsinn sprengt sich ein Engländer selbst in die Luft

sich hinterschiffs verlustierten, tat das Volk auf dem Vordeck desgleichen. Aber wie sie auf dem Gipfel ihrer Freude waren, verwandelte sich diese jählings in ein trauriges Ende: Denn durch das Gesundheitsschießen waren einige Funken in den Pulvervorrat gefallen, wodurch das Schiff mit dreihundert Engländern in die Luft flog, ungerechnet der Franzosen, die darauf gefangen lagen. Nur etwa dreißig Mann, die in der Kajüte gewesen, kamen mit dem Leben davon. Sie retteten sich und litten nur geringen Schaden. Morgan wurde an seinem Beine etwas gequetscht. Alle, die davonkamen, waren auf dem Hinterdeck gewesen; denn auf englischen Schiffen befindet sich die Pulverkammer zumeist im Vorderschiff. Es würden sich wohl noch mehr gerettet haben, doch war das meiste Volk betrunken.

Da die Engländer für das ihnen widerfahrene Mißgeschick keine Entschuldigung wußten, nahmen sie als Ausrede das französische Schiff, indem sie vorgaben, die Franzosen hätten das königlich-englische Schiff in die Luft gesprengt, sie hätten nämlich einen spanischen Kaperbrief, die Engländer auszurauben und ihnen Gewalt anzutun, soviel sie nur könnten. Dies zu beweisen, zeigten sie einen Geleitbrief, den sie bei dem Franzosen gefunden hatten, in welchem ihnen der Gouverneur von Baracoa auf Cuba Erlaubnis erteilte, auf die englischen Seeräuber zu kapern, da diese Jamaikapiraten, obwohl die Spanier nicht im Kriege mit dem englischen Könige stünden, tagtäglich feindselige Handlungen gegen spanisch Hab und Gut begingen. Diesen Geleitbrief hatte sich der Franzose von den Spaniern nicht etwa deshalb geben lassen, weil er etwas wider die englischen Räuber im Schilde geführt hätte, sondern um mit den Spaniern etlichen Handel treiben zu können.

Der Kapitän des französischen Schiffs war zwar gleichfalls am Leben geblieben, hatte aber keine Möglichkeit, seine Sache zu vertreten.

Die Engländer gingen nun mit ihrem Schiff nach Jamaika zurück, und der französische Kapitän schloß sich ihnen an, um seine Sache führen zu können. Allein, statt ihm Gehör zu geben, warf man ihn ins Gefängnis und drohte, ihn aufzuhängen.

Trotz dieses Unglücksfalls ließ aber Morgan den Mut nicht sinken und beschloß mit den Leuten, die er noch hatte, sein Vorhaben weiter zu verfolgen.

Acht Tage, nachdem das Schiff in die Luft gegangen, fischten die Engländer sämtliche Leichname, die da lagen oder trieben, auf, jedoch nicht, um sie, nach ihrer schuldigen Pflicht, zu begraben, sondern um der Kleider und der goldenen Ringe willen. Hatten sie nämlich einen Leichnam aufgefischt, nahmen sie die Kleider und schnitten die Finger ab, an welchen Ringe waren, worauf sie ihn wieder treiben ließen, den Haien zur Beute.

Im übrigen blieb Morgan bei dem schon vorher gefaßten Entschluß, daß man nämlich auf der Insel Savona Rat darüber pflegen solle, welchen Ort man anzugreifen gedächte. Er bestimmte denn die obgenannte Insel als

Rendezvousplatz und ging mit den ihm verbliebenen Schiffen unter Segel. Es waren fünfzehn an der Zahl, von denen er das größte, mit vierzehn Geschützen bestückt, selbst befehligte. Auf diesen fünfzehn Fahrzeugen hatte er insgesamt gegen neunhundertsechzig Mann.

Einige Tage darauf kamen sie in die Gegend von Cabo de Lobos, das ungefähr in der Mitte der Südküste von Española gelegen ist, in der Mitte zwischen den beiden Kaps Tiburon und Punta Espada. Hier hielt ihn der in jener Gegend stark wehende Ostwind drei Wochen lang auf. Täglich hißte man die Segel, damit man um das Kap herumkommen möchte, allein, es gelang nicht. Endlich brachten sie es doch noch zustande.

Sieben bis acht Meilen nach dieser Umschiffung bekamen sie ein anderes Schiff zu Gesicht, und zwar einen Engländer, der eben von England kam. Etliche Schiffe fuhren zu diesem hin, um einiges zu kaufen. Morgan verfolgte seinen Kurs weiter und verabredete mit ihnen, sich im Golf von Ocoa, wo er auf sie warten wollte, wiederzutreffen. Zwei Tage später kam Morgan nach dieser Bucht, wo er Wasser einzuholen und die Schiffe abzuwarten gedachte.

Inzwischen wurden Leute — fünf bis sechs Mann von jedem Schiff — an Land geschickt, um Nahrung für das ganze Schiffsvolk aufzutreiben, damit man die mitgenommenen Viktualien aufsparen könne. Sie schossen alles, was sie fanden — Pferde, Esel, Kühe, Schafe.

Den Spaniern war solches unlieb: Da sie sahen, daß jedesmal nur so wenig Leute an Land kamen, gedachten sie, den Räubern einen Possen zu spielen; sie ließen drei-, vierhundert Soldaten von der Garnison der Stadt San Domingo holen, die von jener Stelle gar nicht weit entfernt ist, und als die Räuber wieder an Land kamen, hatten die Spanier alles Vieh von der Meeresküste landeinwärts gejagt. Als nun aber die Räuber an drei Meilen in den Busch gegangen waren, etwa fünfzig Mann stark, ließen die Spanier sie eine schöne Herde Rindvieh mit drei, vier Hirten sehen, die dem Anschein nach das Vieh wegtrieben. Nun machten die Räuber sich daran, einige der Tiere zu schießen, und die Spanier ließen sie ruhig gewähren: Als sie aber im Begriff waren, die erjagten Tiere fortzuschleppen, fielen die Spanier über sie her mit dem Geschrei ›Mata‹, ›Mata‹.

Die Räuber ließen die Beute fahren, stellten sich in Positur und fochten furios wider die Feinde; indes die eine Hälfte von ihnen schoß, lud die andere von neuem. Dies ging so eine gute Weile, und dabei zogen sie sich langsam zurück, bis sie wieder an den Busch kamen. Die Spanier wollten sie verfolgen; als sie jedoch sahen, daß die Räuber selten fehlschossen, sie selbst aber schon viele Tote und Verwundete hatten, zogen sie sich zurück, wogegen die Piraten noch im Busch blieben, um etliche Blessierte, die sie gehabt hatten, zu verbinden, so gut das eben anging, bis sie wieder an Bord kämen. Inzwischen sahen sie die Spanier in der Savana ihre Toten und Verwundeten davontragen. Da lag nur noch der eine Räuber, der tot am Platze geblieben war. Um dessen Leichnam stellte sich eine Anzahl Spanier auf, ein jeder stach mit bloßem Degen auf ihn los, dabei riefen sie: ›Allà, cornudo ladron!‹

Als die Räuber im Busch sahen, daß das Gros schon abmarschiert war, fielen sie diesen Haufen an und schlugen viele davon tot; den Leichnam des Gefallenen aber, der nach seinem Tode noch mehr denn hundert Stiche abbekommen hatte, nahmen sie mit und begruben ihn im Walde. Sodann erschossen die Räuber etliche Pferde, um Fleisch an Bord mitbringen zu können, wohin sie auch ihre Verwundeten mitnahmen.

Am nächsten Tage ging Morgan selbst mit zweihundert Mann an Land, doch die Spanier waren schon fort und hatten auch das Vieh weggetrieben. So ließ er denn etliche Häuser, die da waren, in Brand stecken und ging, nachdem dies geschehen, wieder an Bord.

Als Morgan sah, daß seine Schiffe nicht kamen, stach er mit denen, die er bei sich hatte, in See; nach etlichen Tagen kam er zu der Insel Savona, die er als endgültigen Treffpunkt bestimmt hatte; als er aber auch da von seinen Schiffen keine Spur fand, beschloß er, einige Tage daselbst zuzuwarten.

Indessen sandte er etwa einhundertfünfzig Mann aus, die auf der Insel Española landen und einige Dörfer in der Gegend von San Domingo plündern sollten; auch sollten sie einige Lebensmittel holen, an denen man schon Not zu leiden begann. Aber die von Morgan ausgesandten Leute kamen unverrichteterdinge wieder an Bord: Die Spanier hatten nämlich Wind davon bekommen, daß sie an der Küste wären, und standen allesamt unter Waffen, was den Räubern, die nur um Beute zu fechten gesonnen waren, keineswegs gefiel.

Als Morgan sah, daß seine Mitgesellen nicht kamen, hielt er Musterung über das Volk, das bei ihm war, und befand, daß sie etwas über fünfhundert Köpfe auf acht Fahrzeugen stark waren; von diesen war sein Schiff, wie ich schon oben sagte, das größte.

Sein früherer Beschluß war gewesen, die sämtlichen an der Küste von Caracas liegenden Städte und Dörfer zu plündern, allein, da er sich hierfür zu schwach sah, mußte er einen neuen fassen. Nun war unter den Seinen ein französischer Kapitän, der ehemals unter Lolonois bei der Einnahme der Stadt Maracaibo beteiligt gewesen und auf die Gelegenheiten jenes Sees so wohl sein Augenmerk gerichtet hatte, daß er sich unterfangen konnte, Morgans Flotte dorthinein zu bringen. Nachdem er nun mit Morgan Überlegungen über die beste Weise, den Platz zu nehmen, angestellt hatte, ward das Schiffsvolk davon in Kenntnis gesetzt, und sie beschlossen einhellig, nach jener Gegend zu ziehen.

Mit solchem Entschlusse stach denn Morgan in See und nahm Kurs nach der Insel Curaçao hin; als er diese in Sicht bekam, ließ er sich nach Aruba treiben, einem Eilande, das etwa zwölf Meilen von der Westspitze Curaçaos

So stellte man sich damals in Europa die Eroberung der Festung Maracaibo vor

abliegt und der Westindischen Kompanie gehört (der holländischen); diese schickt dorthin fünfzehn Soldaten unter Kommando eines Sergeanten. Im übrigen ist diese Insel von Indianern bewohnt, die Spanisch sprechen und auch in Religionssachen zu den Spaniern gehören; alljährlich kommt nämlich aus einem Dorf an der gegenüberliegenden festländischen Küste namens Coro ein spanischer Geistlicher, der ihnen predigt und das Sakrament nach der Weise der römischen Kirche austeilt. Diese Indianer handeln mit den Räubern, die in jene Gegend kommen, indem sie Schafe und Ziegen gegen Leinwand, Garn oder was ihnen sonst nottut, austauschen. Die Insel ist keineswegs fruchtbar, sondern ganz dürr und meistens mit niederem Gebüsch bewachsen. Es gibt dort eine Menge Schafe und Ziegen, von denen sich die Eingeborenen nähren, nebst einigem spanischen Weizen, den sie anbauen. Auch Pferde gibt es dort in Menge, und die Einwohner machen auch von ihnen reichlich Gebrauch: tun sie doch alles zu Pferde, ja selbst wenn sie nur fünfhundert Schritt von ihrem Hause Wasser holen. Ferner sind dort viele Klapperschlangen und Spinnen, die außerordentlich giftig sind; wenn jemand von diesen Bestien gebissen wird, legt man ihn gebunden in eine Hängematte, wo er dann vierundzwanzig Stunden lang ohne Speise und Trank verbleibt. Denn die Eingeborenen behaupten, wenn jemand von diesen Tieren gebissen wird, müsse er sich jedes Essens und Trinkens enthalten, andernfalls er sterben muß.

Morgan hatte bei dieser Insel Anker geworfen und handelte von den Indianern so viele Ziegen und Schafe ein, wie er für seine ganze Flotte benötigte; nach zweitägigem Aufenthalt fuhr er bei Nacht ab, damit sie nicht sehen sollten, wohin er sich wendete: Sie merkten es aber dennoch. Tags darauf kamen sie in die Mitte des Golfes von Maracaibo, und um nicht von der Vigia oder dem Wachtturm aus gesehen zu werden, der einen weiten Ausblick nach dem Meere zu hat, ankerte er bei acht Faden Wassertiefe und stach abends wiederum in See. Am nächsten Tage war er im ersten Morgengrauen vor der Sperre des Lagon, will sagen: des Sees. Die Spanier hatten wieder ein neues Kastell gebaut, von dem aus sie Kapitän Morgan mit grobem Geschütz Willkommen boten.

Die sämtlichen kleineren Fahrzeuge wurden nun abgefertigt, um die Mannschaft so rasch wie möglich an Land zu setzen. Auch die Spanier trafen gar eifrig im Kastell ihre Vorbereitungen und schossen auch unablässig mit groben Kanonen, verbrannten etliche rings um das Kastell stehende Häuser, um desto mehr Raum zu haben, und feuerten mit dem sämtlichen Geschütz den ganzen Tag über drauflos.

Es war schon Abend, als Morgan mit seinen Leuten eindrang. Er fand in dem Fort keine Seele: Denn sobald sie die Räuber hatten dicht an das Kastell kommen sehen, hatten die Spanier einen Teil des Pulvers angezündet und waren unter dem Schutze des Rauchs buschwärts entwichen. Die Eindringenden waren sehr verwundert, keine Besatzung vorzufinden, da es ein zur Verteidigung trefflich geeigneter Platz war. Sie fanden dort einen Keller voll Pulver, meistenteils verstreut, und ein Stück brennender Lunte dabei, ungefähr eines Daumens Länge von dem Pulver entfernt — fehlte also wenig, daß sie mitsamt dem Kastell in die Luft geflogen wären.

Morgan ließ das Pulver sofort aus dem Kastell herausbefördern und die Mauern niederreißen, soweit das nötig war, um alle Stücke über den Haufen zu werfen. Man fand dort sechzehn Kanonen, die acht-, zwölf- und vierundzwanzigpfündige Kugeln schossen, ferner achtzig Musketen und sonstige Munition in angemessenem Verhältnis. Die Kanonen wurden vom Kastell hinuntergeworfen, die Lafetten verbrannt.

Des nächsten Morgens kamen die Schiffe herein, und das Pulver ward unter alle Schiffe, welche bewaffnet waren, aufgeteilt; die vom Kastell heruntergeworfenen Kanonen wurden vernagelt und im Sand vergraben. Die Mannschaft ging darauf unverzüglich zu Schiff, um auf das schleunigste die Stadt Maracaibo zu erreichen. Doch das Wasser war auf der Sandbank an der Einfahrt des Sees so niedrig, daß die Schiffe nur mühsam durchkommen konnten und einige steckenblieben. Um jedoch keine Zeit zu verlieren, wurde das Schiffsvolk auf die übrigen Fahrzeuge, die geringeren Tiefgang hatten, gebracht, um so nach der Stadt zu gelangen.

Tags darauf gegen Mittag kamen sie allesamt vor die Stadt Maracaibo und hielten sich mit ihren Fahrzeugen dicht an das Gestade, um unter dem Schutz ihrer geringen Bestückung die ganze Mannschaft an Land bringen zu können. Das gelang denn ebenso unschwer wie beim Sperrfort, denn die Spanier waren allesamt in den Busch geflohen und hatten die Stadt ihrem Schicksal überlassen; nur einige arme, gebrechliche Leute waren zurückgeblieben, die weder gehen konnten noch etwas zu verlieren hatten. Nachdem die Räuber in die Stadt eingedrungen waren, hielten sie überall Nachschau, ob nicht irgendwo Streitmacht verborgen läge, sei es in den Häusern oder in den Wäldern rings um die Stadt. Da sie aber nichts Verdächtiges fanden, nahm jede Kompanie oder Schiffsbesatzung auf dem Marktplatz ihr Quartier. Die große Kirche wurde zu einem Corps de Garde umgewandelt, in welchem beständig Wache gehalten wurde.

Noch am selben Tage, an dem die Räuber in die Stadt gekommen waren, ward sogleich eine Partei von etwa hundert Mann ausgeschickt, um Beute und Gefangene zu holen. Am nächsten Abend kamen sie mit etwa fünfzig Saumtierlasten geraubten Guts und ungefähr dreißig Gefangenen, sowohl Männern und Frauen als Kindern und Sklaven, zurück. Diese Gefangenen wurden in der gewohnten Art gefoltert, um aus ihnen herauszupressen, wohin die Einwohner der Stadt geflüchtet wären. Der eine ward gepeitscht und geschlagen, der andere gleich dem heiligen Andreas mit brennenden Lunten zwischen Fingern und Zehen traktiert; wieder einem anderen ward ein Tau so fest um den Kopf geschnürt, daß ihm die Augen so dick wie Hühnereier vorquollen; wer nichts sagen wollte, wurde vollends totgeschlagen, da die Räuber keine ärgeren Martern mehr ausdenken konnten. Dies währte ungefähr drei Wochen.

Die Räuber zogen unterdes täglich auf Streife und brachten stets große Beute mit, so daß sie denn keineswegs leer ausgingen. Nachdem sie etwa hundert von den vornehmsten Familien Maracaibos gefangengenommen und deren Habe geraubt hatten, beschloß Morgan, nach Gibraltar zu ziehen.

Eilends wurden sämtliche Schiffe bereit gemacht und Beute wie Gefangene darauf verschifft; dann wurden die Anker gelichtet, und es ward Kurs auf Gibraltar genommen — mit allen zu einem Kampf erforderlichen Vorbereitungen, wobei jedem seine Aufgabe zugewiesen war. Einige von den Gefangenen waren ausgesandt worden, um an Land zu gehen und in Morgans Namen die von Gibraltar zur Übergabe aufzufordern; so sie sich aber hartnäckig erweisen sollten, würde ihnen keine Verschonung gewährt werden. Die Räuber machten sich nämlich auf keinen besseren Empfang gefaßt als ihn zwei Jahre zuvor die Franzosen erfahren hatten. Nach mehrtägiger Segelfahrt kamen Morgan und die Seinen in Sicht von Gibraltar, von wo sie die Spanier mit groben Kanonen wacker zu beschießen anhuben. Die Räuber aber, anstatt sich zu alterieren, begannen neuen Mut zu schöpfen: denn, sagten sie, wo es Stöße setzt, da wird's auch Beute geben, die sei dann der Zucker, den sauren Brei zu süßen.

Am nächsten Tage beim ersten Morgengrauen wurde das Schiffsvolk an

Land gesetzt, und anstatt daß man nun den geraden Weg genommen hätte, gedachte der Franzose, der schon dort gewesen war und die Gelegenheit wohl kannte, einen anderen — durch die Wälder hindurch — zu wählen, damit man von oben und rückwärts her in das Dorf einfallen könne; einige Leute hatte man dabei auf der Hauptstraße zurückgelassen, damit die Spanier meinten, sie würden doch auf diesem Wege anrükken. Aber solcher Vorsicht hätten die Piraten gar nicht bedurft, weil die Spanier, der vor zwei Jahren mit den Franzosen gemachten Erfahrungen noch gar wohl eingedenk, es vorgezogen hatten, den Platz freiwillig zu räumen, ehe sie wieder so viele um den Hals kommen ließen, wie es damals geschehen. Auf dem Wege, den sie zur Flucht benutzt hatten, waren von ihnen einige Hinterhalte angelegt worden, damit sie, wenn sie überfallen würden, ihren Rückzug zu decken vermöchten.

Die Reichen von Maracaibo werden am härtesten angepackt

Die Festungsgeschütze hatten sie vernagelt und das Pulver fortgebracht. Im Dorf fanden die Räuber niemanden als einen gar harmlosen und einfältigen Menschen. Von ihnen befragt, wohin die Leute geflohen seien, antwortete der, das wisse er nicht, auch habe er sie gar nicht danach gefragt, als sie davongelaufen. Weiter frugen sie ihn, ob er keine Pflanzungen anzugeben wisse, worauf er erwiderte, daß er deren in seinem Leben etwa wohl zwanzig gesehen habe. Auf die Frage, ob er nicht wisse, wo das Gold und Silber der Kirche sei, antwortete er mit ›Ja‹

und führte sie in die Sakristei: Hier, sagte er, habe er alles Gold und Silber der Kirche gesehen, wo es aber geblieben sei, wisse er nicht.
Da sie nun keine andere Auskunft von ihm bekommen konnten, banden sie ihn fest und peitschten ihn. Drauf hob dieser einfältige Mensch zu schreien an: ›Laßt mich los, ich will Euch mein Haus und all mein Geld und Gut weisen.‹
Jetzt meinten sie, jemanden vor sich zu haben, der alles wohl begriffe und sich nur dumm stellte, ließen ihn also los, und da brachte er sie zu einem Häuslein, allwo er etliche irdene Schüsseln, hölzerne Teller und sonstigen Plunder vergraben hatte; überdies drei Piaster an barem Geld. Sie frugen ihn nach seinem Namen, und er gab zur Antwort, daß er Don Sebastian Sanchez hieße und sein Bruder Gouverneur von Maracaibo wäre. Nun begannen sie ihn aufs neue zu foltern, peitschten ihn abermals und schlugen ihn, daß ihm am ganzen Körper das Blut herunterlief. Er rief, sie sollten ihn doch loslassen, er würde sie zu seiner Zuckermühle führen, wo er seine Habe und alle seine Sklaven hätte. Als man ihn aber losgebunden hatte, konnte er gar nicht gehen: So warfen sie ihn denn auf ein Pferd.
Als sie aber im Busch waren, sagte er, daß er weder eine Zuckermühle besäße noch sonst irgend etwas auf der Welt; er würde vielmehr vom Siechenhause erhalten — was sich denn auch später als wahr erwiesen hat.
Nun packten sie ihn also abermals, peitschten ihn, seine Hände und Füße mit Steinen beschwerend, nahmen Palmblätter und hielten ihm die brennend ins Gesicht, so daß er solchermaßen versengt ward, daß er gar keinem Menschen mehr glich; dazu hieben sie noch furchtbar auf ihn los. Nachdem er eine halbe Stunde lang solche Qualen erlitten, gab er den Geist auf. Als es so weit war, schnitten sie das Tau ab, an dem er gehangen, schleppten ihn in den Busch und ließen ihn dort liegen. So endigte denn dieser unschuldige Mensch sein Leben als ein Märtyrer.
An dem gleichen Tage brachte eine Partei einen armen Bauern samt zwei Töchtern gefangen ein. Am nächsten Morgen zogen sie aus, begleitet von dem Manne, der sie nach einer Stelle führen sollte, wo seiner Meinung nach Leute waren. Er führte sie an jenem Tage an verschiedene Plätze, wo allerdings Leute gewesen waren. Da die Spanier aber gemerkt hatten, daß die Räuber auf Streife gingen, ließen sie sich nicht mehr auf den Feldern blicken, sondern liefen buschwärts, wo sie sich Hütten aus Baumästen machten, sich und ihr Gut darin vor dem Regen zu schützen.
Dieser arme Bauer konnte denn keine Leute finden. Die Räuber aber dachten, er führe sie absichtlich irre, weshalb sie ihn aus lauter Wut totschlugen und an einen Baum hingen, obgleich der Arme gar inständig um sein Leben bat.
Sodann verteilten sie sich, um die Leute gelegentlich in der Umgebung

der Felder zu überraschen, mußten sie doch notgedrungen dorthin kommen, um von den Früchten, Wurzeln und anderen Gewächsen, die man dort finden kann, etwas zu holen.

Ein Negersklave nutzt seine Chance: er wird befreit

Endlich fingen sie einen Sklaven. Sie versprachen ihm, daß sie ihn mit nach Jamaika nehmen und ihm ebensoviel Geld geben wollten als ein jeder von ihnen selbst bekäme, dazu noch so viele spanische Kleider, wie er haben wolle. Dies stund dem Neger wohl an; er brachte sie sogleich an eine Stelle, wo sich Leute aufhielten, und sobald sie nun spanische Gefangene gemacht hatten, ließen sie einige von ihnen durch den Sklaven töten, damit dieser ihnen nicht mehr davonlaufen könnte.

Dieser Schwarze hat den Spaniern sehr viel Schaden getan. Acht Tage zogen die Räuber mit ihm herum, ehe sie wieder nach Gibraltar zurückkamen, und die Gefangenen, die sie unterwegs machten, ließen sie mitmarschieren, während sie deren Habe auf Maultieren fortschaffen ließen. Zu guter Letzt bekamen sie so viele Gefangene zusammen, daß sie gar nicht mehr weitermarschieren konnten. Sie beschlossen also, wieder nach Gibraltar zurückzukehren, wohin sie an Gefangenen — Männer, Frauen, Kinder und Sklaven zusammengenommen — im ganzen wohl an die zweihundertfünfzig Köpfe mitbrachten.

Als sie wieder an Ort und Stelle waren, wurden die sämtlichen Gefangenen befragt, ob sie kein Geld versteckt hätten oder wüßten, wo andere das

ihre verborgen hätten. Die da nicht bekennen wollten, wurden mit den gräßlichsten Foltern gequält.
Unter anderem ward auch ein alter Portugiese sehr schwer gefoltert, ein Mann von sechzig Jahren, von dem ein Neger ausgesagt hatte, daß er sehr reich sei. Daraufhin packten sie den alten Mann und fragten ihn, wo er sein Geld habe. Nun versicherte jener wohl bei allem, was ihm heilig war, daß er nicht mehr auf der Welt besitze als hundert Piaster, mit denen ihm aber ein junger Mensch, der bei ihm gewohnt, durchgegangen sei; allein, sie glaubten ihm nicht und peitschten ihn so gewaltig, daß ihm die Arme ganz umgedreht wurden. Da er immer noch nicht bekennen wollte, banden sie ihn an seinen Daumen und großen Zehen und machten ihn an vier Pfählen fest, daß sämtliche Gliedmaßen reichlich anderthalb Faden von den Pfählen abstanden. Sodann schlugen sie zu viert auf die Stricke, an die er gebunden war, los, so daß sein Leib ins Schaukeln geriet und die Sehnen sich auszurecken begannen. Aber daran ließen sie's immer noch nicht genug sein: Sie nahmen noch einen Stein, der gut zweihundert Pfund wog, und legten den auf seine Lenden, ferner zündeten sie etliche Palmblätter unter ihm an, so daß die Flamme sein Gesicht und Haupthaar versengte. Ungeachtet dieser schweren Foltern bekannte er aber nicht, daß er Geld hätte. Sie machten ihn darauf wieder los und banden ihn an einen Pfeiler der Kirche fest, die damals ein großes Corps de Garde war: Zu essen gaben sie ihm nichts als ein kleines Stück Fleisch im Tag, gerade genug, um ihn noch am Leben zu erhalten. Nachdem er vier, fünf Tage solchermaßen in Fesseln verbracht, ersuchte er, daß einige ihm befreundete Gefangene zu ihm kommen möchten, er wolle dann auf Mittel sinnen, wie er ihnen Geld geben könne. Nachdem er mit den Freunden gesprochen, bot er fünfhundert Piaster. Doch er fand nicht einmal Gehör damit, bekam vielmehr eine Tracht Prügel und zur Antwort, daß er anstatt von Hunderten von Tausenden reden müsse, sonst würde es ihm das Leben kosten. Endlich, nachdem er alle irgend möglichen Beweise dafür beigebracht hatte, daß er ein armer Mann sei und seine Nahrung im Schankgeschäft verdienen müsse, wurden sie mit ihm handelseinig auf tausend Piaster.
Immerhin hatte dieser Mann noch keineswegs alle Foltern ausgestanden, die sie den Spaniern antaten, um ihnen das Bekenntnis abzupressen, wo sie ihr Geld verborgen hätten. Etliche wurden an den Schamteilen aufgehängt, so daß sie durch die Körperschwere herabfielen und oben nichts verblieb als ihr Mannsglied; hernach stach man ihnen noch einen spanischen Degen drei-, viermal durch den Leib und ließ sie so liegen, bis sie Gott durch den Tod aus ihrer elenden Lage erlöste. Manche haben gar nach vier oder fünf Tagen noch gelebt.
Andere banden sie an ein Holzkreuz und steckten ihnen brennende Lunten zwischen Finger und Zehen. Wieder andere wurden gebunden, mit den

Füßen vor ein Feuer gelegt und mit Fett eingeschmiert, so daß sie regelrecht gebraten wurden: In solchem Zustand ließ man sie dann liegen.
Nachdem sie die Weißen hinlänglich massakriert hatten, kam die Reihe an die Sklaven. Endlich fanden sie unter diesen einen, der sich erbot, sie an einen in den See mündenden Flußlauf zu bringen, wo sich ein Schiff und vier Barken, beladen mit kostbarer Ware aus Maracaibo, befinden sollte.
Gleichzeitig gab er einen anderen Sklaven an, der wisse, wo der Kommandant und die Mehrzahl der Frauen von Gibraltar sich aufhielten. Aufgegriffen, leugnete dieser anfangs. Als sie ihn aber festbanden und ihm mit Aufhängen drohten, gestand er und versprach sie zu dem Orte hinzuführen, wo der Kommandant zu finden sei.
Daraufhin ward sofort beschlossen, daß sich hundert Mann mit zwei kleinen Schiffen nach der Flußmündung begeben sollten, an welcher jene Schiffe lägen; die übrigen sollten auf die Suche nach dem Kommandanten ausziehen. Die Gefangenen wurden zu Schiff gebracht, und am nächsten Tag tat jeder, wie ihm befohlen.
Morgan selbst marschierte mit dreihundertfünfzig Mann gegen den Kommandanten, der sich auf eine inmitten eines Flusses gelegene Insel retiriert und daselbst verschanzt hatte.
Nach zweitägigem Marsch kamen sie an diesen Ort. Jedoch hatte der Kommandant durch seine Kundschafter vom Anrücken der Seeräuber erfahren und sich auf einen Berg retiriert.
Dort hinauf führte ein so enger Weg, daß einer hinter dem anderen zu gehen genötigt war; überdies hatte der spanische Befehlshaber etliche Feuerwerksanlagen gemacht, um die Räuber für den Fall, daß sie ihm dorthin nachfolgten, aufzuhalten. Dies war nun freilich ihre Absicht gewesen; allein, sie wurde durch einen starken Regen, der sie überfiel und ihnen beim Passieren eines Flußlaufes großen Schaden tat, vereitelt. Sie verloren bei dieser Gelegenheit mehrere Maulesel, beladen mit Geld und Gut wie auch mit Frauen und Kindern, welche allda ertranken; auch ein Teil der Waffen ward unbrauchbar und das Pulver naß.
Wären damals fünfzig wohlbewaffnete Männer mit Lanzen dazugekommen, sie hätten ohne Mühe sämtliche Räuber töten können. Doch war der Schrecken unter den Spaniern so groß, daß, wenn nur der Wind in den Bäumen des Waldes rauschte, sie gleich meinten, es seien die ›Ladrones‹ (so nennen sie die Räuber) hinter ihnen.
Endlich, nach vielem Umherirren, gelangten die Räuber durch das Wasser: Sich selbst vermochten sie allerdings noch zu retten, aber die armen Weiber und kleinen Kinder kamen so mühsam weiter, daß es ein Jammer anzusehen war. Sie mußten zuweilen eine halbe Meile weit durch den Wald laufen, bis zum halben Leib im Wasser, denn das Land ist dort sehr niedrig, und die Ströme waren durch die gewaltigen Regengüsse wie auch

durch das von den Bergen kommende Wasser dermaßen angeschwollen, daß sie über die Ufer traten und das ganze Land überschwemmten.
Zwölf Tage nach ihrem Abmarsch kamen die Piraten mit einer großen Anzahl neuer Gefangener wieder nach Gibraltar zurück — ihr Anschlag aber war mißglückt.
Zwei Tage darauf kamen die Schiffe, die an die Flußmündung gefahren waren. Sie brachten ein Schiff und vier Barken nebst einigen Waren und Gefangenen. Sie hatten die Schiffe nicht mit allem Gut, das darin war, erbeuten können, denn die Spanier hatten mit Kanoes ihr Anrücken ausgekundschaftet, die meisten Güter ausgeladen und gedachten nach Löschung der Ladung die Schiffe zu verbrennen. Allein, ehe es dazu kam, wurden sie von den Räubern überfallen, so daß diese der Schiffe selbst samt einiger Kaufmannsware, wie Leinwand und Seide, noch habhaft werden konnten.
Nachdem die Räuber noch etliche Streifzüge unternommen und im ganzen fünf Wochen in Gibraltar zugebracht hatten, beschlossen sie abzuziehen. Sie sandten deshalb etliche von den gefangenen Spaniern aus, um Brandschatzung für den Ort einzufordern, unter der Androhung, so sie die nicht brächten, ihn zu verbrennen.
Die Abgesandten kamen mit der Meldung zurück, sie hätten niemanden finden können, auch habe der Gouverneur ihnen verboten, irgendwelche Brandschatzung zu bezahlen; wenn aber Morgan sich gedulden wolle, würden sie untereinander so viel zusammenbringen, um ihm fünftausend Piaster bezahlen zu können; sie würden ihm Geiseln stellen, die er nach Maracaibo mitnehmen und behalten könne, bis der Rest beglichen sei.
Morgan, der so lange von Maracaibo fort gewesen war und nicht wußte, wie die Dinge dort standen — hatten doch die Spanier Zeit genug gehabt, um eine ausreichende Streitmacht zu sammeln und ihm die Ausfahrt aus dem See zu sperren — hatte es mit dem Fortkommen eilig, willigte also ein und nahm vier Geiseln mit, indes er alle anderen Gefangenen laufen ließ (nachdem sie ihre Lösung entrichtet). Nur die Sklaven behielt er. Die Spanier wollten allerdings auch für den Neger, der die Räuber geführt hatte, Lösegeld bezahlen, aber Morgan lieferte ihn nicht aus — denn wenn sie den in die Hände bekommen hätten, dann hätten sie ihn sicherlich lebendig verbrannt.
Sodann lichteten die Piraten die Anker und segelten ab. Vier Tage später kamen sie in die Stadt Maracaibo, wo sie die Dinge fanden, wie sie sie gelassen. Aber die Nachricht, die sie dort erhielten, war um so überraschender.
Es kam nämlich zu Morgan ein armer Mann, der dort im Spital geblieben war, und meldete diesem, daß drei spanische Kriegsschiffe am Eingang des Sees lägen und auf ihn lauerten; auch sei das Kastell wieder wohl versehen mit Geschütz. Sogleich ward ein leichtes Fahrzeug ausgesandt,

Der See von Maracaibo: die Ruhe vor der Schlacht

um am Eingang des Sees Nachschau zu halten, was für Schiffe dort wären.

Am nächsten Abend kam das Schifflein wieder und brachte vollständigen Bericht über alles, was der alte Mann gesagt. Es war auch der Schiffe ansichtig geworden und unter deren Feuer gestanden, hatte wahrgenommen, daß sie voller Volk waren, das größte von ihnen wohl vierzig Kanonen führte, das zweite dreißig und das kleinste vierundzwanzig. Auch auf dem Kastell hatten sie Besatzung gesehen.

Diese Macht war ungleich größer als die Morgans. Denn das schwerste seiner Schiffe war nur mit vierzehn Kanonen bestückt. Niemand durfte erkennen lassen, in was für Ängsten man war, Morgan selber nicht.

Aber da war guter Rat teuer: Herauskommen konnte man nur durch die Einfahrt, wo die Schiffe lagen, und zu Lande gab es keine Gelegenheit. Morgan wäre es sehr viel lieber gewesen, wenn jene an die Stadt herangerückt wären, statt draußen liegen zu bleiben, konnten sie ihm doch mit ihren schweren Schiffen großen Schaden tun.

Gleichwohl schien es, als ob Gott — zur Strafe für die Spanier — diesen Räubern Mittel und Wege gäbe, um sie aus den Händen ihrer rechtmäßigen Widersacher zu erretten.

Um zu zeigen, daß er nicht verzagte, sandte Morgan einen Spanier als Boten, um Brandschatzung für die Stadt Maracaibo zu fordern.

Zwei Tage drauf kam der mit einem Brief des spanischen Generals Don Alonso del Campo y Espinosa zurück, der mit seinen Schiffen an der Einfahrt des Sees oder Lagons lag. Das Schreiben lautete folgendermaßen: ›Da ich durch unsere Freunde und Nachbarn Meldung bekommen, daß Ihr die Keckheit gehabt, mit feindlicher Absicht in Lande und Städte einzudringen, welche der Botmäßigkeit Seiner Katholischen Majestät des Königs von Spanien, meines Herrn, unterstehen, so bin ich, meiner Pflicht gehorchend, hierher gekommen und habe das Kastell, das Ihr einer Schar von Feiglingen abgewonnen und von dem Ihr die Geschütze heruntergeworfen, wieder aufgerichtet, um Euch solchermaßen die Ausfahrt aus dem Hafen zu verwehren und so viel Abbruch zu tun, als meine Pflicht erheischt. So Ihr aber demütigen Sinnes alles wiedererstatten wollet, was Ihr geraubt, nebst allen Sklaven und sonstigen Gefangenen, will ich Euch aus Gnade und Barmherzigkeit Eures Weges ziehen lassen, damit Ihr Euch nach Eurem Heimatlande retirieren möget. Solltet Ihr Euch aber hartnäckig erweisen ungeachtet dieser von mir ehrlich angebotenen Bedingungen, werde ich aus Caracas leichte Schiffe kommen lassen und auf denen meine Truppen nach Maracaibo befördern, um Euch allesamt mit der Schärfe des Schwertes zu vernichten. Dies ist meine letzte Resolution: seht zu, daß Ihr meine Güte nicht undankbar von der Hand weiset; denn ich habe gar tapfere Soldaten, die begehren, Rache an Euch zu nehmen für die Unbill, die Ihr der spanischen Nation in Amerika antut. Gegeben auf dem von mir befehligten Schiff Seiner Majestät, genannt ›La Magdalena‹, das vor Anker liegt an der Einfahrt des Sees von Maracaibo, am 24. April 1669. Unterschrift: Don Alonso del Campo y Espinosa.‹

Als Morgan diesen Brief gelesen, ließ er alle Räuber auf dem Markte zusammentreten und den Brief erst auf englisch, dann auf französisch vorlesen, worauf er sie fragte, wie sie allesamt gesinnt wären, die Beute wiederzugeben, um freie Passage zu kriegen, oder lieber darum zu fechten.

Sie antworteten einhellig, daß sie lieber bis zum letzten Blutstropfen fechten wollten, als die Beute so leichtfertig wieder hergeben. Hätten sie dafür einmal ihr Leben gewagt, wollten sie es auch das zweitemal tun.

Einer aus dem Haufen kam zu Morgan und erklärte, daß er es mit dem Beistande von zwölf Mann auf sich nehme, das große Schiff zu zerstören, und zwar auf folgende Weise: Man solle aus dem Schiff, das man im Lagon gekapert, einen Brander machen, es aber schön auftakeln wie ein Kriegsschiff mit wehender Flagge; an Bord dieses Fahrzeugs solle man Hölzer stellen mit Mützen drauf, damit es so aussähe wie eine Schiffsbesatzung; an Stelle des Geschützes solle man aus den Bordwandungen eine gewisse Sorte von hölzernen Dingen herausstehen lassen, so man Negertrommeln nennt — ausgehöhlte Hölzer, die etwa anderthalb Faden lang sind.

Dieser Vorschlag ward gutgeheißen, da man sich in äußerster Notlage befand. Aber Morgan wollte doch noch sehen, ob er nicht andere Bedingungen bei dem spanischen General durchsetzen könne. Er sandte also nochmals einen Spanier zu diesem mit folgendem Antrag:

Die Piraten wollten von Maracaibo abziehen, ohne die Stadt durch Feuer oder auf andere Weise zu beschädigen, auch ohne hierfür eine Brandschatzung zu beanspruchen; sie wollten die Hälfte der Sklaven hergeben, die übrigen Gefangenen ohne Lösegeld freilassen sowie auch auf die noch nicht voll bezahlte Brandschatzung für Gibraltar verzichten und die hierfür gestellten Geiseln auf freien Fuß setzen.

Der spanische General erwiderte hierauf, daß er solche Vorschläge keines Blickes zu würdigen gedächte: Falls sie aber noch zwei Tage im Lande blieben, würde er sie mit Feuer und Schwert vernichten.

Nachdem Morgan solche Antwort von dem General erhalten hatte, beschloß er, mit den Seinen das möglichste zu tun, um aus dem Lagon herauszukommen, ohne die Beute herzugeben.

Zunächst wurden sämtliche Gefangene festgeschlossen und streng überwacht. Auch die Sklaven, die bisher Wasser geholt und andere Arbeiten verrichtet hatten, wurden gefesselt, und die Räuber taten nun selbst alles, was sonst die Sklaven besorgt hatten.

Unterdes trug man alles, was an Teer, Pech und Schwefel in der Stadt zu finden war, zusammen, um damit den Brander und etliche andere Feuerwerke auszurüsten. Der Raum des Fahrzeugs ward mit Palmblättern gefüllt, die in eine Mischung von Pech, Schwefel und Teer getaucht worden waren; in dieselbe Mixtur ward auch eine Anzahl von großen Leinwandstücken getaucht, mit welchen die längs der Kanonenborde angebrachten Rohre zugedeckt wurden. Unter jedem der Rohre waren sechs Töpflein mit Pulver, und damit die Wirkung desto größer wäre, wurde die Hälfte der das Verdeck stützenden Balken durchgesägt. Auch neue Schießlöcher wurden gebohrt, in welche nun die Negertrommeln statt der Geschütze gesteckt wurden. An Bord setzte man etliche Holzpflöcke, auf deren Spitzen Hüte oder Mützen saßen, so daß sie aussahen wie Menschen. Endlich ward die Admiralsflagge gehißt.

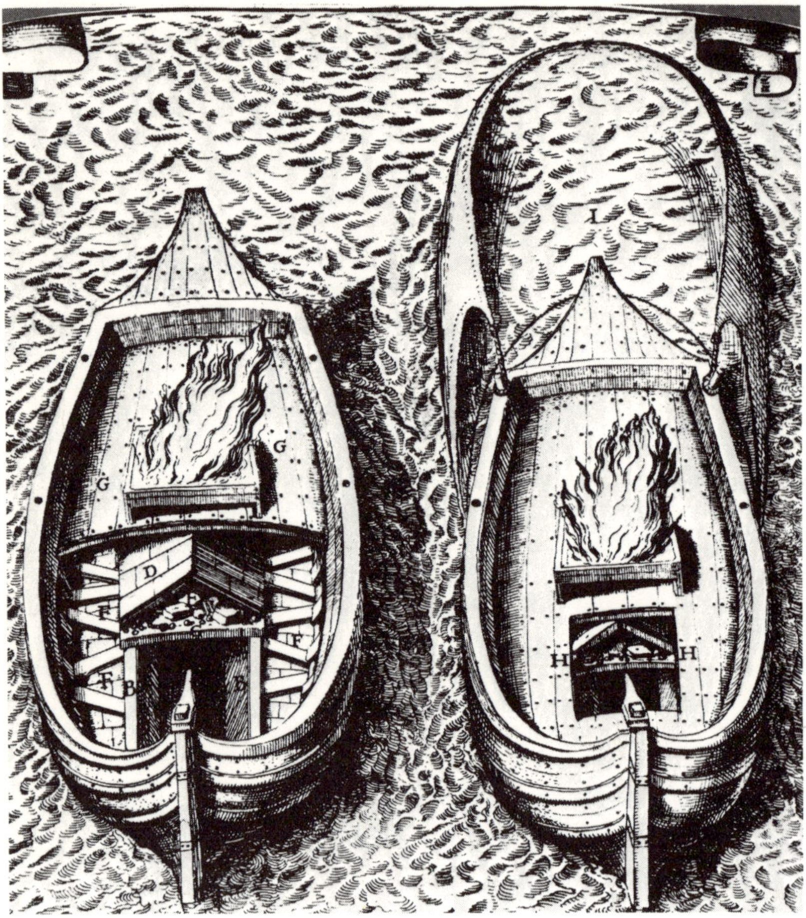

Ein Brander, der Schrecken jeder Flotte

Nachdem der Brander fertiggestellt war, beschloß man, nach der Mündung des Sees zu segeln, und zu diesem Ende wurden die sämtlichen Gefangenen in eine große Barke gesetzt, in eine andere Barke ward die ganze Beute samt den vornehmsten Frauen gebracht.

Jede Barke war mit zwölf wohlbewaffneten Räubern bemannt; dort, wo die Indianer waren, wurden etliche Warenballen mit verstaut, und dort, wo die Frauen waren, der ganze Vorrat an Geld und Geschmeide. Alle Barken hatten Weisung, sich rückwärts an einem sicheren Orte zu halten. Auf ein verabredetes Zeichen aber sollten sie sich mitten unter die Flotte begeben und schleunigst durch die Ausfahrt hinauslaufen.

Der Brander hatte Weisung, vor dem Admiral zu segeln. Er sollte das große Schiff entern, und, falls ihm dies durch Wirkung der Strömung mißriete, sollte der Admiral dieses selbst entern. Hinter dem Admiral war ein anderes Schiff, das einem Brander ähnlich ausgerüstet war. Damit es der Feind für einen solchen ansähe, ließ es ein wenig Schiffsteer oder sonst derlei Zeug in Rauch aufgehen.

Nachdem Morgan alle diese Befehle erteilt hatte, ward von allen ein Schwur getan, daß man einander beistehen wolle bis zum letzten Blutstropfen, und so die Sache übel ausginge, solle man nicht um Pardon bitten, sondern fechten bis auf den letzten Mann. Wer sich aber tapfer bezeige und eine besondere Tat vollbringe oder ein Schiff gewinne, solle mit allen seinen Leuten aus der gemeinsamen Beute eine Belohnung erhalten.

Nach solchem Beschluß ging Morgan unter Segel und erreichte am 30. April 1669 die Spanier, die in der Mitte des Fahrwassers vor Anker lagen. Etwa auf einen Kanonenschuß Entfernung von ihnen ging Morgan selbst vor Anker, da es zu spät war, um noch ins Gefecht einzutreten. Am Abend ward die Wache auf dem Brander nach Kriegsbrauch abgelöst. Bei Nacht ward auf beiden Seiten gute Wache gehalten, und die Räuber machten sich bereit für den kommenden Tag.

Bei Tagesanbruch — es war Ebbe — gingen die Räuber unter Segel. Die Spanier, die meinten, daß die Räuber alles daransetzten, nun doch mit der Strömung auszulaufen, kappten die Taue und gingen gleichfalls unter Segel.

Der Brander segelte auf das große Schiff los und stieß gar fest an dieses an. Als der General sah, daß es ein Brander war, beorderte er sogleich Leute, hinüberzuspringen und die Maste abzuhauen, damit es mit der Strömung davontriebe. Aber kaum waren die Leute drüben, da flog auch schon das Verdeck in die Luft, die gepichten Leinwandstücke griffen ins Takelwerk, und da Rauch und Flammen gewaltig emporschlugen, mußte der General die Flucht ergreifen. Als das mittlere Schiff das Admiralsschiff brennen sah, verzog es sich eilends unter den Schutz des Forts, wo es auf Grund geriet; das andere wollte desgleichen tun, doch war ihm einer der Piraten zu hart auf den Fersen und eroberte es denn auch.

Da nun die von dem Schiffe, das unter dem Fort festgelaufen war, die Räuber auf sich zukommen sahen, nahmen sie etliches Gut daraus und steckten es dann selbst in Brand. Das große Schiff aber ward brennend an das Gestade getrieben: Nur wenige Menschen kamen davon.

Die Räuber waren wohl zwischen Ufer und Schiff bereit, die Leute zu retten, allein die ertranken lieber, als daß sie zu den Räubern kamen. Die Räuber waren nun voller Zuversicht, und als sie sahen, daß sie binnen zwei, drei Stunden einen solch großen Sieg erfochten hatten, wollten sie diesen weiterverfolgen. Sie gingen also allesamt an Land, um das Kastell einzunehmen, das eifrig mit grobem Geschütz auf sie feuerte. Sie

Nach dem Angriff des Branders

aber hatten keine anderen Waffen als ihre Rohre und etliche Handgranaten; ihre Schiffe hatten zu leichtes Kaliber, um gegen eine so feste Mauer etwas ausrichten zu können.
Sie mühten sich den ganzen Rest des Tages ab, das Kastell mit ihren Rohren zu beschießen, und wenn sie jemand zum Vorschein kommen sahen, fehlten sie selten ihr Ziel; als sie aber dicht an die Wälle heranzukommen versuchten, um ihre Handgranaten zu werfen, verging ihnen bald die Lust. Denn die Spanier huben an, so gewaltig mit Feuerwerkerei und Pulvertöpfen, an denen brennende Lunten angemacht waren, zu werfen, daß die Räuber sich unter Verlust von etwa dreißig Toten und ebenso vielen Verwundeten zum Rückzug genötigt sahen.
Gegen Abend kamen sie unverrichteterdinge wieder an Bord. Die Spanier, die fürchteten, die Räuber möchten am nächsten Tage Geschütz landen,

arbeiteten die ganze Nacht daran, etliche Erdhaufen, die ihnen im Wege waren, auszuebnen. Sie hatten auch noch gute Hoffnung, vom Kastell aus die Piraten an der Ausfahrt zu hindern.
Nachmittags war das Schiff in die Luft gegangen, und nun kamen einige Spanier her, die zu dem Wrack hinschwimmen wollten; allein, die Räuber hinderten sie daran. Die Räuber hatten unterdes etliche Gefangene gemacht, und Morgan fragte den Steuermann des kleinen Schiffes, das sie erobert hatten, aus, um zu erfahren, wie stark die Spanier gewesen, ob sie mehr Volk erwarteten, woher sie kämen. Der Steuermann gab darauf in spanischer Sprache folgende Auskunft:
›Mein Herr‹, sagte er, ›ich bin ein Fremdling; wollet mich nicht tormentieren, ich will Euch über alles, was vorgefallen, die Wahrheit berichten. Wir sind mit unseren sechs Schiffen aus Spanien hierher nach Westindien geschickt worden, um auf Seeräuber zu kreuzen und diese auszurotten. Es sind nämlich wegen der Einnahme von Porto Bello große Klagen an den Hof eingelaufen, und dieser hat darob Beschwerde erhoben beim englischen Hofe; worauf der König zur Antwort gab, er habe niemals Kommission gegeben, Feindseligkeiten gegen die Untertanen Seiner Katholischen Majestät zu üben.
Darauf wurden denn in Spanien diese sechs Schiffe ausgerüstet und hierher geschickt, unter dem Oberbefehl des Don Agustin de Bustos auf dem Schiffe ›Nuestra Señora de la Soledad‹, das achtundvierzig Kanonen und achtzehn Bassen an Bord hatte. Als Vizeadmiral ging Don Alonso del Campo y Espinosa mit, auf dem Schiffe ›La Concepción‹, das vierundvierzig Kanonen und achtzehn Bassen führte. Ferner noch vier andere Schiffe: das eine, genannt ›La Magdalena‹, mit sechsunddreißig Kanonen, zwölf Bassen und zweihundertfünfzig Mann; der ›S. Luis‹ mit sechsundzwanzig Kanonen, zwölf Bassen und zweihundert Mann; die ›Marquesa‹ hatte sechzehn Kanonen und acht Bassen und hundertfünfzig Mann, die ›Nuestra Señora del Carmen‹ endlich gleichfalls mit sechzehn Kanonen, acht Bassen und hundertfünfzig Mann.
Zunächst kamen wir nach Cartagena, von wo die beiden großen Schiffe nach Spanien zurückgeschickt wurden, weil sie, um hier zu kreuzen, zu schwer waren.
Wir vier übrigen wurden dann unter dem Kommando von Don Alonso del Campo y Espinosa nach Campeche gesandt, um auf Seeräuber zu kreuzen. Dort aber verloren wir durch einen von Norden kommenden Sturm das Schiff ›Nuestra Señora del Carmen‹, und nun kamen wir mit drei Schiffen zu der Insel Española, wo wir in den Hafen von S. Domingo einliefen. Als wir dort ankamen, erzählten uns die Bewohner der Stadt, daß ein Schiff aus Jamaika vorbeigekommen sei und etliche Mannschaft an einem Orte namens Alta Gracia gelandet habe; ein Gefangener, den sie hierbei gemacht, habe ihnen berichtet, es sei die Eroberung von Caracas geplant.

Nun ließ Don Alonso sofort die Anker lichten, und wir fuhren nach der festländischen Küste hinüber. Als wir aber schon Curaçao zu Gesicht bekamen, begegnete uns eine Barke, von der wir erfuhren, daß die Flotte von Jamaika, bestehend aus sieben Raasegeln und einem Boot, im See von Maricaibo läge.

Auf solche Kunde hin sind wir hierher gesegelt und haben, vor der Sperre angelangt, durch Signalschuß zu erkennen gegeben, daß wir einen Lotsen brauchten. Wie denn die Leute am Lande sahen, daß wir spanische Schiffe wären, kamen sie an Bord und erzählten, daß die Engländer Maracaibo eingenommen hätten und jetzt in Gibraltar wären.

Nun feuerte uns Don Alonso zum Kampfe an und verhieß uns die ganze Raubbeute, so sich bei den Engländern finden würde; die Kanonen von dem verunglückten Schiffe ließ er auf das Kastell schaffen, dazu noch zwei metallene Achtzehnpfünder von seinem eigenen Schiff.

Wir wurden auch in den See hineingelotst, und Don Alonso forderte die Einwohner auf, zu ihm zu kommen. So brachte er noch ungefähr hundert Mann zur Verstärkung aufs Kastell. Kurz darauf bekamen wir Nachricht, daß Ihr wieder nach Maracaibo gekommen wäret, worauf Don Alonso einen Brief an Euch schrieb.

Und als er vernahm, daß Ihr nicht gesonnen wäret, die Beute freiwillig zu übergeben, machte er uns aufs neue Mut, versprach uns die Beute, ließ endlich sein gesamtes Schiffsvolk das Abendmahl nach römischem Brauch nehmen und eidlich versprechen, daß niemand einem Engländer Pardon geben werde. Und dies ist die Ursache, warum so viele ertrunken sind: weil sie nämlich kein Pardon nehmen durften.

Zwei Tage, bevor Ihr zu uns kamt, traf ein Neger bei Don Alonso ein, der uns sagte, daß Ihr einen Brander gemacht hättet; allein, er wollte es nicht glauben. Er sagte, derlei Leute verstünden es doch gar nicht, einen Brander zuzurichten, hätten auch nicht die Geräte dazu.‹

Morgan begegnete diesem Steuermann sehr freundlich und verhieß ihm für den Fall, daß er bei ihm bleiben wollte, den gleichen Beuteanteil wie seinen anderen Leuten. Der Steuermann nahm das Anerbieten an und blieb bei den Räubern, da er sich ja nicht anders helfen konnte. Er sagte auch noch, in dem großen Schiffe seien etwa dreißigtausend Piaster gewesen, deshalb wären einige Spanier auf das Wrack gekommen.

Hierauf ließ Morgan ein Schiff zurück, um auf das Tun der Spanier zu achten und nach dem Silber zu fischen, das in dem großen Schiff gewesen war. Er selbst ging mit seinen anderen Schiffen nach Maracaibo, wo er das Schiff, das sie genommen hatten, wieder reparieren ließ und an Stelle desjenigen nahm, das er zuvor gehabt hatte. Und er sandte auch einen Mann zum General, um Brandschatzung für die Stadt Maracaibo zu fordern; falls man sie nicht erhalten sollte, würde er die Stadt niederbrennen.

Die Spanier, die sahen, daß sie den Schaden hatten, und kein Mittel wußten,

die Räuber loszuwerden, beschlossen, die Brandschatzung zu zahlen, wiewohl Don Alonso nicht darein willigen wollte.
Sie kamen also wieder und begehrten zu wissen, wieviel Morgan als Brandschatzung haben wolle; er forderte dreißigtausend Piaster und fünfhundert Stück Rindvieh, um seine Schiffe mit Lebensmitteln zu versorgen; versprach auch, alsdann der Stadt nichts zuleide zu tun und die Gefangenen freizugeben. Endlich kamen sie auf zwanzigtausend Piaster und fünfhundert Stück Rindvieh überein.
Des anderen Tages brachten die Spanier alles Rindvieh, das sie versprochen hatten, samt einem Teil des Geldes.
Die Räuber schlachteten das Vieh und salzten es ein. Nachdem dies geschehen war, brachten die Spanier auch den anderen Teil des versprochenen Geldes und verlangten dafür die Freigabe der Gefangenen.
Morgan jedoch verstand es nicht also, sondern er sagte, er wolle ihnen die Gefangenen geben, sobald er außerhalb der Schußweite des Kastells wäre; auf diese Weise hoffte er durch die Gefangenen freie Durchfahrt zu erlangen. Darauf lichteten die Räuber die Anker, um nach der Mündung der Lagune zu gehen, wo sie eines ihrer Schiffe gelassen hatten. Das fanden sie dort noch liegen mit wohl an die fünfzehntausend Piaster, die in dem Wrack des verbrannten Schiffs gefunden worden waren; auch etliches Silberwerk und allerhand Griffe von Degen und Dolchen, allesamt aus Silber. Da gab es Klumpen von Piastern, die wohl dreißig Pfund wogen. Sie waren durch die Hitze aneinandergeschmolzen. Hierauf ließ Morgan allen Gefangenen mitteilen, sie sollten mit dem General des Kastells verhandeln, daß er ihm freie Durchfahrt gäbe. Sollte der General das nicht billigen, wolle er alle Gefangenen an den Wanten außer Bord festbinden. Die Gefangenen hielten Rat untereinander und sandten einen Mann an Don Alonso, ihn zu bitten, er möge die Räuber doch in Frieden passieren lassen, sonst würde es ihnen allen das Leben kosten. Sie suchten ihn mit vielerlei Reden zu bewegen, sagten, daß ihrer so viele Frauen und Kinder wären und er ihr Leben doch verschonen möge.
Statt jedoch in dieses einzuwilligen, gab er ihnen schlimmen Bescheid; er verwies ihnen, daß sie feigherzig wären, denn hätten sie ihr Kastell vor

Ein nicht gerade komplizierter Taucheranzug zur Zeit Morgans

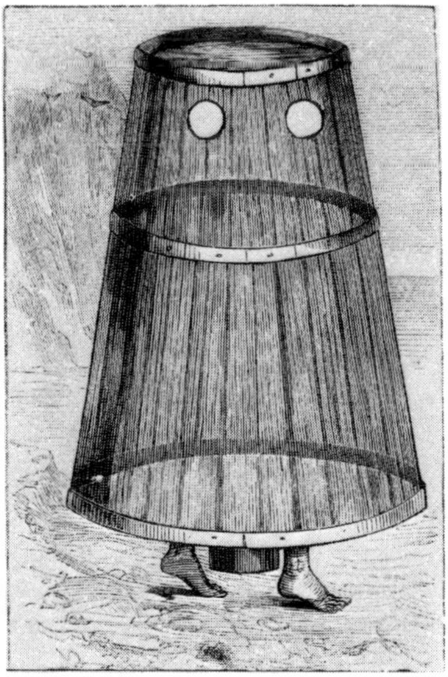

der Einfahrt der Räuber so wohl bewahrt, wie er es vor deren Ausfahrt zu bewahren gedächte, so wären diese nicht so leicht hereingekommen. Er sei keineswegs gesinnt, das Kastell aufzugeben noch den Räubern ein Loch zu lassen, wo sie entschlüpfen könnten, vielmehr im Gegenteil würde er sie allesamt in den Grund schießen; denn das sei sein Kastell, das er selber dem Feind abgewonnen, darum könne er damit tun, was ihm gutdünke zum Vorteil seines Königs und zur Erhaltung seiner eigenen Ehre.
Die Spanier kamen ganz untröstlich wieder zu Morgan aufs Schiff zurück und erzählten ihm alles, was Don Alonso gesagt hatte. Morgan antwortete ihnen, er wolle schon Mittel finden, hinauszukommen.
Indessen hielt es Morgan für gut, an die Austeilung der Beute zu gehen, denn da war weit und breit kein Sammelplatz; der nächste, den sie hatten, war die Insel Española. Bevor sie aber dahin kämen, konnte leicht ein Sturm kommen und sie voneinander treiben, und die, die Beute bei sich hatten, würden vielleicht die andern nicht suchen gehen, um ihnen ihren Anteil zu geben. So wurde denn das Geld zusammengebracht und auch die Juwelen und das bearbeitete Silber, und man befand, daß es einen Wert von zweihundertfünfzigtausend Piastern habe, ohne die anderen Handelsgüter und die Sklaven. Dies wurde erst unter die Schiffe verteilt, je nach der Mannschaft, die sie hatten; und die Schiffe teilten es wieder unter ihre Mannschaft oder ihr Schiffsvolk. Damit nun alles in Ehrlichkeit zuginge, wurde ein Eid getan, daß keiner auch nicht eines Schillings Wert zurückgehalten hätte, sei es an Gold, Silber, Juwelen, Perlen und köstlichen Steinen, wie Diamanten, Smaragden und Bezoarsteinen. Morgan tat zuerst den Eid auf die Bibel, danach folgten die andern bis auf den letzten Mann.
Als die Beute ausgeteilt war, mußte man auf Mittel denken, aus der Bai herauszukommen; sie beschlossen denn, folgende Kriegslist ins Werk zu stellen. Am Tage, an dem sie nachts auslaufen wollten, schifften sie sehr viele Mannschaft in Kanoes ein, als ob sie an Land gehen wollten. Sie gingen auch an den Strand unter etliche Bäume, die dort waren, schlichen aber hernach zurück, legten sich in den Kanoes auf den Bauch und kamen so wieder an Bord ihrer Schiffe, ohne daß man mehr als drei oder vier Mann sehen konnte. Dies taten sie aus allen Schiffen auf mehreren Fahrten, so daß die Spanier der festen Meinung waren, die Räuber würden nachts kommen, um das Kastell mit Sturmleitern zu erklimmen und einzunehmen. Sie trafen also alle Anstalt, es auf der Landseite zu verteidigen, und brachten alles Geschütz dorthin.
Als es Nacht ward, schien der Mond ganz helle; alle Räuber waren bereit. Sie lichteten ihre Anker, setzten ihre Segel und ließen sich von der Strömung treiben, bis sie unter das Kastell kamen. Dann aber liefen sie mit vollen Segeln vor dem Landwind, was sie laufen konnten, am Kastell vorbei.
Die Spanier brachten sogleich einen Teil ihres Geschützes an die Seeseite. Die Räuber jedoch waren meist schon vorbei, so daß sie wenig Schaden

Mit dieser Galeone sinkt auch der Schatz der Spanier

hatten. Die Spanier wagten es auch nicht, all ihr Geschütz auf die Seeseite zu schaffen, aus Furcht, daß, während sie auf der Seeseite beschäftigt waren, andere Räuber sie auf der Landseite angreifen würden.

Am nächsten Tage schickte Morgan ein Kanoe nach dem Kastell, um einige Gefangene auszutauschen, die die Spanier unter den Toten gefunden hatten. Während die Spanier sie ebenfalls freiließen, gab Morgan seinen Gefangenen eine Barke und ließ sie auch laufen, mit Ausnahme der Geiseln von Gibraltar, die nicht ausgelöst worden waren. Diese wollte Morgan schon darum nicht freilassen, damit die Spanier sich für ein andermal ein Beispiel daran nähmen. Er schoß auch noch sieben Schüsse nach dem Fort, doch wurden sie nicht beantwortet.

Am selbigen Tage durchsegelte Morgan ungefähr die halbe Bai, doch am nächsten wurde er von einem Sturm aus Nordosten überfallen. Er ging mit seiner Flotte in fünf Faden Tiefe vor Anker. Die See jedoch war so aufgewühlt, daß die Anker nicht halten wollten und er gezwungen war, in See zu stechen. Einige Schiffe wurden leck, so daß sie in großer Not waren; denn bei den Spaniern gab es fürwahr kein Pardon, und andererseits, wenn sie den Indianern in die Hände fielen, da war auch wenig Pardon zu erwarten.

Endlich aber, nachdem sie viele Tage in sehr großer Not gewesen, begann sich der Wind zu legen.

Während nun Morgan gute Beute erlangt und einen großen Sieg gegen die Spanier erfochten hatte, wurden seine Kameraden, die sich bei Cabo de Lobos von ihm getrennt hatten, um den Engländer zu plündern, bei Comanago an der Küste von Caracas gewaltig geschlagen.
Sie waren auf den Rendezvousplatz der Insel Savona gekommen, hatten aber den Brief von Morgan, den er dort in einem Gefäß hinterlassen hatte, nicht gefunden. Weil sie nun nicht wußten, wohin Morgan seinen Lauf genommen, beschlossen sie, selber einen Platz zu attackieren. Sie waren ungefähr vierhundert Mann stark, hatten fünf Schiffe und eine Barke. Zu ihrem Oberhaupt machten sie einen gewissen Kapitän Ansel, der sich bei der Einnahme von Porto Bello wohl gehalten hatte.
Nachdem sie so einen Hauptmann oder Admiral gewählt, beschlossen sie miteinander, die Stadt Comanago anzugreifen. Comanago liegt an der Festlandküste von Caracas, ungefähr sechzig Meilen westlich der Insel Trinidad. Dort angekommen, setzten sie nach gewohnter Art ihr Volk an Land und überwältigten etliche Indianer, die am Strand waren. Als sie jedoch in die Stadt kamen, wurden sie ringsum von Spaniern eingeschlossen, so daß ihnen jedes Gelüst nach Beute verging und sie nur daran dachten, wieder auf ihre Schiffe zu kommen.
Immerhin schlugen sie sich mit guter Courage durch und kamen wieder auf ihre Schiffe, wiewohl nicht so vollzählig, wie sie von Bord gegangen waren. Sie ließen wohl hundert Mann liegen und schleppten an fünfzig Blessierte mit.
Als sie dann wieder nach Jamaika zurückkehrten, mußten sie sich von denen, die mit Morgan in Maracaibo gewesen waren, mit der Frage, ob man wohl in Comanago auch Münze schlüge, obendrein noch zum Narren halten lassen . . .«

Morgan kommt auf die Insel Española, um eine neue Flotte auszurüsten und damit auf Raub an der spanischen Küste auszugehen, die Einnahme des Städtchens Rio de la Hacha und die wichtigsten Vorfälle dabei

»Als Morgan sah, daß seine Leute die Beute von Maracaibo aufgezehrt hatten und um so viel schlimmer daran waren als zuvor, dachte er an einen neuen Anschlag und daß er wohl nicht viel Mühe haben werde, seine Leute zu einer neuen Landung an der spanischen Küste zu bereden. Er bestimmte ihnen den Sammelplatz an der Südseite der Insel Tortuga und schrieb zugleich einen Brief an den Gouverneuer von Tortuga und an alle die Pflanzer und Jäger von Española, worin er ihnen sein Vornehmen zu wissen tat, eine hinreichende Macht zu versammeln, damit sie einen ansehnlichen Platz attackieren könnten, wobei sie allesamt (nach erfochtener Viktorie) ihr Glück machen sollten.

Kaum hatten die Räuber von Tortuga und Española diesen Brief empfangen, so suchten sie mit allen Mitteln zu Morgans Flotte zu stoßen; denn die glücklichen Beutezüge, die er allzeit getan, wie auch die Freundlichkeit, die er den Franzosen immer bezeugte, machten ihn beliebt auch bei denen, die ihn niemals gesehen hatten.

Alle Raubschiffe, die in Tortuga waren, machten sich unverzüglich bereit und nahmen soviel Volks auf, wie sie nur immer konnten; und was in die Schiffe nicht geladen werden mochte, begab sich in Kanoes und fuhr damit längs der Küste hin, um zu der Flotte zu gelangen. Andere machten sich nach der Südseite der Insel hin auf den Weg durch den Busch, um sich mit den Engländern einzuschiffen.

Am 24. Oktober des Jahres 1669 kam Morgan mit seinem Schiff an die Südseite der Insel Española in eine Bai, welche die Franzosen Port Couillon nennen, gegenüber dem Eiland Vaca, daselbst hatte er ihnen den Rendezvousplatz bestimmt. Und dieweil er den größten Teil seiner Macht dort antraf, hielt er mit ihnen Rat, welche Mittel man am besten anwenden solle, um Viktualien zu beschaffen. Morgan schlug vor, vier Schiffe und eine Barke mit vierhundert Mann auszusenden, um etliche kleine Plätze an der Festlandküste, wo man Mais bekommen konnte, einzunehmen. Dies ward von allen Kapitänen und hohen Offizieren für gut befunden und auch dem gemeinen Volk bekanntgemacht, welches gleichfalls zustimmte. Endlich beschloß man, an den Rio de la Hacha zu gehen und daselbst ein Städtlein, la Rancheria genannt, einzunehmen, wo der meiste Mais geerntet wird. Auch hätte sich leichtlich ereignen können, daß sie dort auf die Barken gestoßen wären, die von Cartagena zum Perlenfischen kommen. Nach gefaßtem Beschluß wurden die Schiffe klargemacht, und von jedem Schiff wurde soviel Mannschaft an Bord genommen, wie nötig schien.

Die andere Mannschaft aber wurde in den Busch geschickt, um Vieh zu fangen und das Fleisch einzusalzen. Auf den Schiffen, die in Española blieben, wurden so viele Leute gelassen, wie nötig waren, um die Schiffe zu kielen und andere Ausbesserungen vorzunehmen.
Sechs Tage nachdem die vier Raubschiffe von Española abgesegelt waren, kamen sie in Sicht von Rio de la Hacha, wo sie von einer Stille überkommen und von den Spaniern erblickt wurden. Diese begaben sich aus Vorsichtigkeit unverzüglich unter Waffen, obwohl sie nicht wußten, daß diese Schiffe landen wollten. Doch da es die Spanier, die dort wohnen, gewöhnt sind, immerzu von den Räubern geplündert zu werden, gebrauchten sie einige Vorsicht und bargen ihr Gut (denn dies ist gemeiniglich ihr erstes), um, so sie den kürzeren ziehen sollten, beizeiten zu entfliehen.
Da lag auch ein Schiff, das von Cartagena Mais zu laden gekommen war. Auf ihm meinte man, den Piraten nachts mit dem Landwinde entwischen zu können; jedoch sie umringten es so wohl, daß es, statt ihnen zu entwischen, just mitten unter ihre Schiffe geriet. Das kam ihnen wohl zupaß, denn das Schiff war mit dem geladen, was sie suchten, nämlich Mais.
Des Morgens bei anbrechendem Tage kamen die Schiffe so dicht an Land heran wie sie konnten, um ihr Volk auszusetzen. Das geschah denn auch, wiewohl nicht ohne heftige Gegenwehr der Spanier, die am Strand waren und einige Brustwehren aufgeworfen hatten. Doch wurden sie schließlich gezwungen, diese aufzugeben und nach ihrer Ortschaft zu retirieren. Dort hofften sie, die Räuber noch abweisen zu können.

Morgan und seinen Leuten war jedes Mittel recht, um aus den Spaniern die Verstecke ihrer Vermögen herauszupressen

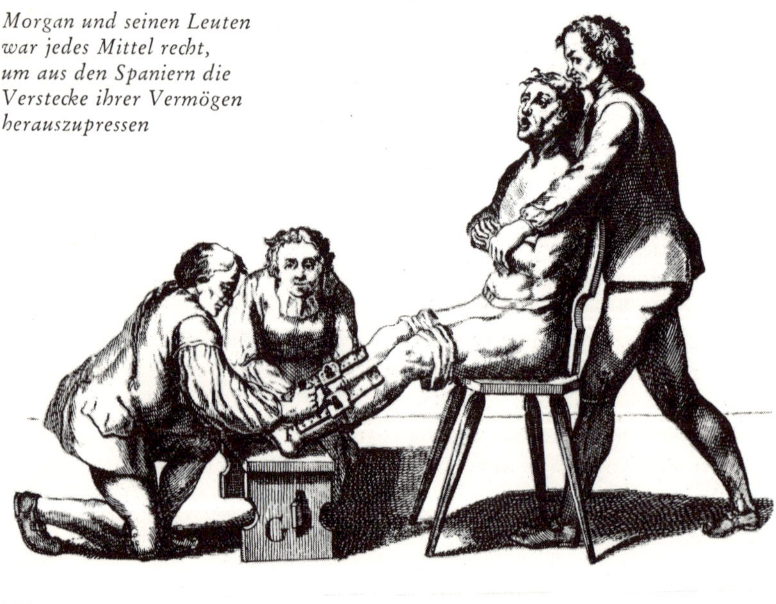

Als die Räuber an den Ort kamen, begann das Gefecht von neuem und währte bis an den Abend. Erst dann gaben es die Spanier auf und ergriffen die Flucht; sie hatten viele Leute verloren, den Räubern aber wenig Schaden getan. Als diese, in den Ort gelangt, sahen, daß die Spanier ihnen nichts als die leeren Häuser gelassen hatten und mit ihrer Habe geflohen waren, verließen sie ihn und folgten den Spaniern unverzüglich nach, wodurch sie denn auch einen Trupp einholten und gefangennahmen. Des andern Tags wurden die Gefangenen in gewohnter Weise gefoltert, um aus ihnen herauszupressen, wo ihr Geld läge; etliche bekannten, andere nicht. Die Räuber begannen nun auf Streife auszulaufen und brachten viel Gut und Sklaven zusammen. Die Spanier, die sich vorher nicht in den Busch getraut hatten, errichteten nun doch verschiedene Hinterhalte, um sich gegen die Gewalt der Räuber zu schützen. Aber es half ihnen nichts, denn, wenn sie auch den Räubern viel Schaden zufügten, es traf doch nur knüppeldick auf ihre eigenen Köpfe, sobald sie gefangen wurden. Nachdem die Räuber vierzehn Tage im Ort verharrt und alles, was sie nur bekommen konnten, geplündert hatten, beschlossen sie, wieder nach Española zu ihren Kameraden zurückzukehren. Aus diesem Grund gaben sie den Spaniern von Rio de la Hacha bekannt, daß sie sich mit der Brandschatzung einstellen sollten.

Die Spanier suchten Ausflüchte und sagten, daß sie die Stadt lieber wollten verbrennen lassen und daß sie kein Geld hätten. Da nun die Räuber nach Mais ebenso begierig waren wie nach Geld, schlossen sie mit ihnen auf etliche Partien Mais ab. Nun waren zwar die Spanier zum Teil dagegen, doch da sie sahen, daß die Räuber den Platz in Brand stecken wollten, begannen sie zu verhandeln, und man kam schließlich überein, daß die Spanier viertausend Hanegas Mais (das sind ungefähr tausend Lasten) aufbringen sollten. Dies taten sie denn auch so eilfertig, wie sie nur konnten, um ihre Gäste um so eher loszuwerden.

Drei Tage später hatten sie den Mais aufgebracht, worauf die Räuber all ihre Beute samt den eingefangenen Sklaven an Bord brachten, auf ihre Schiffe verteilten und ihren Kurs nach der Insel Española richteten, wo die Hauptmacht der Flotte auf sie wartete.

Fünf Wochen waren verstrichen, daß die vier Raubschiffe mit der Barke von Morgan abgesegelt waren, so daß er bereits an ihrer Wiederkunft zu zweifeln begann. Morgan wußte nicht, was er denken sollte: ob sie wohl gute Beute gemacht und gar damit durchgegangen wären, oder ob sie eine Niederlage erlitten hatten, zumal dieser Platz Unterstützung von Cartagena und Santa Maria erhalten kann und noch dazu, wo allzeit einige Schiffe von Cartagena auf die Räuber kreuzen.

Schon war Morgan gesonnen, seine Resolution zu ändern, als er die Schiffe in größerer Zahl, als sie ausgelaufen, wieder ankommen sah. Da war die Freude von Morgan sehr groß (wie auch der ganzen Flotte),

und dieselbe ward sehr vermehrt, als sie Bericht erhielten, daß die Schiffe alle mit Mais beladen waren.
Morgans Schiffe waren alle klar und hatten auf nichts anderes gewartet als auf die, die eben angekommen waren. Sie wurden unverzüglich gelöscht und die Mannschaft aus den Wäldern an Bord entboten.
Während diese neuangekommenen Schiffe sich auch fertigmachten, wurde das Fleisch aufs schleunigste eingeladen und der Mais an jedwedes Schiff ausgeteilt, je nach der Menge des Volkes.
Hierauf bestimmte Morgan den Schiffen den Rendezvousplatz am Cabo Tiburon, das ist das Westeck der Insel Española: Dort wollten sie miteinander überlegen und Beschluß fassen, was für ein Platz zu attackieren sei. Kurz danach kamen alle Schiffe dahin, wo Morgan bereits vor Anker lag und auf sie wartete. Es kamen auch etliche Schiffe von Jamaika, um Morgans Flotte aufzusuchen.
Diese war nun im ganzen siebenunddreißig Raasegel stark, mit noch einigen kleinen Barken, auf welchen Schiffen allen nach einer Generalmusterung zweitausend und einige Mann befunden wurden, allesamt wohl ausgerüstet mit Feuerrohren, Pistolen, Säbeln wie auch mit Pulver und Blei und anderer Kriegsmunition nach Bedarf. Auch waren die Schiffe nach ihrer Größe mit Geschütz wohl versehen, das Admiralsschiff hatte zweiundzwanzig Kanonen und sechs metallene Bassen auf und war das schwerste von allen; die andern hatten zwanzig, achtzehn, sechzehn, vierzehn bis hinab auf vier, welche die kleinsten waren: auch jeweils nach Bedarf versehen mit Schießpulver, Handgranaten und anderem Feuerwerk.
Nachdem also Morgan alles besichtigt und denen, die an irgend etwas Mangel litten, davon zugeteilt hatte, machte er eine Admiralschaft: das heißt, er teilte die Flotte in zwei Geschwader unter zwei verschiedenen Flaggen, nämlich unter der des Königs von England und unter der weißen Flagge, darüber setzte er Offiziere als Vizeadmirale und Contreadmirale. Allen den Schiffen, die keine Kommission hatten, gab er eine: an den spanischen Landen alle Gewalt zu tun und ihre Schiffe, sei es auf See oder im Hafen, wegzunehmen, vermöge des Rechts der Repressalie; denn die Spanier seien offenbare Feinde der englischen Krone, da sie alle Schiffe der englischen Nation, die in ihre Häfen nach Wasser oder um anderer Notdurft willen kämen, ohne andere Information als Prise erklärten.
Als Morgan nun alles in gute Ordnung gebracht, berief er alle hohen Offiziere und Kapitäne seiner Flotte, um mit ihnen übereinzukommen, daß sie ihm eine gewisse Summe Geldes für seine Generalschaft zugestehen sollten.
Alle Offiziere kamen, und man einigte sich darauf, daß Morgan von je hundert Mann für seinen Oberbefehl einen Anteil beziehen solle; dies wurde auch den Gemeinen mitgeteilt, die gleichfalls zustimmten.
Hierauf wurde eine allgemeine Abrede gemacht, was ein Kapitän für sein

Freibeutertype

Schiff haben solle. Dazu versammelten sich alle niederen Schiffsoffiziere, nämlich die Leutnants und Bootsleute, und bestimmten, man solle den Kapitänen acht Mannsparten oder Anteile geben, überdies für ihre Person einen Part als dem besten Mann; dem Wundarzt für seine Schiffsapotheke zweihundert Piaster und überdies seinen Mannspart. Danach wurde ein Entgelt bestimmt für diejenigen, die eine generöse Aktion zum Abbruch des Feindes tun würden; namentlich für den, der als erster die Flagge von einer

Festung herunterholt und die englische daraufsteckt — der sollte über seinen Teil noch fünfzig Piaster genießen. Der zur Zeit der Not einen gefangennimmt und einbringt, sollte über seinen Teil zweihundert Piaster empfangen. Die Grenadiere, die bestellt waren, Granaten in ein Kastell zu werfen, sollten für jede Granate, die sie in ein Kastell beförderten, außer ihrem Part fünf Piaster erhalten.

Auch wurde für die Verstümmelten eine Entschädigung festgelegt: nämlich der, welcher beide Beine in einem Treffen verloren hatte, sollte über seinen Part fünfzehnhundert Piaster oder fünfzehn Sklaven erhalten, je nach Wahl. Wer in einem Treffen beide Hände verloren hatte, sollte über seinen Part achtzehnhundert Piaster oder achtzehn Sklaven erhalten, ebenfalls nach Wahl. Für Verlust eines Beines, ohne Unterschied ob linkes oder rechtes, über seinen Part fünfhundert Piaster oder sechs Sklaven, wiederum nach Wahl des Verstümmelten. Für den Verlust eines Auges hundert Piaster oder einen Sklaven. Für den Verlust eines Fingers hundert Piaster oder einen Sklaven, wie zuvor nach Wahl. Für den Schmerz einer Leibeswunde, worin der Patient eine Kanüle tragen muß, fünfhundert Piaster oder fünf Sklaven. Für ein steifes Glied, es sei Arm, Bein oder Finger, dasselbe Entgelt, als ob das Glied ab wäre. Diese obengemeldeten Entgelte sollten der allgemeinen Beute vor ihrer Verteilung entnommen werden.

Diese Bestimmungen wurden einmütig aufgesetzt und zuerst von Morgan, danach von allen Kapitänen und Offizieren der Flotte unterzeichnet.

Nachdem Morgan all dies angeordnet hatte, hielt er mit allen seinen Schiffskapitänen Kriegsrat, um zu überlegen, welcher Platz zuerst anzugreifen sei. In dieser Versammlung wurde vorgeschlagen, daß man von folgenden drei Plätzen einen attackieren solle: nämlich entweder Cartagena, Panama oder Vera Cruz. Da ward nicht diskutiert, ob man stark genug sei oder welcher Platz der stärkste von den dreien sei. Keiner von ihnen wurde für so reich geschätzt wie Panama, weswegen man mit allen Stimmen beschloß, denselben zuvörderst anzugreifen und sodann zu plündern. Zu diesem Ende wollte man zunächst die Insel Santa Catalina einnehmen, um dort einen Führer zu bekommen, der uns den Weg nach Panama weisen sollte; denn auf dieser Insel gibt es viele Verbannte aus allen spanischen Küstenplätzen.

Es wurde auch eine besondere Klausel gemacht: Falls man ein Schiff auf See oder im Hafen aufgriffe, sollte es mit in die allgemeine Teilung kommen; das Schiff jedoch, welches ein feindliches Schiff zuerst enterte, sollte dafür eine Prämie von tausend Piaster erhalten. Wenn aber dieses feindliche Schiff mehr als zehntausend Piaster wert war, sollte die Prämie tausend Piaster von je zehntausend betragen. Da wurde auch bestimmt und bei Leib- und Lebensstrafe verboten, daß niemand sich verführen lasse, ein Schiff zu attackieren, das kein Feind war, damit man nicht verpetzt werde . . .«

Morgans Abfahrt mit seiner Flotte von der Insel Española und die Einnahme der Insel Santa Catalina

»Die Räuberflotte unter dem Befehl von Morgan war nun mit aller Notdurft (nach Beschaffenheit des Landes) aufs beste versehen und stach am 16. Dezember des Jahres 1670 in See. Vier Tage danach kam sie in Sicht der Insel Santa Catalina, welche mit einer spanischen Garnison besetzt ist und wohin alle Schelme und Übeltäter verbannt werden. Die Insel ist gebirgig und hat ungefähr sieben spanische Meilen Umfang.

Als Morgan an die Insel gekommen war, schickte er ein wohl besegelt Schiff, bestückt mit vierzehn Kanonen, an den Ausgang des Hafens, um aufzupassen, ob Fahrzeuge darin wären, und sie zu hindern, nach dem Festland zu gehen und von der Räuberflotte Nachricht zu bringen.

Am nächsten Morgen ging Morgans ganze Flotte unter der Insel vor Anker. Der Platz, genannt Aguada grande, hatte eine Batterie mit vier Kanonen darauf.

Morgan ließ unweit davon tausend Mann an Land setzen und ging in Person mit. Als die Räuber nun am Land und allesamt in Ordnung aufgestellt waren, begannen sie durch den Busch zu marschieren. Noch hatten sie keine Führer als einige aus ihrer Mitte, die schon auf der Insel gewesen zur Zeit, da sie von Mansfeld heimgesucht worden war.

Des Abends kamen sie an einen Ort, wo der Gouverneur der Insel vor Zeiten seine Residenz gehalten. Daselbst war eine Batterie, genannt Plataforma Santiago, jedoch keine Mannschaft darin, da die Spanier, um die Insel mit mehr Sicherheit zu verteidigen, sich auf das kleine Eiland zurückgezogen hatten, welches so dicht bei dem großen liegt, daß man auf einer Brücke hinüberpassieren kann. Die Spanier hatten es rundum mit Forts und Batterien besetzt, so daß es uneinnehmbar schien. Als sie die Räuber zu Gesicht bekamen, schossen sie von ihrem kleinen Eiland mit groben Kanonen tapfer auf sie los, wiewohl sie wenig treffen konnten.

Schließlich brach die Nacht ein, so daß die Räuber an diesem Tage nicht weiterlaufen konnten und die Nacht nach alter Gewohnheit in der Sternenherberge schlafen mußten, und zwar ohne Überladung des Magens, denn sie hatten den ganzen Tag nichts gegessen. Ungefähr um ein Uhr nachts kam ein sehr starker Regen, der ziemlich lange anhielt. Sie rissen einige Häuser nieder, um sich dabei zu erwärmen, denn der Regen war sehr kalt, so daß sie es, dürftig bekleidet, wie sie waren, kaum ertragen konnten. Sie hatten nicht mehr als Hemd und Hose an, weder Strümpfe noch Schuhe, welches ihnen wenig Wärme geben konnte.

Am nächsten Morgen bei Tagesanbruch begann der Regen nachzulassen, und die Räuber putzten ihr Gewehr, das in keinem guten Stand war; war

es doch meistenteils naß geworden. Wären in dieser Nacht nur hundert wohlbewaffnete Mann gekommen, sie hätten den Räubern allen mit Gemächlichkeit die Hälse entzweischlagen können.
Ihr Gewehr wieder schußbereit gemacht, begannen sie zu marschieren, doch hub der Regen wieder ärger an als zuvor, und zugleich begannen die Spanier wieder zu kanonieren, um zu zeigen, daß ihr Pulver nicht naß war. Die Räuber, die sich bei dauerndem Regen nicht in die Nähe der Forteressen begeben konnten, suchten ein Obdach, um ihr Gewehr vor der starken Nässe zu schützen. Ein jeder war damit beschäftigt, sich, sei es aus Gras, sei es aus Baumzweigen, ein Hüttchen zu machen.
Unter all diesem Ungemach begannen sie auch noch Appetit zu kriegen, so daß sie daran denken mußten, etwas zum Essen zu bekommen. Unter anderem lief da ein altes Pferd herum, das die Spanier hatten laufen lassen, weil es zu nichts diente. Sein Rücken war voller Eiterbeulen. Das wurde totgeschossen, und ein jeder nahm ein Stück davon, briet es ein wenig über

Die Ketch, ein schneller, leichter Segler, der sich seinerzeit in der Karibik gut bewährte

dem Feuer und aß es also auf, als ob es das leckerste Gericht gewesen, das man sich wünschen konnte; ja, der war noch ein flinker Kerl, der so ein Stück erwischte.

Unterdessen hielt der Regen noch immer an, und weil Morgan sah, daß sein Volk zu murren begann und wieder an Bord wollte, sandte er ein Kanoe mit einer weißen Flagge zu den Spaniern, sie aufzufordern, das Eiland zu übergeben. Gleichzeitig drohte er, falls sie es nicht gutwillig überlieferten, keinem Pardon zu gewähren.

Am Nachmittag kam das Kanoe mit der Antwort des Gouverneurs zurück: Er wolle die Sache mit seinen Offizieren überlegen und bitte um zwei Stunden Bedenkzeit, dann würde er Morgan Bescheid geben, wie es denn auch geschah. Es kam ein Kanoe von den Spaniern mit einer Friedensflagge und zwei Personen, um zu kapitulieren.

Bevor sie aber an Land gingen, verlangten sie zwei Personen an Stelle der zwei, die zu Morgan kommen sollten, was ihnen von diesem auch zugestanden wurde. An Stelle der Unterhändler, des Majors der Insel und noch eines Fähnrichs, sandte ihnen Morgan zwei Kapitäne.

Diese beiden Spanier, vor Morgan gelangt, erklärten sich willig, das Eiland zu übergeben, da sie nicht stark genug wären, ihm zu widerstehen; jedoch baten sie, es möge ihm belieben, zu ihrer und ihres Gouverneurs Ehrenrettung von folgender Kriegslist Gebrauch zu machen.

Die Räuber sollten nachts auf die Brücke kommen, welche die große Insel mit der kleinen verbindet, und das Fort S. Jeronimo berennen. Zugleich sollten alle Schiffe unter das Kastell S. Teresa segeln, dasselbe bestürmen und einige Kanoes abfertigen, um bei der Batterie, genannt la Plataforma S. Mateo, einen Trupp zu landen. Dieser sollte den Gouverneur, wenn er vom Fort S. Jeronimo nach dem Kastell ziehe, abschneiden und gefangennehmen. Hätte man so den Gouverneur, sollte man ihn zwingen, das Kastell zu übergeben, nämlich die Engländer hineinzuführen, als ob es seine eigenen Truppen wären. Auf beiden Seiten sollte heftig geschossen werden, jedoch ohne Kugeln oder in die Luft, so daß niemand ein Leid geschehen konnte. Wenn man dann im Besitz dieser beiden Forts wäre, brauchte man die andern nicht zu fürchten. Sie baten auch, man möge belieben, sie an der Festlandküste an Land zu setzen, dort, wo es Morgan gutdünke, sofern sie nur zu ihrem Volke kämen. Morgan bewilligte dies alles unter der Bedingung, daß niemand von seinen Leuten das Leben dabei verliere oder ihnen sonst ein Leid geschehe, sonst würde er ihnen keinen Pardon geben. Sie gelobten dies alles, nahmen Abschied und fuhren wieder zu ihrem Gouverneur zurück.

Morgan gab nun unverzüglich Order an seine Schiffe, in den Hafen einzufahren, wie mit dem Gouverneur verabredet war; zugleich gab er seinen Truppen Befehl, sich bereitzumachen, gegen Abend das Fort San Jeronimo zu berennen, was denn auch geschah.

Für die Freibeuter ist die Nacht nicht nur zum Schlafen da: Spanier verteidigen eine ihrer Städte

Gegen Abend ging der Sturm auf alle Festungen der kleinen Insel vor sich, so wie es mit den Spaniern abgemacht war; jedoch ungeachtet des Vertrages, mit bloßem Pulver zu schießen, hatte Morgan seinen Leuten befohlen, ihre Rohre mit allem Fleiße scharf zu laden, aber nur dann auf die Spanier zu schießen, wenn sie sähen, daß sie von ihnen scharf beschossen würden. Das blinde Gefecht ging an: Da wurde von beiden Seiten mit groben Kanonen lustig geschossen als auch mit kleinem Gewehr scharmützelt, ohne daß jemand Schaden nahm.

Endlich gelangten die Räuber in der dunklen Nacht auf die kleine Insel, besetzten alle Forts, trieben die Spanier in die Kirche und befahlen dem Gouverneur, seine Leute beisammen zu halten: Sollten bei Nacht außerhalb der Schildwachen, die vor der Kirche standen, Spanier gefunden werden, würde man auf sie Feuer geben.

Nachdem so alles zur Ruhe gebracht und der Vertrag mit den Spaniern unterzeichnet war, begann der Krieg gegen Hühner, Schweine, Kälber und Schafe: Da ging es die ganze Nacht an ein Braten und Kochen; und aus Mangel an Holz rissen sie die Häuser ein, ein jeder war eifrig dabei, sich Kost zu suchen. Einige nahmen, als sie satt waren, ihr Übriggelassenes, liefen damit nach der Kirche und gaben es den spanischen Weibern; die Männer jedoch mußten zusehen.

Am nächsten Tag in der Frühe zählte man das Volk, das auf der Insel war. Es waren im ganzen vierhundertfünfzig Personen, nämlich hundertneunzig Soldaten der Garnison, vierzig verheiratete Männer samt dreiundvierzig Kindern, einunddreißig Sklaven Seiner Majestät mit acht Kindern, acht Verbannte, neununddreißig Negersklaven von Privatpersonen mit zweiundzwanzig Kindern und siebenundzwanzig Neger mit zwölf Kindern.

Die Spanier wurden allesamt entwaffnet: Die Männer ließ man auf die Plantagen laufen, um Nahrung herbeizuschaffen, die Frauen jedoch blieben in der Kirche eingeschlossen.
Hierauf wurden alle Forts visitiert, deren man an Zahl neun fand, alle vortrefflich befestigt und mit Kanonen und Musketen wie auch mit Pulver, Blei und Lunten wohl versehen. Man fand auch ein Magazin mit über dreißigtausend Pfund Pulver und anderer Munition. Aller dieser Kriegsvorrat wurde auf die Schiffe verladen, die Batterien wurden zerstört, die Geschütze vernagelt und die Lafetten verbrannt.
Das Kastell von S. Teresa und das Fort S. Jeronimo allein wurden gehalten. Dort blieben die Räuber auf Wacht.
Nachdem Morgan so alles in Ordnung gebracht hatte, ließ er die Gefangenen fragen, ob unter den Verschickten nicht welche von Panama oder Porto Bello seien, worauf ihrer drei zum Vorschein kamen, welche in diesen Gegenden sehr gut bekannt waren.
Morgan fragte sie ganz sanftmütig, ob sie seine Macht nach Panama führen wollten; er versprach zugleich, sie aus der Sklaverei zu befreien und mit nach Jamaika zu nehmen, mit soviel Beute, wie sie erlangen könnten.
Das stand den Sträflingen wohl an, und sie versprachen, ihm treulich zu dienen. Der eine war ein Halbblut; er zeigte sich willig dazu, weil er hoffte, sich bei dieser Gelegenheit für das Unrecht zu rächen, das ihm dort widerfahren; wie es auch in der Tat war, denn er hatte die Verschickung nicht verdient, vielmehr lebendig gerädert zu werden für all das Böse, das er verübt hatte mit Morden, Weiberschänden und Diebereien. Dieser Bösewicht zwang die beiden anderen, die Indianer waren, unter spanischer Herrschaft geboren, und der Wege sehr wohl kundig. Er drohte ihnen, wenn sie mit ihm den Räubern nicht dienen wollten, werde er helfen, sie lebendig zu verbrennen. Zu Morgan sagte er auch, daß diese die Wege zu weisen sehr nützlich wären, man solle sie nur weidlich schlagen, wenn sie dem, was man ihnen anbefehle, nicht gehorchten.
Da Morgan nun gefunden hatte, was er suchte, beschloß er mit seinen Hauptleuten, vier Schiffe samt einer Barke bereitzumachen; diese sollten sich des Kastells am Rio de Chagre zu bemächtigen suchen. Dies, um bei den Spaniern keinen Verdacht zu erregen, wenn sie die ganze Flotte erblickten, und damit sie nicht jemanden zu warnen nach Panama schickten. Nach gefaßtem Beschluß wurden vierhundert Mann aus der Flotte genommen, um auf die vier Schiffe zu gehen und das Fort Chagre einzunehmen. Der Befehlshaber dieser vier Schiffe hieß Brodely, ein Mann, der in diesen Gewässern lange auf Raub gefahren war und viel Missetat verübt hatte ...«

Die Einnahme des Kastells San Lorenzo de Chagre

»Drei Tage nach Abfahrt von der Insel Santa Catalina kamen sie in Sicht des Kastells von Chagre, das an der Mündung des gleichnamigen Flusses auf einem hohen Berge gelegen ist. Das Kastell ist rundum mit starken Palisaden, die mit Erde gefüllt sind, befestigt. Der Berg wird oben von einem an dreißig Fuß tiefen Graben durchschnitten, über welchen eine Zugbrücke zu dem einzigen Eingang der Festung führt. Sie ist an der Landseite mit vier, an der Seeseite mit zwei Bastionen versehen. An der Südseite ist der Berg ganz steil, so daß es unmöglich ist, ihn zu erklimmen; an der Nordseite ist der Fluß.

Unten am Wasser, an einem Vorsprung des Berges, steht ein Turm mit acht Kanonen, um die Einfahrt in den Strom zu verhindern; ein wenig tiefer hinein sind noch zwei Batterien, eine jede von sechs Kanonen, die auf den Strom flankieren, dabei sind noch einige Lagerhäuser, worin sowohl die Munition als auch einige Güter aufbewahrt werden, die stromauf sollen oder von oben gekommen sind. Neben den Lagerhäusern ist eine Treppe in den Berg gemacht, auf der man zu dem Kastell hinaufsteigt. An der Westseite des Kastells ist ein Hafen für kleine Schiffe, allwo es drei, vier und sieben Faden tief ist. Vor dem Kastell ist guter Ankergrund von sieben bis acht Faden Wasser, und an der Mündung des Stroms liegt eine Klippe, die beinahe bis an die Wasseroberfläche heranreicht.

Als die Spanier der Räuber Schiffe ansichtig wurden, begannen sie, von ihrem Kastell aus mit groben Kanonen auf sie zu schießen.

Die Räuber aber gingen in einem kleinen Hafen vor Anker, ungefähr eine Meile von dem Kastell.

Am nächsten Morgen bei Tagesanbruch wurden sie an Land gesetzt, um durch den Busch ans Kastell zu kommen, es zu erobern und ihre Schiffe in den Strom zu bringen. Sie marschierten von morgens früh bis um zwei Uhr nachmittags, bevor sie an ihr Ziel kamen, denn der Busch ist sehr ungangbar und oftmals voll Sumpf und gewaltiger Felsen. Oft mußten sie erst einen Weg bahnen, zumal die Ranken so dicht ineinander geflochten waren, daß unmöglich durchzukommen war. Sie hatten etliche Sklaven von der Insel Santa Catalina mitgenommen, die ihnen sehr dienlich waren, den Weg zu bahnen.

Vor das Kastell gelangt, wurden sie von den Spaniern unverzüglich mit grobem Geschütz zu großem Schaden willkommen geheißen, denn sie waren ganz ohne Deckung: Der Platz nämlich, über den sie mußten, um es zu berennen, war ganz flach und ohne Gehölz, so daß die Spanier sie vom Kopf bis zu den Füßen, sie aber die Spanier nicht sehen konnten.

Hierdurch kamen sie in große Bedrängnis. Sie wußten nicht, auf welche Weise sie das Kastell am besten angreifen sollten; das war für sie ein heißer

Brocken, den sie nicht ohne zu blasen in den Mund stecken konnten: Wieder umkehren, das durften sie auch nicht, um keine Schande bei ihren Kameraden zu haben. Man beschloß also, das Kastell anzutasten, koste es, was es wolle.

Sie griffen daher mit Feuerrohr und Handgranaten wacker an, doch waren die Spanier so wohl bedeckt, daß die Räuber ihnen wenig Schaden tun konnten, vielmehr chargierten diese lustig auf sie mit groben Kanonen und Musketen und riefen ihnen zu: ›Vengan los demas, perros Ingleses, enemigos de Dios y del Rey, vos no aveis de ir a Panama.‹ Das heißt: ›Laßt den Rest auch kommen, ihr englischen Hunde, Feinde Gottes und des Königs, ihr sollt nach Panama nicht kommen.‹

Schließlich mußten die Räuber sich zurückziehen. Des Abends gingen sie wieder los und gedachten unter Faveur ihrer Handgranaten über die Palisaden zu springen, allein, es wollte nicht glücken.

Da wurde einem der Räuber ein Pfeil durch die Schulter geschossen, er zog ihn mit Furie aus seiner Schulter heraus, nahm ein Stücklein Kattun, das er im Sack hatte, machte es am Pfeile fest und steckte es in Brand. Als es lichterloh brannte, tat er den Pfeil in sein Rohr und schoß auf einige Hütten in dem Kastell, die mit Palmblättern gedeckt waren. Die anderen Räuber sahen dies und begannen dasselbe zu tun. Schließlich glückte ihr Vorhaben. Die Dächer von zwei oder drei Häusern fingen Feuer.

Die Spanier waren in ihrer Gegenwehr so eifrig, daß sie es nicht merkten, bevor ihnen die brennenden Dächer auf die Köpfe fielen, wodurch denn

Pause vor dem Sturm auf Panama

auch ein Teil Pulver in Brand geriet und den größten Teil der Spanier gefechtsuntüchtig machte. Die Räuber, da sie das sahen, begannen ihren Vorteil wahrzunehmen und tapfer anzugreifen, doch hinderte das Feuer die Spanier nicht an standhaftem Kampf; gleichzeitig mühten sie sich mit allem Fleiße, es zu löschen. Indessen schienen sie soviel Wasser nicht zu haben, wie sie brauchten, das laufende Feuer zu hemmen; denn da war allzumal meist dürres Holz, und dabei wehte eine frische Brise, die auch keinem guttat.

Als nun die Räuber den Brand drinnen zunehmen sahen, überlegten sie, wie sie das Kastell auch von außen anzünden könnten. Sie versuchten nun, die Palisaden in Brand zu stecken, was ihnen auch gelang, obwohl nicht ohne schwere Mühe und Verlust vielen Volks. Als nämlich die Spanier die Leute in dem Graben bemerkten, schmissen sie von oben Töpfe voll Pulver mit brennenden Lunten auf sie, was ihnen viel Schaden tat. Gleichwohl gelangten sie zu ihrem Vorhaben, trotz aller Gegenwehr der Spanier.

Nachts gerieten die Palisaden in Brand, und die Räuber krochen auf Händen und Füßen an das Feuer hin, und wenn sie einen Spanier durch die Flammen entdecken konnten, schossen sie ihn herunter.

Gegen Morgen waren die Palisaden meist durchgebrannt, und die Erde, die dahinter war, begann von oben in den Graben hinunterzurutschen; desgleichen fiel das Geschütz nun herunter, so daß die Spanier bloß dastanden und tapfer weggeschossen wurden. Der Gouverneur des Kastells hielt sie dermaßen unter Zwang, daß sie auch jetzt nicht davon durften, und hieß sie, Geschütze vor die durch das Feuer gemachte Bresche zu bringen und auf die Räuber zu schießen. Dennoch ließen sie, da sie nicht mehr gedeckt waren, den Mut sinken, denn die Räuber, die nunmehr sehr in Rage waren, paßten so scharf auf, daß nicht ein Spanier sich sehen lassen durfte, wollte er nicht sogleich erschossen werden.

Inzwischen nahm das Feuer seinen Lauf. Da es nun eine bequeme Bresche gemacht hatte, suchten auch die Räuber es zu löschen, indem sie soviel Erde darauf schütteten, wie sie nur konnten. Während ein Teil damit beschäftigt war, hielt der andere die Spanier in Schach.

Schließlich kamen die meisten Spanier ums Leben, sowohl durchs Feuer als durch der Räuber Schießen. Gegen Mittag sprangen die Räuber durch die Bresche, ungeachtet des noch währenden Brandes und sehr wider Willen des Gouverneurs, der dieselbe mit fünfundzwanzig Mann, die um ihn waren, immer noch verteidigte. Diejenigen, die mit ihrem Gewehr nichts mehr ausrichten konnten, bedienten sich der Spieße, andere der Steine zum Werfen. Allein, ungeachtet aller Gegenwehr der Spanier drangen die Räuber doch endlich durch und wurden Herren des Kastells. Die übriggebliebenen Spanier sprangen, ohne um Pardon zu rufen, von oben in den Graben hinunter, allwo sich ein Teil den Hals brach. Der Gouverneur retirierte in ein Corps de Garde, darin zwei Kanonen waren, und wollte sich noch zur

Wehr setzen, fragte auch nicht nach Pardon, wodurch die Räuber genötigt wurden, ihn totzuschießen.

Sie fanden noch etwa dreißig Mann in dem Kastell liegen, von denen keine zehn unverletzt waren. Diese berichteten ihnen, daß acht oder neun Mann nach Panama geflüchtet seien. Das also war der Überrest von dreihundertvierzehn Mann, die im Kastell gewesen waren; nicht ein einziger Offizier war am Leben geblieben.

Die Gefangenen sagten auch aus, der Gouverneur von Panama habe vor ungefähr drei Wochen aus Cartagena Nachricht erhalten, daß die Englischen bei der Insel Española eine Flotte ausrüsteten, um Panama einzunehmen. Diese Nachricht hatten sie, wie sie sagten, durch einen Irländer bekommen, der zu Rio de la Hacha von den Räubern desertiert wäre; der hätte schon gesagt, daß die Räuber Rio de la Hacha nur darum genommen hätten, um für ihre Flotte Viktualien zu bekommen, wie es ja auch der Wahrheit entsprach. Der Gouverneur von Panama habe auf diese Nachricht hin hundertundsechzig Mann zur Verstärkung aufs Kastell gesandt, samt Viktualien und Kriegsmunition. Auf diese Weise wurde die Besatzung auf dreihundertvierzehn Mann verstärkt, alle wohl bewaffnet. Sie berichteten ferner, der Gouverneur habe viele Hinterhalte am Strom gemacht, und in der Savana von Panama warte er auf uns mit zweitausendvierhundert Mann, alle miteinander Weiße, ferner sechshundert Mulatten und sechshundert Indianer samt zweitausend Stieren.

Die Räuber hatten nunmehr das Kastell gewonnen, doch war es so gemächlich nicht zugegangen wie auf Santa Catalina.

Sie zählten ihre Toten, deren sie mehr als hundert fanden, dazu noch sechzig Blessierte. Die Gefangenen mußten die spanischen Leichname vom Berge hinab auf den Strand werfen, dort Gruben machen und sie begraben. Die Verwundeten wurden in die Kirche zu den Weibern gebracht, die darin gefangensaßen. Nachdem dies alles geschehen, ließen sie den Schaden, den das Feuer angerichtet hatte, reparieren.

Morgan blieb nach der Abreise der vier Schiffe auch nicht mehr lange auf Santa Catalina. Er ließ alle vorhandenen Viktualien, wie Mais und Kassava, in seine Schiffe laden, in der Hoffnung, sie im Kastell von Chagre zum Unterhalt derjenigen, die er dort als Besatzung zu lassen gedachte, auszuladen.

Seine Meinung war, ein bis zwei Tage nach Eroberung desselben dort anzukommen und dann geradeswegs stromauf zu marschieren, um den Spaniern keine Zeit zu lassen, viel Anstalt zur Gegenwehr zu treffen. Darum ließ er alles Geschütz von den Kastellen der Inseln ins Wasser werfen, jedoch an einen Ort, wo er es wieder auffinden konnte, denn er hatte im Sinn, dereinst wiederzukommen und die Insel in Besitz zu nehmen; überdies wurden alle Häuser in Brand gesteckt, ausgenommen das Kastell, dem er wenig Schaden tat. Die Gefangenen wurden alle mitgeführt.

Hierauf richtete Morgan mitsamt seiner Flotte den Kurs nach Rio de Chagre, wo er acht Tage nach Einnahme des Kastells anlangte. Als er die englische Flagge darauf wehen sah, war er so hastig, in den Strom zu kommen, daß sein Schiff mit noch drei anderen Schiffen vor der Mündung auf eine Klippe lief, jedoch ohne einen Mann Verlust: Ja, sie hatten nach dem Stranden noch Zeit genug, ihre Ladung herauszuholen, und vielleicht wäre auch noch Gelegenheit gewesen, die Schiffe zu retten, wäre nicht jählings ein Nordwind eingefallen, der sie vollends in Stücke stieß und hoch und trocken auf den Strand hob.

Als Morgan in das Kastell gekommen war und von all dem Vorgefallenen Bericht erhalten hatte, ließ er unverzüglich alle Gefangenen an die Arbeit treiben, um das Fort auszubessern; auch ließ er noch neue Palisaden rings um die Außenwerke errichten.

Da waren auch einige Fahrzeuge im Strom, von den Spaniern Chatas genannt, die sind wie die Schuten, um die Stückgüter stromaufwärts zu bringen. Sie staken sie, wie man in Holland mit den großen Schuten tut, und sie brauchten sie auch, um nach Porto Bello und Nicaragua zu fahren. Auf jede dieser Chatas wurden zwei Kanonen und vier metallene Bassen gelegt, dazu wurden noch vier leichte Fahrzeuge bereitgestellt, um auf dem Strom zu rudern, und alle Kanoes der Schiffe.

Vierhundert Mann wurden kommandiert, auf dem Kastell zu bleiben, und hundertfünfzig auf den Schiffen, die auf dem Strom lagen. Die übrigen, die aus zwölfhundert Mann bestanden, wurden beordert, nach Panama zu gehen. Sie nahmen keinen Proviant mit, in der Hoffnung, daß sie in den Hinterhalten, die der Feind gemacht hatte, Lebensmittel im Überfluß finden würden . . .«

Morgan zieht vom Kastell Rio Chagre, um Panama einzunehmen

»Nachdem Morgan alles genau besichtigt, das Kastell nach Möglichkeit versorgt und seine ganze Mannschaft mit aller Art Kriegsmunition nach Gelegenheit des Landes wohl versehen hatte, begann er am 18. Januar des Jahres 1670 seinen Zug nach Panama. Er hatte fünf Fahrzeuge mit Geschütz und zweiunddreißig Kanoes, alle voll Volk.

Sie segelten und ruderten also den Strom hinauf, machten an diesem Tage ungefähr sechs spanische Meilen Wegs und kamen des Abends an einen Ort, genannt Rio de dos Brazos, wo ein Teil der Mannschaft an Land ging, um zu schlafen, denn sie waren auf den Schiffen so dicht beieinander, daß sie nicht liegen konnten.

Es waren da verschiedene Plantagen, auf welchen die Räuber vermeinten, einige Wurzeln oder Früchte zu finden, um damit ihren Hunger zu stillen. Die Spanier jedoch hatten alles mitgenommen und in den Häusern gar nichts gelassen, so daß sie mit der Hoffnung schlafen gingen, wenigstens am nächsten Tag die Wunde, die der vergangene ihrem Magen geschlagen, zu heilen. Für diesmal mußte sich jeder mit einer Pfeife Tabak begnügen, wenn er sie mochte oder hatte.

Am nächsten Tag begannen sie beim Morgengrauen, ihre Reise fortzusetzen, und kamen gegen Mittag an einen Ort, genannt Cruz de Juan Gallego, wo sie die Schiffe lassen mußten; sowohl darum, weil der Strom ausgetrocknet war, denn es hatte lange Zeit nicht geregnet, als auch um einiger Bäume willen, die in den Strom gefallen waren und die Passage hinderten.

Es hätte allzuviel Mühe gekostet, unsere Schiffe dort durchzubringen. Die Führer sagten uns, daß, wenn wir zwei oder drei Meilen aufwärts wären, wir alsdann zum Teil über Land marschieren, zum Teil mit Kanoes auf dem Wasser fahren könnten. An diesem Abend ward der Mannschaft befohlen, auf den Schiffen zu bleiben, damit, im Falle man die feindliche Macht sehr zahlreiche befände und gezwungen würde, zurückzuweichen, man auf den Schiffen Zuflucht haben und die Feinde mittels der Kanonen zerstreuen könnte. Aus diesem Grunde mußten hundertsechzig Mann dort bleiben, und es wurde ihnen verboten, an Land zu gehen, damit der Widerpart nicht einige von ihnen gefangennähme und so ihre Macht auskundschaften könnte.

Am Morgen wurden einige Mann mit einem Führer ausgesandt, um zu sehen, ob es möglich sei, mit einem Teil der Mannschaft über Land zu gehen; man fürchtete nämlich, der Feind läge dort im Hinterhalt, weil der Busch so dicht war, daß man kaum durchkonnte; dazu war es lauter Morast, so daß da nichts auszurichten war.

Morgan sah sich denn genötigt, einen Teil seiner Leute mit Kanoes an einen Ort, genannt Cedro Bueno, überzuführen; des Abends kamen die

Kanoes wieder und nahmen auch die andere Hälfte mit. Jetzt verlangte es die Räuber gar sehr, dem Feinde endlich zu begegnen, um etwas zu essen zu bekommen, denn sie waren schon ganz schwach vor Hunger.

Am vierten Tag marschierten die Räuber mit dem größten Teil ihres Volkes zu Lande, geführt von einem ihrer Wegweiser. Der andere Teil fuhr in Kanoes stromaufwärts mit anderen Führern, die in zwei Kanoes etwa drei Musketenschüsse weit vorausruderten, um die Hinterhalte der Spanier zu entdecken.

Die Spanier hatten auch Spione, die den Räubern vorausliefen und auf alles, was sie taten, achtgaben; diese konnten die Spanier leicht einen halben Tag zuvor warnen, ehe die Räuber hintennach kamen. Gegen Mittag gelangten die Räuber an einen Ort, genannt Torno Cavallos, wo die Kanoes, die vorausruderten, ihnen zuriefen, sie hätten einen spanischen Hinterhalt entdeckt.

Sogleich machten sich alle Räuber mit solchem Eifer und solcher Freude bereit, als ob es auf die Hochzeit ginge. Sie hofften nämlich, Überfluß an Speise und Trank zu finden, dieweil solches bei ihnen sehr rar war. Beinahe hätten sie einander gegenseitig zertrampelt, denn jeder wollte der erste sein. Doch als sie hinkamen, fanden sie nichts als das Nest — die Vögel waren ausgeflogen — und vielleicht hundertundfünfzig lederne Säcke, worin sie Brot und Fleisch gehabt hatten. Da waren noch einige Brotkrümel darin, doch das konnte wenig helfen für so viel Volk.

Die Hütten, die sich die Spanier gemacht hatten, wurden niedergerissen. Da sie nun nichts anderes fanden, verzehrten sie die ledernen Säcke mit solchem Appetit, als ob es Fleisch wäre, ein jeder bereitete es nach seinem Wohlgefallen zu; ja, sie prügelten sich noch darum, wer dieses oder jenes haben sollte; derjenige, der einen Sack erwischt hatte, war froh, wenn er ein Stück behalten konnte.

Vermutlich waren hier ungefähr fünfhundert Spanier gelegen. Nachdem nun die Räuber da ein wenig gerastet und ihren Hunger mit Leder ein wenig gestillt hatten, marschierten sie wieder weiter, so daß sie abends an einen Platz, genannt Torno Muni, kamen, allwo auch ein Hinterhalt war, doch gleichfalls verlassen wie der vorige. Dies hat nicht minder eine blinde Freude bei ihnen verursacht: Ich sage blinde Freude, statt blinder Alarm, denn es war für sie eine Freude, auf die Spanier zu stoßen, in Hoffnung auf Speise und Trank.

Sie verließen diesen zweiten Hinterhalt und begaben sie sich buschwärts, um etwas Eßbares zu suchen; jedoch vergeblich, denn die Spanier hatten da so wenig Eßbares hinterlassen, als sie ihnen gönnten, so daß diejenigen, die aus dem ersten Hinterhalt noch ein bißchen Leder übrighatten, damit ihr Abendmahl hielten und sich mit einem Trunk Wasser dazu begnügen mußten.

Einige Neugierige, die ihr Leben lang nicht aus Mutters Küche gekommen

sind, werden vielleicht denken, es sei unmöglich, Leder zu essen, und sie werden zu wissen verlangen, wie die Räuber es denn anstellten, es hinunterzukriegen: Sie klopften es am Flußufer zwischen zwei Steinen und hielten es dabei immer naß. Nachdem es weich geworden war, schabten sie das Haar ab; danach ließen sie das Leder auf Kohlen braten, schnitten es in kleine Stücklein und schluckten es also hinab.
Am fünften Tag marschierten die Räuber beim Morgengrauen weiter und kamen gegen Mittag an einen Ort, genannt Barbacoa, wo sie wieder einen verlassenen Hinterhalt vorfanden.
Daselbst waren auch viele Plantagen, die die Räuber absuchten, um ihren großen Hunger zu stillen; doch hatten die Spanier dort ebensowenig übriggelassen wie auf den anderen Plätzen. Zu guter Letzt fanden sie durch langes Suchen und Schnüffeln in allen Winkeln eine Grube, die erst vor kurzem gegraben schien, und darin zwei Säcke Mehl mitsamt zwei großen Flaschen Wein und einigen Früchten, Bananen genannt. Morgan, der sah, daß ein Teil seines Volkes durch Hunger aufs äußerste herabgekommen und sehr schwach geworden war, ließ diese Vorräte an diejenigen austeilen, die es am meisten nötig hatten. Nachdem sie etwas gegessen hatten, begannen sie wieder zu marschieren, die jedoch vor Schwäche nicht mehr weiter konnten, begaben sich in die Kanoes, und die bisher darin gesessen, gingen nun über Land.

Spanische Hinterhalte

Sie marschierten an diesem Tag noch bis in den dunklen Abend, bis sie auf eine Plantage stießen und da die Nacht über blieben. Die Spanier hatten daselbst getan wie auf den anderen Plätzen auch, nämlich den Mundvorrat weggeschafft.

Am folgenden Tage hatten sie keinen Wecker vonnöten, da der Hunger sie wenig hatte schlafen lassen. Sie setzten ihren Weg in gewohnter Weise fort, die einen durch den Busch, die anderen auf Kanoes. Oftmals mußten sie stille liegen, da sie nicht vorwärts konnten, und wenn Rast war, lief ein jeder in den Wald, sich etwas zum Essen zu suchen: Einige aßen Blätter, andere Samen von den Bäumen oder Gras, so groß war ihre Not.

Am selben Tag gegen Mittag kamen sie auf eine Plantage, auf der sie ein Haus fanden, das voll Mais war. Allsogleich wurde es niedergerissen, und jedermann raffte soviel Mais zusammen wie er konnte und aß ihn aus der Hand. Nachdem sie den Mais untereinander verteilt hatten, marschierten sie wieder weiter.

Sie waren ungefähr eine Meile vorgerückt, da stießen sie auf einen Hinterhalt von Indianern. Sie schmissen allesamt ihren Mais weg, in der Hoffnung, dort Leute und Proviant zu finden. Als sie jedoch an den Platz kamen, wo sie die Indianer gesehen hatten, fanden sie da weder Leute noch Proviant, sondern sahen etwa hundert Indianer am anderen Ufer des Stromes davonlaufen. Einige Räuber sprangen nun ins Wasser, um hinüberzuschwimmen und die Indianer einzuholen: Sie waren entschlossen, falls sie ein paar Indianer schössen und nichts Eßbares bei ihnen fänden, diese selber aufzuessen. Jedoch die Indianer waren geschwinder im Buschlaufen und verlachten sie noch, schossen auch auf zwei oder drei von den Räubern, von denen einer fiel, und riefen ihnen zu: ›Ha perros, a la savana, a la savana!‹ Das heißt: ›Ha, ihr Hunde, auf der Savanne, auf der Savanne wollen wir uns treffen!‹

Die Räuber konnten diesen Abend nicht mehr weiter, weil sie nämlich auf das andere Ufer übersetzen mußten, um über Land marschieren zu können. Sie mußten also daselbst übernachten, und etliche begannen bereits zu murren. Einige wollten zurück, wurden aber von den anderen, die mehr Courage hatten, gewaltig geschmäht. Doch sie faßten wieder Mut, als sie von einem der Führer sagen hörten, daß da in der Gegend ein Dorf sei, wo sie ohne Zweifel auf Widerstand stoßen und dabei auch Proviant antreffen würden.

Am siebenten Tage reinigten sie ihre Gewehre und schossen alle ihre Rohre ab, auf daß sie, wenn sie an den Feind kämen, ja nicht versagten. Hierauf wurden sie in Kanoes auf dem anderen Ufer an Land gesetzt; der Platz, wo sie geschlafen hatten, wird Santa Cruz genannt.

Nachdem sie nun allesamt drüben waren und bereit, marschierten sie wieder vorwärts in der Hoffnung, auf Widerstand zu stoßen, und, wie ich zuvor gesagt, ihren Hunger zu stillen. Gegen Mittag kamen sie nahe an

Rechte Seite: Ansicht des Hafens von London um 1700 (Gemälde von Samuel Scott): In London und in Plymouth wurden zahlreiche Kaperschiffe Elisabeths gelöscht

das Dorf, Cruz genannt, allwo sie einen großen Rauch sahen. Da begannen sie Mut zu schöpfen und sprachen untereinander: Die Spanier haben schon den Bratspieß auf dem Feuer, uns willkommen zu heißen. Jedoch, als sie hinkamen, fanden sie das Feuer zwar angesteckt, aber weder Speis noch Fleisch: Die Spanier hatten nämlich alle Häuser angezündet, ausgenommen die Lagerhäuser und die königlichen Ställe. Das Vieh, das dort gewesen war, hatten sie anderswo hingetrieben, so daß man allda nicht eine lebendige Seele fand, außer einige Hunde, die von den Räubern totgeschossen und aufgezehrt wurden.

In dem königlichen Packhaus wurden ungefähr sechzehn irdene Gefäße mit peruanischem Wein aufgefunden, samt einem Ledersack voll Brot. Da die Räuber an den Wein kamen, begannen sie, im Übermaß zu trinken, wurden jedoch zum Sterben krank davon und gaben all den Unflat, den sie auf dem Weg gegessen hatten, wie die Blätter der Bäume und anderes, was der Magen nicht hatte vertragen können, wieder von sich. Sie wußten nicht, woher das kam, und meinten, die Spanier hätten Gift in den Wein getan; an diesem Tage konnten sie nicht weitergehen, sondern mußten in dem Dorfe Cruz, das sie schon ausgeräubert vorgefunden hatten, übernachten. Dieses Dorf ist von Chagre sechzehn spanische Meilen entfernt und von Panama acht. Bis dahin kann man auf dem Strom mit Fahrzeugen fahren; darum sind hier auch die Lagerhäuser, worin die Waren aufbewahrt und dann auf Mauleseln nach Panama geführt werden.

Morgan mußte daselbst auch seine Kanoes lassen und mit all seinem Volk zu Land marschieren. Auch wurde beschlossen, die Kanoes wieder an den Ort zurückzusenden, wo man die Schiffe gelassen hatte und nur eines direkt dort zu verstecken, um im Falle der Not den Schiffen Nachricht geben zu können.

In der Nähe des Dorfes und der Pflanzungen, die daran grenzten, ließen sich ab und zu etliche Spanier und Indianer sehen; deshalb verbot Morgan, sich aus dem Dorf zu begeben, man sei denn mindestens hundert Mann stark. Dessenungeachtet zwang der Hunger viele der Räuber, Morgans Gebot zu übertreten und in den Pflanzungen zu dritt oder viert nach Nahrung zu suchen. Die Indianer und Spanier, die da scharf aufpaßten, fielen über so ein Trüpplein her und erwischten einen, die anderen entkamen und brachten Morgan diese Nachricht; doch wurde sie geheimgehalten, um keine Verzagtheit unter den anderen aufkommen zu lassen, und des Nachts hielt man gut Wacht.

Am folgenden Tage nahm Morgan mit seinem Volk den Weg nach Panama. Es wurden zweihundert Mann, nämlich die mit dem besten Gewehr, vorausgeschickt, um zu erkunden, ob die Spanier Hinterhalte auf dem Weg gelegt hätten; denn es gibt dort infolge des sehr eingeengten und ungangbaren Weges sehr gute Gelegenheit dazu; auf dem können nicht mehr als zwölf Mann nebeneinander marschieren, manchmal noch weniger. Gegen

Linke Seite: Der Goldturm in Sevilla

Angriff der Indios

zehn Uhr kamen sie an einen Ort, genannt Quebrada obscura, das heißt die finstere Bergschlucht, wo ihnen drei- bis viertausend Pfeile auf den Leib geschossen wurden, ohne daß sie einen Menschen sehen oder gewahr werden konnten. Die Schlucht geht durch ein Gebirge, durch das ein Weg durchgegraben ist.

Auf ihm kann nicht mehr als ein beladener Maulesel passieren. Da war nun große Bestürzung unter ihnen, denn sie sahen niemand, und die Pfeile fielen so dicht wie Hagel.

Schließlich begannen sie tapfer in den Wald hineinzuschießen, einige schossen auch aufwärts nach etlichen Indianern, die aber liefen so schnell sie nur konnten durch den Busch, um den Räubern an einer anderen Enge aufzulauern und sie da gleichermaßen zu empfangen. Da war auch noch ein anderer Trupp Indianer, der standhielt, bis endlich ihr Häuptling verwundet wurde und in den Weg stürzte. Doch erhob er sich sogleich wieder und wollte noch eine Azagaya, einen Wurfspieß, in den Leib eines der Räuber einbohren, ward aber niedergeschossen, ehe er zu seinem Vorhaben kam, und blieb zusammen mit zwei oder drei seiner Leute auf dem Platze tot liegen.

Die Räuber taten ihr Bestes, um Gefangene zu machen, vermochten es aber nicht, denn die Indianer waren schneller im Laufen als sie. In diesem Gefecht hatten die Räuber acht Tote und zehn Blessierte; hätten die Indianer Ausdauer genug gehabt, wäre nicht einer von den Räubern lebendig durchgekommen; allein, sie schossen ihre Pfeile durch den Busch hin, wo

sie an den Baumästen ihre Kraft verloren und oft wirkungslos auf den Weg fielen.
Kurze Zeit später kamen die Räuber auf eine große ganz mit Gras bewachsene Fläche. Hier konnten sie weit umhersehen, und sie entdeckten auch etliche Indianer auf einem Berg dicht an dem Wege, den sie passieren mußten. Dieweil man nun die Blessierten verband, wurden ungefähr fünfzig der hurtigsten Männer den Indianern entgegengeschickt, um zu sehen, ob sie nicht welche gefangennehmen könnten; allein, es war alles umsonst. Als die Räuber ein Stück vorwärtsgekommen waren, tauchten die Indianer wieder vor ihnen auf und riefen wie zuvor: ›A la savana, a la savana, cornudos perros ingleses!‹
Sie waren auf einem Berg, und die Räuber auf dem anderen, dazwischen lag ein Wald in einem Tal, so daß die Räuber vermuteten, daß sie dort noch einen Hinterhalt gelegt hätten. Zur Sicherheit schickte Morgan zweihundert Mann voraus und blieb mit der übrigen Mannschaft auf dem Berge.
Als nun die Indianer die Räuber hinabmarschieren sahen, liefen sie auch in das Tal hinunter, als ob sie mit ihnen kämpfen wollten, sowie sie aber außer Sicht waren, rannten sie durch den Wald davon, so daß die Räuber unbehelligt passierten.
Gegen Abend begann es zu regnen, weswegen die Räuber von ihrer Straße abwichen, um zur Trockenhaltung ihrer Gewehre Häuser zu suchen. Die Indianer aber hatten alle Häuser, die auf dem Weg gewesen waren, verbrannt und das Vieh weggetrieben, auf daß die Räuber, durch Hungersnot gezwungen, wieder umkehren sollten. Trotzdem fanden sie noch etliche, doch nichts zu essen darin, waren aber dessen ungeachtet nun besseren Muts als zuvor. Sie konnten alles Volk in den Häusern nicht unterbringen, deshalb wurde von jeder Kompanie eine gewisse Anzahl in die Häuser kommandiert, daselbst alle Gewehre der Kompanie aufzubewahren. Dies mußte jedoch so geschehen, daß im Falle der Not jeder sogleich sein eigenes Gewehr wiederbekommen konnte. Der Rest der Mannschaft schlief draußen, doch war ihr Schlaf sehr schlecht, da es die ganze Nacht nichts als regnete.
Am neunten Tage, mit anbrechender Morgenröte, dieweil es noch kühl war, begann Morgan wieder zu marschieren, denn dieser Weg war wegen der großen Sonnenhitze schlimmer als alle Wege zuvor.
Ein oder zwei Stunden nach ihrem Aufbruch sahen sie etwa zwanzig Spanier, die ihr Tun ausspähten. Die Räuber taten ihr Bestes, um einige von ihnen zu fangen, es war aber alles vergebens, denn sie waren so listig und der Weg ihnen so wohl bekannt, daß, wenn die Räuber meinten, sie wären ihnen voraus, sie hinter ihnen waren und ihnen von fern nachfolgten.
Endlich kamen die Räuber auf einen Berg, von welchem sie die Südsee sehen konnten. Auch ein großes Schiff mit fünf oder sechs Barken, das von Panama nach den Inseln Tavoga und Tavoguilla segelte, sahen sie.

Allhier begannen sie allesamt Mut zu schöpfen, und ihre Freude wuchs noch mehr, als sie vom Berge hinab in eine weite Ebene kamen, die voll Vieh war. Sogleich zerstreuten sie sich und schossen, was ihnen vor die Rohre kam.
Alles war eifrig beschäftigt: Während ein Teil auf der Jagd war, zündeten andere Feuer an, damit sie, wenn ihre Gesellen mit den erlegten Tieren zurückkämen, diese braten könnten. Der eine brachte einen Stier, der andere wiederum eine Kuh, der dritte ein Pferd und der nächste einen Maulesel; alles wurde in blutige Stücke geschnitten und zum Braten aufs Feuer geworfen; war es dann ein wenig gebraten, so aßen sie es auf, daß ihnen das Blut über die Backen lief.
Während sie nun im besten Schmausen dieser köstlichen Mahlzeit waren, ließ Morgan einen blinden Alarm schlagen: Ein jeder sprang sofort auf, der eine lief hierhin, der andere dorthin, doch wollte keiner seinen Happen fahren lassen, sondern nahm ihn mit.
Endlich sammelten sie sich wieder und setzten ihren Marsch fort. Es wurde etwa fünfzig Mann befohlen vorauszulaufen, um einige Gefangene zu machen, zumal Morgan sehr mißmutig war, da er von der spanischen Macht keine Kundschaft bekommen konnte. Gegen Abend erblickten sie etwa zweihundert Mann, die ihnen zuriefen, doch konnten sie sie nicht verstehen. Sie liefen an ihnen vorbei, als ob sie sie von hinten anfallen wollten.
Als die Räuber noch ein wenig marschiert waren, erblickten sie die Türme von Panama. Bei diesem Anblick schrien sie dreimal und warfen ihre Hüte vor Freude in die Luft; es war, als ob sie die Viktorie schon erfochten hätten. Sie beschlossen, diese Nacht daselbst zu schlafen, in der Hoffnung, des andern Tages früh in die Stadt Panama einzuziehen. Sie kampierten auf freiem Felde und begannen die Trommeln zu schlagen, die Trompeten zu blasen und die Fähnlein zu schwenken, als ob ein großes Fest wäre. Auf den Schall der Trommeln und Trompeten kamen ungefähr fünfzig Reiter auf einen Musketenschuß an die Räuber herangeritten; jene hatten auch einen Trompeter bei sich, der hell zu blasen begann, danach riefen sie: ›Mañana, mañana perros nos veremos‹, das heißt: ›Morgen, morgen, ihr Hunde, werden wir uns sprechen‹; und damit ritten sie ab, außer sieben oder acht, die dablieben, um aufzupassen, was die Räuber täten.
Doch focht diese das wenig an: Ein jeder war bemüht, Gras aufzuschütten, um sein Bett für die Nacht zu machen. Die zweihundert Mann, deren sie zuvor gewahr geworden waren, ließen sich nun auch wieder sehen und schienen den Rückweg mit ihrer Macht sperren zu wollen, auf daß sie nicht entliefen. Indes waren sie darob wenig bekümmert: Die von ihrem Fleisch etwas übrigbehalten hatten, aßen es vollends auf und gingen darauf schlafen.
Ein jeder bekam seine Order für den Fall, daß die Spanier des Nachts

Eine der spanischen Patrouillen

angreifen sollten. Sie stellten auch Wachen rings um das Lager aus, wenn ich es denn ein Lager nennen darf. Die Spanier schossen die ganze Nacht mit groben Kanonen aus der Stadt.

Am folgenden Tage, morgens bei Sonnenaufgang, machten die Räuber sich bereit, die Spanier anzugreifen. Nachdem Morgan alles in gute Ordnung gebracht hatte, begannen sie mit wirbelnden Trommeln und fliegenden Fahnen zu marschieren.

Der Führer, den sie hatten, warnte Morgan und sagte, sie täten besser, den großen Weg zu meiden und einen anderen zu wählen, weil nämlich die Spanier auf diesem Hinterhalte machen und ihnen großen Schaden tun könnten; dieser Rat wurde angenommen, und die Räuber ließen den großen Weg einen Musketenschuß rechts liegen und nahmen einen anderen durch den Busch, der für sie sehr beschwerlich war; weil es aber ein Volk ist, das keine Ungemächlichkeiten scheute, die sie ja schon gewöhnt sind, kümmerte sie das nicht viel.

Die Spanier, welche, wie der Führer gesagt hatte, sich in dem großen Weg verschanzt hatten und nun sahen, daß die Räuber einen anderen nahmen, wurden gezwungen, ihnen entgegenzuziehen. Der General der Spanier stellte seine Soldaten in Schlachtordnung auf und marschierte gegen die Räuber an.

Die spanische Macht bestand aus zwei Schwadronen, vier Bataillonen Fußvolk und zwei Haufen wilder Stiere, die durch eine große Anzahl von Indianern, Negern und Mulatten vorgetrieben wurden. Die Räuber standen auf einem kleinen Hügel und konnten die Spanier gut sehen; ein jeder hätte wohl gewünscht, mit einem Buckel voll Prügel weit weg zu sein, denn die spanische Macht war ungleich größer, doch da war keine Möglichkeit zu weichen. So beschlossen sie denn, die Spanier anzugreifen und bis auf den letzten Mann zu fechten; denn auf Pardon war keine Hoffnung.
Also entschlossen, teilten sie ihre Macht in drei Bataillone; stellten aber zweihundert Mann von den französischen Bukanieren an die Spitze, weil diese mit besonders gutem Gewehr versehen sind und trefflich schießen können. Diese marschierten voraus, die anderen folgten ihnen. Die Räuber zogen den Hügel hinunter, und die Spanier erwarteten sie auf einem schönen, flachen Felde. Nachdem der größte Teil der Räuber in die Ebene gekommen war, erhoben die Spanier ein Geschrei und riefen: ›Viva el Rey!‹, das heißt: ›Es lebe der König!‹ Zugleich attackierte ihre Reiterei die Räuber, wurde aber durch einen Morast gehindert, in dem die Pferde nur langsam fortkonnten.
Die zweihundert Bukaniere, die voraus waren, nahmen die Spanier da wahr, wie sie mit ihren Pferden durchzureiten sich bemühten. Ein jeder von ihnen bog sein Knie auf die Erde, und sie gaben zugleich eine Salve ab, und nachdem so die erste Hälfte geschossen, folgte die andere gleichermaßen, so daß sie unaufhörlich Feuer gaben. Die Spanier blieben ihnen nichts schuldig, schossen vielmehr tapfer zurück und taten ihr Bestes, die Räuber zurückzuschlagen. Das Fußvolk suchte seiner Reiterei beizustehen, wurde aber durch einen anderen Trupp Räuber in ein heftiges Scharmützel verwickelt.
Die Spanier meinten nun, mit den Stieren in die Räuber von hinten einzubrechen und sie in Verwirrung zu bringen, doch da wendete sich ein Teil der Räuber, während die andern im Gefecht waren, ihnen entgegen, schwangen ihre Fähnlein gegen die Tiere, gaben auch ein paar Schüsse auf sie ab, so daß sie davonliefen, sehr wider Willen ihrer Treiber, die zu guter Letzt gleich ihren Stieren die Flucht ergriffen.
Das Gefecht hatte ungefähr zwei Stunden gewährt, da war die spanische Reiterei gänzlich geschlagen: Die meisten waren kaputtgemacht, die andern hatten Reißaus genommen. Als das Fußvolk sah, daß ihre Reiterei den Räubern so wenig Vorteil abgewonnen, und auch selber nicht Rat wußte, wie es ihrer Herr werden sollte, schoß es seine Musketen ab, schmiß sie hin und machte sich so schnell wie es konnte davon.
Die Räuber, die durch Hunger und Mühsal, die sie auf dem Weg erlitten hatten, sehr abgemattet waren, konnten sie nicht verfolgen. Etliche Spanier, die nicht laufen konnten, verbargen sich in dem Röhricht, das da längs kleiner Wasser, die dort rinnen, wächst, allein, die Räuber schlugen alle, die sie kriegten, tot, als ob es Hunde wären.

Mit Ochsen versuchen die Spanier die Freibeuter von Panama fernzuhalten

Da wurde ein Trupp grauer Mönche gefangen, die alle vor Morgan gebracht wurden. Er aber ließ sie, ohne daß er auch nur ein Wort von ihnen anhören wollte, alle totschießen.

Danach wurde ihm ein Rittmeister von der Reiterei gebracht, der im Gefecht verwundet worden war. Morgan ließ ihn ausforschen, und er eröffnete ihm, wie es sich mit ihrer Macht verhielt, nämlich, daß sie aus vierhundert Pferden und vierundzwanzig Kompanien Fußvolk, jede Kompanie zu hundert Mann, bestünde, dazu noch sechshundert Indianern samt etlichen Schwarzen und Mulatten, die mit zweitausend Stieren in die Räuber einbrechen und unter ihnen Verwirrung stiften sollten, damit sie dann gänzlich geschlagen werden konnten; desgleichen, daß sie in der Stadt an verschiedenen Plätzen Verschanzungen mit Mehlsäcken angelegt hätten, worauf Geschütze gepflanzt seien, um die Stadt bis zum Äußersten zu verteidigen; auch, daß an dem Weg, wo die Räuber vorbeimußten, eine Redoute mit fünfzig Mann und acht Geschützen sei. Als Morgan dies alles gehört hatte, gab er Order, einen anderen Weg zu nehmen.

Alsbald ließ er die Trommel rühren, um seine Mannschaft wieder zusammenzubringen und zu sehen, was für Schaden sie erlitten hatten.

Die Spanier waren da mit einemmal verschwunden, weit und breit keiner zu sehen (ausgenommen die tot und gefangen waren).

Morgan ließ sein Volk wieder in Schlachtordnung aufstellen, und da wurde nun der Schaden untersucht. Man fand, daß sie einige wenige verloren und einige Blessierte hatten. Von den Spaniern aber lagen wohl sechshundert auf dem Feld, ohne die Verwundeten und Vermißten. Dieser geringe Verlust gab ihnen großen Mut, und nachdem sie noch ein wenig Rast gehalten hatten, machten sie sich bereit, gegen die Stadt zu ziehen, und schwuren einander aufs neue, zusammenzuhalten und bis auf den letzten Mann zu fechten.

So entschlossen, marschierten sie mit ihren Gefangenen der Stadt zu. Als sie hineinkamen, fanden sie es nicht so, wie sie es vermutet hatten, denn ihre Meinung war gewesen, die geflohenen Spanier hätten sich sämtlich in die Stadt retiriert. Trotzdem waren die Straßen mit Brustwehren aus Mehlsäcken gesperrt, mit schönen Kanonen darauf.

Die Räuber stürmten zwar an, jedoch hatten sie es nicht so leicht wie draußen auf freiem Felde; denn das Geschütz war mit Kartätschen geladen, was freilich mehr Wirkung tat als vorher die Musketen.

Dessenungeachtet war die Stadt binnen zwei Stunden in der Räuber Hände, die alles totschlugen, was ihnen widerstand. Die Spanier hatten zwar all ihren Besitz aus der Stadt geschafft, doch waren da noch viele Lagerhäuser voll allerlei Waren, wie Seide, Leinwand und anderem Gut mehr.

Sobald alle Gegenwehr niedergeschlagen war, ließ Morgan sein Volk zusammenrufen und verbot ihnen, Wein zu trinken, da ihm berichtet worden sei, die Spanier hätten allen Wein vergiftet. Dies war zwar nicht wahr, geschah aber, um die Mannschaft nicht durch übermäßigen Trunk untauglich zum Gefecht zu machen; denn man war nicht sicher, ob der Feind nicht wiederkäme ...«

Morgan schickt etliche Schiffe auf Raub in die Südsee aus und äschert die Stadt Panama ein

»Nachdem Morgan die Stadt Panama allenthalben hatte besetzen lassen, kommandierte er fünfundzwanzig Mann in eine Barke, die wegen des niedrigen Wasserstands aus dem Hafen nicht mehr entronnen war, denn es gibt dort hohen und niedrigen Stand wie im Kanal von England. Bei Flut ist so viel Wasser in dem Hafen, daß eine Galione einfahren kann, bei Ebbe ist das Wasser wohl eine Meile von der Stadt entfernt, und es bleibt nur ein schlammiger Grund.

Am Nachmittag ließ Morgan heimlich in verschiedenen Häusern Feuer legen, so daß des Abends die Stadt zum größten Teil in Brand stand. Man ließ ein Gerücht unter das Volk laufen, als ob die Spanier es selber getan hätten. Einige wollten dem Brand dadurch Einhalt tun, daß sie etliche Häuser in die Luft sprengten, jedoch es half nichts, denn es war schon so weit gekommen, daß, wenn das Feuer in einer Gasse begann, diese in einer halben Stunde ganz in Flammen stand, und ehe man sich's versah, waren die Häuser verkohlt. Denn es waren meist hölzerne Häuser, jedoch prächtig gebaut, allesamt von Cedernholz und innen mit schönem Bildwerk geschmückt, welches die Spanier nicht hatten wegführen können.

Da waren auch sieben Mönchs- und ein Nonnenkloster samt einem Spital und einer Domkirche, dazu noch eine Pfarrkirche. Sie alle waren ausnehmend

Panama brennt. Bis heute ist nicht geklärt, wer das Feuer legte — Morgan oder die Spanier

schön mit Bildwerk und Schildereien geziert; allein das Silber und Gold hatten die Mönche mit sich genommen.

In der Stadt waren zweitausend köstliche Kaufmannshäuser und ungefähr dreitausend gewöhnliche, auch Ställe von Fuhrleuten, die das Silber von da nach der Nordseite bringen. Rings um die Stadt waren mannigfaltige Anlagen und anmutige Gärten, versehen mit allerhand Fruchtbäumen und Küchenkräutern. Die Genuesen hatten daselbst ein sehr stattliches Haus, darin sich das Kontor der Negerei befand; es wurde gleichfalls verbrannt.

Am nächsten Tag war die ganze Stadt in Asche, ausgenommen etwa zweihundert Lagerhäuser und die Ställe der Fuhrleute, die ein wenig abseits lagen. Alle Tiere waren mit verbrannt, auch viele Sklaven, die sich in den Häusern verborgen hatten und nicht mehr entrinnen konnten. Da war auch eine große Menge von Mehlsäcken in Lagerhäusern, die noch einen Monat nachher gebrannt haben.

Die Räuber hatten sich des Nachts rund um die Stadt gehalten, aus Furcht, die Spanier könnten kommen, denn sie hatten eine so ansehnliche Macht bei ihnen gesehen, daß sie einen Schrecken davor hatten. Am nächsten Tag wurden alle Verwundeten in eine Klosterkirche gebracht, die noch übriggeblieben war. Aus dieser wurde ein Corps de garde gemacht und das Geschütz ringsum aufgestellt. Hernach musterte Morgan seine Mannschaft, um zu sehen, was für Verlust er gehabt habe. Es ergab sich, daß man bei der Eroberung der Stadt zwanzig Mann verloren hatte nebst etwa ebenso vielen Blessierten.

Am selben Tag schickte Morgan einen Zug von hundertfünfzig Mann nach dem Kastell von Chagre, um die Nachricht von der glücklichen Viktorie zu überbringen. Diese marschierten unter Bedeckung der ganzen Räubermacht aus der Stadt, man sah da einige spanische Haufen, die von ferne schauten; sobald man aber Miene machte, auf sie loszugehen, liefen sie aus Leibeskräften davon.

Nachmittags kam Morgan mit seinem Volk wieder in die Stadt; jede Kompagnie nahm da ihr Quartier ein, nur ein Trupp lief auf Suche in den Ruinen der abgebrannten Häuser, wo sie denn auch noch reichlich Beute fanden an Silbergeschirr und gemünztem Silber, das die Spanier in die Brunnen geworfen hatten. Am nächsten Tage wurden noch zwei Parteien abgefertigt, eine jede von hundertfünfzig Mann, um auf dem Lande die Einwohner der Stadt aufzuspüren. Zwei Tage darauf kamen sie wieder herein und brachten an zweihundert Gefangene, sowohl Männer als Weiber und Sklaven.

Am gleichen Tage kam auch die von Morgan ausgesandte Barke wieder, samt noch drei anderen Barken, die sie erobert hatten. Die beste Prise jedoch hatten sie fahren lassen, nämlich eine Galione, beladen mit des Königs Silber samt allen Juwelen und Reichtümern der vornehmsten Kaufleute von Panama; auch die Nonnen fuhren darauf mit allem Kirchenzierat, mit Silber und Gold. Dieses Schiff war bloß mit sieben Kanonen und zehn oder zwölf Musketen ausgerüstet, auch war es nicht zugetakelt, denn sie hatten nur ein Untersegel und dazu noch Wassermangel. Die Räuber aber hatten seine Schaluppe mit sieben Mann, die nach Wasser ausgefahren war, abgefangen. Diese spanischen Schiffsleute berichteten nun den Räubern alles, was hiervor erzählt ist, sagten zudem, daß diese Galione unmöglich ohne Trinkwasser See halten könne, jedoch der Kommandeur der Räuber hatte mehr Lust, sich vollzusaufen und seine Zeit mit einigen spanischen Weibern zu vertreiben, die er gefangen hatte, als sogleich dem Schiff nachzusetzen.

Am nächsten Tag machten sie ihre Barke bereit, um das Schiff zu suchen, fanden es aber nicht mehr, denn es hatte Nachricht erhalten, daß die Räuber mit Fahrzeugen auf See waren und seine Schaluppe genommen hatten, und war auf und davon gesegelt. Als sie nun sahen, daß das Schiff weg war, kaperten sie einige mit verschiedenen Waren geladene Barken, auf die sie bei den Inseln Tavoga und Tavoguilla gestoßen waren, und fuhren damit nach Panama. Daselbst angekommen, erstatteten sie Morgan Bericht von dem, was vorgefallen war, worauf die Gefangenen von dem Schiff ausgefragt wurden. Sie antworteten, daß sie wohl mutmaßten, wohin das Schiff gesegelt sein könne, jedoch meinten, daß es inzwischen Verstärkung erhalten habe.

Morgan ließ nun sämtliche Fahrzeuge, die in Panama waren, ausrüsten, um das Schiff zu verfolgen, und die Räuber liefen mit vier Barken und hundertzwanzig Mann in See. Sie waren auch ganze acht Tage in See, ohne jedoch etwas von dem großen Schiff zu entdecken: Es war ihnen so gut entwischt, daß sie ihm nicht mehr auf die Spur kamen. Und weil sie nun gar keine Hoffnung mehr hatten, es anzutreffen, beschlossen sie wieder, nach den Inseln Tavoga und Tavoguilla zu gehen, wo sie ein Schiff fanden, das von Payta kam. Dieses war beladen mit Seife, wollenem Tuch, Zwieback und Zucker und ungefähr zwanzigtausend Piaster in gemünztem Silber. Mit diesem Schiff und seinem Boot, auf das sie die Güter und Gefangenen von den Inseln gebracht hatten, kamen sie wieder in Panama an.

Die Leute, die Morgan nach Chagre geschickt hatte, waren mit angenehmer Nachricht wiedergekommen. Sie erzählten, daß die von Chagre zwei Fahrzeuge ausgesandt hätten, vor der Flußmündung zu kreuzen.

Diese hatten ein spanisches Schiff erblickt und jagten ihm nach. Darauf ließen die vom Kastell die spanische Flagge wehen, und das spanische Schiff vermeinte in seiner Not, im Strom einen sicheren Hafen zu finden und steuerte geradewegs hin; doch kaum war es dem Wolf mit knapper Not entronnen, lief es dem anderen in den Rachen; denn kaum in dem Flusse, merkte es gar bald, daß es in Feindeshände gefallen war. Es war hauptsächlich mit Proviant beladen, der den Räubern sehr gut zustatten kam, da sie im Kastell schlecht damit versehen waren.

Dies gab Morgan Ursach, länger in Panama zu verweilen und das ganze Land abzulaufen und zu plündern.
Während nämlich ein Teil auf See zu rauben ging, taten die andern desgleichen zu Lande: Täglich zog eine Partei von zweihundert Mann aus, und wenn die eine zurückkam, war die andere schon bereit; hierdurch brachten sie große Beute und viele Gefangene auf. Diesen taten sie die furchtbarsten Grausamkeiten und alle Foltern an, die sie erdenken konnten, nur damit einer den anderen verrate, wo er sein Geld verborgen hätte. Unter anderen fanden sie einen armen, gebrechlichen Mann in einem vornehmen Hause außerhalb der Stadt. Dieser arme Mann hatte sich mit einem schönen Hemde und einer seidenen Hose, die er in dem Hause gefunden, herausgeputzt; an der Nestel dieser Hose war ein silberner Schlüssel angemacht. Die Räuber fragten ihn nach der Truhe, zu der dieser Schlüssel gehöre. Er sagte, er hätte die Truhe nicht, sondern nichts als den Schlüssel in dem Haus gefunden. Weil sie nun kein anderes Bekenntnis aus ihm herauskriegen konnten, wippten sie ihn, daß seine beiden Arme ganz aus der Pfanne gerenkt wurden, rädelten ihm darauf den Kopf dergestalt, daß ihm die Augen so dick wie Eier herausquollen, und als er auch dann nicht bekannte, hingen sie ihn beim männlichen Gliede auf; der eine

Wie üblich trifft es auch in Panama die wohlhabenden Bürger besonders hart

schlug ihn, der andere schnitt ihm die Nase ab, der dritte ein Ohr, der vierte sengte ihn also, daß sie nicht grausamer mit ihm verfahren konnten. Zuletzt, als er nicht mehr reden konnte und sie keine Tormenten mehr übrighatten, ihn zu peinigen, ließen sie ihn von einem Mohren mit dem Spieß totstechen.

Solcherlei Grausamkeiten haben sie viel mehr verübt. Ja, selbst die Mönche fanden wenig Pardon bei ihnen; hätten sie nicht gehofft, Geld durch sie zu bekommen, sie würden sie wohl alle umgebracht haben.

Die Weiber verschonten sie gleichfalls nicht, außer die, so ihren Willen taten; freilich auch wenn sie nicht wollten, wußten sie sie doch dazu zu bringen. Sie holten sie aus der Kirche, in der sie gefangen waren, unter dem Vorwand heraus, daß sie sie zum Waschen brauchten. Wenn sie sie dann in ihrer Gewalt hatten, taten sie ihren Willen mit ihnen oder peinigten sie mit Schlägen, Hunger und anderen Plagen mehr.

Morgan, als ihr General, hätte darin ein Vorbild abgeben und Ordnung halten sollen, jedoch war er selbst nicht besser als die anderen, denn wenn man ein schönes Weib gefangen brachte, versuchte er es alsogleich in Unehre zu bringen.

Dieweil sich hier die Gelegenheit darbietet, will ich eine Geschichte erzählen von einer Frau, der ob ihrer Standhaftigkeit unsterblicher Ruhm gebührt. Die Räuber, die von einer Meerfahrt zurückgekommen waren, hatten von den Inseln Tavoga und Tavoguilla einige Gefangene mitgebracht, unter ihnen eines reichen Kaumanns Frau, jung und sehr schön. Ich will hier ihre Schönheit nicht abmalen, sondern nur sagen, daß es keine schönere in Europa geben kann. Der Mann war nach Peru gefahren, um dort nach dieser Lande Gelegenheit einigen Handel zu betreiben, und diese Frau war mit ihrem Gut samt einigen Anverwandten geflüchtet.

Sobald sie vor Morgan gebracht und von ihm erblickt wurde, ließ er sie von Stund an von ihren Angehörigen absondern und mit einer Sklavin allein in ein Gelaß bringen, obwohl die Frau mit Tränen in den Augen bat, bei den Ihren bleiben zu dürfen. Er ließ sie mit allem, was sie nötig hatte, versorgen und schickte ihr zu allen Mahlzeiten eine Schüssel oder zwei von seiner eigenen Tafel, ungeachtet der Tatsache, daß er ihr eine Sklavin als Köchin beigegeben hatte.

Anfänglich hielt die Frau es für eine Ehrbarkeit von Morgan und verwunderte sich sehr darüber, dachte in ihrem Sinne, die Räuber seien so bös nicht, wie ihr und vielen anderen Frauen von den Spaniern berichtet worden war. Denn als die Spanier aus der Stadt gegen die Räuber zogen, wurden einige unter ihnen von ihren Weibern ersucht, ihnen doch etwas von den Ladrones (so nennen sie die Räuber) zum Andenken mitzubringen. Andere, die noch neugieriger waren, baten, dem Gefecht von ferne zuschauen zu dürfen. Allein, es wurde ihnen von ihren Männern verweigert, die sagten, sie würden zu heftig erschrecken, zwar nicht vor dem Anblick des Gefechts, sondern vor der Ungestalt der Räuber, ›denn‹, sagten sie, ›die Räuber sind nicht Menschen wie wir, sondern Tiere‹, und sie versprachen ihren Frauen, ihnen etliche Köpfe mitzubringen und sie dieselben sehen zu lassen. Weswegen sich viele Weiber, als sie später die Räuber sahen, sehr verwunderten und ausriefen: ›Jesus, los ladrones son como los Españoles!‹ Das heißt: ›Jesus, sind doch die Räuber Menschen wie die Spanier!‹ Diese Kaufmannsfrau, von der hier die Rede ist, sagte von wegen der gleißnerischen Freundlichkeiten Morgans auch: ›Los ladrones son tan corteses como si fueran Españoles.‹ Das heißt: ›Die Räuber sind so artig, als ob sie Spanier wären.‹ Morgan spazierte alle Tage in die Kirche, wo die Gefangenen waren, und ließ sich allzeit vor der Kammer dieser Frau sehen, begrüßte sie auch des öftern, ja unterhielt sie zuweilen mit einem Gespräche (er redete nämlich gut Spanisch), ließ auch ihren Freunden und Bekannten Freiheit geben, um zu ihr zu kommen. Dies hatte also drei Tage gewährt, als er sie zur Unehre ersuchen ließ. Bald darauf bat er sie in eigener Person darum, indem er ihr köstliche Juwelen zum Präsent bot. Die Frau, die ehrbar und sehr wohlerzogen war, dankte ihm sehr artig und sagte, daß sie in seiner Gewalt sei und anfänglich sehr große Höflichkeit an ihm gesehen, auch nicht hoffe, daß sich dieselbe nun mindern solle; sie könne nicht glauben, daß er solche Gedanken habe, zumal es des Oberhauptes einer so ansehnlichen Macht nicht würdig sei, solche Dinge von einer Person zu begehren, deren Leben in seiner Hand stünde. Diese artigen Worte konnten Morgans geile Lust nicht löschen. Er drang noch stärker in sie, versprach ihr auch Restitution all ihres verlorenen Gutes, und zwar in Juwelen, auf daß sie es desto leichter verwahren könne. Sie aber entschuldigte sich mit aller Höflichkeit, die sie ersinnen konnte.

Doch Morgan ließ sie keineswegs in Frieden, sondern verfolgte sie so stark, daß sie gezwungen war, zu sagen, für den Fall, daß er mit ihrem Leibe etwas tun wolle, müsse er vorher machen, daß die Seele daraus scheide, denn lebendig würde sie dergleichen nimmer zulassen. Danach sprach sie mit ihm kein Wort mehr. Schließlich wurde Morgan über die Weigerung dieser Frau so erbost, daß er sie in ein anderes Gelaß setzen ließ und jedermann verbot, zu ihr zu gehen. Auch ließ er ihr die Kleider wegnehmen und täglich so wenig zu essen geben, daß sie gerade noch am Leben blieb. Sie betrübte sich aber hierüber keineswegs, sondern blieb standhaft und betete alle Tage zu Gott, dieweil es ihm gefalle, sie zu züchtigen, möge er ihr auch die Stärke verleihen, der Tyrannei Morgans zu widerstehen. Morgan aber hatte dies alles unter dem Vorwand getan, daß diese Frau Korrespondenz mit den Spaniern unterhielte und einen Sklaven mit etlichen Briefen an diese ausgesandt habe. Ich selbst hätte niemals geglaubt, daß soviel Standhaftigkeit in einer Frau möglich sei, hätte ich sie nicht selber gesehen und gesprochen, wenn ich ihr zuweilen ein wenig Speise zubrachte, wiewohl ich solches nur ganz insgeheim tun durfte.

Es soll im Verlauf dieser Erzählung noch von dieser Frau gemeldet werden, wie sie nicht allein unter ihren Feinden, sondern auch unter ihren Freunden vom Unglück verfolgt worden ist.

Als Morgan ungefähr drei Wochen in Panama geweilt und sowohl zu Wasser als zu Lande wacker geraubt hatte, ließ er Anstalten zum Abzug treffen. Jede Kompagnie mußte eine gewisse Zahl Maulesel aufbringen, um darauf die Beute an den Fluß zu schaffen, der ungefähr acht spanische Meilen von da entfernt ist.

Inzwischen hatten etwa hundert von Morgans Leuten ein Abkommen miteinander getroffen, ihn zu verlassen und mit dem Schiff, das im Hafen lag, in der Südsee zu bleiben und zu rauben, solange als es ihnen gefiele, und alsdann ein großes Schiff zu erobern, um damit über Ostindien wieder nach Europa zurückzukehren. Und um zu dieser ihrer Absicht zu gelangen, hatten sie allerlei Vorrat beiseite geschafft, wie Pulver und Blei, auch Mehl und Brot, sogar Geschütze, die sie auf eine Schanze zu legen gedachten, die sie auf dem einen oder dem andern Eiland errichten wollten, um daselbst eine Zuflucht zu haben. Ihr Vorhaben wäre auch geglückt, wenn nicht einer aus ihrer Mitte es Morgan offenbart hätte. Der ließ zur Stund die Masten von dem Schiff abkappen und es in Brand stecken; desgleichen geschah auch mit den anderen Barken, die dabei lagen, wodurch ihre Absicht vereitelt wurde.

Mittlerweile wurden die Maulesel beschafft, und Morgan schickte etliche Spanier aus, Lösegeld für ihre Frauen, Kinder und Sklaven zu holen, auch einige Mönche, sich selbst und ihre als Geisel zurückgelassenen Brüder auszulösen.

Hierauf ließ Morgan alle Kanonen vernageln. Auch wurde zwei Tage vor ihrem Abzug ein Trupp ausgesandt, um Kundschaft vom Gouverneur von Panama einzuziehen; denn er hatte durch Gefangene erfahren, daß der Gouverneur Mannschaft zusammengebracht und verschiedene Hinterhalte gemacht habe, den Räubern den Rückzug abzuschneiden. Der Trupp kam wieder und berichtete Morgan, daß sie keine spanische Verschanzung gefunden hätten. Etliche Gefangene, die sie mitbrachten, sagten aus, der Gouverneur hätte wohl Truppen sammeln wollen, doch seien sie ihm wieder entlaufen, so daß er aus Mangel an Leuten sein Vorhaben nicht hätte ausführen können.

Am 24. Februar des Jahres 1670 verließ Morgan mit seiner ganzen Streitmacht die Stadt Panama samt hundertfünfundsiebzig mit gebrochenem und gemünztem Silber beladenen Mauleseln und fünf- bis sechshundert Gefangenen, sowohl Männern und Weibern als Kindern und Sklaven. Am gleichen Tage kamen die Räuber etwa eine Meile Wegs von der Stadt an das Ufer eines Flusses auf ein schönes Feld; daselbst kampierten sie rings im Kreise, während die Gefangenen in die Mitte gesetzt wurden. Man hörte die ganze Nacht nichts als Wehklagen und Weinen von all den Weibern und den vielen kleinen Kindern, die nicht anders meinten, als daß die Räuber sie mit sich in ihr Land nehmen würden: Das eine rief nach seinem Vater, das andere nach seinen Freunden, das dritte nach seinem Vaterlande. Und das Schlimmste war, daß diese armen Menschen großen Durst und Hunger litten. Es war jämmerlich, so viele arme Frauen mit kleinen Kindern an der Brust zu sehen, die nichts hatten, die arme Brut zu nähren. Sie baten Morgan auf ihren bloßen Knien, er möge sie gehen lassen, doch vermochte das Klagen dieser Elenden ihn nicht zum Mitleid zu bewegen. Er antwortete, er wäre nicht gekommen, ihr Flennen anzuhören, sondern Geld zu holen, ohne das würden sie seinen Händen nicht entrinnen — also war der Trost beschaffen, den diese Unglücklichen bei Morgan fanden.

Am nächsten Tag ließ er sein Volk mit allen seinen Gefangenen vorausmarschieren, er selber folgte nach; hier ging das Winseln und Schreien wieder aufs neue an. Ein Trupp der Räuber zog voraus, die Gefangenen in der Mitte, der andere Trupp der Räuber hintennach.

Die schöne Frau, von der wir vorher erzählt haben, ließ Morgan allein zwischen zwei Räubern marschieren; da mußte die Arme großes Ungemach erleiden, sowohl durch Sonnenglut als durch die Mühseligkeit des Weges, gleich anderen Frauen, die das nicht gewöhnt waren. Morgan hinderte nicht, daß man den Frauen Gutes tat, nur bei dieser Unglückseligen (ich nenne sie nicht ohne Ursach unglückselig, denn das Unglück schien sie allenthalben zu verfolgen) ließ er es nicht zu.

Sie hatte einigen Mönchen ihrer Bekanntschaft, denen sie vertraute, Auftrag gegeben, das Geld zur Bezahlung ihrer Auslösung zu holen; jedoch anstatt die Auslösung für sie zu bezahlen, lösten sie mit dem Gelde der unglückseligen Frau ihre Mitbrüder aus; wäre es nicht durch einen Sklaven, der einen Brief an sie brachte, herausgekommen, Morgan hätte sie mit nach Jamaika geführt. Da aber die Räuber selber sahen, daß das Geld von der Frau herrührte, ließen sie sie gehen und hielten die Mönche fest.

Als nun Morgan an das Dorf gekommen war, das am Ufer des Rio de Chagre liegt, machte er allen Gefangenen kund, sie sollten binnen drei Tagen ihre Lösegelder aufbringen, andernfalls werde er sie mitnehmen. Inzwischen ließ er Reis und Mais zur Verproviantierung zusammenbringen. Ein Teil der Gefangenen wurde dort ausgelöst.

Morgan verließ darauf am 5. März das Dorf Cruz mit all seiner Beute und den Gefangenen, die noch nicht bezahlt hatten, wie auch mit den Mönchen, die das Geld der Kaufmannsfrau vorenthalten hatten; doch waren diese kaum auf der Hälfte des Weges nach Chagre, als auch ihr Geld kam und sie ausgelöst wurden.

An dieser Stelle hieß Morgan auch seine Leute sich versammeln und stellte ihnen vor, wie es ihre alte Gewohnheit sei, einen Eid abzulegen, daß niemand auch nur den Wert eines Shillings zurückbehalten habe, sei es

von Silber, Gold, Diamanten, Perlen und anderen Edelsteinen mehr, daß nun allerdings einige Exempel vorgekommen wären von Leuten, die einen falschen Eid getan; um nun dergleichen Vorkommnissen zu begegnen, habe er für gut befunden, von niemand einen Eid zu fordern, sondern eine allgemeine Durchsuchung zu veranstalten, von der niemand befreit sein sollte.

Die Genossen Morgans, nämlich ein Teil der Kapitäne, denen er sein Vorhaben entdeckt hatte, befanden das sehr gut. Da wurde von jeder Kompagnie ein Mann zum Durchsuchen bestellt. Morgan selbst ließ sich (zum Schein) durchsuchen, wie auch alle Kapitäne, so daß niemand freikam. Die französischen Räuber murrten zwar dagegen, jedoch waren sie die Stärkeren nicht, mußten also den Mund halten; hätten sie aber gewußt, was Morgan im Sinn führte, sie würden alles, was sie gefunden, nicht beigebracht haben.

Nachdem sie allesamt durchsucht waren, begaben sie sich in die Kanoes und Fahrzeuge, die auf dem Fluß lagen, und kamen am 9. des Monats zum Kastell de Chagre, wo sie alles noch in gutem Stande fanden, ausgenommen die Blessierten, die sie daselbst zurückgelassen hatten. Die waren meist Hungers gestorben, denn auch die Gesunden hatten es schon schlimm genug gehabt; man hatte sich nämlich mit einer gewissen Art von Vögeln behelfen müssen, welche die Spanier Gallinazos nennen. Diese leben von nichts anderem als von Aas und waren da in großen Mengen auf den Leichnamen der Spanier. Sie sind an Gestalt und Größe ungefähr wie ein Truthahn. Das erstemal, als ich welche sah, schoß ich ihrer zwei und hielt sie für Truthühner. Diese Vögel sind so gierige Fleischfresser, daß deren vier an einem Tage einen ganzen Ochsen oder ein Pferd auffressen können. Sie folgten auch in ganzen Schwärmen den Jägern, gleichwie sie auch den Räubern in Panama folgten; denn da ging kein Trupp aus, bei dem nicht etwas für sie abgefallen wäre, sei es an Menschen oder Vieh.

Die Spanier pflegten auch das Nahen der Räuber an ihnen zu erkennen, denn wenn sie einen Schwarm dieser Vögel in der Luft heranfliegen sahen, warnten sie einander und sagten: ›Die Räuber kommen!‹ Das haben sie selbst erzählt. Diese Vögel sind auf der ganzen Festlandküste, ja auch auf einigen Inseln wie Cuba und Jamaika. Manche sagen, daß sie auch in großer Menge auf der Insel Española gewesen wären, jedoch durch Zauberkunst von dannen gebannt seien. Sie halten sich meist in der Umgebung der Städte und sogar in den Städten selbst auf und befreien sie von allem Unrat, der weggeworfen wird; sie sind immer auf den Häusern und Kirchen und passen auf, wo etwas für sie abfällt, ja, es kann aus keinem Haus ein Stück Fleisch oder etwas anderes geworfen werden, schon fliegen ihrer zehn oder zwanzig darauf. Sie können auch lang fasten, denn nach Aussage vieler Menschen, die darauf geachtet haben, können sie es einen ganzen Monat ohne Fressen aushalten.

Linke Seite: Auf solchen Schiffen versuchten Generationen englischer Freibeuter ihr Glück

Die Räuber im Kastell von Chagre erzählten auch noch, daß sie im Anfang, als sie auf die Toten flogen, so mager waren, daß man auf ihrem ganzen Leibe nicht zwei Unzen Fleisch hätte finden können. Nachdem sie aber vierzehn Tage da gewesen, wären sie so schwer wie Truthühner geworden.

Nachdem nun Morgan mit seiner Schar nach Chagre gekommen war, hielt er es für ratsam, vor allen Dingen die Beute zu teilen; denn ihr Proviant begann rar zu werden. Dieses wurde also beschlossen. Auch Morgans Rat fand man gut, ein Fahrzeug nach Porto Bello zu senden, um die Gefangenen der Insel Catalina an Land zu setzen und zugleich für das Kastell von Chagre Brandschatzung zu heischen.

Zwei Tage hernach kam das Fahrzeug mit der Nachricht wieder, daß die Spanier keine Brandschatzung geben wollten.

Am nächsten Tage bekam jede Kompagnie ihren Anteil an der Beute oder wenigstens soviel, wie Morgan ihr gönnte, welcher dann wieder in kleine Teile geteilt wurde. Man befand, daß jedermann für seinen Part zweihundert Piaster bekam. Das Bruchsilber wurde zu zehn Piaster gerechnet, verschiedene Juwelen wurden um ein Schandgeld verkauft und viele Juwelen vermißt, weswegen Morgan öffentlich von den Räubern getadelt wurde.

Als er nun sah, daß das gemeine Volk so einmütig gegen ihn zu murren begann, traf er unverzüglich Anstalt zur Abreise. Er ließ das Kastell demolieren und in Brand stecken, nachdem er die metallenen Kanonen heruntergeholt und an Bord seines Schiffes gebracht hatte. Und so ging er unter Segel, ohne das gebräuchliche Zeichen zu geben; mochte ihm nachsegeln, wer konnte. Es folgten ihm aber nur drei oder vier Schiffe, worauf seine Mitwisser waren, die nach Meinung der Räuber mit ihm geteilt hatten.

Die französischen Räuber setzten ihm mit drei oder vier Schiffen nach, in der Absicht, über ihn herzufallen, wenn sie ihn ersegeln könnten.

Jedoch, er war mit Viktualien aufs beste versehen und brauchte sich nirgends aufzuhalten. Die anderen aber konnten das nicht; der eine blieb hier, der andere dort, um seine Nahrung zu suchen und genügend Proviant zur Rückfahrt nach Jamaika zusammenzubringen.«

Vom Seeräuber zum Gouverneur

Niemals in der Geschichte der Buccaneers war ein Kapitän seinen Leuten gegenüber so treulos. Und wären die Betrogenen nur in der Lage gewesen, Hand an Morgan zu legen, so hätte seine Karriere ganz sicher ein abruptes Ende genommen. Da er sich im klaren darüber ist, auf Tortuga den gefoppten Mannschaften in die Arme zu laufen, segelt Morgan in Richtung Jamaika. Der Hafen Port Royal ist sein Ziel. Diese englische Besitzung ist der größte Beuteumschlagplatz Westindiens und eine einzige, gewaltige und sehr begehrte Stätte des Amüsements; die verruchteste Stadt der Neuen Welt, in der ein bis heute ungebrochener Rekord aufgestellt wird: Auf je zehn Einwohner kommt eine Kneipe.

Zu Morgans Zeiten zählt die Stadt zwar nicht ganz 3000 Gebäude, doch beherbergen diese mehr Gaststätten als ganz London, fast ebenso viele Bordelle wie Paris, und jährlich werden hier mehr unvorhergesehene Sterbefälle gezählt als in ganz Schottland zusammen.

Jahrelang gibt es hier keinen anderen Handel außer Auktionen von Seeräuberbeute, und das auf diese Weise schnell gewonnene Geld wechselt in ebenso kurzer Frist in den diversen Etablissements Port Royals erneut seinen Besitzer.

Gouverneur Thomas Modyford führt die hohe Sterblichkeitsrate der Bürger von Port Royal mehr auf Trunksucht und Völlerei denn auf irgendeine

Eine alte Karte Jamaikas mit Port Royal

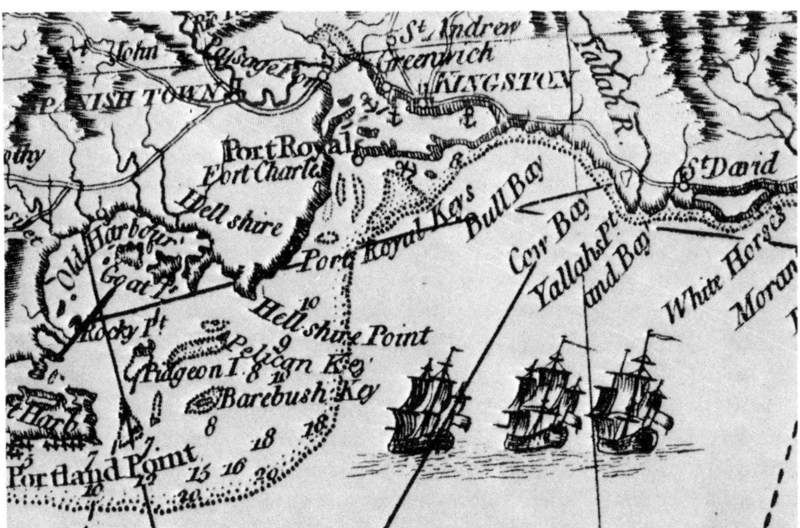

Sklavenmarkt in Westindien (Stich aus dem 17. Jahrhundert)

der zahlreichen tropischen Krankheiten zurück: »Selbst schwerfällige, alte Seefahrtsveteranen«, so klagt er, »werden hier von strammen Heiligen zu ausschweifenden Teufeln.«

Doch steht die große Wende unmittelbar bevor. Einige Monate ehe Morgan mit seinen Buccaneers gegen Panama gestartet ist, haben nämlich England und Spanien im Juli 1670 den »Vertrag von Madrid« unterzeichnet, der Englands Anspruch auf die in seiner Hand befindlichen Territorien in der Karibik, einschließlich Jamaikas, anerkennt. Der langersehnte Friede zwischen den beiden hartnäckigen Feinden ist erreicht.

Kaum hat man aufgeatmet — als in London die Nachricht über Morgans Angriff auf Panama eintrifft. Zwar schwört Morgan nach seiner Rückkehr, von diesem Vertrag nichts gewußt zu haben, ebenso wie der Gouverneur, sein Freund und Gönner Modyford, der den Freibeutern, wie immer, Unterstützung gegen die Spanier zugesichert hatte.

Carlos II. von Spanien denkt jedoch etwas anders. Er droht, England erneut den Krieg zu erklären, wenn die Schuldigen nicht angemessen bestraft würden. Darauf bedacht, den Frieden zu erhalten, beordert Englands König Charles II. Sir Thomas Lynch nach Jamaika. Er soll das Gouverneursamt übernehmen und seinen Vorgänger, Sir Thomas Modyford, unter Arrest nach London verfrachten.

Ein Jahr später, im April 1672, während Modyford noch im Tower schmachtet, wird auch Morgan in Ketten gelegt und an Bord der Fregatte »Welcome« in Richtung England verschickt.

Drei Jahre danach, 1675, kehrt Morgan nach Jamaika zurück: der Ketten ledig, geadelt — und als Vizegouverneur! Wie er das fertiggebracht hat, ist bis heute nicht ganz geklärt. Unter dem Druck der öffentlichen Meinung geschah es möglicherweise — denn Morgan wird in London wie einst Drake als wahrer Volksheld gefeiert, woraufhin der Gedanke an eine Gerichtsverhandlung bald verworfen wird.

Charles II. schlägt ihn zum Ritter, und in seinem Reisegepäck befindet sich außer der Vollmacht des Königs, das Buccaneertum auf Jamaika auszurotten, eine goldene Schnupftabaksdose, mit Perlen reich verziert und einem in Diamanten gefaßten Bild Charles' II. auf ihrem Deckel.

Der weitsichtige König legt Wert auf die Vernichtung der Seeräuber, die in der nun angebrochenen Phase legal-friedlichen Kolonialismus den wirtschaftlichen Aufschwung der englischen Besitzungen nur stören. Im Gegensatz zu dem, was im stillen so mancher auf Jamaika hoffte, sollte die Ernennung Sir Henrys zum Vizegouverneur keine Ermutigung zum Buccaneertum mit sich bringen. Charles II. hatte den Wunsch, mit Spanien in Frieden zu leben, und sein neuer Gouverneur von Jamaika sowie Sir Henry hatten strikten Befehl, keine weiteren Kaperbriefe auszugeben, alle noch vorhandenen für ungültig zu erklären und alles in ihrer Macht Stehende zu tun, um das Seeräubertum in Westindien zu unterbinden. Der König hielt Sir Henry nicht zu Unrecht für einen der Geeignetsten, seine ehemaligen Kompagnons davon zu überzeugen, daß es für sie gesünder wäre, ihr abenteuerliches Dasein auf hoher See aufzugeben und sich wieder einem etwas ruhigeren Leben zu widmen.

Sollten sie ihrer früheren Tätigkeit dennoch weiterhin nachgehen, so werden sie außerhalb des Gesetzes gestellt und als gemeine Piraten nun einträchtig und gemeinsam von englischen und spanischen Einheiten verfolgt. Daß ihm das Amt des Vizegouverneurs auch noch die Möglichkeit verschafft, sich seiner Kompagnons aus Panama zu entledigen, ist nur ein weiterer Vorteil dieses Postens. Denn Sir Henry waltet sowieso nach eigenem Gutdünken seines Amtes. Die einen läßt er aufhängen, den anderen wiederum erteilt er unter der Hand Kaperbriefe, die ihnen das weitere Herumtreiben in Westindien ermöglichen. Und nach wie vor drängen sich in Port Royal die Kaper, blüht der Prisenmarkt, vergeudet der erfolgreiche Buccaneer seinen Raub. Allerdings — die Gouverneure sind vorsichtiger geworden.

Sir Thomas Lynch zieht zwar alle Kaperbriefe ein und stellt auch keine

Die im Jahre 1684 in Köln gedruckte spanische Ausgabe des Berichtes von A. O. Exquemelin

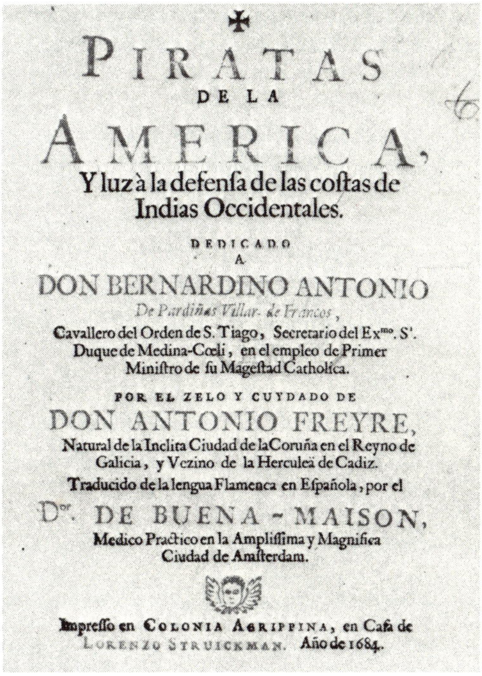
PIRATAS
DE LA
AMERICA,
Y luz à la defensa de las costas de
Indias Occidentales.
DEDICADO
A
DON BERNARDINO ANTONIO
De Pardiñas Villar- de Francos,
Cavallero del Orden de S. Tiago, Secretario del Exmo. Sr.
Duque de Medina-Cœli, en el empleo de Primer
Ministro de su Magestad Catholica.
POR EL ZELO Y CUYDADO DE
DON ANTONIO FREYRE,
Natural de la Inclita Ciudad de la Coruña en el Reyno de
Galicia, y Vezino de la Herculeä de Cadiz.
Traducido de la lengua Flamenca en Española, por el
Dor. DE BUENA - MAISON,
Medico Practico en la Amplissima y Magnifica
Ciudad de Amsterdam.
Impresso en COLONIA AGRIPPINA, en Casa de
LORENZO STRUICKMAN. Año de 1684.

neuen mehr aus, doch ist dies von wenig Belang, solange Morgan da ist. Außerdem wird jetzt vermehrt ohne Kommission oder mit einer gefälschten gearbeitet. In der Südsee brandschatzt ein Buccaneer die Spanier lange Jahre aufgrund eines Schriftstücks, das sich bei näherer Untersuchung als ein harmloser Jagdschein für Hispañiola herausstellt.

Und dann wird Sir Henry auch noch zur Hauptfigur eines Prozesses in England, dem wohl ersten dieser Art überhaupt.

Irgendwann 1684 nämlich bieten die Londoner Buchhandlungen gleichzeitig zwei englische Versionen der Übersetzung eines spanischen Buches an, die auch bald in Jamaika bekannt werden: Die spanische Ausgabe der »Piratica Americana« oder »Die amerikanischen Seeräuber« des Alexander Olivier Exquemelin, aus heute nicht mehr zu ergründenden Überlegungen in den Jahren 1682 und 1684 in Colonia Agrippina, dem heutigen Köln, gedruckt, wird zu London von zwei tüchtigen Verlegern, William Crooke und Thomas Malthus, auf den Markt gebracht.

Die Antwort Sir Henry Morgans auf diese »Verleumdungen« ist prompt und konkret: Schon zu seiner Ostersitzung im Jahre 1685 erhält das königliche Gericht die Klage des berühmten Buccaneers gegen die beiden Verleger, die es gewagt haben, ihn, den ehrwürdigen Vizegouverneur von Jamaika, derartiger Schurkereien zu bezichtigen, wie Exquemelin sie zu Papier gebracht hat. Sir Henry nennt sogar die Summe, die sein Ruf ihm wert ist: Nicht weniger als 10.000 Pfund sollen die Verleger Schadenersatz zahlen — eine für die damalige Zeit imposante Summe, die in unserer heutigen Zeit etwa einem Wert von 10 Millionen DM entsprechen würde. Man sieht, Sir Henry dachte immer großzügig.

Die Londoner »Gazette« gibt am 8. Juni 1685 das Ergebnis dieses ersten Verlegerprozesses bekannt:

»Westminster, den 1. Juni. Kürzlich wurden zwei Bücher gedruckt und veröffentlicht, das eine von Will. Crooke, das andere von Th. Malthus; beide mit dem Titel ›Die Geschichte der Buccaneers‹.

Beide Bücher enthielten viele skandalöse und boshafte Betrachtungen über das Leben und die Taten des Sir Henry Morgan, Jamaika, Kt. Genannter Sir Henry Morgan erhielt ein Urteil durch des Königs Gericht, und bekam £ 200,— Entschädigung, wegen Verleumdung, zugesprochen. Auf die untertänige Bitte und den dringenden Antrag des Will. Crooke hat Morgan die Klage gegen diesen zurückgezogen und seine Entschuldigung und Anerkennung im Drucke akzeptiert.

In der Klage gegen Malthus erging gleichfalls ein Urteil auf £ 200,— Entschädigung und 20 Shilling Kosten.«

Die beiden Herausgeber ändern nunmehr vorsichtshalber die Titel der zwei Neuauflagen und bringen im Vorwort eine ausführliche Entschuldigung, die mit den Worten endet:

»Nachdem die Geschichte von allem Dreck und Gestank befreit ist, macht sie uns gründlich mit dem Leben, den Gesetzen und Manieren der Buccaneers bekannt, die zum großen Teil, zumindest deren mutigste, unsere Landsleute gewesen sind, die sich bei verschiedenen Gelegenheiten durch unglaubliche Galanterie und Tapferkeit ausgezeichnet haben ...«

Man kann sich vorstellen, in welchem Maße der Buchverkauf nach derartiger Publicity, wie sie die Klage Sir Henry Morgans darstellt, in Schwung kommt. Besonders im englischen Sprachraum halten sich die Aufzeichnungen Exquemelins gut zweieinhalb Jahrhunderte als Bestseller, wo eine Neuauflage und Erweiterung des Werkes der anderen folgt, während es in der übrigen Welt zu Übersetzungen in alle Sprachen kommt und Exquemelins Buch Stoff für unzählige Dramen, Romane, ja sogar Reiseberichte liefert.

Sir Henry Morgan lebt noch weitere dreizehn Jahre auf Jamaika, wenngleich zeitweilig seines Postens enthoben, wo er seit 1665, damals schon Nachfolger Mansfelds als Admiral der Buccaneers, mit seiner Kusine Mary Elizabeth Morgan verheiratet ist — einer wohlhabenden Frau, die ihm eine stattliche Mitgift und große Besitzungen auf der Insel eingebracht hat. Seine Schwiegermutter, die Gräfin von Plötzen, entstammt übrigens einer altsächsischen Adelsfamilie.

Doch hat die vornehme Verwandtschaft ebensowenig wie die öffentlichen Ehren Einfluß auf den Lebenswandel des unverbesserlichen Rabauken, der schließlich immer öfter den Sitzungssaal des Rates von Jamaika mit den Tavernen Port Royals verwechselt. Der berühmte Seeräuber, der schon zu Lebzeiten legendäre Buccaneer, vor dem einst die Spanier Westindiens zitterten, wird — dem Alkohol verfallen — selber von Tag zu Tag wackliger. Das Idol einer Epoche ist nichts weiter mehr als ein menschliches Wrack.

Der Mediziner Dr. Hans Sloane — er sollte später geadelt und zum Leibarzt König Georges II. werden, während seine Nachlaßstiftung 1753 die Begründung des Britischen Museums zu London ermöglichte — weilt zu dieser Zeit als Begleiter des Herzogs von Albemarle auf Jamaika. Sloane gilt schon jetzt als eine Kapazität und wird gebeten, Sir Henry Morgans schleichende Krankheit zu behandeln. Sein ausführlicher und offenherziger Bericht über die Krankheit Morgans und deren Behandlung wirft ganz beiläufig ein Licht auf die merkwürdigen medizinischen Praktiken jener Zeit:

»Sir Henry Morgan, 53 Jahre alt. Mager, blaß, mit gelblichen Augen und einem leicht vorstehenden Bauch, beklagte sich bei mir über mangelnden Appetit. Er hatte am Morgen stets das Bedürfnis, sich zu übergeben und darüber hinaus allgemein etwas Schlaffes an sich.

Im großen und ganzen hatte er einen Hang dazu, die Nächte durchzuzechen, was, wie ich annehme, die ganze Ursache seiner gegenwärtigen Indisposition war.

Ich fürchtete eine beginnende Wassersucht und empfahl ihm, zur Erleichterung des Übergebens Meerzwiebelhonig oder eine Feder und dünnen, wäßrigen Haferbrei zu nehmen, da ich fürchtete, daß Wein, der zum Erbrechen führt, ihn zu sehr schwächen könnte, weil er ihn regelrecht aushöhlen würde. Danach verabreichte ich ihm Gentianwurzel, Centaurspitzen sowie einen mit Brechmittel versetzten Madeira. Das wirkte leicht, und nachdem er den bitteren Wein einige Tage lang jeden Morgen eingenommen hatte, erholte sein Magen sich wieder und blieb auch eine gewisse Zeit in Ordnung.

Da es ihm unmöglich war, ohne Gesellschaft zu sein, begann er jedoch wieder damit, nachts lange aufzubleiben und zuviel zu trinken, so daß er einen Rückfall erlitt. Dieses Mal jedoch beklagte er sich, Schwierigkeiten beim Wasserlassen zu haben. Sein Wasser war sehr dick und gerötet, seine Beine etwas geschwollen.

Als diese Symptome auftraten, verordneten der hinzugezogene Dr. Jones und ich ihm eine Behandlung mit Latwerge von Kassia, mit Wacholderöl, Brechweinstein und anderen Mitteln, die zum Abtreiben des Wassers geeignet sind. Wir verlangten überdies Mäßigkeit und die weitere Einnahme seiner früheren Medizin.

Diese Kur tat ihm sehr wohl, doch, da er sehr wenig Wasser ließ und von Blähungen geplagt wurde sowie durch nächtliches Husten, schickte er nach einem anderen Arzt, der, nachdem er ihn untersucht hatte, die Ansicht vertrat, daß es sich bei seiner Krankheit um Timpanien handele und sein geschwollener Bauch, nach Hippokrates, einzig auf Gasbildung zurückzuführen sei, keineswegs aber auf eine einsetzende Wassersucht oder auf Grießbildung, die in solchen Fällen aber nicht ungewöhnlich ist und an der er schon längst litt. Ich sagte ihm, Obduktionen hätten ergeben, daß Menschen, die angeblich an Timpanien gestorben seien, mit Wasser gefüllte Bäuche hatten und keine vermehrte Gasbildung aufwiesen, wie man sie allgemein als Folge von Phlegma und Trägheit des Magens und der Därme erwarten konnte. Ich verlangte von ihm, mit dem Theoretisieren aufzuhören und zur Praxis zu kommen, damit wir die zu verabreichende Medizin abstimmen könnten, wie das oft bei Ärzten geschieht, die in der Theorie zwar geteilter Meinung sind, in der Praxis jedoch übereinstimmen. Ich wartete Sir Henry auf und trug ihm Dr. Jones' und meine Absicht vor, mit denen er zufrieden war, da sie übereinstimmten. Wir verabreichten ihm alle Arten von harntreibenden und abführenden Mitteln, die wir in Jamaika beschaffen konnten: Leinsamen und Wacholderbeeren, ein in Rheinwein gelöstes, pulverisiertes Brechmittel und Wacholderwasser. Außerdem rieten wir ihm, Wacholderbeeren zu essen sowie äußerlich ein Gemisch von Öl, in dem Skorpione und Stücke von Edelholz aufgesetzt waren, anzuwenden, wodurch er sich wieder erholte.

Durch Unmäßigkeit verfiel er wieder der Schlaffheit, die sein Leben bedrohte und die wir durch ein Opiat zur Nacht aufhielten, so daß er wiederum längere Zeit gesund blieb. Als er jedoch wieder in seine alten Gewohnheiten verfiel und allen guten Rat in den Wind schlug, schwoll sein Bauch dermaßen an, daß er nicht mehr in den Rock paßte, worauf ich ihn warnte, daß er in größter Gefahr, sehr schwach und der Schlaffheit so sehr ausgesetzt sei, daß keine Möglichkeit bestünde, ihm noch die Abführmittel zu verabreichen, auf die er am besten anzusprechen scheine und die der sein Leben bedrohenden Wassersucht entgegenwirkten, zumal harntreibende Mittel nicht mehr den gewünschten Effekt hatten.

Durch diesen Appell alarmiert, schickte er nach drei oder vier anderen Ärzten, die, wie mir berichtet wurde, behaupteten, er habe keine Wassersucht, weil seine Beine nicht anschwollen, was aber daher kam, daß er zu Hause stets mit hochgelegten Beinen in einer Hängematte lag und sich überhaupt kaum körperlich bewegte. Sie rieten ihm zu einem Breiumschlag aus der hier heimischen Okroainfrucht und wollten ihm am nächsten Morgen gegen den geschwollenen Bauch ein Brechmittel geben. Wahrscheinlich wäre dies ein unglücklicher Tag für ihn geworden, hätte er es eingenommen. Denn bereits durch den Umschlag verfiel er in eine gefährliche Schlaffheit, die ihn fast umgebracht hätte, so daß jeder Gedanke an eine Weiterbehandlung dieser Art aufgegeben wurde.

Er wechselte bald darauf erneut seine Ärzte, hatte zunächst einen Neger, der ihm Harneinläufe verabreichte und ihn dann ganz in Moor- und Wasserpackungen legte, was jedoch seinen Husten verschlimmerte. So entließ er seinen schwarzen Doktor, nahm einen anderen, der ihm Heilung versprach. Unter sich steigerndem Husten verstarb er bald darauf.«

Man schreibt den 25. August 1688, als Sir Henry Morgan das Zeitliche segnet. Seit sein großer Vorgänger, Sir Francis Drake, den Sieg über die Armada errang, sind rund 100 Jahre vergangen.

An diesem Tage liegt die Korvette »Assistance« in Port Royal. Ihr Kapitän macht diese Eintragung in sein Logbuch:

»Samstag, den 25. August 1688. Heute starb, um etwa elf Uhr am Morgen, Sir Henry Morgan. Am 26. wurde er von der Passagefestung zum Haus des Königs in Port Royal überführt, von dort aus zur Kirche. Nach einer Predigt wurde er zu den Pallisados gebracht, um dort begraben zu werden. Alle Festungen feuerten die gleiche Anzahl von Schüssen. Wir feuerten zweiundzwanzig, und nachdem wir und die ›Drake‹ salutiert hatten, schossen auch noch alle Handelsschiffe.«

Man erwägt, die sterbliche Hülle Sir Henrys in die Heimat zu überführen und ihm einen letzten Ruheplatz in Westminster zu gewähren. Doch es kommt nicht mehr dazu:

»Gestatten Sie mir«, meldete der königliche Beamte John White an seinen Souverän, »Ihnen, alle privaten und besonderen Angelegenheiten dieser Zeit beiseite schiebend, einen Bericht zu geben über die kürzliche Kalamität

In fünf Minuten war alles vorbei: Port Royal am Vormittag des 7. Juni 1692

und das Gericht, welche uns hier in diesem Lande durch ein furchtbares Erdbeben überfiel, das uns ein gerechter Gott am Dienstag, den 7. Juni 1692, etwa um ein Viertel nach elf auferlegte.

Das Erdbeben hielt mit großer Gewalt und zu aller Entsetzen, wie die meisten behaupten, eine Viertelstunde, meiner Ansicht nach nicht mehr als sechs bis sieben Minuten, lang an, zerstörte in dieser Zeit alle Steingebäude des Landes, darunter eine ganze Reihe in meiner Gemeinde, so daß sie nun entweder eingeebnet sind oder als Mahnmale des Zornes Gottes hochragen, dergestalt zerrissen und zerschlagen, daß sie kaum wieder zu reparieren sind.

Unsere wohlbekannte Stadt St. Jago de la Vega oder Spanish Town wurde völlig zugrunde gerichtet, wobei die Kirche ebenfalls in den Ruinen unterging. Das Magazin und einzige Lagerhaus von Port Royal ist zu drei Vierteln von der See verschlungen worden. Schiffe und Schaluppen liegen jetzt dort vor Anker, wo vor gar nicht so langer Zeit noch große Mengen feiner Waren lagerten. Viele angesehene Kaufleute, vorher Tausende wert, sind heute kaum noch das blaue Leinen wert, das ihren Rücken bedeckt. Verschiedene sind tot, entweder mit ihren Häusern weggeschwemmt oder in der See ertrunken, die plötzlich über sie hereinbrach; flüchteten sie vor der See, so verschlang sie die Erde mit ihren gähnenden Mäulern, oder sie wurden von einstürzenden Häusern getroffen; und während sie vor den

weit offenen Erdspalten und den wackelnden Häusern flohen, kam das Meer und fegte sie hinweg.
Der ganze Ort, soweit er sich überhaupt noch über dem Wasser befindet, sinkt ständig durch die nun schon gewohnten, täglich vorkommenden kleinen Erdbeben weiter ab, die innerhalb von vierundzwanzig Stunden vier- bis sechsmal mehr oder weniger stark auftreten. Ich selbst warte, während ich schreibe, darauf, daß die Erde unter mir zu zittern beginnt, obgleich ich in anderen Landesteilen noch nie davon gehört oder gesehen habe, daß weiterer Schaden durch ein nachfolgendes Beben angerichtet worden ist: eine Gnade, für die wir alle Ursache haben, Gott zu danken — trotz des Unglücks, das uns nur zu oft daran erinnert, was Er in letzter Zeit von uns erduldet, und was Er uns nach seinem Willen noch antun kann.
Die Zahl der Toten — es ist möglich, daß es darüber nie genaue Quoten geben wird — schätzt man auf fünfzehnhundert Personen, außer den Schwarzen, die wahrscheinlich weitere sechs- bis siebenhundert ausmachen.
Euer Herz würde entsetzt sein über die Ausschweifungen, Räubereien und Gewalttaten, die gleich nach Beendigung des Erdbebens am Ort vom gemeinsten und niedrigsten Volke begangen wurden. Niemand konnte noch etwas sein eigen nennen; denn die Stärksten und Übelsten ergriffen, was ihnen gerade gefiel, während andere damit beschäftigt waren, in Kanus, Fähren und Schiffsbeibooten Kästen, Kisten und Schränke, die auf dem Wasser schwammen, aufzufischen, um alles, was sie darin fanden, zu plündern.
Sogar die Sklaven dachten, die Zeit ihrer Befreiung sei angebrochen, weshalb sie viele Unverschämtheiten und Untaten jeglicher Art begingen, bis sie durch Tötung einiger der Ihren sowie durch entsprechende andere Strafen unterdrückt werden konnten.
Also sind jetzt die Reichsten zu den Ärmsten geworden, und das gemeine Volk dank der Verluste der anderen bereichert.
Welche Auswirkungen diese traurigen Zeiten haben mögen, weiß nur Gott allein. Unsere erste Sorge galt den Sklaven, diesen unverbesserlichen inneren Feinden, die nur durch Anwendung der Peitsche unsere Untertanen sind und die, als sie sahen, wie unsere stärksten Häuser zerbrachen, unsere Waffen zerstört wurden und sie von der völligen Zerstörung unserer größten Festung, der Stadt Port Royal, hörten, sich in der Hoffnung auf Freiheit leicht zu einem Aufstand gegen uns hätten hinreißen lassen können. Dies wäre ein um so furchtbarerer Krieg geworden, als er gnadenlos geführt wird, da sie alle Weißen, derer sie habhaft werden können, Männer, Frauen und Kinder, töten — doch, Gott sei gelobt, erfüllten sich diese Befürchtungen nicht.«
Soweit der Bericht eines Augenzeugen über das »Gericht Gottes«, das Jamaika und insbesondere Port Royal am 7. Juni 1692 befallen hat, und in dessen Verlauf auch das Grab Morgans für immer verschwunden ist.

Die neuen Jagdgründe: das Südmeer

Herbst 1683. Während sich an der Donau das 138.000 Mann zählende türkische Heer unter Wesir Kara Mustafa zum allerletzten Sturm auf das von monatelanger Belagerung arg mitgenommene Wien rüstet, geht auf der anderen Seite der Erdkugel, aus Accamac in Virginia, ein Schiff »mit dem Vorsatze ab, in das Südmeer zu segeln« — und verfehlt, wie der Chronist dieser Buccaneer-Expedition, der englische Entdecker und Freibeuter William Dampier, berichtet, nur knapp das ersehnte Ziel: die Errichtung eines Buccaneer-Reiches in jener Gegend.
Auf dieser Reise wird im übrigen ganz nebenbei nach einem Streit mit seinem Kapitän auf einer einsamen Insel ein Seemann ausgesetzt: Alexander Selkirk, der unsterbliche Robinson Crusoe.

Das zähe Völkchen der Buccaneers läßt sich noch lange nicht kleinkriegen. Im Gegenteil. Um 1675 beginnt es, seinen Aktionsradius auszuweiten. Das ausgeplünderte Westindien und die immer dürftiger werdenden Flotas und Armadas genügen nicht mehr.

Schon Morgan hat 1670 vor Panama den Landweg zur Südsee gewiesen. Dreizehn Jahre später gelangt dieser Gedanke in einer Expedition zur Ausführung, die zum Wildesten gehört, was je über den Isthmus und die Wogen der Südsee dahingestürmt ist. Hier im Pazifik wartet reiche Beute: die von Peru nach Panama und Mexiko laufenden Silberschiffe und die fabelhaften Manilagaleonen, die oft ohne jede Möglichkeit sind, einen Angriff abzuwehren. Im Nahkampf sind die Buccaneers schon immer im Vorteil gewesen: Zumeist haben die Spanier nur Lanzen oder bestenfalls alte Hakenbüchsen und Steinschlösser, während die Seeräuber meist über das neueste Musketenmodell verfügen.

Doch die Schwierigkeiten, eine Expedition in den Pazifik vorzunehmen, sind zuweilen übergroß.

Erstens ist es notwendig, entweder den Dschungel des Isthmus zu durchqueren und zu hoffen, drüben gleich ein spanisches Schiff kapern zu können, oder die lange und gefährliche Reise um Kap Hoorn zu unternehmen, was oft ein Jahr oder mehr in Anspruch nimmt.

Einmal in die Südsee gelangt, haben die Eindringlinge keinen Hafen als Zuflucht, wie es in Westindien der Fall ist, sondern müssen eine verlassene Bucht oder Insel finden, wo sie ihr Schiff kielholen oder sich Frischwasser besorgen können. Wenn sie das Glück haben, Beute zu erwerben, so gibt es dort keine Möglichkeit für sie, sich ihrer Reichtümer zu erfreuen; erst einmal muß die gleiche halsbrecherische Reise zurück in die Karibik oder gar bis nach Europa unternommen werden. Und der größte Teil der Beute hier besteht aus Silber, das mit seinem Gewicht wesentlich zu den Schwierigkeiten beiträgt — denkt man zum Beispiel nur daran, es zu Fuß quer über den Isthmus schleppen zu müssen.

Das größte Problem jedoch ist die Proviantbeschaffung.

Oft sind die Buccaneers gezwungen, die meiste Zeit und Energie auf der Suche nach Eßbarem zu vergeuden — an einer unwirtlich-feindseligen Küste, an der die Spanier sich immer öfter und mit bestem Erfolg der Taktik der verbrannten Erde bedienen.

Kurz — Streifzüge im Pazifik sind ein Geschäft, das nur für die zähesten Haudegen in Frage kommt. Von denen, die es riskiert haben, sind einige sagenhaft erfolgreich — doch viele, viele kommen mit leeren Händen zurück, froh, nicht zu denjenigen zu gehören, die man nie wiedergesehen hat.

Nach langem, abenteuerlichem Marsch über den Isthmus versucht am 5. April 1680 ein Haufe von dreihunderteinunddreißig Buccaneers, an der Küste des Pazifik Fuß zu fassen.

William Dampier: sein Porträt hängt heute in der National Gallery zu London

Ausgekochte Beutegänger, wie Kapitän John Coxon, der einige Jahre zuvor noch die Stadt Santa Maria eingeäschert hat, Richard Sawkins, »der tapferste, anständigste und beliebteste von allen«, Peter Harris, John Cooke und Kapitän Bartholomew Sharp, soeben aus Porto Bello zurückgekehrt, wo er sich nach erfolgreichem Raub gerade noch rechtzeitig aus dem Staube machen konnte; auch William Dampier, der später so berühmte englische Seefahrer, sein Freund Lionel Wafer — beide sind 28 Jahre alt — und Basil Ringrose, ein junger Arzt aus Port Royal, sind mit von der Partie. Den drei letzteren gelten Abenteuer und Erlebnis noch mehr als Gold; auch finden sie Geschmack daran, das Gesehene in Tagebüchern festzuhalten. Dampiers Aufzeichnungen zum Beispiel gehören zu dem Besten, was ein Seemann je berichtet hat. Er schleppt sein gegen Wasser und Wetter notdürftig in Bambusrohr verwahrtes Manuskript sogar ein paarmal um die Erde. Und inmitten der wüsten Gesellschaft, oftmals bei Nacht, holt er es hervor und beschreibt bei trübem Kerzenlicht gewissenhaft Küstenprofile, Kuriositäten von Mensch und Tier, macht Skizzen und zeichnet Landkarten.

Mit 21 Jahren ist William Dampier aus Somerset in England nach Westindien gekommen, ist Soldat gewesen, Plantagenaufseher und Waldarbeiter, bevor er zum Buccaneer wurde:

»Das, was Männer oft dazu treibt, das schwierigste Abenteuer zu beginnen, ist der heilige Hunger nach Gold. Und Gold war der Köder, der unsere ruderlustigen Burschen lockte . . .

Wir alle waren Glücksritter und standen unter dem Befehl von Kapitän John Coxon, den wir selbst gewählt hatten. Jeder Mann war mit vier Brotlaiben versehen, mit Flinte, Pistole und Seitengewehr.«

Zwei Tage später, am 7. April, setzen sie von der Goldinsel zum Festland über, wo sie sich in sieben Einheiten teilen, die sich durch verschiedene Fahnen voneinander unterscheiden.

Führer sind Sharp, Sawkins, Cooke, Coxon und Harris; die beiden letzteren führen jeder zwei Abteilungen.

Sie verbrüdern sich alsbald mit dem Stamm der Moskitoindianer, wodurch ihre Zahl auf fast sechshundert Mann ansteigt, und brechen zum Angriff gegen das Fort Santa Maria auf, das den Isthmus schützt. Nach den Berichten der Indianer befindet sich im Fort ein Lager mit Goldstaub.

Die Spanier sind jedoch vom Herannahen der Piraten unterrichtet und haben alles Gold noch rechtzeitig nach Panama geschickt.

Da es nichts zu rauben gibt, sind die meisten der Buccaneers dafür, mit den Kanus der Indianer in den Pazifik aufzubrechen.

Coxon ist gegen diesen Vorschlag; er wird jedoch nicht nur zum Bleiben überredet, sondern schließlich sogar dazu, die ganze Expedition zu befehligen.

Am 19. April 1680 paddeln die Buccaneers mit ihren Kanus in die Bucht von Panama hinein, wo sie ein spanisches Schiff von dreißig Tonnen kapern, auf dem sie hundertdreißig ihrer Leute unterbringen können. Am nächsten Tag schon erobern sie eine weitere kleine Barke.

Im Morgengrauen des 23. April endlich bekommen sie das neue Panama zu Gesicht, das etwa sieben Kilometer westlich der Ruinen, die Morgan zehn Jahre zuvor zurückgelassen hat, wiederaufgebaut worden ist.

Neu-Panama um 1680: größer und reicher

Drei spanische Kriegsschiffe kommen ihnen entgegen, eines davon unter dem Befehl Kapitän Peraltas, dem Morgan ebenfalls noch in guter Erinnerung ist. Das Gefecht dauert fast den ganzen Tag, an dessen Ende zwei spanische Schiffe geentert sind und das dritte zur Flucht gezwungen worden ist. Achtzehn Buccaneers sind bei den Kämpfen gefallen und mehr als dreißig verwundet worden.

Nach dem Gefecht segeln die Buccaneers weiter auf Panama zu. Hier gelingt es ihnen, eine große Anzahl von Schiffen und Warenladungen zu beschlagnahmen. In nicht ganz einer Woche haben sie sich Proviant, Waffen und Vorräte sowie eine kleinere Flotte verschafft, mit der sie durchaus in der Lage sind, den Hafen von Panama zu blockieren.

Zwei oder drei Tage lang geht es gut. Dann jedoch trennt sich die Gruppe Coxon von den übrigen Piraten, weil ihr ständig der Vorwurf der Feigheit gemacht wird. Die siebzig Mann nehmen sich Kanus und kehren über den Isthmus in die Karibische See zurück. Coxon stirbt dort 1689.

Die Buccaneer-Streitmacht in der Südsee besteht nun aus drei Schiffen, zwei kleinen Barken und etwa zweihundertvierzig Mann. Zum Führer wird Sawkins gewählt, »ein tapferer und großmütiger Mann, von allen anderen geliebt, die wir jetzt bei uns hatten«, wie Dampier es ausdrückt.

Zehn Tage lang liegt die kleine Flotte vor Panama und kann sich nicht entschließen, ob sie landen soll oder nicht. Dann entscheidet man sich für den Rückzug auf die Insel Taboga, von wo die Piraten, selbst unbeobachtet, nach Schiffen Ausschau halten können, die sich dem panamesischen Hafen nähern. Sie entern mehrere Schiffe, die eine Gesamtbeute von etwa fünfzigtausend Piaster sowie weitere Vorräte und Munition einbringen.

Bei einer Landexkursion, während der Frischfleisch für die Schiffe besorgt werden soll, werden Sawkins und zwei andere Buccaneers von Spaniern umgebracht. Übrig ist nun Kapitän Bartholomew Sharp, ein erfahrener Seemann, der aber allgemein als unbeliebt gilt. Als man ihn als Führer vorschlägt, erklären viele, die Fahrt lieber abbrechen denn unter seinem Kommando weitermachen zu wollen. Trotzdem wird er von der Mehrzahl gewählt. Siebzig Mann, die nur aus persönlicher Treue zu Sawkins die Unternehmungen mitgemacht haben, verlassen den Haufen und kehren, wie zuvor Coxon, über Santa Maria in die Karibische See zurück.

Nur noch hundertsechsundvierzig Mann bleiben nun bei der alten Gruppe; unter ihnen Dampier, Ringrose und Wafer. Man verfügt über zwei Schiffe. Sharp überträgt John Cooke den Befehl über das zweite Schiff, das »Mayflower« getauft worden ist. Schon Sawkins hatte einen großen Streifzug entlang der südamerikanischen Küste geplant, um danach durch die Magellanstraße nach Westindien zurückzukehren. Diesen Vorsatz greift nun Sharp auf und glaubt, jedem Teilnehmer wenigstens tausend Pfund Sterling an Geld und Gut dabei in Aussicht stellen zu können. Natürlich sind alle einverstanden.

Vor Arica: Captain Whitling tötet einen unschuldigen Indio

Einen Monat später wird die »Mayflower« seeuntüchtig. Sharp läßt den langweiligen Segler versenken und verstaut die Mannschaft auf seinem Schiff, wo es nun reichlich ungemütlich wird. Kein Wunder, daß die Buccaneers im gleichen Maße unzufrieden werden.

Der Schwierigkeiten gibt es kein Ende, und es dauert nun nicht mehr lange, bis Sharp ganz offensichtlich nicht mehr Herr der Lage ist. Alle haben mit einemmal genug der Schufterei, der Drangsale, der Stürme und vergeblichen Kämpfe. Lange verhaltener Unmut bricht sich Bahn. Sharp wird abgesetzt; an seiner Stelle wählt man einen alten Buccaneer namens John Watling, der jedoch auch keine glückliche Wende herbeiführen kann. Und beim Auftauchen dreier spanischer Kriegsschiffe fliehen die Buccaneers gar von der Insel, auf der sie gelagert haben!

Nach der Flucht vor den Spaniern führt Watling seine Leute zum Angriff gegen die Stadt Arica, die jedoch nicht eingenommen wird, da ihre Verteidigungen zu stark sind. Die Buccaneers erleiden ungeheure Verluste. Auch Watling fällt. Die verwirrten und erstmals verängstigten Männer bitten ihren alten Führer Sharp, wieder das Kommando zu übernehmen und sie aus den Gefahren herauszuführen.

Und abermals gibt es Männer, die nicht unter Sharp dienen wollen. Schon nach wenigen Wochen trennen sich siebenundvierzig Mann unter Führung von John Cooke von der Gruppe, darunter Dampier und Wafer. In Kanus brechen sie in Richtung Isthmus auf. Sie wollen einfach heim, und zwar auf schnellstem Wege.

Die übrigen Piraten unter Sharp und Ringrose schwören, einander treu zu bleiben und die Reise ehrlich zu Ende zu führen, so, wie sie beschlossen worden ist.

Damit ist nun die Kampfgruppe unter Sharps Kommando auf ganze fünfundsiebzig Mann zusammengeschrumpft. Sechs Monate lang kreuzen sie mit der »Trinity« umher — mit nur bescheidenem Erfolg. Sharp hat inzwischen jeden Versuch aufgegeben, Ortschaften zu plündern, und hält nur noch nach Schiffen Ausschau. Dabei glücken ihm drei gute Prisen, von denen sie eine schon einmal vor Panama gekapert haben. Es gibt ein lustiges Wiedersehen, Spott und Gelächter — zumindest auf seiten der Buccaneers, die siebenunddreißigtausend Piaster und eine Menge Barrensilber unter sich verteilen können.

Vierzehn Tage später fangen sie ein Paketboot mit Briefen aus Panama ab und hören so seit langer Zeit wieder etwas aus Europa, was sie derart freudig stimmt, daß sie noch am selben Abend ein Gelage veranstalten.

Und schon am nächsten Morgen, am 19. Juli 1681, entern sie in Höhe von Kap San Francisco (etwa dort, wo gut hundert Jahre zuvor Drake die Königsgaleone »Nuestra Señora de la Concepción«, den sogenannten »Cacafuego« oder »Feuerspeier«, eroberte) die »Santa Rosario« aus Callao. »In dieser Prise«, schreibt Sharp, »fand ich ein spanisches Manuskript von großem Wert. Es beschreibt alle Häfen, Straßen, Buchten, Sandbänke, Felsen und Bodenerhebungen der Südsee und gibt Anweisungen, wie man sein Schiff in jeden Hafen bringen kann. Sie wollten es über Bord werfen, als ich es mit viel Glück rettete. Die Spanier schrien auf, als ich das Buch in die Hand bekam.«

Zweihundertsechzig Krüge Wein und Rum sind außerdem an Bord, dazu tausend Barren Rohsilber. Doch hier unterläuft den Buccaneers ein verhängnisvoller Irrtum. Sie halten das Rohsilber für Blei und werfen es über Bord. Mit Ausnahme eines einzelnen Barren, den sie als Andenken mitnehmen — um später feststellen zu müssen, um welch kostbare Beute sie sich da gebracht haben . . .

Im August 1681, als »alle unsere Hoffnungen, an der Küste der Südsee noch etwas zu bezwecken, gescheitert waren«, entscheiden Sharp und seine Leute sich dafür, in die Karibik zurückzukehren.

Im November umsegeln sie Kap Hoorn und treffen am 28. Januar 1682 vor der Insel Barbados ein. Sie erhalten jedoch keine Landegenehmigung und müssen nach Nevis weitersegeln. Hier löst sich die Gruppe auf, und die meisten Buccaneers versuchen, nach Jamaika zu gelangen. Dort werden sie wegen Piraterie verhaftet. Sharp und einige seiner Leute machen die Passage nach England. In ihrem Gepäck befindet sich das erbeutete spanische Kartenmaterial, das für die englische Seefahrt von unschätzbarem Wert ist. Ihm allein haben sie es zu verdanken, daß die englischen Gerichte die Anklage der Piraterie, die selbstverständlich gegen sie erhoben worden war, fallenlassen.

Sharp hat die Bedeutung der Kartensammlung nicht überschätzt. Tatsächlich enthält sie Informationen, die zu den bestgehüteten Geheimnissen Spaniens gehören. Gleich nach seiner Ankunft in England begibt er sich zu William Hack, einem Kartographen aus Wapping, der ihm eine prächtige Kopie für König Charles anfertigt.

Im Oktober 1682 wird die kostbare Ausgabe der Kartensammlung dem Monarchen überreicht. Ein Jahr, nachdem sein »Führer für die Große Südsee«, wie er ihn betitelt, Sharp den Kopf gerettet hat, rüstet der unermüdliche Seefahrer ein altes Boot, nimmt als Proviant einige Rinder an Bord und segelt in die Karibik zurück, wo er die alte Tätigkeit erneut aufnimmt.

Bartholomew Sharps Beispiel hat inzwischen zahlreiche Nachahmer gewonnen.

William Dampier, Lionel Wafer und andere, die ihn seinerzeit bei der Platainsel verlassen haben und unter schlimmsten Strapazen mitten in der Regenzeit über den Isthmus nach der Ostküste zurückgekehrt sind, finden in Westindien sofort wieder Anschluß an andere Buccaneers. Es sind sechzig erprobte Männer, unter ihnen viele von der alten Mannschaft Sharps, wie John Cooke, der zum Kapitän gewählt wird. Andere, wie der Quartiermeister Edward Davis und Ambrose Cowley, sind neu.

Die Buccaneers starten am 23. August 1683 und nehmen ihren Weg über die Kapverdischen Inseln und die

Der »Führer für die Große Südsee« bewahrte Sharp und seine Kompagnons vor dem Galgen

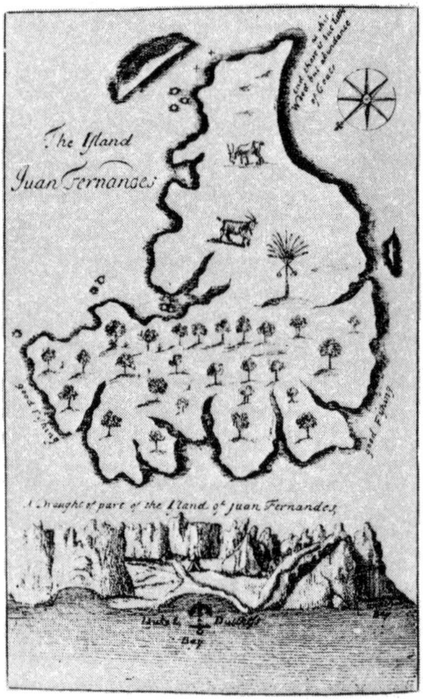

Juan-Fernandez-Inseln: Alexander Selkirk wurde hier zu Robinson Crusoe

Küste Guineas, wo sie ihr Schiff gegen eine größere und bessere Prise eintauschen, die sie in humorvoller Zuversicht »The Batchelor's Delight«, »Des Junggesellen Lust«, taufen. Mit ihr geht es hinüber nach Südamerika und um Kap Hoorn herum; dann die chilenische Küste hinauf. Kurz vor Juan Fernandez schließt sich ihnen ein anderer englischer Kaper, die »Nicholas« unter Kapitän Eaton, an. Juan Fernandez wird angelaufen, dann geht es weiter zu den Galapagosinseln. Unterwegs stirbt John Cooke. Statt seiner wird Edward Davis zum Kapitän gewählt. Sie kreuzen eine Weile an der Küste Neuspaniens und machen dabei einige Prisen; über die Verteilung der Beute geraten sie jedoch in Streit und trennen sich.

Dieser hat mittlerweile aber auf der Platainsel einen neuen Bundesgenossen gefunden, die »Cygnet« unter Kapitän Swan, auf der Dampier seinen Freund Basil Ringrose wiedertrifft, der sich nach der Rückkehr in die Karibik sofort wieder eingeschifft hatte.

Die beiden Segler verbinden sich und ziehen gemeinsam zur Bucht von Panama, wo die Aussichten auf Beute immer noch am besten sind.

Hier will es der Zufall, daß sie am 24. Februar 1685, während sie bei der der Stadt vorgelagerten Insel kreuzen, nicht weniger als drei großen Einheiten Buccaneers begegnen, die sämtlich Sharps kühne Fahrt nachahmen wollen: Zweihundert Franzosen und achtzig Engländer unter Kapitän Grogniet, zweihundertachtzig Engländer unter Kapitän Towley und eine fast ebenso große Schar unter dem Franzosen Picard, einem alten Kampfgefährten Morgans und Lolonois'.

Bei der letzteren Gruppe befindet sich auch Sieur Ravenau de Lussan, der einzige Franzose, dem wir eine Schilderung seiner Erlebnisse als Buccaneer verdanken.

Ein paar kleine Haufen kommen noch hinzu, so daß nun mit einem Schlage etwa tausend Buccaneers zusammen sind, eine Streitmacht, wie sie nur Morgan in Panama besessen hat — nur mit dem Unterschied, daß diese Masse nicht, wie Morgans Haufe, an die Ostküste gebunden ist, sondern in zehn guten Schiffen in der Südsee schaukelt.

Hiermit ist den Buccaneers zum drittenmal Gelegenheit gegeben, über ihren schäbigen Piratengewinn hinaus nach höheren Lorbeeren zu greifen. Die beiden ersten Möglichkeiten, als Mansfeld Providence besetzte und Morgan Panama einnahm, sind ja verpaßt; denn Mansfeld starb noch vor der Tat, und Morgan endete als elender Beutegänger, der sogar seine eigenen Genossen noch betrog.

Am 9. Dezember 1684 haben die Buccaneers drei Barken mit tausend Negern eingenommen; »Negern beiderlei Geschlechts, alle noch jung«, die sie freilassen. William Dampier macht sich seine Gedanken dazu:

»Niemals hatten wir eine günstigere Gelegenheit gehabt, unser Glück zu machen und reich zu werden als eben damals, denn wir hätten mit diesen Negern auf die Landenge von Darien nach Santa Maria gehen und sie dazu benutzen sollen, in den dortigen Bergwerken nach Gold zu graben. Das hätte sich leicht machen lassen, denn Kapitän Harris, der damals bei uns war, hatte ein halbes Jahr vorher mit seinem Trupp Freibeuter vom Südmeere her zu Lande einen Streifzug dorthin getan und die Spanier aus der Stadt und den Goldbergwerken so vollständig verjagt, daß sie sich seither nicht mehr getraut hatten, sich dort erneut festzusetzen.

Zudem waren die Indianer die Todfeinde der Spanier, hingegen, weil sie den Spaniern dank der Hilfe der Freibeuter viele Jahre hindurch hatten Schaden antun können und dadurch reich geworden waren, unsere Herzensfreunde, die uns gern aufgenommen und geholfen hätten.

Wir hatten, wie gesagt, tausend zur Arbeit taugliche Neger, zweihundert Tonnen Mehl auf Galapagos und den Fluß Santa Maria, wo wir unsere Schiffe ausbessern und mit allem versehen konnten. Auch konnten wir den Eingang des Flusses dergestalt befestigen, daß wir mächtig genug gewesen wären, den Spaniern das Hineinkommen zu verwehren, selbst wenn sie mit der ganzen Macht, die sie in Peru aufbringen konnten, angerückt gekommen wären.

Und hätten sie uns mit all ihren Kriegsschiffen einschließen und belagern wollen, so hatten wir ein großes, weites Land, in dem wir leben konnten, und die Indianer, die eine große Nation sind, als unsere guten Freunde.

Der größte Vorteil aber, den wir gehabt hätten, wäre das Nordmeer gewesen (die Karibik), denn auf diesem hätten wir uns und unsere Güter fortbringen und auf diesem Wege auch Unterstützung an Volk und Munition erhalten können. In kurzer Zeit würde uns alles, was in diesem Teile Westindiens ist, zugefallen und auch viele tausend Freibeuter aus Jamaika und insbesondere von den französischen Inseln zugelaufen sein.

Wir wären dann Herren nicht allein der reichsten Goldbergwerke Amerikas, sondern auch der gesamten Küste bis nach Quito. Ja, dem Ansehen nach hätten wir noch größere Dinge ausrichten können.«

Die Erwägungen Dampiers, eine Art Brückenkopf auf dem Isthmus zu schaffen, der vielleicht der Ausgangspunkt eines Seeräuberreiches hätte

werden können, haben manche Erfolgschance für sich. Aber es kommt nie zum entscheidenden Schlag. Das alte Buccaneer-Elend, die Disziplinlosigkeit, macht die schönsten Hoffnungen zunichte.
Davis als neuer Kapitän tut zwar, was er kann, und erteilt auch die richtigen Befehle, doch sie werden nicht ausgeführt. Im entscheidenden Augenblick macht jeder, was er will.
Am 29. Mai 1685 stellt sich ihnen ein spanisches Geschwader entgegen, und während die »Batchelor's Delight« angreift, sind weder Grogniet noch Swan an den Feind zu bringen.
So kommt es am ersten Tag nur zu einem losen Artilleriegefecht. Am nächsten Morgen liegen die Buccaneers völlig verstreut vor den in fester Ordnung ankernden Spaniern, während das spanische Geschwader am dritten Tag nach Panama verschwindet — im sicheren Bewußtsein, daß dieser Feind das spanische Kolonialreich nicht aus den Angeln heben wird.
Das Treffen ist die Schicksalsstunde des Buccaneertums. Wenn in ihm überhaupt schaffende Kräfte schlummerten — hier hätten sie sich zeigen müssen. Doch kaum hat der spanische Admiral ihnen den Rücken zugewandt, so bricht der Zank unter den Abenteurern aus. Einer beschuldigt den anderen, den Sieg vertan zu haben; das Ende sind Trennung und Zersplitterung.
Monatelang noch rauben einzelne Abteilungen in der Südsee; blühende Städte werden eingeäschert, prächtige Schiffe geplündert und versenkt, sinnlose Morde und Grausamkeiten begangen.
Die getrennten Abteilungen vereinigen sich teilweise wieder, schlagen gemeinsame Schlachten und gehen dann wieder im Zank auseinander.
Die meisten kommen ohne nennenswerten Gewinn nach Hause, weil sie am Ende alles verspielt oder verjubelt haben. Viele sehen die Heimat überhaupt nicht wieder. Grogniet und Towley sterben an ihren Wunden; bei einem Überfall in Mexiko fällt Basil Ringrose. Kapitän Swan, der mit Dampier über Ostindien nach England zurückkehren will, wird bei den Philippinen von seiner Mannschaft im Stich gelassen und von Eingeborenen ermordet. Davis und Wafer gelangen heil nach Virginia, müssen sich aber wegen Seeräuberei verantworten und entgehen nur mit Mühe und Not dem Galgen. Dampier kehrt erst nach zwölfjähriger Abwesenheit in die Heimat zurück; trotz unzähliger Abenteuer und Raubanteile arm wie eine Kirchenmaus, nur in Begleitung eines Malaiensklaven, dessen Körper über und über mit einem Gewirr krauser Ornamente tätowiert ist. Dies ist der letzte Rest seiner Beute. Er zögert nicht, Kapital daraus zu schlagen: In London mietet er einen Laden, wo man den tätowierten Sklaven gegen Eintrittsgeld bewundern kann!
Aber auch seine Reiseaufzeichnungen, »A New Voyage Round the World« betitelt, die drei Bände umfassen und 1697 erscheinen, sind ein Erfolg. Sie sollen ihn, so sagt man, vor jenem Strick bewahrt haben, der Piraten gemeinhin sicher war.

Im Pazifik — damals noch Südsee genannt —: Freibeuter jagen ein spanisches Schatzschiff

Als Seefahrer hierdurch berühmt geworden, erhält Dampier später von der Regierung Auftrag, die Gewässer um Neu-Guinea zu erkunden.
Auf diese Weise klingt das wilde Leben der Buccaneers allmählich aus. Speziell die Engländer verschwinden nach und nach aus ihren Reihen; denn ihre Fahrten gehen nun ins Große, Offizielle — sind Forschungsreisen, denen die Errichtung eines Weltreiches folgt. Kaperfahrten werden sie nie mehr genannt.
Nur holländische und französische Buccaneers halten noch eine Weile etwas davon.

Ein Pater war dabei

Die Sonne stieg über den sattgrünen Gefilden der Insel Antigua auf, als an Bord der Zweimastbarke mit dem klangvollen Namen »Beata« unter Kapitän Daniel inmitten des Hecks ein prächtiger Altar aufgebaut wurde.

Man schrieb Sonntag, den 22. Februar 1705. Energischen Schrittes trat ein kleiner, rundlicher Pater an den Altar. Sein offenes, lebhaftes, leicht gerötetes Gesicht war das eines Mannes, der die Annehmlichkeiten dieser Welt wohl zu schätzen weiß.

Ein Salut der Schiffskanonen zeigte den Beginn der heiligen Messe an, ebenso wie das Sanctus, Benedictus und schließlich das Exaudiat. Aus den Kehlen der in langen Reihen an Deck stehenden rauhen Gestalten dröhnten fromme Gesänge, dann ein treuherziges Gebet für den König von Frankreich und zum Schluß ein dreifaches, begeistertes »Vive le Roi!«

Es war weit und breit kein Geheimnis, daß die »Beata« ein berüchtigtes Piratenschiff und Pater Jean-Baptiste Labat, ein Jacobin, wie sich die französischen Dominikaner damals nannten, der Seelsorger seiner Mannschaft war.

Kein anderer kann sich im turbulenten Westindien der Wende vom 17. zum 18. Jahrhundert rühmen, so viel erlebt zu haben und mit einer solchen Menge interessanter Menschen in Verbindung gekommen zu sein, wie Pater Labat, ein waschechter Franzose voller Temperament und Lebensfreude.

Geboren in Paris im Jahre 1663, tauscht der junge Labat mit 22 Jahren und nach dem Studium an der Sorbonne seine weltlichen Gewänder gegen die Kutte der Dominikaner. Nachdem er einige Jahre als Philosophie- und Mathematiklehrer in Nancy verbracht hat, beschließt der Orden, ihn in seine westindischen Missionen zu entsenden, wo so mancher Pater, der mit den Gedanken schon zu sehr im Himmel ist, mit der Führung des weltlichen Kirchengeschäfts nicht zurechtkommt und der Orden ganz schön in den roten Zahlen steckt.

Gleich nachdem er in La Rochelle seine Habe in der Kabine an Bord der »Loire« verstaut hat, beginnt er damit, seine Reisegefährten in Geometrie und Schachspiel zu unterrichten, und während der fast zwei Monate dauernden Fahrt nach Martinique zelebriert er die Messe und weiht die Mannschaft in die Geheimnisse der Heiligen Schrift ein.

Pater Labat kann keine Minute untätig sein. Er ist ein Mensch, der von allem etwas versteht und begierig ist, immer dazuzulernen. Vom ersten Tag an verbringt dieser vortreffliche Plauderer jeweils mehrere Stunden mit der Niederschrift seiner Beobachtungen.

Jean-Baptiste Labat ist nicht nur ein aufmerksamer und für alle menschlichen Schwächen verständnisvoller Chronist, sondern auch ein ausgezeichneter Naturforscher, keinem der Geschöpfe verschlossen. Während seines zwölfjährigen Aufenthaltes interessieren ihn die Lebensgewohnheiten der Meereskrabben vom Strand der Insel Martinique und das Schicksal der Negersklaven in gleicher Weise wie die Sitten der Buccaneers, die Volkskunst der karibischen Indianer und die englischen Festungen auf Barbados. Da er eine vortreffliche Beobachtungsgabe und dazu einen ausgeprägten Sinn für Humor besitzt, was ihm allenthalben die Sympathien seiner Mitmenschen einbringt, entsteht aus seiner Feder ein einmaliges Panorama sowohl des damaligen Westindien mit allen seinen sozialen und politischen Problemen als auch der Buccaneers.

Es fällt noch heute schwer, sich dem Zauber des direkten, unmittelbaren Stils Pater Labats zu entziehen.

Sein beweglicher Geist ist dem Orden zu wertvoll, um ihm das friedliche Leben im Schatten seiner Missionshäuser auf Martinique zu gönnen. Schon bald tauscht Pater Labat die Kirche mit den Planken von Schiffen, um auf zahlreiche Inspektionsreisen zu gehen. Er gerät in fast alle Abenteuer, die zu dieser Zeit in jenem verrufenen Teil der Erde möglich sind, und weil er sich außerdem als Ingenieur und Architekt bewährt, machen auch die französischen Militärs des öfteren Gebrauch von seinen Künsten, wovon bis heute in Form von Bastionsruinen noch Spuren vorhanden sind. Er ist zu seiner Zeit

ohne Zweifel auch der beste französische Spion in Westindien gewesen, obwohl er dieses Geschäft, nicht ohne Charme und Artigkeit, nur nebenbei betrieb. Seinen während harmloser gesellschaftlicher Ereignisse und Visiten in den englischen Besitzungen gemachten Beobachtungen verdanken seine Landsleute so manchen Hinweis auf taktische wie auch strategische Möglichkeiten; und bei der Abwehr der englischen Invasion auf Guadeloupe erweist Pater Labat sich als unentbehrlich.
Als ihm eines Tages die Oberaufsicht über die Zuckermühlen des Ordens übertragen wird, existiert für Pater Labat drei Jahre lang nichts anderes als Zucker, die Haupteinnahmequelle der Dominikaner. Die Methoden des Zuckerbleichens, die er dabei erdenkt, sind noch heute in Gebrauch.
In diesen Jahren verdankt auch so mancher Sklave, der irgendwo in Afrika gefangen und nach mörderischer Reise in den französischen Besitzungen an Land geht, den weisen Winken Pater Labats sein Leben, der weiß, daß er zwar gegen die Sklaverei nicht viel unternehmen kann, es aber zumindest in seinem Machtbereich versteht, das Los dieser Unglücklichen zu mildern.
Auch stammt die Flora vieler heute mit üppigen Zitrushainen bedeckter Inseln inmitten der Karibischen See von dem kleinen, rundlichen Pater, der, wo sich ihm nur die Gelegenheit bietet, auf unzähligen Eilanden Nutzpflanzen setzt.
Ein Freund edlen Weins und guten Essens, experimentiert er als echter Gourmet mit Enthusiasmus in fremdländischer Küche, und als Sammler amüsanter Geschichten faszinieren ihn, wie könnte es anders sein, auch die Buccaneers. Als er im Januar 1692 auf Martinique an Land geht, haben die Freibeuter, Buccaneers und Piraten in Westindien bereits ihre besten Tage hinter sich. Doch Pater Labat ist wie kein anderer geeignet, über das Leben der letzten dieser Abenteurer zu berichten. Darüber hinaus ist er der erste

Eine alte Karte der Insel Martinique

Außenstehende, der über sie schreibt und ein wahrheitsgetreues, unvoreingenommenes Bild von ihnen hinterläßt. Er reist mit den Buccaneers, nimmt an ihren Streifzügen teil, erteilt ihnen vor dem Gefecht die Absolution, versieht sie mit der Letzten Ölung und teilt ihr Lager, wenn sie an Land ihr Fleisch räuchern. Von seinen Kompagnons hochgeschätzt, erhält er kostbare Geschenke für seine Kirche, wenn sie Beute gemacht haben. Andererseits hören sie auf seinen Rat, die Behandlung ihrer Gefangenen zu mildern.

Dies alles beginnt im Frühjahr 1694, zwei Jahre nachdem Pater Jean-Baptiste Labat auf Martinique angekommen ist.

»Am Donnerstag, dem 4. März 1694, besuchte ich in Saint-Pierre unseren Nachbarn M. Pinel, den Kapitän der Flibustiers, der Kommandant einer Korvette von sechs Kanonen ist, die ›Malouine‹ oder ›Volant‹ heißt. Am Vorabend war er mit zwei englischen Schiffen angekommen, die er vor Barbados gekapert hatte. Das eine der Schiffe hatte zwölf Kanonen und das andere achtzehn; es war reich beladen direkt aus England gekommen.

Er empfing mich mit aller Freundlichkeit, und als er erfuhr, daß ich gerade die Kirchengemeinde von Macouba übernommen hatte, bot er sich an, mir bei der Einrichtung behilflich zu sein. Er schenkte mir gleich sechs schöne Flaschen, zwölf Kristallgläser sowie zwei Käserollen aus England. So begann die Freundschaft, die er für mich empfand und die bis zu seinem Tode andauerte.

Ich kaufte noch weiteren Proviant, der mir fehlte, und ließ ihn mit meinem Koffer, meiner Matratze und anderen Sachen zu meinem Boot bringen. Es war meine Absicht, am nächsten Tag zu meiner Gemeinde zurückzukehren, doch hielt mich unser Père Superieur noch dort, um einem Hochamt beizuwohnen, das die Flibustiers von M. Pinel am folgenden Tag feiern wollten, wobei sie in Erfüllung eines Gelübdes, das sie während des Kampfes mit den beiden englischen Schiffen getan hatten, kommunizieren wollten.

Am Freitag waren wir den ganzen Morgen über damit beschäftigt, den Flibustiers die Beichte abzunehmen. Die Messe zu Ehren der Jungfrau wurde in aller Feierlichkeit begangen. Ich las sie und segnete dabei drei große Brote, die vom Kapitän vorgebracht wurden, der von seinen Offizieren, dem Tambour und den Trompetern begleitet war. Die Korvette und die beiden Beuteschiffe, die vor der Kirche vor Anker lagen, feuerten beim Beginn der Messe, bei der Erhebung des heiligen Sakraments, beim Benedictus und am Ende des Te Deum, das nach der Messe gesungen wurde, aus sämtlichen Kanonen. Alle Flibustiers kamen zur Opfergabe, und jeder brachte eine Kerze und ein 30-Ecus-Stück dar. Diejenigen, die kommunizierten, taten dies mit großer Frömmigkeit und Bescheidenheit.

Nachdem ich mein Frühstück eingenommen hatte, ging ich an Bord der Korvette und der erbeuteten Schiffe. Ich konnte nicht begreifen, wie dieses kleine und nur mit sechs Kanonen bewaffnete Schiff, dessen Kanonen nur sechs- und vierpfündige Kugeln hatten, es gewagt haben konnte, diese beiden so

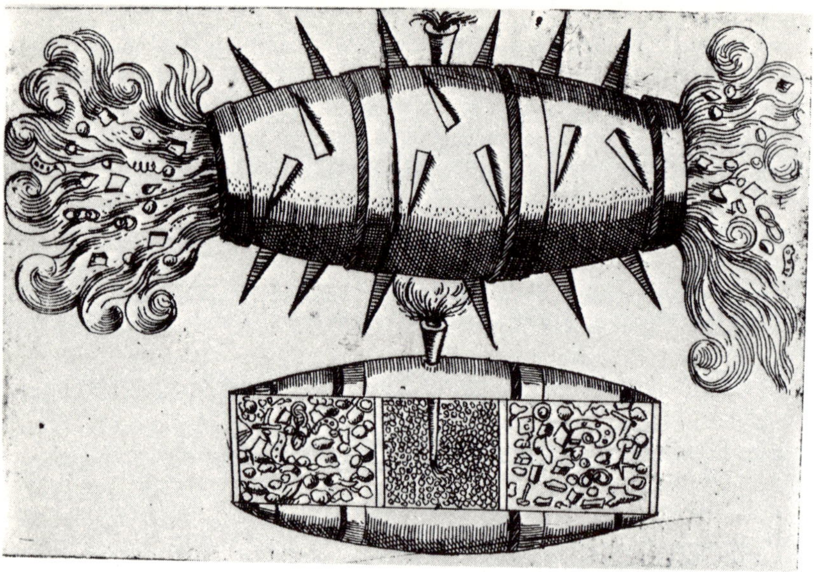

Eine der von Pater Labat beschriebenen gespickten Granaten

großen Schiffe anzugreifen, von denen das eine achtundfünfzig Mann Besatzung und das andere fünfundvierzig Mann an Bord hatte. Beide hatten vorn und hinten Ladepforten für die Kanonen, Schießscharten, Unterstände zum Feuern und gespickte Granaten. Diese waren an gekreuzten Ketten befestigt, wobei die Öffnung der Granate sich unterhalb der Schanze befand, von wo sie abgefeuert wird. Ich bemerkte Geschütze aus Gußeisen, in die fünfundzwanzig oder dreißig Musketenkugeln eingelegt werden können, und ich weiß nicht wieviel anderes Gerät, das noch mehr zu meiner Verwunderung darüber beitrug, wie man so viele Hindernisse hatte überwinden können, um diese zwei Festungen zu erobern. Ein Flibustier, mit dem ich mich unterhielt, sagte mir, daß allen Kanonen und den anderen Verteidigungsmitteln nicht zuviel Aufmerksamkeit gebühre, da es genüge, ein Schiff zu sichten und sich ihm schnell nähern zu können, um der Beute sicher zu sein. Die Kanonen ihrer Korvette seien wahrhaft eher ein Sinnbild denn eine Notwendigkeit, da sie sie fast nie benutzten. Sie nähmen beinahe ausschließlich ihre zwei Jagdgeschütze, wenn sie ein Schiff von vorn oder von hinten angriffen, und ihre Musketen genügten ihnen dann schon, um es in solche Bedrängnis zu bringen, daß der Kapitän sich entschließen konnte, es zu entern.

Ich wollte wissen, wie der Kampf verlaufen war. Er erzählte mir, daß sie, sobald der Ausguck oben im Masten die beiden Schiffe gemeldet habe, mit vollen Segeln darauf zugehalten hatten. Als die beiden Schiffe merkten, daß die Korvette beträchtlich aufholte, glaubten sie, es nicht nötig zu haben zu fliehen. Sie bildeten sich sogar ein, die besiegen zu können, die sich ihnen da näherten. Darum refften sie sogar ihre Segel, um sie zu erwarten. Bald war man in Schußweite aufeinander zugekommen, und man wandte sich zunächst an das größere Schiff, das aus seinen Kanonen heftiges Feuer abgab. Allerdings war der Musketenbeschuß gering, wie es bei den Engländern üblich ist. Es wurde eine dreiviertel Stunde lang mit Kanonen und Musketen gekämpft. Dann schwang sich M. Pinel mit siebzig seiner Leute auf das Schiff hinüber. Jene, die von vorn eindrangen, fanden zufällig eine kleine Treppenluke. Die Engländer hatten vergessen, sie zu schließen, als sie sich unter die Schanzen zurückzogen. Sie warfen ein mit Pulver gefülltes Faß hinein, das von vier oder fünf brennenden Luntenenden umwickelt war, so daß das Pulver in dem Augenblick zündete, als das Faß beim Aufschlag zerbrach. Hierbei gerieten sieben oder acht Engländer auf so schreckliche Art und Weise in Brand, daß sie um Gnade baten.

So bemächtigte man sich des Vorderdecks, was viel Mühe gekostet und unsere Leute zwischen zwei Feuer gebracht hatte. Inzwischen hatten nämlich jene, die auf der Brücke waren, eine geladene Kanone gefunden, richteten sie gegen das Achterdeck und schossen auf die dortige Verschanzung, wo sie großen Schaden anrichteten, während jene, die auf das Deck gestiegen waren, die Munitionskisten mit Pistolenschüssen durchlöcherten, so daß sie unbrauchbar wurden. Andere rissen die gespickten Granaten heraus, und wieder andere zerschlugen mit Beilen den oberen Teil des Vorderdecks, um dort eine Ladeluke zu schaffen, während jene, die auf der Brücke geblieben waren und sich hinter dem Beiboot verschanzt hatten, das die Engländer unvorsichtigerweise auf der Brücke gelassen hatten, so erfolgreich auf die Schießscharten und die Luken der Verschanzung schossen, daß der Schwung der Engländer bald nachließ, da sie eine Reihe von Toten und Verletzten hatten.

Der Kampf wurde jedoch erst durch einige Pulverfässer und Granaten beendet, die durch die Luken geworfen wurden, die man an Deck durch Einschläge geschaffen hatte. Die Engländer waren nun so bedrängt, daß sie um Gnade baten und sich ergaben. Fünfzehn ihrer Männer waren getötet und ungefähr zwanzig verletzt worden. Von unseren Flibustiers kamen vier Männer auf dem Schiff um, fünf wurden verletzt. Vor dem Entern hatten sie bereits sechs Mann verloren.

Während man auf dem einen Schiff kämpfte, feuerte das zweite englische Schiff ununterbrochen auf die Korvette, die ihm mit ihren Kanonen und Musketen antwortete. Dabei entfernte sich der Engländer nie weit von dem geenterten Schiff und seinen Leuten, die dort kämpften, da der Erfolg des Kampfes zunächst noch ungewiß war. Sobald sie aber sahen, daß der Sieg den Unsrigen gehörte — als die Fahne eingezogen wurde —, ergaben auch sie sich, ohne den Leuten unserer Korvette die Mühe zu bereiten, auch ihr Schiff entern zu müssen. Hätten sie sich früher ergeben, so wären vier

Männer ihrer Mannschaft am Leben geblieben und nicht noch acht oder neun Mann verletzt worden, wie unsere Leute feststellten, als sie sich auch dieses Schiffes bemächtigten.

Wenn ein zum Kampf auslaufendes Schiff den Flibustiers, die an Bord sind, selbst gehört, wird die Beute zu gleichen Teilen aufgeteilt. Der Kapitän, der Quartiermeister, der Arzt und der Steuermann erhalten außer ihrem Anteil nur ein Geschenk, das die anderen ihnen zukommen lassen. Hinsichtlich der Plünderung wird wiederum geteilt, ohne daß sich jemand widerrechtlich den Wert eines Ecu aneignen dürfte. Tut er es doch, so verliert er seinen Gewinnanteil an der ganzen Reise und wird oft auch mit der Degradierung bestraft, was bedeutet, auf irgendeiner verlassenen Insel ausgesetzt oder von Bord gejagt zu werden.

Gehört das Schiff nicht der Mannschaft, so erhalten sein Reeder oder der Besitzer ein Drittel der Beute als Ersatz für das Schiff, den Proviant, das Pulver, die Kugeln und die Granaten. Die übrigen zwei Drittel werden unter der Mannschaft verteilt, nachdem vor allem anderen der zehnte Teil für den Admiral oder den Gouverneur, der ihnen die Kommission erteilt hat, entnommen worden ist und der Arzt, die Verletzten und die Invaliden ausbezahlt sind.

Ob eine Beute gemacht wird oder nicht, so sind die Reeder und die Flibustiers verpflichtet, die Fahrt fortzusetzen, bis man genügend eingenommen hat, um die Verwundeten und Invaliden zu bezahlen. Der Anteil der Toten geht an ihren Matrosen oder Kameraden oder, wenn sich ein solcher nicht findet, an ihre Erben, sofern diese bekannt sind. Sonst verteilt man ihn an die Armen und an die Kirchen, damit diese Fürbitte für den Verstorbenen einlegen können.

Man tut dies lieber, als das Geld in die Hände des Staates fallen zu lassen, denn das ist bekanntlich ein Abgrund, der alles aufnimmt, ohne jemals etwas zurückzugeben.

Derjenige Matrose, der das Schiff, das man eingenommen hat, entdeckte, erhält einen halben Anteil mehr als die anderen. Und jeder Schiffsjunge hat einen halben Anteil. Im allgemeinen hat das Geschenk, das dem Kapitän gemacht wird, den Wert von drei, manchmal vier Anteilen. Der Quartiermeister, der der zweite Mann an Bord ist, bekommt zwei Anteile, während der Lotse und der Arzt je anderthalb Anteile erhalten.

Vor dem Frieden von Rijswyck wurden die Anteile in Bargeld ausgezahlt. In diesem letzten Krieg jedoch haben die Bürger und Reeder es für besser erachtet, die Sachen verkaufen zu lassen und anschließend den Verkaufserlös zu teilen. Dies ist jedoch Anlaß für unendliche Gaunereien, sowohl seitens der Reeder als auch von seiten der Quartiermeister, und die Nachlässigkeit jener, die Abhilfe hätten schaffen können, hat das Desertieren einer großen Anzahl von Flibustiers verursacht.

Als ich die Korvette und ihre Beute genügend betrachtet hatte, wollte ich ein

Faß Butter und eine Kiste Kerzen kaufen. Ich fragte den Quartiermeister nach dem Preis, und er antwortete mir sehr unverbindlich, daß ich wählen könne, was ich wolle; wir würden uns nachher sicher einig. Ich wählte also ein Faß Butter von etwa fünfundzwanzig Pfund und eine Kiste Kerzen gleichen Gewichts aus. Als ich jedoch wissen wollte, was ich zu bezahlen hätte, sagte er mir, die Beute sei so beträchtlich, daß er mir diese Kleinigkeiten sowie noch fünfzig Flaschen Bier und Cider zum Geschenk machen könne. Er werde alles in mein Boot bringen lassen, denn dies sei das Geringste, das er mir für die Mühe anbieten könne, die ich durch das Lesen der Messe für sie gehabt hätte, und er hoffe, ich werde sie in meine Gebete einschließen.

In Europa wird man diese Manieren der Flibustiers außergewöhnlich finden, da man ihnen weniger Frömmigkeit zutraut. Jene aber, die Amerika kennen, wissen, daß die Flibustiers hier sehr großen Wert darauf legen, ihre Güter den Kirchen zukommen zu lassen, und daß sie, wenn sie in ihren Prisen Kirchengewänder oder Stoffe finden, aus denen man solche anfertigt, es nie versäumen, diese den Kirchen zu schenken, die sie besuchen ...«

Ein Picknick nach Art der Buccaneers

»Eines Tages kamen einige unserer Patres nach Fond St. Jacques, um einen unserer Brüder zu besuchen, der das Gelbfieber hatte. Um sie zu erfreuen, arrangierte ich nach Art der Buccaneers ein Boucan im Walde. Dies bereitete mir selbst viel Freude, und ich lud meine Freunde und all unsere Patres, die in der Nähe waren, zu dem Picknick ein.

Ein ›Cochon Boucan‹ wird immer im Walde abgehalten. Bei dieser Gelegenheit tut jedermann so, als ob er einer der Buccaneers wäre, die ein Schwein für sich selbst zubereiten, wobei sie sich so ziemlich in der gleichen Weise vergnügen, als ob es ein Festtag sei. Einer der Unterschiede zwischen meinem Boucan und dem der Buccaneers war allerdings der, daß sie Wildschweine nehmen, während ich mich mit einem Hausschwein zufriedengeben mußte. So ließ ich am Abend zuvor ein Schwein schlachten und ausnehmen und in den Wäldern etwa anderthalb Kilometer von unserem Hause entfernt am Ufer des Flusses einen Platz vorbereiten. Hier wurde ein großes Ajoupa gebaut. Ein Ajoupa ist eine aus leichten Pfählen errichtete Hütte, bedeckt mit Balisier- und Cachibou-Blättern, die den Regen abhalten. Bei Tagesanbruch schickte ich das Schwein und die anderen Dinge, die ich vorbereitet hatte, zum Ajoupa — auch das Wichtigste von allem, den Wein, damit er im Fluß gekühlt würde.

Als alle Gäste angekommen waren, wanderten wir zum Boucan, wo wir um etwa neun Uhr früh ankamen. Als erstes machte sich, wie bei diesen Gelegenheiten üblich, jedermann an die Arbeit. Die bequemsten mußten für jeden Buccaneer zwei Brochettes anfertigen. Zu diesem Zweck schneidet man fingerdicke Zweige, die geschält und geglättet werden müssen. Eines der Brochettes sollte zwei Spitzen haben, während das andere nur eine Spitze haben darf. Die anderen Gäste bauten den Boucan. Dies ist ein Grill, auf dem das ganze Schwein gebraten wird. Zum Bau des Boucans werden vier gegabelte Stöcke, etwa einen Meter lang und so dick wie der Arm eines Mannes, in den Boden getrieben, um ein viereckiges Gestell zu formen, das etwa einen Meter zwanzig lang und einen Meter breit ist. Kreuzstücke aus Holz werden in die Gabeln dieser Pfosten gelegt. Hierauf arrangiert man den Grill, der ebenfalls aus Stöcken besteht, und die ganze Konstruktion wird mit Lianen festgebunden. Dann legt man das Schwein mit dem Rücken nach unten auf dieses Bett, wobei der Bauch weit offen bleibt und mit Hilfe von Stöcken in dieser Position gehalten wird. Damit verhindert man, daß der Bauch sich wieder schließt, sobald das Feuer angezündet wird.

Während alle tüchtig bei der Arbeit waren, all dies vorzubereiten, zündeten die Sklaven einen großen Haufen Holz an, den sie am Tag zuvor geschlagen hatten. Sobald das Holz glühte, gaben die Sklaven es unter das Schwein,

Kartusche einer Landkarte der Insel Martinique aus der Zeit Pater Labats

Der Golf von Darien sah alle Freibeuter und Buccaneers, die Rang und Namen hatten

wobei sie Baumrinden benutzten, um die glühenden Stücke zu tragen. Es ist nämlich gegen alle Sitten der Buccaneers, irgendeinen Metallgegenstand, wie Schaufeln, Zangen oder Platten, geschweige denn Besteck oder Geschirr, zu benutzen. Sogar Tafeltücher sind verboten, da sie sich zu sehr von der Einfachheit der Buccaneers unterscheiden.

Ich habe vergessen zu sagen, daß der Bauch des Schweines zuvor mit Limonensaft, viel Salz und gemahlenem Piment gefüllt werden muß. Obwohl nämlich das Schweinefleisch in Amerika ausgezeichnet und sehr viel zarter als in jedem anderen Land ist, sind diese Zutaten doch notwendig, um es wirklich zu einem Genuß werden zu lassen.

Während das Schwein briet, nahmen jene, die dies wünschten, ein kleines Frühstück zu sich. Es ist auch nicht gegen die Spielregeln, schon ein wenig Wein zu trinken, vorausgesetzt, er wird aus einem Kürbis und unverdünnt getrunken, denn die Buccaneers mischen niemals Wasser in ihren Wein. Sie trinken entweder klares Wasser, Rum oder Wein.

Es ist zunächst noch erlaubt, das zu essen, was man sich von zu Hause mitgebracht hat; sobald aber vom Schwein gekostet worden ist, so ist es gegen die guten Sitten der Buccaneers, irgend etwas anderes zu essen. Da es jedoch keine Regel gibt, die so streng wäre, als daß sie nicht irgendwo eine Ausnahme erlaube, so genehmigt man es doch gelegentlich einigen der Gesellschaft, Wasser in ihren Wein zu mischen. Dies ist wichtig, weil, wenn man noch Novize des Ordens der Buccaneers ist, es nicht weise sein würde, die ganze Schwere des Gesetzes ins Feld zu führen. An diesem Punkt möchte ich nebenbei bemerken, wieviel mehr Gerechtigkeit und guten Sinn es in diesem Orden gibt, als in manchem, den ich benennen könnte, wo gerade von den Novizen verlangt wird, weit mehr zu leisten und pünktlicher und exakter zu sein als die älteren Mitglieder.

Nach dem Frühstück tat wieder jeder seinen Teil der Arbeit. Die einen gingen auf die Jagd, und die anderen sammelten Balisier- oder Cachibou-

Ein Schwein für das Picknick à la Boucan

Blätter, wobei die besonders großen als Tafeltuch und Servietten dienen sollten. Wieder andere sahen nach dem Schwein und achteten darauf, daß es langsam briet und das Fett das Fleisch gut durchzog. Dies wird herbeigeführt, indem man das Schwein mit der Spitze einer Brochette sticht, wobei man allerdings sehr vorsichtig sein muß, daß die Brochette die Haut nicht ganz durchdringt, wodurch Fett in das Feuer tropfen könnte.

Sobald das Boucan genügend gebraten war, wurden die Jäger mit Hilfe von ein paar aufeinanderfolgenden Schüssen zurückgerufen. Dies gehört zu den Regeln, da Uhren den Buccaneers unbekannt sind. Als die Jäger ankamen, wurde ihr Wild entweder gerupft und ebenfalls in den Bauch des Schweines gesteckt oder aber enthäutet und neben dem Feuer plaziert, damit es röste. Jäger, die nichts brachten, konnten sich nicht damit entschuldigen, nichts gesehen zu haben. Ihnen wurde befohlen, zurückzugehen und irgend etwas zu schießen oder Buße zu leisten. Wenn sie schon alte Buccaneers waren, so wurden sie auf der Stelle bestraft, indem sie nacheinander so viele coups, das heißt Kürbisschalen, austrinken mußten, wie die erfolgreichsten Jäger Vögel gebracht hatten. Die einzige Gnade, die ihnen in dem Fall erwiesen werden konnte, wenn irgendein Mißgeschick und nicht Bequemlichkeit die Ursache ihres Vergehens darstellte, war die, ihnen die Wahl des Getränks freizustellen. Im Fall von Novizen — so werden jene genannt, die zum erstenmal an einem Boucan teilnehmen — hängt die Strafe vom Meister des Boucan ab. Es ist seine Sache, mit größter Weisheit und unter Berücksichtigung der Schwäche des Sünders das richtige Strafmaß zu bestimmen.

Nach dem Gebet setzten wir uns nieder an einen Tisch, der so solide war, daß nichts außer einem Erdbeben ihn hätte erschüttern können, da er die Erde selbst war, bedeckt mit Farnen und Blättern. Jeder legte seine zwei Brochettes, sein Messer, seine Kürbisschale zum Trinken und ein Cachibou-Blatt neben sich. Dieses Cachibou-Blatt wird zu einem Viereck geschnitten, die vier Ecken werden nach oben genommen und von dünnen Lianen zusammengehalten, so daß sich ein Körbchen bildet. Jeder gibt Schweinefett in sein Körbchen und würzt es sich je nach Geschmack entweder süß oder pikant. Ich hatte Servietten und Brot besorgt, obwohl es gegen die Sitten ist, denn echte Buccaneers kennen die Verwendung von Servietten überhaupt nicht, und außerdem essen sie gebackene Feigen anstelle von Brot.

Der Meister des Boucan schneidet die ersten Teile für jedes Mitglied der Gesellschaft ab. Bewaffnet mit einer großen Brochette in der Linken und einem großen Messer in der Rechten, nähert er sich dem Schwein, das in seinem friedvollen Bett über dem jetzt kleineren Feuer liegt. Er schneidet große Stücke Fleisch heraus, ohne dabei die Außenhaut zu beschädigen, und legt sie auf Balisier-Blätter, welche die Diener zu den Gästen tragen. Ein großer Kürbis voller Fett und ein anderer mit Limonensaft, Pfeffer, Salz und Piment stehen in der Mitte, damit sich jeder der Gäste seine Soße würzen kann. Sobald der erste Gang beendet ist, stehen die älteren Buccaneers auf, um die übrigen zu bedienen. Zuletzt gehen die Novizen das Schwein an; sie haben diese Kunst inzwischen gelernt, indem sie die Älteren beobachteten.

Ich glaube, es ist nicht notwendig zu sagen, daß es eine der wichtigsten Sachen bei einem Boucan ist, ständig zu trinken. Die Regel befiehlt es, die Soße lädt einen zum Trinken ein, und nur wenige machen in dieser Hinsicht einen Fehler. Aber da der Mensch sündig ist und oft fällt, wenn er niemanden hat, der ihn an seine Pflichten erinnert und ihn korrigiert, muß der Meister des Boucan seine Gruppe im Auge behalten. Sollte er irgend jemanden untätig oder gleichgültig sehen, so lenkt er sofort jedermanns Aufmerksamkeit auf diese Tatsache. Der Delinquent muß sodann als Buße eine große Kürbisschale austrinken, was ohne Zweifel eine Strafe ist, da diese Schale immer mit Wein vollgehalten wird.

Auf diese harmlose Art und Weise verbrachten wir den Tag mit dem größtmöglichen Vergnügen, denn der gute Wein, der die Seele eines jeden Mahls ist, verfehlt nie seine Wirkung. Ich hatte ihn aus Frankreich, Madeira und den Kanarischen Inseln importiert, und er war im Fluß so gut gekühlt worden, als hätte er auf Eis gelegen.

Wir waren zu zwanzig Personen auf diesem Buccaneer-Fest, und ich hatte mehr als zwanzig Sklaven mitgebracht, die uns bedienen sollten. Das Schwein, das wir gegrillt hatten, war sehr groß gewesen, und es sah zuerst so aus, als ob es für sehr viel mehr Leute reichen würde. Trotz des großen Frühstücks aßen wir das Boucan aber mit so großem Appetit, daß für unsere Neger nichts zu essen geblieben wäre, wenn ich für sie nicht etwas anderes mitgebracht hätte. Als wir zum Haus zurückkehrten, ließ ich einen kleinen Imbiß servieren; dies mehr der Form halber, als daß wir ihn benötigt hätten. Danach ritten meine Gäste nach Hause, sehr begeistert von den unschuldigen Vergnügungen des Tages ...«

Im Kampf gegen den englischen Korsaren George Roche

»Zu Beginn des Jahres 1697 wurde ich vom Gelbfieber in seiner schlimmsten Form befallen. Ich spie große Mengen Blut, wurde am ganzen Körper blaurot und litt an Krämpfen. Tatsächlich gaben meine Missionarskollegen mich auf, obwohl ich selbst fest entschlossen war, wieder gesund zu werden. Ein langer Schlaf und reichliches Schwitzen machten die Kur schließlich erfolgreich. Als ich erwachte, war ich doch sehr überrascht, in meiner Zelle statt einem Bett zwei zu sehen. Da sie mich nicht stören wollten, hatten meine Freunde das durchnäßte Bettzeug gewechselt und mich jedesmal von einem Bett in das andere gelegt, ohne mich zu wecken.
Auch fühlte ich mich schrecklich hungrig, und die Invalidenfleischbrühe, die sie mir gaben, schien mir wie ein Tropfen Wasser zu sein. Ich ließ meinen Pflegern keine Ruhe, bis sie mir Fleisch und Brot brachten — wohl, um zu verhindern, daß ich meine Drohung erfüllen würde, aufzustehen und es mir selbst zu besorgen.
Nach einer Woche fortschreitender Erholung sagte ich meinen zwei Sklaven, die ich nach Saint-Pierre mitgebracht hatte, drei Stunden vor Tagesanbruch mein Pferd zu holen und zwei oder drei gebratene Hähnchen und Brot und Wein für uns alle zu besorgen und niemandem davon zu erzählen, daß ich abzureisen gedächte. Der Grund für diese plötzliche Abreise war, daß ich von Ameisen geplagt wurde. Während ich krank gewesen war, hatte sich auch nicht eine einzige in meiner Nähe gezeigt, was als ein Zeichen des

Mouillage. Zweites und drittes Fenster von links im Parterre: das Zimmer, in dem Pater Labat sein Refugium hatte

nahenden Todes gewertet worden war. Doch nachdem die Krise überwunden war, erkannten die Ameisen, daß sie sich geirrt hatten, und kamen nun in solch gewaltigen Massen, als ob sie entschlossen wären, mich bei lebendigem Leibe aufzufressen. Um nun lange Diskussionen mit dem Arzt zu vermeiden, machte ich mich davon, ohne mich von irgend jemanden zu verabschieden. Die Sklaven gehorchten, und so stahlen wir uns während der Nacht leise davon, außer meinem Mantel alles zurücklassend; diesen mußte ich wegen der Kälte anziehen. Während ich in den Sattel stieg, schwindelte mir, und ich bat deshalb einen der Sklaven, neben mir zu gehen, um mich notfalls aufzufangen, wenn ich herunterfallen sollte. Der andere hielt sich dem Pferd voraus, damit es nicht stolpere. Um sieben Uhr morgens hielten wir an, um zu essen. Ich gab den Sklaven ein Hähnchen und verzehrte innerhalb von ein paar Minuten das andere vollständig. Dann bat ich noch um die zweite Hälfte des anderen und warnte sie, ihren Anteil schnell zu verzehren. Gut für sie, daß sie diesen Rat befolgten, sonst hätten sie tatsächlich ohne Mahlzeit weitermarschieren müssen. Nach eineinhalb Hähnchen fühlte ich mich nämlich noch ebenso hungrig, als ob ich drei oder vier Tage lang nichts gegessen hätte.

Mein Gesicht und meine Hände waren noch immer mit roten Pusteln bedeckt, und die Leute starrten mich zu Tode erschrocken an, als ich vorbeizog. Beim nächsten Halt bat ich um etwas zu essen, aß wie ein Verhungernder, schlief in einer Hängematte, bis man mich zur regulären Essenszeit weckte. Dann kehrten wir zum Fond Saint-Jacques zurück, zum höchsten Erstaunen meines Abts. Mir auf den Fersen folgte ein Kurier mit einem Brief der Priester von Saint-Pierre, der die Nachricht von meinem Verschwinden beinhaltete und besagte, daß, wenn ich die Zuckerplantage lebendig erreiche, man mich isoliert unter Beobachtung halten müsse, bis die Pusteln verschwunden und kein Rückfall mehr zu befürchten sei, der sich fatal auswirken würde.

Ich versprach ihnen alles, um was sie mich baten, solange ich nur etwas zu essen haben konnte. Doch am nächsten Morgen war ich schon wieder früh heraus, um zu Pferde die Arbeiten in der Plantage zu inspizieren, wobei sich keine Auswirkungen der Krankheit mehr zeigten, bis auf den Wechsel der Hautfarbe und einen ständigen Heißhunger, der drei Monate lang anhielt. Nur dank der Ausübung schärfster Kontrolle gelang es mir, mich nicht Tag und Nacht vollzustopfen. Man betrachtete mich danach als den außergewöhnlichsten Fall, den die Ärzte hier je gesehen haben.

In jenem Sommer kamen weitere Missionare aus Frankreich an, und es wurde mir ein junger Assistent zugeteilt, Jean Mondidier. Er erwies sich — bis auf einen Fehler — als sehr zufriedenstellend: Er hatte eine Leidenschaft für den Schießsport. Ich sorgte mich ständig, daß entweder er oder der Negerboy, der mit ihm hinausging, Opfer von Schlangenbissen werden würden, und da er mehr Schießpulver verbrauchte als jeder andere für vier

Schüsse, opferte er seinem Amüsement weit mehr Zeit als seiner eigentlichen Arbeit. Es war mir verdächtig, daß eine Menge Schießpulver, die für Sprengarbeiten in Steinbrüchen beiseite gelegt worden war, rapide weniger wurde, doch gab Mondidier bei einer Befragung nicht zu, daß er davon ›borgte‹.
Ein paar Tage später waren wir beide zu einem Essen bei unserem Bruder in Grand Ance eingeladen. Während wir noch bei Tisch saßen, kam es zu einem donnernden Gewitter, wobei das Missionshaus von Fond Saint-Jacques vom Blitz getroffen wurde. In aller Eile wurde nach uns geschickt, und wir galoppierten nach Hause, um festzustellen, daß ein gewaltiger Regenguß unseren Leuten geholfen hatte, das Feuer beinahe unverzüglich wieder zu löschen. Das Dach war an tausend Stellen durchlöchert, als ob es von einer mit Musketenkugeln geladenen Kanone bombardiert worden wäre; sämtliche Dachziegel meines Zimmers waren zerbrochen, glücklicherweise, ohne daß etwa achtzig Pfund Schießpulver explodiert waren, die ich in eine Kiste getan hatte, da sie den Rest meines schwindenden Sprengstoffvorrats darstellten. Doch — wie um einen Beweis zu erbringen — hatte der Blitz sowohl das Bett als auch die Kiste in Mondidiers Kammer zerfetzt, wobei seine Möbel und Kleider über Hof und Garten verstreut worden waren, während nichts heil blieb außer ein paar Paketen dicken Papiers, die fast zwanzig Pfund Schießpulver enthielten, das er stibitzt hatte. Das Schießpulver war zu Asche geworden und sah aus wie ein schwarzer Stein, der leicht nach Sulfat roch.
Der junge Sportler war von diesem Anblick so beeindruckt, daß er seinen Geschmack am Schießen verlor, sich mehr für seine religiösen Pflichten zu interessieren begann und anfing, als Zeitvertreib Kolibris zu dressieren.
Obwohl England und Frankreich sich praktisch im Kriege befanden, wurde zu dieser Zeit über den Frieden verhandelt, und die Engländer beschlossen, uns vor dem Frieden noch schnell einen Schlag zu versetzen.
Sie entsandten so viele Korsaren in die See wie nur möglich, und wir versäumten es nicht, unsererseits dasselbe zu tun. Einer der englischen Korsaren namens George Roche, der ein Schiff mit acht Kanonen und siebzig bis achtzig Mann Besatzung hatte, kam in der Nacht vom 14. zum 15. Oktober 1697 in Marigot an. Dieser kleine Ort bestand seinerzeit aus nur sieben oder acht Häusern mit ebenso vielen Zuckermagazinen.
Roche brachte etwas mehr als sechzig Mann in zwei Kanus an Land, und dies mit viel Glück, da die Bewohner, die eigentlich Wache hatten, in der pechschwarzen Nacht nach Hause gegangen waren, da sie wegen des Sturms glaubten, es sei nichts zu befürchten. Der Korsar war so an Land gekommen, ließ zwei Mann als Wache bei jedem Boot und teilte seine Truppe auf. Eine Gruppe sollte die Häuser des Ortes vorsichtig inspizieren, und der andere, größere Teil, ging zu den Hütten der Neger, die der Witwe des Sieur de Verpre gehörten, um sie zu entführen, was wohl das Ziel ihres Unternehmens war. Zu ihrem Unglück befand sich in der ersten Behausung,

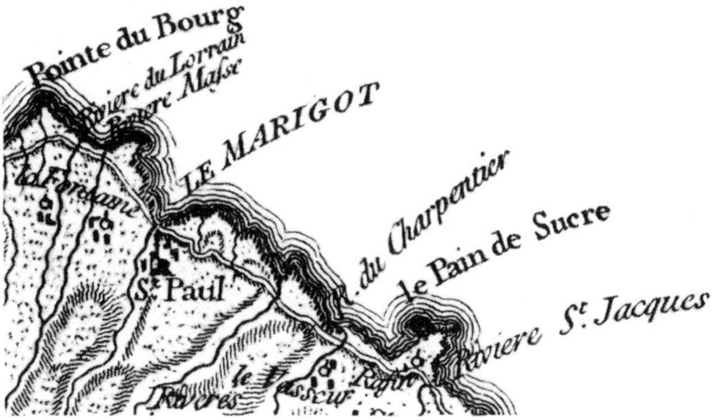

Schauplatz des nächtlichen Abenteuers: Le Marigot-St. Jean auf Martinique

die sie erstürmen wollten, ein bewaffneter Neger. Als dieser hörte, daß sie die Tür einzuschlagen versuchten und englisch sprachen, gab er einen Schuß ab und tötete sofort einen Engländer. Ein anderer Engländer antwortete ihm unverzüglich mit einem Schuß aus seiner Pistole. Der Aufseher, dem diese Hütte gehörte, war durch das wütende Gebell der Hunde erwacht und stand auf. Er zweifelte nicht daran, daß Engländer gelandet waren, und gab schon einen Schuß aus seiner Flinte ab, während er noch das Haus verließ. Dadurch war nun überall Alarm gegeben. Die Engländer, die ein großes Haus neben dem der Neger sahen, glaubten, es gehöre dem Herren. Sie umzingelten es, und nachdem sie unter größten Schwierigkeiten die Tür aufgebrochen hatten, stellten sie fest, daß es nur ein mit Zucker angefülltes Lager war. Dieser Zwischenfall gab einigen Negern Gelegenheit zu fliehen und sich in der Schlucht unweit ihrer Häuser zu verstecken. Inzwischen lief eines der Kinder der Witwe mit zwei oder drei anderen Personen, denen sich der Aufseher angeschlossen hatte, zum Meer, um zu versuchen, die Boote der Engländer zu erobern und zu zerstören.

Die Engländer waren noch mit der Suche nach den Negern beschäftigt. Inzwischen waren jedoch die Einwohner der Ortschaft erwacht, griffen zu den Waffen und beschossen die Engländer, die sich noch in der Umgebung ihrer Häuser befanden. Zwei der Feinde wurden dabei getötet und ein Einwohner leicht verletzt. Die Schüsse wunderten jene, die sich auf der Suche nach den Negern befanden, und sie begannen, um ihre Boote zu fürchten, die ja nur von vier Mann bewacht wurden. Mit Recht erkannten sie, daß es Zeit war, sich zurückzuziehen, da der Verlust ihrer Boote zweifellos ihr Ende bedeutet und sie der Wut der Einwohner preisgegeben hätte. Gastfreundschaft konnten sie von ihnen auch kaum erwarten, da sie mit der Waffe in der Hand gekommen waren, um zu plündern.

Beim Rückzug verloren sie noch einen Mann und erreichten ihre Boote just in dem Moment, als einer der beiden Bewacher getötet wurde und der andere sich hinter einen großen Felsen warf, um nicht das gleiche Schicksal zu erleiden. Die Unsrigen hatten sich geteilt, um die Boote zu suchen, da sie nicht am normalen Ankerplatz lagen. Deshalb waren die drei Leute, die sich am richtigen Ort befanden, gezwungen, die zwanzig oder fünfundzwanzig Engländer mit zwei gefangengenommenen Negern in die Boote steigen zu lassen.
Nachdem sie sich eingeschifft hatten, eröffneten die Unsrigen das Feuer auf die Engländer, um sie zu veranlassen, abzufahren und diejenigen ihrer Kameraden zurückzulassen, die sich noch an Land befanden. In diesem Augenblick waren aber unsere Leute, die die Boote suchten, wieder zusammengetroffen, und es folgten ihnen noch einige andere. Sie fanden eine Gruppe Engländer, die sieben oder acht Neger in Fesseln mit sich führten. Dadurch, daß sie ziemlichen Widerstand leisteten, verzögerten die Neger ihren Marsch erheblich. Als die Engländer unsere Leute kommen sahen, ließen sie ihre Beute im Stich und flohen. Die Unsrigen schossen auf sie, und wieder wurden zwei Mann getötet und einer verletzt, den wir gefangennahmen. Dieser wurde von den Negern bewacht, die von den Fesseln befreit worden waren, während alle übrigen den Flüchtenden folgten, die jedoch wegen der Dunkelheit nicht eingeholt werden konnten. Sie erreichten bald den Rand des Meeres, warfen ihre Waffen weg und retteten sich schwimmend zu ihren Booten, von wo ab und zu Schüsse abgegeben wurden, um ihre Position zu kennzeichnen.
Wir haben nicht erfahren, welche Verluste sie noch in ihren Booten erlitten haben und ebensowenig, ob alle, die sich ins Wasser warfen, die Boote auch erreichten. An Land blieben sieben Tote und der Verletzte zurück.
Die Engländer hatten nichts als die zwei Neger erobert. Von den Unsrigen waren nur drei leicht verletzt worden.
Bald war nun der ganze Ort mit Waffen ausgerüstet. Der Alarm reichte bis zu uns im Fond Saint-Jacques, obwohl wir über eine Meile von Marigot entfernt waren, wo der Kampf stattgefunden hatte. Ich stieg sofort auf mein Pferd und begab mich mit unserem Zuckersieder und vier oder fünf bewaffneten Negern nach Marigot. Der Gefangene war glücklich, als wir in der Tasche eines der Toten die Kommission des Korsaren fanden; denn ohne diese wäre er als Pirat gehängt worden, bevor seine Kameraden Zeit gehabt hätten, ihn zu befreien. Als ich diese Kommission las, erfuhr ich den Namen des Korsaren, den ich später einmal kennengelernt habe.
Diese Landung verstärkte unsere Wachsamkeit, und wir verpflichteten jedermann, Wache zu halten. Obwohl ich nur einen einzigen weißen Mann in unserem Hause hatte, informierte mich der Sieur de Mareuil, Leutnant des Königs und Kommandant von Cabesterre, daß unsere Privilegien sich nicht auf das Allgemeinwohl bezogen und ich deshalb verpflichtet sei,

meinen Zuckersieder nach Sainte-Marie zur Wache abzugeben. Ich war diese hohen Ansprüche gewöhnt, die nur dem Zweck dienten, uns nach und nach die Privilegien und Rechte streitig zu machen, die uns von den Königen und vor ihnen von den Besitzern der Inseln zugestanden worden waren. Ich suchte den Sieur de Mareuil auf und wies ihn darauf hin, wie unmöglich es sei, daß das Wachkorps von Sainte-Marie unsere Hilfe in Anspruch nehmen könnte, wenn dort angegriffen würde. Der Ort liegt ungefähr anderthalb Kilometer entfernt und ist durch einen gefährlichen Fluß, der häufig nicht zu überqueren ist, von uns getrennt. Außerdem liegt ein Berg dazwischen, wodurch wir nicht einmal Schüsse hören könnten. Da sich der Besitz dieses Offiziers und seiner Familie in Sainte-Marie befand, hatte er natürlich ein Interesse daran, dort Wachen aufzustellen, um selbst geschützt zu sein, ohne sich jedoch um die restlichen Ortschaften zu kümmern.

Nach langem Reden sagte ich ihm entschieden, daß ich mir nicht den einzigen Weißen, den ich hätte, nehmen ließe, um seine Güter zu bewachen, während unsere der Plünderung ausgesetzt blieben — es sei denn, er und alle anderen Bewohner von Sainte-Marie würden sich schriftlich dahingehend erklären, daß uns jeder Schaden, den die Engländer uns zufügen sollten, von ihnen ersetzt werde. Mein Vorschlag verwirrte ihn natürlich, und da er mich als entschlossenen Menschen kannte, wenn ich im Recht war, sah er wohl ein, daß ich es nie zulassen würde, unsere Privilegien anzugreifen. Er sagte mir abschließend, er werde an den Generalgouverneur schreiben. Für die Zwischenzeit lautete sein Beschluß, daß ich nur unser Haus zu bewachen hätte, ohne auf Hilfe aus dem Quartier rechnen zu dürfen, in dem Fall, daß es angegriffen würde. Ich dankte ihm und ließ auf der Stelle eine Wachmannschaft in den Raffinerien in Ance du Fonds Saint-Jacques einsetzen, die sich nahe beim Strand befinden.

Ich richtete dort eine Wache von zwölf Negern ein, die bewaffnet waren. Mit sechs von ihnen wachte ich von neun Uhr abends bis ein Uhr nachts. Dann wurde ich vom Zuckersieder und sechs anderen Negern abgelöst. Da wir diese Wache in einer Zeit begannen, während der wir gerade keinen Zucker herstellten, kümmerte ich mich wenig um die Überanstrengung und Müdigkeit. Als wir jedoch wieder voll zu arbeiten begannen, stellte ich zwei weiße Arbeiter von unserem Nachbarn ein, die nun jede Nacht kamen.

Auf diese Weise verbrachten wir sechzehn Tage, bis sich zeigte, daß meine Vorsorge nicht unnütz gewesen war. Der Korsar, der in Marigot gelandet war, kam noch einmal zurück; entweder, um Rache zu nehmen, oder um etwas über den Verbleib seiner Leute zu erfahren, die ihm sicher fehlten. Er kam kurz nach Mitternacht zu unserer Ance. Die Neger, die Wachdienst taten, benachrichtigten mich sofort. Ich rief zu den Waffen und schickte einen kleinen Neger aus, der bei mir war, um dem Zuckersieder zu bestellen, sofort mit den anderen Negern herzukommen; jedoch ohne Lärm zu machen und entlang des Flußufers.

Inzwischen verbarrikadierte ich mich mit meinen Leuten hinter großen Felsen am Strand. Ich sah, wie ein großes Boot vom Schiff losgemacht wurde, in dem vielleicht fünfundzwanzig bis dreißig Männer waren, denen ein zweites folgte, das mir kleiner vorkam. Als das erste in Rufweite war, fragte ich, woher das Boot komme. Der Anruf, den sie nicht erwartet hatten, überraschte sie vollkommen, und man antwortete mir in gutem Französisch, daß sie aus Basseterre seien. Ich fragte, von welchem Schiff sie kämen und was sie hier suchten. Sie nannten mir ein Schiff, das vor einigen Tagen eingelaufen war, und sagten, daß sie nach einem Ankerplatz bei Sainte-Marie suchten, der ihnen nicht bekannt wäre. Dies genügte, mich davon zu überzeugen, daß sie Feinde waren. Um ihnen mit gleicher Münze heimzuzahlen, lud ich sie ein, an Land zu kommen, damit ich ihnen jemanden geben könne, um ihr Boot festzumachen. Doch da antworteten sie nicht mehr. Sie schienen sich einige Minuten lang zu beraten, was zu tun sei, und dann begannen sie, mit aller Kraft wegzurudern. Ich hatte einen Neger bei mir, der ein sehr guter Schütze war, und bat ihn, auf den Mann zu schießen, der das Boot steuerte. Er schoß und verfehlte sein Ziel nicht. Ich sah, wie der Mann, der hinten im Boot gestanden hatte, herunterfiel. Dann schossen wir einer nach dem anderen und, wie es schien, mit Erfolg; denn anstatt weiter voranzukommen, fiel das Boot immer weiter zurück. Sie hatten Glück, noch nicht an die großen Riffe geraten zu sein, denn das wäre ihr Ende gewesen. Ich hatte jedoch einen sehr großen Fehler gemacht, und meine Eile rettete sie ganz gegen meine Absicht. Doch die Nacht, obwohl sie ziemlich hell war, täuschte mich, und ich glaubte, sie seien näher heran gewesen, als ich Feuerbefehl gab. Wir luden schnell nach und gaben noch einige Schüsse ab. Inzwischen kam der Zuckersieder mit den restlichen bewaffneten Negern, denen bald alle Neger des Ortes folgten, ja, sogar die Frauen, alle mit Stöcken und Messern bewaffnet. Ich schickte ihn zum anderen Ende der Ance, denn mir schien, das kleine Boot sei dorthin getrieben. Er fand es dort tatsächlich, beschoß es und zwang es zum Rückzug. Das erste Boot, das noch einmal einen Versuch machte, an Land zu kommen, wurde unter Beschuß genommen und mußte sich ebenfalls zurückziehen.

Die beiden Boote fuhren dann zusammen gegen uns und eröffneten das Feuer. Ich befahl den nicht bewaffneten Negern, sich bäuchlings auf den Boden zu werfen, während wir ihnen mit Schüssen antworteten, so gut wir konnten. Nach sieben oder acht Salven jeder Seite zogen sie sich zu ihrem Schiff zurück und hißten Segel.

Der Leutnant des Königs und die Offiziere hielten ihr Wort, und niemand kam uns zu Hilfe. Ich war froh, denn man hatte gesehen, daß es richtig war, was ich gesagt hatte, daß ich sie nämlich gar nicht brauchte. Allerdings unterließ ich es nicht, mich nach Kräften zu beklagen. Alles, was ich erreichte, war, daß ich jetzt nur noch mehr um meinen Zuckersieder und die anderen weißen Leute, die ich noch hatte, bangen mußte ...«

Als Spion auf Barbados

»Meine Oberaufsicht über die Zuckerplantage endete im Jahre 1699, als ich so schwer erkrankte, daß ich glaubte, meine Zeit sei gekommen. Ich wurde all meiner Verpflichtungen entbunden und kehrte nach Macouba zurück, wo ich meine Tage zu beenden gedachte. Der dortige Arzt tat sein Bestes, doch war ich skeptisch hinsichtlich seiner Therapie. So suchte ich mir ein eigenes Heilmittel, eine Tinktur von Winden, die ich einnahm, ohne jemandem davon zu erzählen, denn ich hatte mir gesagt, entweder — oder. Glücklicherweise wirkte die Tinktur Wunder; sie leerte mich dermaßen, daß ich das Gefühl hatte, mein Magen berühre das Rückgrat. Ich wurde dabei zwei erschreckende Würmer von enormer Größe los, die, wie ich zuerst dachte, vielleicht das Ergebnis eines Versuchs waren, mich zu vergiften; doch dann

Eine alte Karte von St. Pierre und Umgebung

Eine Zuckermühle zur Zeit Pater Labats

vermutete ich auch, daß ich sie durch das Essen von Früchten und Wurzeln aus dem Wald bekommen haben könnte.

Es ging mir noch immer sehr schlecht, als ich nach Fond Saint-Jacques zurückkehren mußte, um die Gemeinde Sainte-Marie zu übernehmen und die dortigen Bauarbeiten zu beaufsichtigen, da die zwei französischen Maurer, die dort beschäftigt gewesen waren, inzwischen an der Pest gestorben waren. Ein kürzlich aus Frankreich angekommener Arzt wollte mich mit Brechwurz behandeln, doch weigerte ich mich, diese einzunehmen, und begab mich in die Hände einer Kräuterfrau, die schließlich wieder meine Gesundung vollbrachte.

Ich war noch immer im Kloster in Saint-Pierre, wo der Bau eines neuen Missionshauses überwacht werden mußte, während die Pest schlimmer denn je wütete. Die Missionare aller Orden starben auf den Inseln wie die Fliegen; einige durch die gefürchtete Krankheit, andere durch verschiedenste Unfälle: einer, als er versuchte, während der Regenzeit und bei Hochwasser einen

Fluß zu durchqueren, ein anderer geriet unter einen umstürzenden Baum, während dem Abt der Karmeliter von einem Kariben die Kehle durchgeschnitten wurde. Insgesamt war das Jahr 1699 ein Jahr des Unglücks.

Im darauffolgenden Januar ging ich nach Guadeloupe zurück, um mich um die dortigen Zuckerplantagen unseres Ordens zu kümmern. Meine Ankunft wurde von Père Imbert, dem neuen Abt dort, mit echtem Mißtrauen beobachtet. Ein Zusammenstoß war unvermeidbar, so daß ich schnell vorschlug, sie sollten beide Zuckermühlen dort gleichzeitig arbeiten lassen. Sie waren so schlecht geführt, daß der Orden ständig nur Verluste zu verzeichnen hatte.

Als offizieller Revisor nahm ich mich auch der Bücher an und schaffte es schließlich, die Dinge einigermaßen zufriedenstellend wieder in Ordnung zu bringen.

Um die gleiche Zeit kamen zwei wichtige Beamte aus Frankreich an, die meinen Bericht und meine Empfehlungen untersuchten, die ich hinsichtlich der Vervollkommnung der Befestigungen auf der Insel niedergelegt hatte. Den Bericht hatte ich schon während meiner Reise zusammen mit dem Gouverneur beim letzten Besuch angefertigt. Nun begab ich mich mit dem Ingenieur zusammen auf eine zweite Inspektionsreise; letzterer bestätigte alle meine Vorschläge, doch sah er keine Möglichkeit, von wo er die notwendigen Mittel nehmen sollte, um sie ausführen zu lassen. Ich schlug ihm deshalb die Erhebung einer Steuer bei den Einwohnern vor, so daß die Krone nur die erforderlichen Sklaven für die Arbeit zu stellen brauchte und eine Requirierung von Schiffsladeraum für Felsen und Kalk vornehmen mußte, wobei jedes Schiff, das die Häfen benutzte, eine Ladung heranschaffen sollte. Wie es oft mit derart praktischen Vorschlägen geht, sobald ihre Durchführung der Regierung überlassen wird, wurde auch von diesen nur ein Teil in Angriff genommen.

Père Cabasson kam zu einem kurzen Besuch, nahm Père Imbert nach Martinique zurück und ließ mich als Abt von Guadeloupe und als Haupt aller dominikanischen Missionen in der Karibischen See für den Fall seines Ablebens. Doch dies war nur eine vorübergehende Regelung. Père Imbert war kaum nach Martinique zurückgekehrt, als ich ebenfalls wegen dringender Geschäfte des Ordens dorthin gerufen wurde.

Ich verließ Guadeloupe am Abend des 29. August 1700 und kam am folgenden Tag kurz vor der Dämmerung in Martinique an. Während der ganzen Reise hatte ich mir den Kopf zerbrochen, weshalb man mich zurückgerufen hatte. Père Imbert schien zu wissen, woher der Wind wehte, doch sehr zu meiner Verwirrung weigerte er sich, mir etwas zu verraten. Beim Abendessen hatte ich das Gefühl, daß sich die Brüder über meine Ungeduld amüsierten. Nach der Mahlzeit begann der Superior zu erklären, er habe immer gefühlt, daß er auf mich zählen könne, wenn es um die Durchführung wichtiger Arbeiten für die Mission gehe, und jetzt brauche er mich. Doch bevor er mir Einzelheiten erzähle, möchte er, daß ich ihm ehrlich sage, ob ich es über mich bringen könne, Guadeloupe für eine Weile zu verlassen und eine Reise zu unternehmen, die höchst wichtig für unsere Interessen sei. Bei dem Wort ›Reise‹ horchte ich auf. Zuerst stellte ich mir vor, daß dies meine Rückkehr nach Europa bedeute, und so sagte ich, daß ich jederzeit gern bereit sei, abzureisen. Er dankte mir für meine Entscheidung und tat dann kund, daß es keine sehr weite Reise sein werde. Ich solle nach Grenada gehen, wo wir ein großes Landgut haben, das uns der frühere Besitzer der Insel, der Comte de Cérillac, vermacht hat. Père Cabasson hatte gehört, daß sich dort mehrere Fremde angesiedelt hatten, die das Land in Besitz nehmen wollten, und ich sollte versuchen, dies zu verhindern.

Ich ließ mir meine Enttäuschung nicht anmerken, traf alle notwendigen Vorbereitungen und erhielt schließlich meine Instruktionen.

Von Martinique aus segelte ich am 2. September an Bord einer schönen Brigantine, der ›Trompeuse‹, die unterwegs Barbados anlaufen sollte, die wichtigste der englischen Inseln. Auf jeden Fall war dies eine Gelegenheit, etwas Neues zu sehen, und auch eine Möglichkeit, einen Ausflug in potentielles Feindgebiet zu machen. Der Friede zwischen England und uns war bestenfalls ein unsicherer, und ich dachte mir, daß es sicher nichts schaden würde, wenn ich mich ein wenig umsähe.

Am 3. September sichteten wir die Gipfel von St. Lucia: zwei hohe Berge mit rund geformten Spitzen. An der Art und Weise, wie sie nebeneinanderstehen, läßt sich die Insel sehr leicht erkennen. Wir hatten gegen den Wind zu kämpfen und warfen deshalb erst am 4. um etwa sieben Uhr morgens Anker, und zwar in der Carlisle-Bucht gegenüber Bridgetown, der Hauptstadt von Barbados.

Wir waren in etwa hundert Meter Entfernung vom westlichen Fort und in

Barbados — nach einer alten englischen Karte

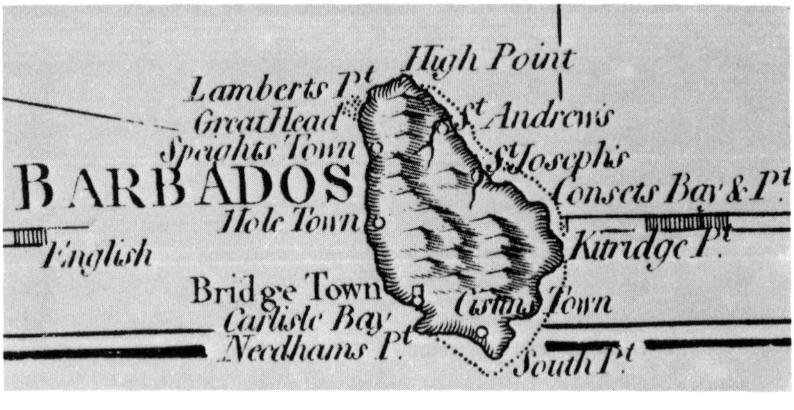

Eine Brigantine. Mit einem solchen Segler unternahm Pater Labat sein Abenteuer

acht Klafter Tiefe verankert. Es waren siebenundvierzig andere Schiffe da, große und kleine, ohne die Anzahl von kleinen Barken und Piraguas, die ebenfalls in der Bucht vor Anker lagen.

Kaum hatten wir mit fünf Kanonenschüssen salutiert, als auch schon der Hafenoffizier an Bord kam. Er untersuchte unsere Passeports, versicherte sich des Ziels unserer Reise, wie lange wir zu bleiben gedächten und wieviel Bargeld wir dabeihätten. Dann bot er sich an, uns mit allem zu beliefern, was wir wünschten. Mit ihm kam ein Geistlicher, der während des letzten Krieges in Martinique gefangen worden war und dem wir Priester uns ein wenig nützlich erwiesen hatten. Er erkannte mich sofort und hieß mich auf das wärmste willkommen. Der englische Kaufmann, auf dessen Rechnung wir nach Barbados gekommen waren, kam an Bord, sprach mit dem Hafenoffizier und dem Geistlichen, und nachdem wir ihnen eine Menge zu trinken und ein wenig zu essen gegeben hatten, gingen sie mit dem Maat unserer Brigantine an Land und versprachen, mich später abzuholen, um mir die Stadt zu zeigen.

Der Geistliche und der Kaufmann kamen um etwa vier Uhr nachmittags zurück. Ich hatte mich inzwischen umgezogen, so daß ich, wenn ich mich auch nicht ganz verkleidet hatte, doch nicht das zu sein schien, was ich in Wirklichkeit bin. Dies war nicht unbedingt erforderlich, doch wollte ich nicht, daß mir Haufen von Kindern oder der Pöbel nachliefen, die ja nicht oft Gelegenheit haben, Vögel meiner Art zu bewundern.

Ich zählte die Kanonen im Fort, das den Hafen von Bridgetown beherrscht, und notierte mir die Anzahl und Größe der Schiffe im Hafen.

Natürlich galt unser erster offizieller Besuch dem Gouverneur, der jedoch zufällig ausgegangen war. Ein Major, sein Adjutant, empfing uns sehr höflich, fragte mich, ob ich irgendein Geschäft auf der Insel zu tätigen habe, und bot mir seinerseits und im Namen des Gouverneurs finanziellen Kredit an. Ich erklärte ihm, daß ich auf dem Wege nach Grenada sei und erfreut, die Gelegenheit wahrnehmen zu können, Barbados zu sehen, eine Insel, deren Bewohner doch überall so berühmt seien. Während dieser höflichen Ansprachen von beiden Seiten wurden Bier, verschiedene Arten von Wein und Tabakspfeifen hereingebracht, und die Atmosphäre wurde mehr und mehr herzlich.

Ich bin sicher, daß der Major, obwohl er die Hilfe eines Dolmetschers in Anspruch nahm, die französische Sprache sehr gut verstanden hat, und dies machte mich wachsam. Ich fühle mich genötigt, dies als Warnung für meine Landsleute weiterzugeben, wenn sie sich ins Ausland begeben, wo ihr Temperament und mögliche Indiskretionen sie in Verlegenheiten bringen könnten, die ganz unerfreuliche Konsequenzen haben können.

Obwohl ich nie in meinem Leben geraucht habe, nahm ich doch eine der Pfeifen, die angeboten wurden, und legte sie mir von Zeit zu Zeit an den Mund, denn ich hielt es für unhöflich, sie abzulehnen. Der Pfarrer gab die Geschichte seiner freundlichen Behandlung durch unsere Brüder zum besten, während er gefangen gewesen war, und es endete damit, daß er mich für ein paar Tage zu sich in sein Haus in Speightown einlud.

Doch zuerst nahm mich der Kaufmann als Gast mit, und da der nächste Tag ein Sonntag war, trug ich meine reguläre Kutte. Viele Leute kamen zu dem Haus, um mich zu sehen, da ich in der Tat einen ungewöhnlichen Anblick für das ketzerische Barbados bot.

Am Montag, dem 6. September, schickte man mir einen Offizier, der mich in der Stadt herumfuhr, da unser Kaufmann noch einige Tage damit beschäftigt sein würde, die Brigantine zu entladen. Obwohl sie während des Tages sehr hart arbeiteten, kam es mir vor, daß die Arbeit, die nachts vor sich ging, noch ein Großteil schwerer war. Ohne nun die Spanier diffamieren zu wollen, muß ich doch sagen, daß die Engländer genausoviel vom Geschäft des Schwarzhandels verstehen wie jedes andere Volk in der Welt, wenn nicht noch mehr. Dies war auch der Grund, weshalb unser Kaufmann die Barke weit außerhalb des Hafens verankert hatte und nicht in dessen eigentlichem Bereich.

Bridgetown ist eine schöne, große Stadt, und die Straßen sind gerade, breit und sauber. Die Häuser sind alle solide gebaut, in der englischen Bauweise mit sehr vielen Glasfenstern, und sie sind herrlich möbliert. Mit einem Wort, sie machen den Eindruck von Würde, Feinheit und Ordnung, was man von den anderen Inseln nicht sagen könnte und was in der Tat schwerlich

Port Royal — unter dem Meer liegt die sündige Stadt mit dem Grab Sir Henry Morgans

irgendwo anders zu finden ist. Das Rathaus ist ein sehr schönes, nett ausgeschmücktes Gebäude. Die Läden und Magazine sind voll mit allem, was man sich nur wünschen kann, und ihre Waren kommen aus allen Teilen der Welt. Es gibt eine Anzahl Goldschmiede, Juweliere, Uhrmacher und andere Künstler, die einen blühenden Handel treiben und fein heraus zu sein scheinen, da das größte Geschäft in ›Amerika‹ in dieser Stadt getätigt wird. Am Dienstag, dem 7. September, bestiegen der Major, der Kaufmann, der Offizier, der mir die Stadt gezeigt hatte, und ich selbst um zehn Uhr morgens die Pferde; wir ritten aus, um dem Gouverneur unsere Reverenz zu erweisen, der sich in seinem Landhaus, knapp zwei Meilen von der Stadt entfernt, aufhielt.

Er empfing mich äußerst freundlich und behielt den Major und mich zum Mittagessen da, während der Kaufmann und der Offizier nach Hause zurückkehrten. Ich habe den Namen des Gouverneurs vergessen, da er immer nur ›Milord‹ angesprochen wurde, was, wie ich glaube, soviel wie ›Monseigneur‹ bedeutet. Er war in Paris gewesen, sprach ein sehr korrektes Französisch und war außerordentlich höflich, wenn auch ziemlich reserviert. Er trägt seine Position mit Würde, und er wurde wie ein Prinz bedient. Wir waren zu acht Personen bei Tisch, wobei ein Dolmetscher neben mir stand, obwohl der Neger, der mich zu bedienen hatte, französisch sprechen konnte. Das Essen zog sich sehr lange hin, doch waren sie aufmerksam genug, mir ihren Alkohol nicht aufzudrängen. Wir sprachen viel vom letzten Krieg und über unsere Kolonien und Produkte.

Ein gewisser Mr. Stapleton, der später Gouverneur von Nevis geworden ist und dort von ein paar betrunkenen Männern ermordet wurde, war einer der Gäste bei Tisch. Ich wurde ihm vorgestellt; auch er sprach sehr gut französisch. In der Tat hatte Mr. Stapleton eine Menge Zeit gehabt, unsere Sprache zu erlernen, da er sechs Jahre lang in der Bastille gefangen gesessen hatte, wo er seine Zeit auch dazu nutzte, Mathematik zu studieren. Ich verbrachte einen angenehmen Tag, und der Major begleitete mich am Abend nach Hause. Das Haus des Gouverneurs ist ein prächtiges Gebäude, außerordentlich gut möbliert und steht etwa dreihundert Meter vom Strand entfernt. Es enthält eine Bibliothek mit Büchern aller Wissensgebiete, die sehr gut sortiert zu sein scheint und in bester Ordnung gehalten wird.

Eine Pier liegt dem Haus direkt gegenüber; sie ist von einer Batterie mit sechs Kanonen mit Wachhaus und einer Verteidigungsstellung geschützt. Ich fand den Geistlichen im Hause des Kaufmanns und ritt am folgenden Tage mit ihm nach Speightown, begleitet vom Kaufmann und einem anderen Freund.

Wir ritten um etwa acht Uhr morgens los, nachdem wir etwas Schokolade und Milch zu uns genommen hatten, und aßen mit einem Kaufmann aus Jamestown zu Mittag. Dies ist eine schöne Kleinstadt, der eine Bucht gegenüberliegt, die gute Ankermöglichkeiten bietet und von zwei Batterien ver-

Linke Seite: Zweimaster zur Zeit der Entdeckung der Neuen Welt (Gemälde von Pieter Breughel 1520—1569)

teidigt wird. Die Batterie im Osten ist mit sechsundzwanzig, die im Westen mit zehn schweren Kanonen bestückt. Auf halbem Wege zwischen dem Hause des Gouverneurs und Jamestown steht eine sehr lange, aus Stein gebaute Verschanzung an der Küste. Diese Stellung ist hier auch erforderlich, da die Felsen an diesem Ort mit genügend Wasser bedeckt sind, daß sie es Landungsbooten mit wenig Tiefgang, wie sie für Invasionen benutzt werden, erlauben, an Land zu kommen.

Zwischen Jamestown und Speightown befindet sich eine weitere Bucht mit ausreichend Ankermöglichkeit für Barken und andere kleine Schiffe. Diese wird verteidigt von einer Batterie mit drei Geschützen und einer Verteidigungsstellung. Von Jamestown nach Speightown sind es zweieinhalb Meilen.

Ein typischer Hafen der Karibik um 1680

Die letztere ist eine reizende kleine Stadt, in der die Häuser gut gebaut und die Straßen gerade und breit sind und viele Geschäfte und Wirtshäuser haben.
In der Bucht hier können Schiffe zwischen zwölf und sechs Klafter ankern. Sie sind hier von allen Seiten, außer genau von Westen, geschützt. An jeder Seite der Bucht befindet sich eine Batterie. Die Batterie im Osten hat sechzehn und die im Westen zwölf Kanonen.
Am Freitag aßen wir bei einem französischen Flüchtling in einem Dorf, etwa drei Meilen entfernt. Ich glaube, es hieß St. John. Bei diesem Ort ist eine kleine, von Felsen gebildete Bucht. Die Felsen verlaufen eine Strecke lang in die See und sind beschützt von einer Batterie mit acht Kanonen. Barken und kleine Schiffe können hier bis zu drei Klafter tief ankern. Als wir abends nach Hause ritten, bemerkte ich auf etwa halbem Wege eine Pier, die von einer Batterie mit drei Geschützen verteidigt wird.
Das Städtchen St. John befindet sich am Ende der leewärtigen Seite der Insel, und ich hätte es vorgezogen, rund um die Insel zu reisen und über die windwärtige Seite nach Bridgetown zurückzukehren. Doch dies war nicht möglich, und außerdem ist es immer besser, nicht zu wißbegierig aufzutreten an Orten, wo man in den Verdacht geraten könnte, in Friedenszeiten Informationen sammeln zu wollen, die in Kriegszeiten nützlich sein könnten.
Ich wäre gern am Samstag mit unserem Kaufmann nach Bridgetown zurückgekehrt, da er vor Tagesanbruch mit dem Laden des Schiffes beginnen wollte. Doch unser Gastgeber bestand darauf, daß ich bis zum Sonntagnachmittag bei ihm bliebe. Ich verbrachte den ganzen Samstag in der Nachbarschaft von Speightown, wo wir Besuche machten und spazierengingen.
Am Sonntag war mein Gastgeber den ganzen Morgen in seiner Kirche beschäftigt, und zu der Zeit, als er Mittag gegessen hatte, war es schon zu spät für mich, abzureisen. Diese Verspätung ärgerte mich jedenfalls nicht sehr, denn außer der Tatsache, daß ich mich in guter Gesellschaft befand, hatte ich das Vergnügen, eine Parade der Kavallerie und Infanterie des Landes zu beobachten. Es waren vier Kompanien Kavallerie, jede mit hundertsechsundzwanzig Reitern mit ihren Trommlern und Trompetern. Sie waren alle sehr gut ausgerüstet und bestens bewaffnet. Die Offiziere trugen rote Uniformen mit breiten goldenen Streifen und Helme mit weißen Federn. Die Infanterie war ebenfalls in vier Kompanien aufgezogen und zählte ungefähr zweihundert Mann. Sie waren ziemlich gut bewaffnet, doch schienen sie mehr die Dienerschaft der Kavallerie darzustellen, da sie sich in der Hauptsache nur aus Aufsehern, Arbeitern und Kleinbauern zusammensetzten. Alle reichen Leute, und von denen gibt es viele in Barbados, sind in der Kavallerie.
Es wurde mir erzählt, daß es sechs Regimenter Kavallerie auf Barbados gibt, die insgesamt fast dreitausend Mann ausmachten, und zehn Regimenter Infanterie, etwa fünftausend Mann stark. Ich tat so, als ob ich das glaubte,

Dem Plantagenaufseher war jedes Mittel recht

aber ich habe Grund genug, an diesen Zahlen zu zweifeln, das heißt, falls sie nicht ihre weißen Sklaven bewaffnen. Diese Sklaven oder Engagés sind in der Tat zahlreich; aber man sollte ihnen nicht trauen, da sie zum größten Teil arme Iren sind, die unter einer sehr harten Knechtschaft stöhnen, die sieben oder mindestens fünf Jahre dauert. Diese Unglücklichen werden — und das passiert oft — gezwungen, eine neue Zeitspanne der Sklaverei anzutreten, sobald sie ihre erste Dienstzeit beendet haben. Dabei spielt es keine Rolle, welche Gründe ihre Herren vorbringen, um diese Zwangsarbeit zu verlängern, denn die Richter fragen nicht viel danach. In der Tat ist es so, daß, wenn die Insel einmal angegriffen wird, diese Herren alle Hände voll zu tun haben werden, da ihre Sklaven sicherlich die Waffen gegen sie wenden und sich zu den Invasoren gesellen werden, nur, um vielleicht die Freiheit zu gewinnen. Ich möchte gar nicht erst erwähnen, was die Herrschaften hier von seiten ihrer Neger in einem solchen Fall zu befürchten haben.

Die Anzahl schwarzer Sklaven auf der Insel ist sehr groß. Man erzählte mir, daß es mehr als sechzigtausend davon gibt. Wieder habe ich meine Zweifel, aber nach dem, was ich auf der leewärtigen Seite beobachtet habe, und angenommen, daß die windwärtige Seite der Insel in etwa gleich dicht besiedelt ist, darf man wohl glauben, daß es mindestens vierzigtausend sind. Und das ist eine große Menge für eine so kleine Insel.

Die Engländer kümmern sich nicht sehr gut um ihre Sklaven und füttern sie auch nur sehr schlecht. In der Regel haben die Neger am Samstag frei, um sich mit ihren eigenen Problemen und den Erfordernissen ihrer Familie zu beschäftigen. Die Aufseher holen jedes Gramm Arbeitskraft aus ihnen heraus, schlagen sie ohne Gnade für die kleinsten Fehler, und es hat den Anschein, als ob sie weniger Wert auf das Leben eines Negers als auf das eines Pferdes legen. Es ist wahr, daß sie ihre Sklaven sehr billig bekommen, denn außer den englischen Gesellschaften in Afrika, die enorme Mengen von Sklaven nach Amerika herüberschaffen, bringen auch die Schwarzhändler noch Sklaven heran, die sie wiederum billiger als die Gesellschaften verkaufen.

Neben dem Sklavenhandel läuft mit den aus Afrika kommenden Schiffen ein großes Geschäft in Elfenbein, Wachs, Gold, Häuten, Gummi, Papageien und Affen. Bezüglich Affen erzählte mir der Offizier eines Schiffes die folgende Geschichte von seinem Vater, der Hauptagent in einem der Kontore der französischen Gesellschaft war. Er hatte um Erlaubnis gebeten, nach Frankreich zu reisen, um eine private Angelegenheit zu erledigen. Seiner Bitte war entsprochen worden, und gleichzeitig hatte er den Auftrag eines der Generaldirektoren erhalten, vier oder fünf Affen mit nach Hause zu bringen. Dabei war jedoch versehentlich die Zahl verschrieben worden, und es stand vier- oder fünfhundert Affen da. Der Agent hatte nie einen ähnlichen Auftrag erhalten und wunderte sich, für welches Land die Gesellschaft derartige Siedler wünsche. Er hatte ziemliche Schwierigkeiten, eine solch große Zahl Affen zusammenzubringen, aber schließlich waren es dreihundertdreißig Stück. Er verschiffte sie in Käfigen und Kisten, und sie wurden bei bester Gesundheit in La Rochelle an Land gebracht, außer einigen wenigen, die geflohen und über Bord gesprungen waren.

Nach seiner Ankunft begab sich der Agent zum Direktor, um ihm seine Reverenz zu erweisen, und dieser fragte ihn, ob es ihm gelungen sei, die Affen zu besorgen. Der arme Mann zitterte und antwortete, er habe sein Bestes getan, sei aber nur in der Lage gewesen, dreihundertzehn Stück zu bringen. Man stelle sich den Schrecken des Direktors vor, der so wütend wurde, daß er den Agenten mit den Frachtkosten für all die Affen belasten wollte, die über die vier oder fünf bestellten hinausgingen. Weiter schwor er, darauf zu achten, daß der Agent für diese eigentümliche Ladung teuer zahlen werde, da die Sache auch die Gesellschaft erzürnen würde. Der Agent hatte jedoch den Auftrag des Direktors sorgfältig aufbewahrt und ging zu einem Rechtsanwalt, der eine Abschrift des Dokuments anfertigte. Diese zeigte er dem Direktor, der nun einsah, daß der Fehler auf seiner Seite zu suchen sei. Er mußte sich verpflichten, den Wert der wundersamen Ware selbst zu zahlen. Der Direktor war noch lange Zeit danach in der Lage, seinen Verwandten und Freunden im ganzen Lande prachtvolle Geschenke zu machen.

Die Aufseher und Beamten leiten die Sklaven nicht an und bringen ihnen auch sonst nichts bei. Auch taufen sie sie nicht und betrachten die Neger mehr wie wilde Tiere, denen man alles erlaubt, solange sie ihre Arbeit ordentlich verrichten. Sie dürfen mehrere Frauen haben und diese verlassen, wie es ihnen gerade paßt; und solange sie eine Menge Kinder hervorbringen, schwer arbeiten und nicht krank werden, sind ihre Herren ziemlich zufrieden mit ihnen und kümmern sich nicht weiter um sie. Der kleinste Ungehorsam wird jedoch schrecklich bestraft und noch mehr die Sklavenaufstände. Allerdings kommen trotz dieser Bestrafungen immer wieder Revolten vor, denn die armen Geplagten, die von ihren betrunkenen, grausamen Aufsehern viel öfter geschlagen und zu Extremen getrieben werden als von ihren Herren, verlieren schließlich die Geduld. Dann werfen sie sich selbst auf den Mann, der sie so mißhandelt hat, und zerreißen ihn in Stücke, und obwohl sie genau wissen, daß sie fürchterliche Strafe erwartet, ist ihnen dies gleichgültig, wenn sie nur einmal an diesen grausamen, brutalen Menschen Rache nehmen können. Bei solchen Gelegenheiten greifen die Engländer zu den Waffen, und es kommt zu entsetzlichen Massakern. Die Sklaven, die gefangengenommen werden, schickt man ins Gefängnis, und sie werden verurteilt, durch eine Zuckerrohrmühle gedreht, lebend verbrannt oder in eiserne Käfige gesteckt, die jede Bewegung unmöglich machen. In denen werden sie an den Ästen von Bäumen aufgehängt, um dort an Hunger und Verzweiflung zu sterben. Die Engländer nennen diese Tortur ›einen Mann austrocknen‹.

Die Plantagen, wie man Grundbesitz in Barbados nennt, sind sehr viel kleiner als die auf den französischen Inseln. Dies ist nicht überraschend, da die Insel klein ist, eine hohe Bevölkerungsziffer hat und die meisten Einwohner Land haben wollen; deshalb können die Plantagen natürlich nicht groß sein. Die Grundstücke sind demgemäß auch sehr teuer. Die Häuser auf den Plantagen sind sogar noch besser gebaut als jene in den Städten. Sie sind sehr groß, haben zahllose Glasfenster und wunderbare Räume, die sehr praktisch angeordnet sind. Fast alle Häuser sind von Alleen von Tamarinden, Pampelmusen- oder anderen Bäumen umgeben, was die Hitze mildert und die Häuser auch äußerlich noch anmutiger erscheinen läßt.

Man kann den Reichtum und guten Geschmack der Einwohner auch an ihren Möbeln erkennen, die sehr schön sind, sowie an ihrem Silber, von dem sie solch große Mengen haben, daß, wenn diese Insel einmal geplündert würde, das Silber allein mehr wert wäre als mehrere Galeonen.

In der Tat würde ein solches Unternehmen gar nicht so schwierig sein, wie es auf den ersten Blick scheinen mag. Alles, was nötig ist, ein Landungsunternehmen sicherzustellen und die Engländer zu schlagen, wäre die Rekrutierung von etwa 5000 unserer Kreolen und Flibustiers und ein Dutzend Kriegsschiffe. Man sollte jedoch keine Truppen aus Europa mit denen von den Inseln vermischen, denn sie machen sich nicht sehr gut zusammen. Unsere

Kreolen sagen immer, die Europäer seien gut beim Plündern, im Kampf jedoch nicht zu gebrauchen.

Ich will mich nicht in eine Diskussion in dieser Richtung einlassen, denn es ist nicht an mir, Partei zu nehmen. Doch weiß ich, daß unsere Kreolen und Flibustiers tapfere, gute Kämpfer und das hiesige Klima gewohnt sind. Auf der anderen Seite sind die Truppen, die uns aus Europa geschickt werden, bis zur Perfektion in der Kunst gedrillt, Schlachten zu schlagen. Dies allerdings ist in Barbados nicht erforderlich, wo sich weder eine befestigte Stadt noch eine Zitadelle befindet.

Ich fuhr zum Schiff zurück und holte ein paar französische Bücher für Seine Exzellenz, den Gouverneur, sagte all meinen neuen Freunden Lebewohl und kaufte schließlich noch Stoff für Bettvorhänge und Laken, der hier sehr viel billiger als auf den französischen Inseln ist.

Wieder an Bord, stellte ich fest, daß der Gouverneur mir eine Pipe kanarischen Weins und ein kleines Kästchen ausgezeichneter Schokolade hatte schicken lassen. Auch die Kaufleute hatten dafür gesorgt, daß meine Kabine mit Vorräten an Essen und Trinken versorgt war.

Doch ich war am glücklichsten darüber, daß es mir gelungen war, eines Nachts insgeheim eine Karte von Barbados zu kopieren, wodurch ich die neuesten Informationen über diese Insel mitnehmen konnte.

Man möge mir erlauben, darüber zu schweigen, wie ich den hier nun veröffentlichten Plan von Barbados bekommen habe. Natürlich hätte derjenige,

Lohn der Angst: Karte von Barbados, von Pater Labat eigenhändig gezeichnet

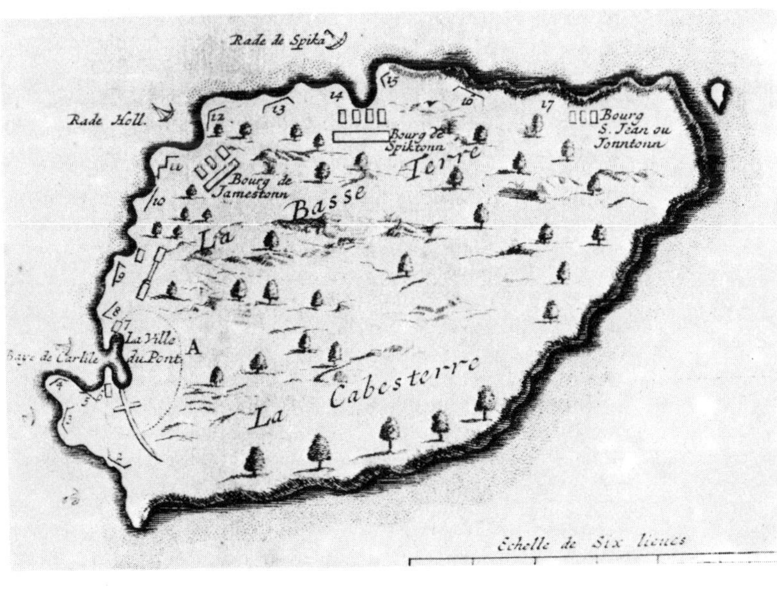

der ihn mir zeigte, nie zugelassen, daß ich mir eine Kopie davon anfertigte. Doch schien ich ihm wohl so vertrauenswürdig, daß er mir den Plan am Abend daließ, bevor er sich zurückzog. So hatte ich Gelegenheit, die Karte während der Nacht zu kopieren. Ich habe das gesamte Basseterre vom Cap Carlisle bis nach St. John genau gesehen und kann daher versichern, daß die Dinge im September 1700 genauso waren, wie ich sie in die Karte eingetragen habe. Seit dieser Zeit hat es sicher Veränderungen gegeben. Die Engländer werden zum Beispiel ihre Batterien vermehrt und an den schwächsten und am meisten exponierten Stellen Verschanzungen angelegt haben, was ich jetzt natürlich nicht genau sagen kann ...«

Eine Inspektionsreise durch die Karibik

»Der Besuch Grenadas lief ebenfalls gut ab. Unsere Landsleute haben die Insel im Jahre 1650 von den Kariben gekauft und zweihundert Mann dort angesiedelt. Allerdings rechneten sie nicht mit dem Charakter der Eingeborenen, die ihre Meinung sehr oft und sehr schnell zu ändern pflegen. Sie bedauerten den Handel schon bald und begannen damit, viele der Siedler zu ermorden, die sich auf die Jagd in die Wälder begeben hatten oder so unvernünftig waren, sich zu weit vom Fort zu entfernen. Bald befanden sich beide Parteien in offenem Krieg miteinander. Unsere Leute schickten Verstärkungen, die Order hatten, alle Kariben von den Inseln zu vertreiben oder sie auszurotten. Die meisten der Wilden nahmen daraufhin Zuflucht auf der Spitze eines steilen Hügels, der nur über einen engen und schwierigen Hohlweg erreicht werden konnte, dessen Eingang sie sorgfältig tarnten.

Pater Labat hat Mitleid: Caraibe und Caraibin

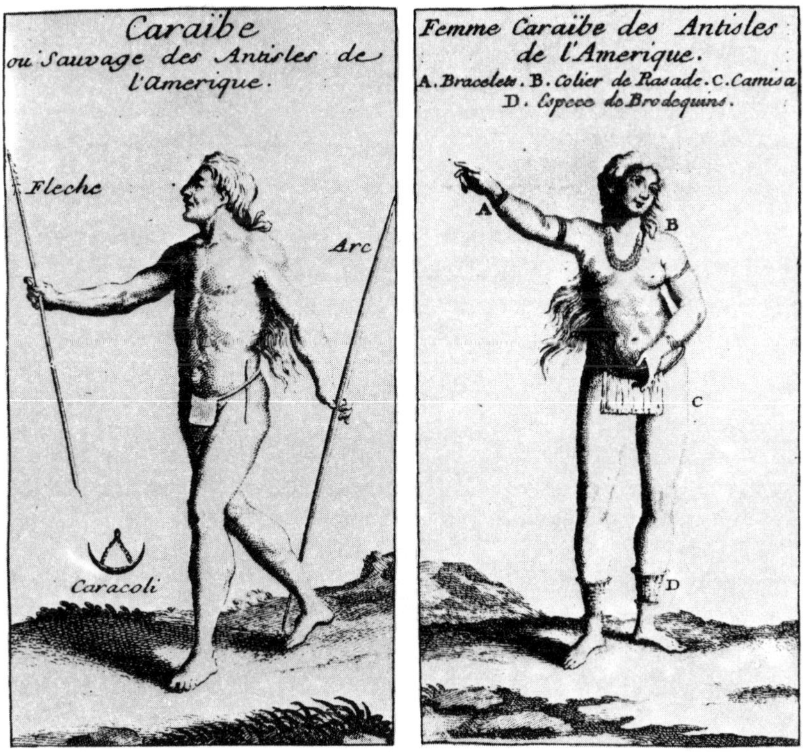

Als die Unsrigen sich schließlich ihren Weg zu diesem letzten Zufluchtsort erkämpften, zogen die letzten vierzig Eingeborenen es vor, sich selbst umzubringen, als gefangengenommen zu werden. Alle fanden den Tod, indem sie sich die Felsen hinabstürzten.

Die wenigen Kariben, die an der windwärtigen Seite der Insel verblieben waren, verhielten sich eine Zeitlang ruhig. Dann begannen sie in den Wäldern wieder mit Guerillataktiken, und unsere Siedler vergolten dies, indem sie in das Gebiet eindrangen, wo die meisten von ihnen lebten, und sie ohne Rücksicht auf Alter oder Geschlecht massakrierten. Es zeigte sich jedoch, daß dieser turbulente Anfang der neuen Kolonie kein Glück bringen sollte. Der Gouverneur, der die Strafexpedition angeführt hatte, war auf dem Rückweg von dort ertrunken, und nach ihm kam eine Anzahl von Kommandeuren, die sich beinahe alle dauernd mit den Siedlern in den Haaren lagen.

Die Atmosphäre hier stand in krassem Gegensatz zu dem soliden Wohlstand von Barbados, und mein plötzliches Eintreffen rief eine Menge Argwohn und Mutmaßungen hervor, sowohl auf seiten des Gouverneurs als auch des Kapuzinerpaters, der hier Gemeindepriester war. Natürlich wollten sie gleich den Grund meines Besuches wissen; doch erzählte ich ihnen sehr wenig — und von dem Wenigen auch nur das, was ich für notwendig hielt.

Es gibt eine Redensart auf unseren Inseln, daß die High Society auf St. Kitts lebt, die Bourgeoisie auf Guadeloupe, die Soldaten auf Martinique und die Bauern auf Grenada. Der letzte Teil dieses Sprichwortes stimmt aufs Haar. Die Leute sind glückliche Bauern und haben alle Bauerngewohnheiten, ohne daß es den Anschein hat, daß sie sich je ändern werden. Schade ist nur, daß keiner der Siedler von St. Kitts nach hier emigriert ist, da er vielleicht die Grenadier ein wenig zivilisiert hätte und sie möglicherweise auch etwas höflicher geworden wären.

Die Befestigungen der Insel verdienen schärfste Kritik, und die Kirche, in der ich die Messe las, ist weder groß noch schön, gar nicht gut gebaut und sehr verschmutzt. Die wilden Siedler, sowohl Franzosen wie Kariben, konnte ich schnell vom Besitz des Ordens verjagen, indem ich vorgab, hier eine Zuckermühle errichten zu wollen. Die Grenzen unseres Besitzes habe ich mir eingeprägt, indem ich auf Vogeljagd ging. Ich habe feststellen können, daß die Siedler mit den Kapuzinern nicht zufrieden sind, und viele von ihnen sagten mir, sie würden froh sein, wenn wir Dominikaner wiederkämen.

Am 1. Oktober 1700 setzten wir Segel und passierten auf der Rückreise die Grenadineninseln, um dann St. Vincent anzulaufen.

Diese Insel ist wild, sehr unangenehm und mit Wäldern bedeckt. Sie ist noch immer von vielen Kariben und Maroons bevölkert, und kaum hatten wir festgemacht, als das Schiff schon von den Wilden umlagert war, die Branntwein haben wollten. Ich ging an Land, um Père Breton zu besuchen, den Jesuiten, der hier schon jahrelang lebt, wenngleich ohne Nutzen. Der arme Mann befindet sich ständig in Gefahr, ermordet zu werden, und die wenigen

Navigator

Nahrungsmittelvorräte, die für ihn an Land kamen, mußten sorgfältig vor den Eingeborenen versteckt gehalten werden, da sie ihn mit Freude all seines Besitzes beraubt hätten.

Père Breton war sehr enttäuscht, daß ich nur ein paar Stunden bleiben konnte, da die ›Trompeuse‹ noch am gleichen Abend weitersegelte. Ich kann verstehen, daß er sich für einen oder zwei Tage über ein wenig Gesellschft sehr gefreut hätte. Sein Leben ist sehr traurig und schwer und, wie ich meine, mehr der Bewunderung denn der Nachahmung wert.

Unser nächstes Ziel war St. Lucia. Die Insel schien mir so wild und verlassen, daß ich überhaupt keine Lust spürte, hier an Land zu gehen. Da ich aber hörte, daß das Laden des Holzes nicht in einem Tag geschafft werden konnte, nahm ich meine Flinte und machte einen Streifzug zum Lager der Holzfäller. Die Männer arbeiteten bis weit in die Nacht hinein, da wir Hurrikansaison hatten und unser Kapitän bemüht war, die Brigantine so schnell wie möglich wieder auf offene See zu bringen. Die einsamen Holzfäller hießen mich auf das wärmste willkommen, und so ließ ich meine Hängematte kommen, um die Nacht mit ihnen zu verbringen. Am nächsten Tag ging ich erneut auf die Jagd, bis es Zeit war, wieder an Bord zu gehen. Kaum war ich nach Martinique zurückgekehrt, als man mich erneut nach Guadeloupe beorderte, um dort einen Streit um Kirchenland und wegen weggelaufener Sklaven zu schlichten. Ein langer Prozeß begann, den ich schließlich zum Vorteil des Ordens beilegen konnte.

Einen Monat später reiste ich auf einem Weinschiff aus Bordeaux wieder nach Guadeloupe, dieses Mal zusammen mit Père Cabasson. Der Kapitän war ein schrecklicher Trunkenbold und in angeheitertem Zustand ein sehr unvernünftiger Mensch.

Wir segelten nahe an der Insel Montserrat vorbei, doch hielten wir uns diskret von Nevis fern, da die Engländer von allen Schiffen, die innerhalb Kanonenschußweite passieren, verlangen, ihrer Flagge zu salutieren, wenn sie sich nicht von ihren Batterien bepfeffern lassen wollen. Kurz vorher war der Kapitän eines französischen Kriegsschiffes, begleitet von zwei anderen Schiffen, von lebhaften Schüssen aus Nevis her begrüßt worden, und er hatte seine Segel festgemacht, um ein Beiboot zu erwarten, das auslief, um ihn zu treffen. Nachdem ihm gesagt worden war, was die Engländer von ihm forderten, antwortete er, daß er das Gesuch für vernünftig halte und er alle drei Schiffe veranlassen werde, den korrekten Salut abzugeben, vorausgesetzt, die Engländer würden ihn beantworten.

Dies versprach der englische Offizier und eilte hocherfreut an Land. Dort ließ er die Batterien entladen, da mit Platzpatronen salutiert wurde. Der Kapitän brachte sodann seine Schiffe nahe heran und eröffnete ein lebhaftes Bombardement auf die Batterien und die Stadt, was komplette Verwüstung nach sich zog. Viele der Einwohner waren zusammengeströmt, um Zeugen französischer Höflichkeit zu werden, so daß einige getötet, viele verwundet und eine große Anzahl von Häusern beschädigt wurden. Die englischen Handelsschiffe, die gerade im Hafen lagen, bekamen ebenfalls ein paar Breitseiten ab, die ihnen ziemlichen Schaden zufügten.

Doch trotz dieses Verweises hißten die Engländer auch als wir vorbeizogen ihre Farben und schickten eine Runde Schüsse über das Wasser, doch unser Schiff passierte, ohne ihren ›Salut‹ zu erwidern.

Der erste Hafen, den wir anliefen, war St. Kitts, wo Père Cabasson und ich von den Jesuiten willkommen geheißen wurden. Dann besuchten wir den Comte de Gennes, Kapitän der königlichen Schiffe und Kommandant der Insel. Es gab die übliche Runde offizieller Besuche, und mein guter Freund, M. Lambert, der Buccaneer-Kapitän, lud uns ein, mehrere Tage lang bei ihm zu bleiben. Die französische Stadt auf der Insel ist während des letzten Krieges gegen die Engländer beinahe vollständig zerstört worden, doch sind viele der Häuser schon wieder aufgebaut, so, als ob man einen Zustand ewigen Friedens erwarte.

St. Kitts ist die einzige Insel der Antillen, die eine einheimische Affenrasse hat, und ich war begierig darauf, mit hinausgenommen zu werden, um Jagd auf sie zu machen, da sie der Zuckerernte immer großen Schaden zufügen. M. Lamberts Zuckerrohrfelder liegen zu nahe bei einem Hügel, auf dem die Affen leben, als daß sie dieser Bequemlichkeit widerstehen könnten. Wir legten also eine Stunde vor Sonnenuntergang einen Hinterhalt an, und nachdem wir eine Weile lang die Mätzchen der Eindringlinge beobachtet hatten, eröffneten wir das Feuer und töteten vier von ihnen, darunter ein Weibchen, das ein Junges auf seinem Rücken trug. Père Cabasson beschloß, das Baby als Haustier zu behalten. Es ist inzwischen sehr zutraulich geworden und weicht nicht von seiner Seite, so sehr, daß er immer sorgfältig darauf achten muß, es einzuschließen, wenn er in die Kirche geht, da er keine Kette für das Tier hat.

M. Lambert nahm uns dann auf einen Ausflug über die Insel mit, und wir verbrachten die erste Nacht mit der Familie eines meiner ersten Freunde, die ich in Martinique gefunden habe, des Buccaneers Monsieur Pinel. Es betrübte mich außerordentlich zu hören, daß M. Pinel tot war. Wegen seiner Barmherzigkeit und Güte war er überall in St. Kitts sehr beliebt gewesen.

Er war bei dem Versuch, einer armen Familie zu helfen, die aus Martinique hergezogen war, ermordet worden. Sie hatten ihn gebeten, sie auf seinem Schiff nach Sandy Point mitzunehmen, da sie sich dort anzusiedeln gedachten. Daraufhin hatte er den Kapitän seiner Brigantine gebeten, ihre Möbel an Bord zu laden, während er selbst das Steuer übernahm, nachdem sie unter Segel waren. Man hatte der Wache, die auf der Batterie an der Küste Dienst tat, nicht gesagt, daß der Besitzer des Schiffes die Erlaubnis des Offiziers der Wachen besaß zu segeln. Weil er nun dachte, das Schiff segele ohne Erlaubnis, hatte der Mann, ohne auf Order zu warten, einen Kanonenschuß abgegeben, wobei Monsieur Pinel getötet wurde. Der Offizier und der Sergeant der Wache wurden festgenommen, und der Soldat entkam nur knapp dem Zorn der Bevölkerung, die ihn wohl in Stücke gerissen hätte. Offizier und Sergeant wurden ihrer Posten enthoben und die unglückliche Wache zu den Galeeren geschickt.

Zu der Zeit, als wir nach St. Kitts kamen, erholte sich die Insel gerade unter Schwierigkeiten von den wechselnden Kriegen zwischen den Engländern und uns. Auf St. Kitts hatte ich nun auch eine Gelegenheit, die englische Lebensart mit der meiner Landsleute zu vergleichen. Ich muß sagen, daß ich keinen Wert auf die englische Küche lege. Auch glaube ich, daß die Damen sich sehr reich und mit sehr gutem Geschmack kleiden — solange sie nicht versuchen, irgend etwas an der französischen Mode zu verändern. Nie in meinem Leben habe ich so viele Gold-, Silber- und Seidenfransen gesehen, wie sie diese Damen tragen. Sie scheinen von Kopf bis Fuß damit bekleidet zu sein.

Nachdem wir am 10. Dezember von St. Kitts abgesegelt waren, kamen wir nahe an den kleinen Inseln St. Eustatius und Saba vorbei. Vor St. Croix gerieten wir in eine Flaute, die so komplett war, daß wir zwei Tage lang an einer Stelle liegenblieben. Das Wasser war von Haien verseucht, und so verbrachten wir die Zeit damit, sie zu fischen. Obwohl die See zwischen Saba und St. Croix tief ist, ist sie doch klar, und ihr sandiger Boden macht es leicht, die Bestien auszumachen. Wir fingen so viele davon, daß wir nicht mehr wußten, was wir damit anfangen sollten. So schnitten wir einigen von ihnen zum Spaß die Flossen ab und banden ein gut verschlossenes Faß an ihre Schwänze. Dann ließen wir sie am Heck hinab und beobachteten ihre frenetischen Bemühungen, das Hemmnis loszuwerden, bis das Blut aus den verletzten Flossen ihre eigenen Stammesbrüder zum Angriff lockte.

Schließlich trug die Strömung uns nahe nach St. Croix heran, wo wir gezwungen waren zu ankern. Ich bat unseren Kapitän um ein Beiboot, um an Land zu gehen und wilde Schweine zu jagen. Drei Buccaneers, die auf der Rückreise nach San Domingo waren, kamen mit mir, außerdem noch einige Mitglieder der Mannschaft. Da er wohl wußte, daß meine Leidenschaft für die Jagd mich so lange wie nur möglich an Land halten würde, warf mir Père Cabasson im letzten Augenblick, bevor das Beiboot ablegte, noch meine

Hängematte über die Reling. Die Insel ist von allen Siedlern verlassen, und es gibt dort einen Überfluß an Wild jeder Art, wildes Vieh eingeschlossen, so daß wir in der Lage waren, unser Schiff mit genügend Fleischvorräten für die ganze Reise zu versorgen. Ich habe auch den Ruinen der Dominikanermission einen Besuch gemacht, deren Mauern bereits vom Dschungel überwuchert sind.

Unter launenhaften Winden und erneuten Perioden der Flaute kam das Schiff nur langsam vorwärts, und ständige Streitigkeiten zwischen dem Kapitän und seinem Navigator beschleunigten die Reise ebensowenig. Der eine war ein genauso schlimmer Trunkenbold wie der andere, und beide hatten sie keine Ahnung. Sie stritten sich so sehr über die tatsächliche Position, daß sie oft nahe daran waren, ihre Fäuste zu gebrauchen, während die Buccaneer-Passagiere an Bord, ebenso wie die Matrosen, nur über sie lachten, ohne den Versuch zu machen, die Harmonie wiederherzustellen. Statt dessen verbrachten sie die Zeit damit, dem Kapitän wegen seiner guten Urteilsfähigkeit zu schmeicheln, was ihn in so fröhliche Stimmung brachte, daß er den besten Wein hervorholte und jedermann zu trinken gab, als ob sie eine Hochzeit feiern wollten. Doch entflammte die Diskussion immer wieder aufs neue, und der Kapitän war schon geneigt, umzudrehen, um nach der Landkennung von Cap François Ausschau zu halten. Ich sah ein, daß dieser Fehler uns alle sehr viel Zeit kosten würde, und versuchte, ihn auf andere Art und Weise zu fangen, um ihn zu bewegen, den Kurs nicht zu ändern.

Ich hatte Glück damit, da am nächsten Tag die Insel San Domingo in Sicht war und die Küstenlotsen von Cap François an Bord kamen. Der Kapitän, der nun nichts mehr zu tun hatte, verteilte großzügig Alkohol, bis er sich selbst so sehr vergiftet hatte, wie ihn noch nie jemand gesehen hatte. Er machte auch die Lotsen betrunken, und es war ein Wunder, daß wir nicht Schiffbruch erlitten. Es war schon sehr spät, als wir endlich vor Anker gingen, und wir entschieden uns dafür, an Bord zu schlafen. Wir bekamen jedoch noch genügend Muße, unseren Entschluß zu bedauern, da das Schiff die ganze Nacht hindurch voll von Leuten und an Schlaf nicht zu denken war.

Ein ständiger Strom von Besuchern tauchte auf, die Neuigkeiten wissen wollten und sich natürlich der Saufparty zugesellten. Der Kapitän vollbrachte in dieser Hinsicht wahre Wunder. Er trank sich beinahe wieder nüchtern dabei, toastete jedem Neuankömmling zu, und die Mannschaft folgte seinem guten Beispiel. All dies ging auf Kosten der Ladung oder der unglücklichen Kunden, da die Fässer immer sorgfältig voll gehalten wurden. Das Beste, was die Kaufleute von solchen Rohlingen hoffen können, ist, daß dem Wein nur Frischwasser zugefügt wird, da sie des öfteren auch Meerwasser nehmen, ohne daran zu denken, daß dies den Wein vollständig verdirbt.

Père Cabasson und ich gingen schließlich am Samstag, dem 1. Januar 1701,

Ein Freibeuter-Segler vor St. Croix

in Cap François im französischen Teil von San Domingo an Land, wo wir eine erbärmliche Stadt vorfanden, bestehend aus etwa dreihundert palmgedeckten Hütten, die man nach dem letzten Überfall der Spanier irgendwie zusammengehauen hat. Wenn die Stadt auch arm ist, so ist die Szenerie doch großartig, bergig und rauh. Sie stellt selbst Guadeloupe in den Schatten.

Die Stadt Cap François hat keine Wehrmauern oder Palisaden. Da sie nach Süden und Westen hin sehr exponiert liegt, eignet sich der Platz, an dem sie errichtet wurde, nicht einmal für die Anlage von Befestigungen. Es sind nur zwei Batterien dort; eine an der Einfahrt zum Hafen und die andere gegenüber der Stadt — beide schlecht plaziert und überhaupt nicht gepflegt. Die Garnison zählt vier Kompanien von der Marine abgestellter Soldaten, was eine Truppenstärke von etwa zweihundert Mann ausmacht. Diese Anzahl ist zwar mehr, als man in Friedenszeiten braucht, doch viel zuwenig in Zeiten des Krieges. Die Siedler von San Domingo trauen jedoch den Truppen nicht mehr, sondern halten mehr von der Selbstverteidigung. Fast alle von ihnen sind entweder Buccaneers oder Flibustiers gewesen und wissen besser als die meisten Menschen, wie man kämpft und wie sie ihre Familien und ihren Besitz verteidigen müssen.

Am Freitag, dem 7. Januar, begaben wir uns an Bord eines Schiffes aus Nantes, das nach Léogane ging, und wir kamen am Samstag in Port Paix an. In früheren Zeiten war diese Stadt die wichtigste unserer Ansiedlungen und der erste Ort, den die Unsrigen auf San Domingo einnahmen, nachdem sie sich auf Tortuga festgesetzt hatten. Port Paix war schon nicht mehr Sitz des Gouverneurs, seit das Fort aufgegeben und die Stadt im Kriege von 1689 zerstört wurde.

Die Insel Tortuga ist zur Zeit nicht bewohnt. Ein Anlanden ist seitens unserer Behörden verboten, da man Vieh dorthin geschafft hat, das fett werden soll, um später als Vorrat für das Fort zu dienen, falls dieses einmal wieder aufgebaut werden sollte.

Wir verließen Port Paix am 12. Januar, und am Donnerstag kamen wir an eine Stelle zwischen Cap St. Nicholas und einem flachen Punkt, der Le Mole genannt wird. Man sagt, daß es hier Silberminen gibt. Das Land ist an dieser Stelle dürr und unfruchtbar, und es findet sich eine gut geschützte Bucht in der Nähe, die in Kriegs- wie auch in Friedenszeiten Zuflucht für Piraten ist.

Diese Piraten sind in der Regel Privatiers, die sich so sehr an das freie Leben in Kriegszeiten gewöhnt haben, daß sie sich nicht dafür entscheiden können, an ihre Arbeit zurückzugehen, wenn wieder Friede geschlossen worden ist. Deshalb behalten sie einfach ihre Kommissionen und setzen ihre Raubzüge fort. Man muß wirklich Angst davor haben, mit ihnen zusammenzutreffen, besonders wenn es sich um spanische Piraten handelt. Die meisten von diesen sind nämlich Mulatten und furchtbar grausam und unversöhnlich.

Es ist eine nicht ganz so gefährliche Sache, in die Hände englischer oder französischer Piraten zu kommen, da sie ein wenig humaner sind und man die Dinge doch oft mit ihnen arrangieren und sein Leben retten kann, wenn man nur ihrem ersten Zorn entgangen ist. Diese Leute tragen ihre eigenen Gesetze mit sich, und wer immer sie gefangennimmt, hat das Recht, sie an einem Querbalken aufzuhängen oder ins Meer zu werfen. Zwei oder drei werden nicht an Ort und Stelle umgebracht, sondern als Zeugen für den Untergang ihres Schiffes zurückgehalten. Doch sobald das Schiff unter Wasser ist, werden sie in gleicher Weise wie ihre Kameraden bedient.

Wir waren doch ein wenig ängstlich, auf diese Herren zu treffen, da wir wußten, daß sie sich in der Umgebung aufhielten und kürzlich einige Schiffe gekapert hatten. Diese Piraten waren allerdings Franzosen gewesen, und so hofften wir, im Tausch gegen ein paar Kisten Branntwein einem Abenteuer entgehen zu können, falls einer von diesen Herrschaften uns überfallen sollte.

Wir kamen jedoch unbehelligt am Samstag kurz nach Mitternacht am Ankerplatz vor der Stadt Petite Rivière an und schliefen an Bord, da es schon so spät war.

Ich hatte den Auftrag, die Bücher unserer Abtei in Petite Rivière zu überprüfen, da unsere Geschäfte dort in letzter Zeit auffallend schlecht liefen. Tatsächlich fand ich ein solches Durcheinander vor, wie ich es nie zuvor erlebt hatte.

Nachdem wir die üblichen Zeremonien hinter uns gebracht hatten, gab ich dem zuständigen Abt, Père Navières, fünf Tage Zeit, seine Bücher in Ordnung zu bringen und mir eine Zusammenstellung der fälligen und bald fällig werdenden Verbindlichkeiten vorzulegen. Ich ließ ihm eine Liste von Fragen da, die ich beantwortet wissen wollte, und ritt sodann mit Père Cabasson nach L'Esterre, einer neuen Siedlung, die in höchst erfreulichem Gegensatz zu Petite Rivière steht.

L'Esterre ist ein Bezirk der wohlhabenden Siedler. M. du Casse, der Gouverneur, hat dort ein schönes Haus, geschmückt mit den Portraits der Gouverneure von Cartagena und anderen Schätzen, die während der Plünderung dieser Stadt durch die Buccaneers im Jahre 1697 erbeutet worden sind. Seine Nachbarn sind zumeist reiche Kaufleute — die High Society der Kolonie.

M. du Casse befand sich zu der Zeit in Frankreich, als wir unseren offiziellen Besuch machten, doch sein Stellvertreter, M. de Gallifet, der in Martinique gewesen ist, machte zusammen mit dem Leutnant des Königs, M. de Paty, die Honneurs. Wir trafen auch die Abgeordneten — jedoch nicht den Stadtschreiber, der sich im Wachhaus in Eisen befand, da er der Notzucht beschuldigt wurde. Da dies das drittemal war, daß er sich des gleichen Verbrechens schuldig gemacht hatte, wurde er für alle drei Vergehen gleichzeitig bestraft. Allerdings hat er es einige Zeit später fertiggebracht, ein weiteres

Mal zu entfliehen — dieses Mal zusammen mit den anderen Gefangenen, die am gleichen Eisenbarren wie er befestigt waren.
Es ist amüsant, die neureiche Gesellschaft dieser Insel zu studieren. Die Tätigkeit der Buccaneers, die vergleichsweise kürzliche Eroberung der fabelhaft reichen Stadt Cartagena und ein Handelsboom nach dem Frieden von Rijswyck haben die Insel mit Geld überschwemmt. Das Spiel herrscht vor, alle leben großartig und tun ihr Bestes, ihre Reichtümer zur Schau zu stellen, um die anderen vergessen zu machen, in welch bedauernswertem Zustand sie einmal an diesen Küsten angelangt sind und was ihr allererster Handel dort war. Viele Leute, die einst als Engagés zu den Buccaneers kamen, sind nun feine Herren und so vornehm, daß sie sich nicht mehr hundert Meter weit bewegen können, ohne sich in einer sechsspännigen Kutsche fahren zu lassen. Leogane ist voll von großen und kleinen Kutschen, und die meisten der Siedler haben Reitpferde. Die Sklaven werden als Kutscher und Postillons benutzt, so daß der Luxus sie praktisch nichts kostet. Pferde sind hier sehr billig, da diejenigen Buccaneers, die noch immer ihrem Gewerbe nachgehen, keine Verwendung für Pferdefelle haben und es den verwilderten Tieren erlauben, sich unbelästigt zu vermehren.
All dieser Aufschwung hat natürlich eine Inflation mit sich gebracht. Arbeiter sind rar, da es nur wenige von ihnen gibt, und hohe Löhne retten sie vor der Notwendigkeit, viel zu arbeiten. Sie werden Siedler, haben Landbesitz und tun dann alles, um ihr ursprüngliches Geschäft zu vergessen ...«

In den Händen der Spanier

»Zurück in Petite Rivière, kostete es mich einige Zeit, die verwirrten Angelegenheiten des Ordens wieder in Ordnung zu bringen. Père Cabasson entband den Abt seiner Aufgabe, denn er war nicht in der Lage, den weltlichen Teil des Kirchengeschäfts zu führen. Sobald dies beschlossen war, mußte ich mich nach einer Ausflucht umsehen. Ich wußte, daß Père Cabasson vorhatte, mir diese Arbeit zu übertragen. Ich bat deshalb um die Erlaubnis, nach Guadeloupe zurückkehren zu dürfen, wobei ich das Versprechen vorschützen konnte, das ich dem Gouverneur dort hinsichtlich der Arbeiten an den Projekten gegeben hatte, an denen bereits mit der Arbeit begonnen war. Doch begann Père Cabasson seine Entscheidung von Tag zu Tag hinauszuschieben, wohl in der Hoffnung, daß ich das nächste Schiff, das absegeln sollte, verpassen werde. Glücklicherweise konnte ich jedoch so viele Einwände gegen mein Verbleiben in Petite Rivière vorbringen, daß ich mich schließlich doch an Bord der Barke ›Aventurière‹ fand, die mich zu den windwärtigen Inseln bringen sollte.

Die ›Aventurière‹ war in Bermuda gebaut und ein ausgezeichneter Segler. Sie wurde von M. Sanson kommandiert, einem unserer Flibustiers, der ein so geschickter Kapitän war, wie man ihn sich nur wünschen konnte. Ferner fand ich M. des Portes an Bord, einen Kaufmann, der kurze Zeit vorher nach Martinique gekommen war, um mit den Spaniern Handel zu treiben. Das Schiff war mit Silber in Barren und Münzen beladen, etwas Goldstaub, Stoffen aus der Bretagne, Seidenstrümpfen, Hüten, Bekleidung usw. Diese Waren stellten den Rest der Ladung dar, die M. des Portes ursprünglich mitgebracht hatte.

Das Geschäft mit den Spaniern war sehr lukrativ, bevor die Franzosen Waren in zu großen Mengen exportierten und sie dann praktisch umsonst verkauften, um mit anderen im Wettbewerb standhalten zu können. Die Engländer und Holländer sind klüger, denn obwohl sie nicht weniger habgierig sind als wir, haben sie doch nie versucht, sich gegeneinander in Wettbewerb zu begeben, und deshalb die Preise für ihre Waren immer konstant halten können.

Laut Gesetz ist es allerdings keiner Nation erlaubt, mit den Spaniern zu handeln, egal, welcher Vorwand auch benutzt wird. Jedes Schiff, das sie innerhalb einer gewissen Entfernung von ihren Küsten finden, wird konfisziert, wenn sie es erobern können, denn sie nehmen sofort an, daß das Schiff sich dort nur des Schmuggels wegen aufhält. Um es zu bestrafen, halten die Spanier den Beweis dafür schon für ausreichend, wenn sich Geld oder irgendwelche Gegenstände auf dem Schiff befinden, die in ihrem Land hergestellt worden sind. Dies ist ihr Recht, doch wird es sehr häufig umgangen.

Wenn die Kaufleute beispielsweise in einen spanischen Hafen hineinkommen wollen, um zu handeln, so sagen sie, daß ihre Wasservorräte, Brennstoffe oder Nahrungsmittel knapp sind, oder sie schützen einen zersplitterten Masten vor oder ein Leck, das nicht repariert werden kann, ohne das Schiff zu entladen. Es wird ein Offizier entsandt, um dem Gouverneur die Bitte vorzutragen, und dadurch, daß man ihm ein gutes Geschenk mitgibt, läßt man den Wunsch erkennen, der Gouverneur möge an die Geschichte glauben. Seine Offiziere kann man, wenn nötig, auf die gleiche Art und Weise blind machen. Sodann wird die Erlaubnis erteilt, in den Hafen einzulaufen, das Schiff zu entladen und zu reparieren. Alle Formalitäten werden sorgfältig überwacht. An der Tür des Lagerhauses, durch die die Ladung hineingebracht wurde, bringt man ein Siegel an — ebenso sorgfältig wird aber darauf geachtet, daß eine andere Tür unversiegelt bleibt, durch die die Ladung während der Nacht herausgeschafft und durch Kisten von Indigo, Cochenille, Vanille, Kakao, Tabak usw. und Silber in Barren und Münzen ersetzt wird. Sobald dies erledigt worden ist, ist auch das Leck wieder verstopft und das Schiff bereit, abzusegeln.
Nun müssen natürlich Mittel und Wege gefunden werden, die Waren zu verkaufen. Um dies zu erledigen, geht der Kapitän oder Kaufmann noch einmal zum Gouverneur und erklärt, er habe nicht genügend Geld, um den Proviant oder die Reparatur zu zahlen. Er bittet deshalb um Erlaubnis, entsprechende Mengen seiner Ladung verkaufen zu dürfen. Der Gouverneur und seine Abgeordneten machen lange Gesichter, soweit sie es der Gelegenheit schuldig zu sein glauben, und sodann wird die Erlaubnis erteilt, ein paar Kisten zu verkaufen. Diese paar Kisten werden offiziell verkauft, in der Tat wird jedoch die ganze Ladung öffentlich umgeschlagen, und aller Wahrscheinlichkeit nach geht sie sogar an die Agenten des Gouverneurs und seiner Beamten. Niemand kann sich nun beklagen, denn jeder der Käufer bestätigt, die von ihm erworbene Ware sei genau der Anteil der Ladung, der zur Deckung der Kosten erforderlich war.

Pt. des Salines auf Martinique. Einer der Orte, an dem M. des Portes mit den Spaniern Geschäfte gemacht hatte

Die am besten verkäufliche Ware, die man in einen spanischen Hafen bringen kann, ist Quecksilber, da die Könige von Spanien hier ein Monopol halten. Es gibt dabei keine Diskussion hinsichtlich des Preises; das Quecksilber wird einfach mit Silber aufgewogen, was einen ausgezeichneten Gewinn bringt.

Was nun die kleineren Ladungen betrifft, die noch weit öfter von den englischen, holländischen und französischen Schiffen gebracht werden, so verkauft man diese im allgemeinen direkt auf See und in einiger Entfernung von den Städten.

Es werden ein paar Kanonenschüsse abgefeuert, um die spanischen Siedler in der Nachbarschaft von der Ankunft des Schiffes in Kenntnis zu setzen, und diese kommen dann in ihren Kanus heraus, um das zu kaufen, was sie gerade benötigen. Dieser Handel wird zumeist bei Nacht getätigt, und der Kapitän muß sehr darauf achten, nie mehr Leute gleichzeitig an Bord zu lassen, als seine Mannschaft überwältigen kann. Das Wort Kredit ist unbekannt in diesem Geschäft, das man ›à la pique‹ nennt, und nichts anderes als Bargeld wird als Zahlungsmittel angenommen — außer Nahrungsmitteln, die gelegentlich auch an Bord des Schiffes gebracht werden.

Im allgemeinen wird ein Tisch unter dem Heck aufgestellt, der als Ladentheke dient, auf der man Muster der Waren auslegt. Der Kaufmann und ein paar Männer stehen, alle gut bewaffnet, hinter dieser Theke. Sie werden zusätzlich von bewaffneten Mitgliedern der Mannschaft beschützt, die auf dem Heck stehen. Der Kapitän und die übrigen Mitglieder der Mannschaft, alle bis an die Zähne bewaffnet, verbleiben an Deck, um die Besucher willkommen zu heißen, ihnen ein Getränk anzubieten und sie höflich in ihre Kanus zurückzubefördern, sobald sie ihre Käufe getätigt haben. Die Besucher an Bord sind manchmal Meister des kleinen Diebstahls, und es wird der Mannschaft deshalb gesagt, mehr auf ihre Hände als auf ihre Füße achtzugeben. Es ist viel Takt erforderlich in dem Augenblick, wo man jemanden ›in flagranti‹ beim Stibitzen erwischt, damit die Sache in einer Art beiderseitiger Entschuldigung beendet werden kann, ehe es zu ernsthaftem Ärger kommt.

Ein paar Kanonenschüsse werden abgefeuert, um Leute von Bedeutung oder Personen, die große Käufe getätigt haben, zu begrüßen oder zu verabschieden, wenn sie das Schiff verlassen. Dieses Kompliment schmeichelt ihnen immer sehr, und man vergibt sich ja nichts dadurch.

Vor allen Dingen aber ist es notwendig, auf der Hut und in jedem Fall der Stärkere zu sein. Wenn die Spanier nämlich eine Möglichkeit sehen, das Schiff zu erobern, so ist es noch selten vorgekommen, daß sie sich diese Gelegenheit haben entgehen lassen. Sie werden das Schiff dann zuerst plündern, um es danach mitsamt seiner Mannschaft auf Grund zu setzen, damit nicht ein einziger übrigbleibt, der sich über den Verrat beklagen könnte. Wenn nämlich ein Fall dieser Art dem Gouverneur oder dem Königlichen

Beamten gemeldet werden sollte, müssen die Diebe vollständigen Ersatz schaffen — nicht, wie man meinen sollte, dem Besitzer des Schiffes gegenüber, sondern ihren eigenen Behörden. Dies alles ist keine Phantasie, sondern eine seit Jahrzehnten an den Küsten von Hispaniola, Caracas und Cartagena ausgeübte Praxis und das böse Schicksal vieler englischer, holländischer und französischer Segler gewesen.

Am Freitag, dem 18. Februar, stachen wir von L'Esterre aus in See. Unsere Barke hatte zwei Kanonen, aber nur eine einzige Kanonenkugel — und diese eine Kugel hätten wir nicht abfeuern können, da sie dazu benutzt wurde, die Senfkörner für den Schweinebraten zu zerkleinern. Es waren siebzehn Mann an Bord, den Kabinenboy und meinen Sklaven, der sechzehn oder siebzehn Jahre alt war, mitgerechnet. Am folgenden Tag hatten wir Gegenwind und kamen nicht eher als am 25. an die Caymiten. Die Wellen schienen uns zeigen zu wollen, wer der Stärkere sei, und warfen uns von vorn nach hinten und von einer Seite zur anderen. Eine von ihnen war so stark, daß sie unsere Kombüse wegwusch, was für Männer mit gutem Appetit ein schreckliches Unglück darstellt. Der Verlust unsere Kombüse und das weiterhin schlechte Wetter zwangen uns, unter Cap Donna Maria vor Anker zu gehen, das der westlichste Punkt von San Domingo ist.

An dieser Stelle sahen wir an Land einige Leute Signale geben. Wir hielten sie für Jäger oder Buccaneers. Da es aber nicht angebracht ist, an dieser Küste Risiken einzugehen, und es sich hätte herausstellen können, daß sie alles andere als ehrliche Leute waren und vielleicht sogar versuchen würden, die Barke zu plündern, luden wir vorsichtshalber die Musketen mit Kugeln und die Kanonen mit Kartätschen. Dann ging ich mit ein paar Mann an Land, um festzustellen, ob etwas zu befürchten sei. Tatsächlich waren es Buccaneers, und zwei von ihnen gingen mit uns an Bord zurück, gaben uns Schweinefleisch und Geräuchertes, während wir sie mit Wein und Branntwein versorgten. Wir machten mit den Buccaneers aus, uns tausendachthundert Pfund Rauchfleisch und dreihundert Pfund Schmalz zu verkaufen. Dieses Schmalz wird während der Fastenzeit von den Spaniern gegessen, aufgrund einer Bulle des Papstes, die noch aus der Zeit der Kreuzzüge stammt und die ihnen unter anderem auch den Verzehr der äußeren Gliedmaßen des Schlachtviehs erlaubt, wie beispielsweise die Füße und den Kopf. Sie schneiden diese Gliedmaßen daher in großzügiger Weise ab, so daß vom ganzen Tier kaum etwas übrigbleibt.

Für das Fleisch und Schmalz mußten wir ihnen in Form von Schießpulver, Munition und Stoffen usw. zahlen, und die Buccaneers baten uns, ein paar Leute zu schicken, um das Fleisch zum Schiff zu bringen. Wir gaben ihnen sechs Mann, und ich ging ebenfalls mit, um das Fleisch auszuwählen. Ich nahm auch meinen Boy mit, der meine Hängematte trug.

Wir kamen ziemlich spät beim Boucan an. Sie hatten schon eine Menge Fleisch getrocknet, anderes war noch in Bearbeitung. Zwei oder drei Schweine waren gerade erst an diesem Tag geschlachtet worden, so daß wir ein sehr herzhaftes Abendessen hatten.

Ein Buccaneer mit Hund, Flinte und Pfeife, den drei Dingen, von denen er sich niemals trennt

Nachdem wir zwei Tage am Boucan geblieben waren, kehrten wir zur Barke zurück und setzten Segel, sobald wir unsere Rechnung mit den Jägern beglichen und mit ihnen getrunken hatten. Am folgenden Tag umsegelten wir Cap Tiburon, aber wir hatten den Wind gegen uns, und so standen wir auf See, statt entlang der Küste segeln zu können, was eigentlich geplant war. Wir kamen erst am 8. März wieder in Landnähe und ankerten erst am nächsten Tag bei der Insel St. Louis. Diese Insel ist das Hauptquartier einer Gesellschaft, die für einen Teil der Küste von San Domingo eine Konzession des Königs erhalten hat. Die Gesellschaft braucht dieses Land offenbar nur als sicheren Unterschlupf für ihre Schiffe, die an der Küste des Festlandes Handel treiben, und sie hat scheinbar keine Absicht, es zu vergrößern. Nie im Leben habe ich an einem so kleinen Ort eine so große Anzahl von Agenten und Beamten versammelt gesehen. Als wir am 21. März absegelten, gaben sie mir so viel Schokolade, Wein usw. mit, daß es sicher bis zu den Inseln gereicht hätte, wäre es nicht zu unserem fatalen Treffen mit den Spaniern gekommen.

Wir hofften, etwa um Ostern bei der Stadt San Domingo anzukommen, wo wir unsere Ladung verkaufen wollten. Am Gründonnerstag sichteten wir Cap Mongon oder Altra Vela am westlichen Ende der Insel. Als wir in Küstennähe gekommen waren, drehten wir die Segel bei, damit das Land uns vor den Piraten schützen möge, die in der Nachbarschaft kreuzen sollten. Sobald es dunkel wurde, setzten wir jedoch wieder alle Segel und umrundeten Cap Mongon um Mitternacht, wobei wir zwei Stunden vor Morgengrauen an der Insel Beata vorbeikamen. Wegen des Nebels sah ich nichts von dieser Insel, und es war dieser Nebel, der uns rettete. Bei Tagesanbruch sahen wir nämlich, daß uns eine Barke folgte, und wir hatten keinen Zweifel, daß es sich um einen Piraten handelte. Da wir jedoch etwa drei Seemeilen Abstand zu ihnen hatten, brauchten wir uns keine Sorgen zu machen.

Das Schiff blieb bis zur Dämmerung hinter uns her, doch dann zog es ab, und wir nahmen an, es sei zu seinem Schlupfwinkel zurückgekehrt. Hierin gingen wir allerdings fehl, denn die Barke passierte uns während der Nacht. Der Kapitän und einige Mitglieder der Mannschaft, die nicht schlafen gegangen waren, sahen sie ganz deutlich. Wir waren gar nicht glücklich über diese Tatsache, da sich uns nun der Bericht über die Piraten bestätigt hatte. Ich weiß nicht, welche Art von Wache auf diesen Schiffen gehalten wird, oder ob wir unsere Flucht den guten Seglerqualitäten unserer Barke zu verdanken hatten — doch entgingen wir dieser Gefahr irgendwie nur, um in eine noch schlimmere zu geraten.

M. des Portes beschloß nämlich, nach Bourg Das in der Ocoga-Bucht zu segeln, um dort unter dem Vorwand, daß wir all unsere Wasserbehälter hätten leichtern müssen, um dem Piraten zu entkommen, einzulaufen. In Wirklichkeit beabsichtigte er allerdings, hier einiges von seiner Ladung zu verkaufen, da er erwartete, in Bourg Das bessere Preise dafür einzuhandeln als in der Stadt San Domingo. Ich tat, was ich konnte, um ihn und M. Sanson, den Kapitän, zu überreden, nicht dorthin zu gehen, doch ohne Erfolg. Und es scheint, daß wir dazu verurteilt waren, gekapert zu werden. Der Kapitän segelte also weiterhin in Richtung der Bucht. Um etwa zwei Uhr morgens sichtete er zwei Schiffe und eine Barke, die nahe unter Land vor Anker lag. Zuerst dachte er, daß es Piraten seien, und machte sich daran zu fliehen, doch ließ im gleichen Augenblick der Wind nach, und wir konnten nicht mehr manövrieren. Ich schlief unterhalb des Hecks und wachte auf, als wir wendeten. Sofort fragte ich, was passiert wäre. Als mein Boy antwortete, wir seien nahe daran, von Piraten gekapert zu werden, stand ich auf und sah die zwei großen Schiffe und die Barke. Wir ließen das Beiboot zu Wasser, um uns zu vergewissern, ob wir nahe genug an Land waren, um dorthin zu fliehen. Doch war das Kanu kaum hundert Meter entfernt, als wir sahen, daß sich uns zwei Schaluppen näherten. Sie kamen längsseits und fragten, von wo wir kämen. M. des Portes antwortete wahrheitsgemäß in Spanisch, wir seien aus Martinique.

Als sie dies hörten, befahlen sie uns, unsere Segel beizudrehen und den Anker zu werfen. Im gleichen Augenblick kamen etwa fünfzig bewaffnete Männer mit dem Ruf: ›Amatto!‹ — ›Mord! Mord!‹ — an Bord. Kurz bevor dies passierte, hatte ich meinen Boy weggeschickt, um das Karaibenkörbchen zu holen, in dem ich meine Kleider aufbewahrte, da ich schicklich angezogen sein wollte. Ich war noch dabei, mich umzuziehen, als die Räuber an Bord sprangen und den Boy so sehr erschreckten, daß er das meiste meiner Sachen in die Kabine hinunterfallen ließ, während er selbst weglief, um sich zu verstecken. So ging ich selbst in die Kabine hinunter, um die Kleider zu holen, fiel aber in der Eile von der Leiter, wobei ich einen Stuhl und ein oder zwei andere Dinge umstieß. Der Krach machte die Spanier, die gerade jetzt an Deck waren, glauben, daß wir uns auf eine Verteidigung der Kabine vorbereiteten, und prompt schossen sie auch schon durch die Luke. Einer von ihnen drückte die Mündung seiner Pistole gegen meinen Körper und zog den Spanner. Zum Glück für mich versagte die Zündung, so daß die Ladung nicht abgefeuert wurde. Ich parierte den Schlag eines Schwertes mit der Hand und konnte ihnen schließlich mit dem bißchen Spanisch, das ich sprach, zu verstehen geben, daß ich ein Priester bin. Die Schurken wurden schreckensbleich, als sie merkten, daß sie beinahe einen Dominikanerpater umgebracht hätten. Sie baten mich um Verzeihung, fielen auf die Knie, küßten meine Hände und halfen mir dann, wieder zum Heck hinaufzuklettern. Hier sah ich, daß mein Koffer sich geöffnet hatte und alles außer einem silbernen Kruzifix der Inquisition von Avignon herausgeflogen war. Es schoß mir durch den Kopf, daß dies die rechte Gelegenheit war, Nutzen daraus zu ziehen, und so nahm ich es aus dem Koffer, hängte es mir um den Hals und steckte es unter meine Kutte. Dann zog ich es hervor, und mit Hilfe von M. des Portes als Dolmetscher fragte ich, ob einer der Offiziere des Kommandos dieses Symbol kenne und dies die Art sei, wie man einen Kommissar des Heiligen Stuhls behandele. Ich hatte das Kreuz im Nachlaß eines verstorbenen Priesters gefunden, und ich weiß bis heute nicht, wie es gerade zu der Zeit in den Koffer gekommen war. Doch zeitigte es eine ungeheure Wirkung, und mir wurde sehr viel Respekt gezeigt. Ich machte des weiteren Gebrauch von der Wirkung des Kreuzes, um die schon begonnene Plünderung des Schiffes zu beenden, und konnte verhindern, daß unser Beiboot beschossen wurde, mit dem Kapitän Sanson gerade zurückkehrte. Ich weiß nicht, in welchem Lande ihr Pulver produziert war, aber sicherlich hätte es uns überhaupt keinen Schaden zugefügt, da ihnen ständig die Zündungen versagten. Während all dies vor sich ging, hatte sich mein Boy mit solchem Erfolg versteckt, daß wir ziemliche Schwierigkeiten hatten, ihn wiederzufinden. Schließlich tauchte er auf und hatte durch einen glücklichen Zufall meinen Hut bei sich, der andernfalls bestimmt gestohlen worden wäre. Nachdem der Aufruhr sich ein wenig gelegt hatte, begleitete ich M. des Portes und einen spanischen Offizier in einer der Schaluppen an Bord des Flaggschiffes. Jede der Schaluppen hatte eine Mannschaft von mindestens fünfunddreißig Mann und war mit je zwei Messingkanonen am Bug und Heck ausgerüstet. Wir erfuhren, daß die zwei großen Schiffe einen Teil der Schwadron von Barlovento darstellten und von Cartagena bis nach Marguerite und Trinidad die Küste des Golfs entlang gesegelt waren. Sie kehrten jetzt nach Vera Cruz zurück. Die Barke gehörte dem Gouverneur von Puerto Rico und sollte zuerst nach Havanna und dann nach Spanien gehen.

„Kampfanleitung aus dem 17. Jahrhundert"

Sie hatte sechshunderttausend Ecus und viele andere Dinge von Wert an Bord, jedenfalls erzählten sie uns das. Der Offizier in der Schaluppe sagte uns, daß wir bald alle zu Brüdern werden würden, da man in San Domingo durch eine Korvette, die Post vom Hofe nach Santa Cruz brachte, Nachricht erhalten habe, daß unser Herzog von Anjou König von Spanien geworden sei. Wir hatten davon in Leogane nichts gehört, obwohl der Prinz Frankreich schon im Dezember verlassen hatte, um nach Madrid zu gehen. Diese Nachrichten gaben uns Hoffnung, das Abenteuer doch schnell hinter uns zu bringen, und daß unsere Barke nicht konfisziert würde, wie wir zuerst befürchtet hatten.

Als wir das Flaggschiff erreichten, blieben wir in der Schaluppe, während der Offizier von unserer Gefangennahme berichtete. Dann gingen auch wir an Bord. Der Gouverneur der Schwadron, so nennen sie ihre Kommandeure, erwartete uns am Heck am Ende der Leiter. Er war ein alter Marquis, dessen Namen ich vergessen habe, und so von Gicht befallen, daß er kaum seine Hände benutzen konnte. Trotzdem nahm er aber doch seinen Hut ab, um uns zu begrüßen. Der Kommandant war ähnlich wie ein Franzose gekleidet, doch hatte er einen Mantel um die Schultern gehängt, und eine große goldene Reliquie hing an seinem Hals. Ich machte ihm meine Reverenz in Lateinisch, und sein Kaplan, der neben ihm stand, dolmetschte ihm das, was er verstehen konnte, doch das war nicht allzuviel. Sodann sprach M. des Portes in Spanisch und wurde besser verstanden.

M. des Portes hatte sich schnell noch umgezogen, bevor wir die Barke verließen, und sich in einen roten Anzug mit goldenen Knöpfen gekleidet, zu dem er ein Luxuswams und einen Hut mit langer Feder trug. Wir hatten mit dem Kapitän abgesprochen, daß M. des Portes als Major von Martinique vorgestellt werden sollte, und es Kapitän Sanson überlassen, die Mannschaft von dieser Maskerade zu unterrichten. M. des Portes spielte seine Rolle außerordentlich gut.

Der Gouverneur erzählte uns, daß er sehr bekümmert sei, von unserer schlechten Behandlung zu hören, und fügte hinzu, daß bei Tageslicht nichts von dieser Art hätte passieren können. Darin konnte ich ihm innerlich nur zustimmen, denn wenn wir in der Lage gewesen wären, früh genug zu sehen, wären wir überhaupt nicht nahe genug herangekommen, daß sie uns hätten kapern können.

Der spanische Kaplan, der ein weltlicher Priester war, vollbrachte bei dieser Gelegenheit wahre Wunder. Er befahl der Mannschaft, alles zurückzugeben, was sie gestohlen hatte, insbesondere all das, was, wie er sagte, dem Pater Kommissar des Heiligen Tribunals der Inquisition gehörte. Weiter erklärte er, daß jedermann, der mein Eigentum gestohlen hatte oder wußte, wer es hatte und es nicht sofort herausgäbe, exkommuniziert und den Fluch Gottes über das ganze Schiff heraufbeschwören würde.

Diese Ansprache tat ihre Wirkung, und ein junger Seemann verriet, welcher seiner Kameraden meinen Geldbeutel hatte. Als dieser Mann lachte und es verneinte, wurde er untersucht und ausgezogen. Es war eine ziemliche Operation, meinen Geldbeutel zu finden, denn er hatte sechs meiner Hosen und zwei von meinem Boy übereinander und darüber noch zwei andere angezogen, die ihm, wie ich glaube, selbst gehörten. Es sah aus, als wenn eine Zwiebel gepellt wird. Mein Geldbeutel fand sich in der letzten Hose, er wurde mir sofort durch den Kaplan wieder ausgehändigt, der mich bat, nachzusehen, ob der Inhalt auch stimme. Ich fand elfeinhalb Pistoles in spanischer Währung und etwas Silbergeld. Dieser Betrag war in etwa richtig. Ich wollte dem jungen Seemann eine Pistole geben, um ihn für den Verlust meines Besitzes zu entschädigen, doch wollte der Kaplan davon nichts wissen, sondern belohnte ihn im Gegenteil damit, daß er seine Backen ziemlich drosch. Mein Boy nahm alle meine Hosen an sich. Später entdeckten wir noch meine Matratze, Bettbezüge, Schlafsack und Brevier, ein Hemd und einiges von meinen Papieren. Aber den Rest meiner Sachen, wie meine Tasse, meinen Meßkelch mit dem Silberdeckel, meinen silbernen Weinkelch, meine Lesebrille, Schriftstücke, Bücher und meinen Rosenkranz usw., sah ich nie wieder. In der Tat ging der ganze Verlust der Plünderung in der Hauptsache zu meinen Lasten und auf Kosten der Ladung, von der sie Waren im Wert von zweihundert Pistoles und das meiste unseres Proviants und Weins stahlen. M. des Portes kehrte mit einem Offizier an Bord der Barke zurück, der schließlich alle Spanier vertrieb, die noch immer auf unserem Schiff verblieben waren. Danach wurde unsere Barke näher zum Flaggschiff gebracht und an dessen Bug vertäut. Während dies noch vor sich ging, führte der Kaplan mich in die Hauptkabine, wo ich den Gouverneur und die anderen Offiziere des Schiffes vorfand. Der Lotse ist der Erste Offizier an Bord und hat den Rang eines Leutnants. All diese Herren behandelten mich mit sehr viel Freundlichkeit. Köstliches Eingemachtes, Biskuits und Wein wurden serviert, und wir diskutierten das Ereignis der spanischen Thronfolge, das ganz Europa überraschen mußte, und stimmten darin überein, daß ein Krieg das unvermeidliche Ergebnis dieses Vorganges sein würde.

Das Flaggschiff nannte sich ›San Trinidad‹. Es hatte eine Bewaffnung von zweiundfünfzig Kanonen und insgesamt dreihundert Mann Besatzung, Passagiere eingeschlossen. Es trug eine Quadratflagge aus weißem Satin, und der Hauptmast führte die Wappen Spaniens, über denen sie bereits die drei kleinen Lilien von Anjou angebracht hatten. Dieses Schiff war aus Mahagoni gebaut, einem ausgezeichneten Holz, welches Würmern und Fäulnis widersteht. Man hatte uns für Piraten gehalten, und wir beobachteten, daß die Kanonen bereits ausgefahren waren.

Sie kochten ihre Mahlzeiten an Deck zwischen dem Haupt- und dem Mizzenmast, aber wenn sie auf See sind, glaube ich, daß die Kombüse sich unter dem Vorderdeck befindet. Jedes Mitglied der Mannschaft hat seinen eigenen privaten Topf. Die Seeleute werden Señores Mariñeros und die Soldaten

Señores Soldados genannt. Sie sind zu vornehm, aus der Matrosenschüssel zu essen wie unsere Burschen. Sie erhalten ihre Verpflegung in Geld, und jedermann bestellt beim Koch, was er zu essen wünscht. Das Schiff war ein schönes Fahrzeug, obwohl es uns so vorkam, als ob es für seine Breite und Höhe ein wenig zu kurz sei und wir deshalb auch überhaupt nicht glauben konnten, was sie uns hinsichtlich seiner Geschwindigkeit erzählten.

Ein Kurier wurde am gleichen Tag zum Präsidenten von San Domingo entsandt, um von unserer Gefangennahme zu berichten und seine Meinung dazu einzuholen, da der Gouverneur der Schwadron nicht den Wunsch hatte, die Verantwortung für unser Schicksal allein zu übernehmen. Die Krönung Philipps V. hatte die Spanier dazu gebracht, uns Franzosen in einem anderen Licht als bisher zu sehen. Gemäß ihrem Recht konnte unser Schiff konfisziert werden, da es an ihrer Küste erobert worden war und sie Pesos und Silberbarren an Bord gefunden hatten.

Beim Abendessen saß der Gouverneur an einem kleinen Tischchen, das neben dem großen stand, nicht wegen seines Ranges, sondern zur Bequemlichkeit seiner Diener, die ihn wegen seiner Gicht füttern und ihm beim Trinken behilflich sein mußten. Acht oder neun von uns saßen in der Kabine zusammen mit dem Kaplan, der an der Spitze des Tisches Platz nahm. Das Tafeltuch war klein und schmutzig, und die Servietten, die kleiner als gewöhnliche Taschentücher und zu irgendeiner Zeit vielleicht einmal weiß gewesen waren, hatten völlig ausgefranste Ecken und Kanten. Meine Serviette unterschied sich in keiner Weise von den übrigen. Als der Kaplan sah, daß ich mein eigenes Taschentuch benutzte, ließ er aber doch eine saubere Serviette für mich bringen. Nachdem der Kaplan das Dankgebet gesprochen hatte, zerlegte er das Fleisch und servierte es der ganzen Gesellschaft auf Silbertellern, die zu seiner Linken gestapelt waren. Diese Teller waren ziemlich groß und schön verbeult, und sie waren so schwarz, als wenn sie schon eine Reihe von Jahrhunderten auf dem Meeresboden verbracht hätten.

Der erste Gang bestand aus fünf Gerichten verschiedener Früchte. Der Kaplan bediente zuerst den Gouverneur und dann den Rest der Gesellschaft. Nachdem die Früchte weggetragen worden waren, kam das Hauptgericht, bestehend aus Wurst und Innereien. Dies überraschte mich, da Karsamstag war; doch der Kaplan sagte mir, man täte auf See das Beste, was man könne, und die Bulle des Papstes über die Kreuzzüge räume den Seeleuten Privilegien ein, deren ich mich auch erfreuen könne, da ich nun ihr Gast sei. Natürlich tat ich mein Bestes, meinen Gastgebern gefällig zu sein, und aß alles mit herzhaftem Appetit. Auf die Würste folgten drei große gekochte Hühner, danach ein Ragout vom Schwein. Hierauf aßen wir ein Gericht aus Taubenfleisch, dann eine große Schüssel Kartoffelsuppe, und zum Schluß gab es Schokolade.

Ich fand es eigenartig, daß fast jeder Kassawa statt Zwieback aß, die allerdings sehr weiß, leicht und gut gekocht war. Noch eigenartiger aber fand ich es, daß ich niemanden trinken sah, und wartete darauf, daß irgend jemand damit beginnen würde. Schließlich wurde ich ungeduldig und fragte, ob ich nicht etwas zu trinken haben könnte, da die Würste mich ziemlich durstig gemacht hatten. Ein Diener brachte mir sofort eine irdene Tasse, in der etwa ein Viertelliter Wasser war. Daraufhin sagte ich dem Kaplan, daß in meiner Heimat nur Kranke und Hühner Wasser trinken, ich aber ein erwachsener Mann sei und mich außerdem ziemlich guter Gesundheit erfreue. Daraufhin brachte mir der Diener ein großes Glas Wein auf einem Tablett. Nun aber ergab sich eine weitere Schwierigkeit, da ich es nicht gewohnt bin, Wein ohne Wasser zu trinken. Schließlich mußte ich meinen Boy herbeiholen, der das ganze Schiff nach meiner verlorenen Tasse absuchte, um mich in der Weise bedienen zu können, die ich gewohnt bin. Es war nun an diesen Herrschaften, sich zu wundern, als sie mich den Wein mit Wasser vermischt trinken sahen. Denn dies steht ebenfalls in ziemlichem Unterschied zu ihren Bräuchen. Sie trinken während der Mahlzeiten sehr wenig, und wenn, dann nur Wasser; doch wenn einer von ihnen zu trinken beginnt, so würde er am liebsten auch noch das nehmen, was sein Nachbar im Becher zurückgelassen hat. Zum Abschluß der Mahlzeit wurde schließlich jedem ein Glas Wein gegeben, und alle tranken auf des Gouverneurs Gesundheit.

In der Regel wird nur eine Mahlzeit pro Tag serviert, und außer dieser Mahlzeit essen die meisten Spanier nur Eingemachtes oder Schokolade. Aber solange wir ihre Gäste waren, wurde uns auch ein gutes Mittagessen serviert, das der Kaplan und einige Offiziere immer mit uns teilten, mehr aus Höflichkeit, als daß sie hungrig waren.

Wir verbrachten die Nacht auf unserer Barke, aber ich konnte wegen der Geräusche nur schlecht schlafen, die die Spanier beim heimlichen Kauf unserer Waren verursachten. Der folgende Tag war Ostern, und wir begaben uns an Bord des Flaggschiffes, um der Messe beizuwohnen. Es wurde uns jedoch gesagt, daß sie an der Küste gelesen würde, wohin zu gehen uns nicht erlaubt war.

Wir bekamen etwas Schokolade, während wir auf das Abendessen warteten, welches etwa das gleiche war wie am Tage zuvor. Am Ostermontag bat ich den Kaplan, mir sein Meßgerät zu leihen, um an Bord unserer Barke die Messe zu feiern. Wir sangen alles, was zur Messe gesungen wird, wie das Kyrie, das Gloria, das Credo, das Sanctus, das Agnus Dei und das Exaudiat, soweit wir es ohne Bücher auswendig konnten. Ich predigte, und unsere Mannschaft erhielt die Kommunion. Die Spanier, die uns vom Bug ihres Schiffes aus beobachteten, waren sehr erbaut und sichtlich überrascht. Sie erzählten mir nachher, sie hätten gar keine Ahnung gehabt, daß die Franzosen so gute Katholiken seien. In der Tat hatten wohl die meisten von ihnen geglaubt, wir hätten überhaupt keine Religion. Diese Demonstration unseres Katholizismus hatte sehr gute Auswirkungen. Als sie dann noch

sahen, daß wir in aller Sittsamkeit jeden Morgen und Abend regelmäßige Andachten abhielten, zeigten sich die Spanier noch viel freundlicher.
Ich habe den Namen des zweiten Schiffes vergessen. Es trug die Flagge des Vizeadmirals am Mizzenmast und war mit vierzig Kanonen bestückt. Das dritte Schiff der Schwadron war in Santo Domingo. Es wurde das ›Handelsschiff‹ genannt, da es mit Waren beladen war, bestimmt für den Handel in verschiedenen Häfen, die während der Reise von der Schwadron angelaufen wurden. Dieses Schiff war einer der Gründe, weshalb wir die Stadt Santo Domingo nicht mehr zu Gesicht bekamen. Allerdings war das kein Verlust, da wir alles, auch das letzte bißchen von unserer Ladung, an die zwei Schiffe verkauften, die uns gekapert hatten. Ich kann nicht begreifen, was die Spanier mit all den Sachen gemacht haben, die sie von uns kauften, insbesondere den Kisten von halbverrottetem Garn, für das sie in guten, neuen mexikanischen Pesos zahlten, von denen jeder zehn Solos Silber wert ist. Sie taten ihr Bestes, mich zu bewegen, ihnen meinen Boy zu verkaufen, boten dreihundert Pesos für ihn und hätten sicher noch mehr gegeben, aber ich weigerte mich, ihn wegzugeben. Schließlich zog ich mich aus der Affäre, indem ich ihnen erzählte, der Neger gehöre mir in Wirklichkeit gar nicht, sondern einem Plantagenbesitzer in Martinique, bei dem seine ganze Familie lebe.
Während ich so über das Deck ging, sah ich die Statue eines Heiligen, die am Mizzenmast festgebunden war. Eine Silberlampe brannte davor, und es waren viele Blumensträuße ausgelegt, kleine Bilder und andere Votivgaben, wie Kinder sie vor ihren kleinen Maialtären aufstellen. Sie hatten auch das Kästchen für Almosen nicht vergessen. Ich tat eine Reale hinein, damit es nicht den Anschein hätte, ich sei weniger fromm als andere Leute, obwohl ich überhaupt keine Ahnung hatte, welcher Heilige es war, den sie da mit einem fingerdicken Strick an ihren Mast gebunden hatten. Die Statue war etwa eineinhalb Meter groß, und ich bat den Kaplan, mir zu sagen, um welchen Heiligen es sich handele. Er erzählte mir, daß es San Diego oder Didace sei. Dieser Heilige war ein Franziskanermönch und Schuhmacher gewesen, für den die Segler eine außergewöhnliche Ehrfurcht empfinden, aber die Geschichten, die sie über ihn erzählten, waren so durcheinander, widersprüchlich und unglaublich, daß ich sicher gelacht hätte, wenn sie mich nicht ausgerechnet für einen Kommissar des Heiligen Offiziums gehalten hätten.
Die Wache an der Tür der Kabine trug keine Waffen außer einer Musketengabel. Diese Gabel wurde in alten Tagen als Halterung der Muskete beim Feuern benutzt; offenbar ist sie bei den Spaniern noch immer in Gebrauch. Eines meiner größten Amüsements war es, die Wachablösung zu beobachten. Bei dieser Gelegenheit marschierte der Korporal der Wache, bewaffnet mit einer Musketengabel und den Hut in der Hand, zur diensttuenden Wache, die ihn begrüßte, indem auch sie ihren Hut abnahm. Die ablösende Wache

trug keine Waffen und folgte dem Korporal, bis er den Posten erreichte. Die zwei Soldaten standen sich dann gegenüber, und derjenige, der den Dienst übergab, gab seinen Befehl an den weiter, der die Wache übernahm. Dann küßte er die Musketengabel und übergab sie seinem Kollegen, der sie in gleicher Weise begrüßte. Die Zeremonie endete damit, daß die Soldaten wieder tiefe Verbeugungen voreinander machten.

Am Dienstagabend kehrte der Kurier aus Santo Domingo zurück. Nachdem eine Beratung stattgefunden hatte, schickte man ihn mit einem neuen Brief zum Präsidenten. Uns wurde nichts darüber mitgeteilt, was entschieden worden war. Wir bemerkten jedoch, daß die Spanier uns gegenüber ein wenig reservierter waren. Am Mittwoch wurden wir eine ziemlich lange Zeit außerhalb der Kabine gehalten; eine Sache, die noch nie vorher passiert war. Ich bat den Kaplan, mir zu erzählen, was vorgefallen sei, aber er antwortete mir irgendwie kühl, daß er mit dieser Art Geschäft nichts zu tun habe.

Ich entschuldigte mich mit schrecklichen Kopfschmerzen, um zur Barke zurückkehren zu können, und M. des Portes begleitete mich. Sobald wir an Bord waren, schlossen wir uns zusammen mit Kapitän Sanson in der Kabine ein, um Überlegungen anzustellen über das, was wir beobachtet hatten, und um über die Bedeutung dieses Hin und Her nach und von Santo Domingo zu beraten.

Wir beschlossen, zunächst einmal dem Gouverneur der Schwadron ein Geschenk zu machen. Durch einen glücklichen Zufall hatten wir noch einen sehr hübschen Sattel an Bord, aus rotem Wildleder, mit Gold und Silber getrimmt, komplett mit Halfter, Steigbügeln und allem Zubehör. M. des Portes hatte versucht, ihn in Jamaika zu verkaufen, war ihn dort jedoch nicht losgeworden. Für den Fall, daß der Befehl zur Konfiskation unserer Barke kommen sollte, beschlossen wir, um die Erlaubnis zu bitten, unsererseits einen Botschafter zum Präsidenten schicken zu dürfen. Während dieser Botschafter auf dem Wege war, wollten wir das Flaggschiff in Brand stecken. Dies, so hofften wir, würde uns Gelegenheit geben, die Taue zu zerschneiden, die Segel zu setzen und zu fliehen, während unsere neuen spanischen Brüder noch damit beschäftigt sein würden, das Feuer zu löschen oder davor wegzulaufen.

Wir verabredeten, wie dieser Plan durchgeführt werden sollte, und Sanson versprach, die Mannschaft zu unterrichten und sie vor allen Dingen zur Geheimhaltung des Plans zu verpflichten.

Ich erklärte mich bereit, mit einem Dutzend Platilles zu versuchen, den Mund des Kaplans zu öffnen. Am Abend kehrten wir zum Flaggschiff zurück. Ich tat so, als wenn ich leichteren Herzens als üblich sei, und ging hin, um den Kaplan in seiner kleinen Kabine zu besuchen, wo ich ihm mein Geschenk übergab. M. des Portes gab dem Lotsen ebenfalls ein Geschenk, und diese zwei Präsente zeitigten schon den gewünschten Effekt. Der Kaplan

erzählte mir, daß es eine Differenz zwischen den Auffassungen des Gouverneurs und des Präsidenten gebe, da der letztere meine, wir seien eine gute Prise, während der Gouverneur damit nicht übereinstimme und sich entschlossen habe, uns nach Vera Cruz mitzunehmen, wo die Sache dann vom Vizekönig entschieden werden solle, falls der Präsident bei seiner Meinung bleibe. Der Lotse erzählte M. des Portes die gleiche Geschichte und bat uns, nicht zu sagen, daß wir irgend etwas wüßten.
Ich persönlich wäre nicht unglücklich darüber gewesen, nach Mexiko zu fahren, und es sollte auch dem Flaggschiff nichts passieren, sofern ich es würde verhüten können. Der Kaplan versprach, unser Geschenk an den Gouverneur weiterzugeben, und dies zeitigte noch bessere Resultate, wie die späteren Ereignisse beweisen sollten.
Bei der Rückkehr zur Barke fanden wir unsere Leute so glücklich wie nie zuvor. Aus ihren Hemden hatten sie schon Säckchen vorbereitet, die sie mit Granaten füllten, um damit zu verhindern, daß sich irgend jemand dem Feuer nähern würde. Auch hatten sie schon neun Musketen und ein paar Pistolen geladen, die sich noch auf dem Schiff befanden. Kapitän Sanson und seine Mannschaft hatten allerdings inzwischen einen Plan entwickelt, mit dem ich mich gar nicht einverstanden erklären konnte. Dies war nichts weniger als die Kaperung der Barke, die dem Gouverneur von Puerto Rico gehörte, sobald man auf dem Flaggschiff das Feuer entfacht habe. Sie begründeten dies damit, daß die Spanier dann unsere Barke nicht verfolgen könnten, sobald wir wegsegelten. Ich erwiderte, daß die Mannschaft der Barke sich bestimmt gut verteidigen werde und ihr Plan uns nur ernsthaften Ärger bringen könne, da wir uns nicht im Krieg mit Spanien befänden und sie deshalb nicht in dieser Art und Weise angreifen und berauben könnten. Doch ich sah ein, daß sie sich so leicht nicht von ihrer Idee abbringen ließen, und so gab ich M. des Portes ein Zeichen, die Diskussion zu beenden.
Wir nahmen unsere Mahlzeiten weiterhin auf dem Flaggschiff ein und beobachteten, daß man uns jetzt sogar noch besser empfing als zu Beginn. Der Kaplan, die Offiziere und Passagiere waren sämtlich leidenschaftliche Kartenspieler. Ich denke, daß ihr Spiel Para und Pinto genannt und von zwei Leuten gespielt wird. Als ich sie zum erstenmal spielen sah, stand ich neben dem Tisch, um ein paar Augenblicke zuzusehen, und war erstaunt, als einer der Spieler mich mit drei Pesos beschenkte. Ich dankte ihm, wollte das Geld jedoch nicht annehmen, doch der Kaplan und die anderen sagten mir, ich müsse es nehmen, und sogar der König von Spanien würde eine derartige Gabe nicht ablehnen, da es den Spieler beleidige. Deshalb nahm ich die Pesos. Einen Augenblick später gab er mir zwei weitere, ein wenig später drei, so daß mir schien, er wünsche entweder, ich solle weggehen oder er wolle seine Gewinne mit mir teilen. Dies irritierte mich, und ich wollte mich zurückziehen, doch da hielt er mich höflich zurück und sagte, daß ich ihm Glück brächte und er dies auch weiterhin hoffe, wenn ich

bleiben würde. Ich tat es, und schließlich gewann er eine große Summe Geldes, von der er mir von Zeit zu Zeit immer etwas abgab. Beim Ende des Spieles hatte ich eine gute Handvoll Reales gewonnen. Es genierte mich, dieses Geld anzunehmen, und ich sagte ihm, daß jetzt, wo das Spiel vorüber sei, doch keine weitere Notwendigkeit für meine sogenannte Assistenz gegeben sei, aber er bat mich so freundlich, das Geld anzunehmen, daß ich regelrecht gezwungen war, es zu behalten.

Als ich zur Barke zurückkehrte, zählte ich nach und fand heraus, daß ich beinahe achtzehn Ecus durch das ›Bararto‹ gewonnen hatte. Bararto ist der Name des Geschenks, das Kartenspieler den Leuten geben, die ihnen beim Spielen zuschauen und die, wie sie annehmen, ihnen dadurch Glück bringen. Ich habe seither erfahren, daß dieser Brauch in ganz Spanien praktiziert wird und daß Zuschauer sich überhaupt nicht schämen, vom Gewinner ein Bararto sogar zu verlangen.

Am Freitag um Mittag kehrte der zweite Kurier zurück, und der Gouverneur ließ uns holen, sobald er die Briefe gelesen und sich mit seinen Offizieren beraten hatte. Er sagte uns, die Krönung Philipps V. sei ein sehr glücklicher Umstand für uns und daß er dieses Ereignis in seinem Brief an den Präsidenten zu seinem Hauptargument gegen die Konfiskation unserer Barke gemacht habe. Obwohl eine Konfiskation rechtmäßig wäre, da wir weitab von unserem Kurs in der Nähe der spanischen Küste gekapert worden seien, beladen mit Waren für den Handel und anderen Dingen, erlaube es ihm seine Sympathie für die Franzosen doch nicht, sie durchzuführen. Bei dieser Gelegenheit sagte er, daß es uns freistünde, abzusegeln, wann immer es uns gefiele. Er warnte uns allerdings davor, nach Santo Domingo zu gehen, da wir dann wahrscheinlich sein ›Handelsschiff‹ treffen würden, das sicher etwas eifriger als er selbst darin sei, unsere Konfiskation durchzuführen. Auch sagte er, daß es ratsam sei, sobald wie möglich Segel zu setzen, ehe nicht anderer Ärger aufkäme. Er fügte hinzu, daß er selbst zwar unserem Handel gegenüber beide Augen zugedrückt habe und ihm der Präsident hierfür bereits einen Verweis erteilt hätte. Wenn wir deshalb noch irgend etwas an Waren verkaufen wollten, so sollten wir unseren Handel unter Segel und außerhalb Sichtweite seines Schiffes vornehmen. Wir dankten ihm sehr und erbaten die Erlaubnis, Leute ausschicken zu dürfen, um Holz und Wasser zu besorgen, doch weigerte er sich, dies zu erlauben. Statt dessen sagte er, sie würden eine Schaluppe bereitstellen, die unsere Wasserbehälter nehmen und sie bei Morgengrauen füllen werde.

Wir erklärten unseren Leuten, was geschehen war und daß ihre Vorbereitungen deshalb unnütz seien. Aber sie hatten sich so auf ihren Plan versteift, daß wir die größte Mühe hatten, sie zurückzuhalten und ihn nicht an Ort und Stelle zur Durchführung gelangen zu lassen. Ich sagte ihnen, daß dies nicht die richtige Zeit sei, irgend etwas zu unternehmen, da wir keinen Vorwand hätten, uns zu dieser Stunde auf das Flaggschiff zu begeben und

daß außerdem noch die ganze Nacht vor ihnen läge, neue Pläne zu schmieden und sie den ganzen folgenden Tag hätten, diese auszuführen.
M. des Portes und ich zogen uns danach zurück und beschlossen, diese Pläne zu verhindern, indem wir Schritte unternahmen, die Kapitän Sanson und seine Mannschaft zwingen würden, abzusegeln, sobald das Wasser an Bord war.
Die Schaluppe kam im Morgengrauen, um unsere Wasserbehälter abzuholen. Um zehn Uhr brachte sie diese gefüllt zurück, daneben auch Holz, und zwar mehr, als wir überhaupt Nahrungsmittel zum Kochen hatten. Wie üblich aßen wir an Bord des Flaggschiffes und sagten dann dem Gouverneur und seinen Offizieren Lebewohl. Der Gouverneur schickte uns etwa zweihundert Pfund Fleisch und gab mir ein Kistchen weißen Zwiebacks, zwei Krüge spanischen Wein, sechs indianische Hähne, fünfundzwanzig Pfund Schokolade und die gleiche Menge Zucker, einen Silberlöffel, eine Gabel, einen Kelch und zwanzig Pesos, um die gleiche Anzahl Messen für ihn zu lesen. Der Kaplan gab mir vier Pakete Vanille und zwölf Pesos für Messen, und ich erhielt noch weitere zwanzig Pesos von anderen Leuten zum gleichen Zweck, so daß, wenn ich nicht zunächst beraubt worden wäre, ich dank dieser Leute noch ganz hübsch verdient hätte. Mir wurden auch verschiedene Kuriositäten geschenkt; unter anderem einige irdene Vasen, deren Material von den spanischen Damen in Amerika gegessen wird, in gleicher Weise, wie man in Europa Heilerde ißt. Außerdem wurden mir ein paar mexikanische Tropfsteine gegeben. Diese sind aus einem sehr leichten und porösen, grauen Ton gemacht und bestehen aus zwei Teilen. Der obere Teil hat einen sehr dicken Boden und paßt genau in den unteren Teil, welcher ein kleines Gießerchen hat wie ein Teetopf, um das Wasser auszugießen. Zuerst wird das Wasser in den oberen Teil gegossen und filtert dann durch den dicken Boden in den unteren Teil. Ein Band ist an den Henkeln dieser Tropfsteine befestigt; sie werden im Schatten aufgehängt. Das Wasser wird wunderbar kalt in diesen Tropfsteinen, gleich, in welchem Lande sie benutzt werden.
Ich bat den Gouverneur, einen seiner Offiziere mit uns in der Schaluppe zu entsenden, damit er unserer Mannschaft in seinem Namen befehle, sofort Segel zu setzen. Ich erklärte, daß unsere Mannschaft sämtlich Flibustiers seien, die nicht sehr an Gehorsam gewöhnt wären. Außerdem hätten die Leute möglicherweise nicht den Wunsch, noch vor Anbruch der Nacht abzusegeln, wodurch sie das Risiko erhöhen würden, sein ›Handelsschiff‹ zu treffen, was uns noch mehr in Verlegenheit bringen werde. Der Gouverneur verstand mich vollkommen und bat einen Offizier, unserem Kapitän zu befehlen, sofort das Schiff klarzumachen. Dieser ging zum Heck, schrie zu unseren Leuten hinüber, die Segel zu setzen, und im gleichen Augenblick brachte er seine Leute dazu, die zwei Taue, welche die Barke an sein Schiff banden, zu lösen. Unsere Mannschaft gehorchte, und wir setzten Segel.

M. des Portes und ich selbst taten so, als ob wir darüber verärgert wären, in solcher Eile abreisen zu müssen, und sagten Kapitän Sanson und seinen Leuten, daß nichts zu machen sei. Wir trösteten sie damit, daß sich vielleicht noch vor dem Ende der Reise eine andere Gelegenheit zur Rache ergeben werde.

Die Schaluppe, die zum zweiten spanischen Schiff gehörte, fanden wir an der weit entfernten östlichen Seite der Bucht in Erwartung unseres Schiffes und bereit zum Einkauf des Rests unserer Ladung. Deshalb drehten wir bei, sobald wir um die Landspitze herum waren, und begannen zu handeln. Unsere Männer verkauften sogar ihre alten Hemden und hatten bei dieser Transaktion sicher nichts zu bereuen. Auch verkauften wir einiges von den Waffen, so daß insgesamt nur drei Musketen und zwei Pistolen an Bord verblieben. Schließlich trennten wir uns als sehr gute Freunde von den Spaniern, nachdem wir ihnen all unsere getragenen Hemden, halbverdorbenen Stoffe und andere alte Klamotten ließen, während wir mit ihren guten Pesos davonsegelten. Sogar mein Boy hatte zu diesem Handel beigetragen und ein kleines blaues Samtkäppchen mit einem silbernen Knopf und zwei Paar seiner Hosen verkauft, die ich ihm geschenkt hatte. Der kleine Schlingel verkaufte sogar zwei meiner besten Hosen und ein paar Taschentücher. Ich glaube, er hat zehn oder zwölf Pesos dafür bekommen. Er erklärte mir, er habe es nicht mehr mit ansehen können, wie alle Geld von den Spaniern bekamen und er überhaupt nichts zu verkaufen gehabt hätte.

Es schien, als ob die ›Aventurière‹ auf dieser Reise ihrem Namen Ehre machen wolle. Kaum waren wir den Krallen des spanischen Bürokratismus entronnen, da wurden wir von einem gewaltigen Sturm heimgesucht, der uns unter blanken Masten bis nach Cap Mongon zurückblies und der schlimmste war, den ich je mitgemacht habe . . .«

Von Insel zu Insel

»Nachdem wir beinahe eine Woche lang hilflos hin- und hergeworfen worden waren, wollte die Mannschaft auf der Insel St. Catherine landen, denn es waren vier Faß Wasser beim Sturm über Bord gegangen und der Rest des Vorrats nicht mehr gut. Ich ging ebenfalls an Land, um meine Beine einmal wieder auszustrecken — doch endete mein Marsch beinahe unmittelbar, nachdem er begonnen hatte: Die Schwärme von Moskitos waren so entsetzlich, daß ich schnellstens zum Beiboot zurückfloh, und unsere Leute die ursprüngliche Idee, nach Schweinen und Ochsen zu jagen, aufgaben und ebenfalls zum Schiff zurückhasteten, nachdem sie die Wasserfässer gefüllt hatten.

Die Reise wurde zu einer Prozession vorüberziehender Inseln: Catalina, La Mona, La Monique, Zachée, die spitzen Hügel von Puerto Rico und das kleine Coffin-Eiland, letzteres unbewohnt, aber bevorzugter Schlupfwinkel von Korsaren, Piraten und der Leute von Puerto Rico, die zum Fischen und zur Schildkrötenjagd hierher kommen. Als wir an Land gingen, fanden wir einen kleinen Vorrat an Waffen, der bewies, daß noch andere Leute da waren, und unsere Männer zerstörten die Netze und die sonstige Fischerausrüstung dieser Unbekannten. Bei einem Streifzug fand ich heraus, wo das Kanu der Fremden versteckt lag, doch erzählte ich meinen Kompagnons nichts davon, da ich trotz meiner schlechten Meinung von den Mulatten von Puerto Rico nicht wollte, daß ihnen unnützes Leid zugefügt werde.

Allerdings hielten wir unser Abendessen auf Kosten der Fischer ab und nahmen noch genügend Proviant mit, daß es bis zu unserer Ankunft auf St. Thomas reichte.

Auf Boriquen, der Insel der Krabben, landeten wir erneut, um auf die Jagd zu gehen. Auch hier gab es Zeichen für eine spanische Besetzung der Insel, und ich rettete auch die hiesigen Fischer davor, ihr Boot zu verlieren. Zwei Tage später kam die ›Aventurière‹ in St. Thomas an, einer dänischen Besitzung mit einem der schönsten Häfen in der Karibischen See.

Vor dem Hintergrund grüner Hänge erheben sich hier die soliden Steingebäude mit ihren schattigen Arkaden entlang der ganzen Front zum Wasser hin. Die Stadt schmiegt sich ruhig und behäbig unter die hohen Berge.

Was mich am meisten überraschte, war die Tatsache, daß hier drei oder vier verschiedene Religionen nebeneinander existieren, es jedoch keine einzige Kirche gibt. St. Thomas ist eine Hochburg der Lutheraner und Calvinisten, und so wurde ich von dem einzigen weißen römisch-katholischen Christen mit offenen Armen willkommen geheißen. Er war ein französischer

Wundarzt, der darauf bestand, daß ich, da wir sowohl zum gleichen Vaterland als auch zur gleichen Religion gehörten, nirgendwo anders als in seinem Hause Quartier nehmen müsse. Ich hatte zunächst den Eindruck gewonnen, daß er ein Tavernenbesitzer sei. Als ich nun entdeckte, daß er Arzt war, hatte ich naturgemäß den Wunsch, doch woanders zu übernachten. Mein Gastgeber weigerte sich jedoch, dies zu erlauben, und bat M. des Portes, ebenfalls bei ihm zu wohnen. Er schickte die wenigen Kleider, die uns nach dem spanischen Abenteuer noch geblieben waren, zu einer Wäscherin, schnitt uns die Bärte und Haare und lieh uns sogar frische Wäsche, so daß wir uns schon bald in ordentlichem Zustand befanden, um dem Gouverneur einen Besuch zu machen.
Unsere nächste Visite galt M. Vambel, dem Direktor der Dänischen Handelskompanie, der erst kürzlich eine Französin geheiratet hatte. Sie litt sehr an Heimweh, und obwohl sie Hugenottin war, zeigte sie sich doch auch über meine Anwesenheit hoch erfreut. Ich war angenehm davon überrascht, daß die Haushaltssklaven nach dem Essen zum Beten angehalten wurden, und da die meisten von ihnen Katholiken waren, baten meine Gastgeber mich, ihnen die Beichte abzunehmen und sie zu belehren. Es ist in der Tat lange her, daß unser Orden St. Croix verlassen hat, und inzwischen war niemand da gewesen, der sich um ihre religiösen Belange gekümmert hätte. Auch entdeckte ich den holländischen Kaufmann M. Smith in der Stadt, den ich in Martinique kennengelernt habe. Er bot mir und M. des Portes Kredit an und beschenkte uns mit Likören und Schokolade.

Die Sehnsucht aller Buccaneers: Rum aus Jamaika

Unser Besuch wurde zu einem gesellschaftlichen Ereignis für all diese guten Leute, und ich sah mich gezwungen, meinen schwarzen Habit anzuziehen; ein ungewöhnlicher Anblick in St. Thomas. Die Hugenotten, die wegen ihrer Ketzerei bei den Dänen Zuflucht genommen haben, sind sämtlich heimwehkrank nach unseren Inseln, und sie alle erwiesen mir größte Gastfreundschaft.

Da die Dänen sich im allgemeinen während der immer wieder aufflackernden Kriege neutral verhalten, ist der Hafen allen Nationen offen und trägt einen blühenden Handel. In Kriegszeiten ist er die Zuflucht aller Handelsschiffe, die sich vor den Privatiers in ihn zurückziehen. Auch die Piraten ziehen Nutzen daraus, indem sie ihre eroberten Schiffe in Friedenszeiten hier verkaufen. Viele Schiffe segeln von hier aus zum spanischen Festland und bringen wertvolle Ladungen und Edelmetalle mit. Der Ort befindet sich in der Tat auf dem Punkt der Hochkonjunktur.

Der dänisch-lutherische Geistliche erzählte mir, daß sein französischer Kollege erst kurze Zeit zuvor gestorben sei und sehr vermißt werde. Ich bot deshalb meine Dienste als Prediger an, doch obgleich er mir sehr für das Angebot dankte, ließ sein strenger Protestantismus ihn einen katholischen Prediger wohl doch ablehnen. Ich wohnte allerdings einer lutherischen Hochzeit bei, von der ich nichts verstand außer den lateinischen Worten, die in der langen Ansprache des Priesters an das Brautpaar enthalten waren.

Er riet der Frau Respekt und Gehorsam ihrem Ehemann gegenüber, so, wie wir es auch immer tun — und ich nehme an, er tat dies ebenso nutzlos wie wir.

Hier erfuhren wir auch, daß das Piratenschiff, das uns ohne Erfolg gejagt hatte, die ›Beata‹ von Kapitän Daniel war, einem Franzosen, der drei Monate zuvor eines von M. Vambels Schiffen gekapert hatte. An Bord des Schiffes waren unter anderem auch vier seiner Sklaven gewesen. Irgend jemand hatte dem Besitzer geschrieben, daß Daniel den Karmelitermönchen auf den Saints-Inseln in der Nähe von Guadeloupe einen der Neger geschenkt habe. M. Vambel bat mich, in dieser Sache nachzuforschen und den Sklaven, wenn möglich, für ihn zurückzugewinnen. Es würde leicht sein, ihn wiederzuerkennen, sagte er, denn er sei gebrandmarkt. Wir alle kannten Daniel, und ich war sicher, daß er nie irgend etwas getan hätte, um mich zu verletzen, ebensowenig wie alle anderen französischen Buccaneers, die nicht den Wunsch gehabt haben, sich nach Frankreich zurückzubegeben und ehrenhafte Arbeiten zu betreiben, nachdem der Friede von Rijswijck das Privatiertum für den Augenblick beendet hat. Sie haben sich der Piraterie als einem Hilfsmittel zugewendet, wie es auch Privatiers anderer Nationen taten.

Die Magazine von M. Smith wie auch jene der anderen Kaufleute waren noch immer vollgestopft mit den Seiden und Musselins, die von einem großen Piratenschiff hereingebracht wurden, das in der Hauptsache von Engländern unter Kapitän Avery bemannt war. Avery hatte ein Schiff gekapert, das dem Großmogul gehörte und mehrere seiner Frauen auf einer Pilgerreise nach Mekka beförderte. Bei ihrer Ankunft in St. Thomas hatten die Piraten schnellstens alles, was sie nur konnten, von ihrer Beute verkauft, bevor sie ihr Schiff verließen, um der Verfolgung durch den Admiralitäts-Gerichtshof in England zu entgehen, nach dessen Grundsätzen sie gezwungen sein würden, eine Entschädigung zu zahlen. Da diese kostbaren Materialien in St. Thomas sehr viel billiger waren als in Martinique, machte ich doch von dem großzügigen Angebot des Kredits Gebrauch und profitierte von den günstigen Möglichkeiten, indem ich Tuche, Gewürze und eine Menge Bücher erwarb.

Die letzteren kaufte ich jedoch nicht, um mich zu amüsieren, wenngleich sie von einem Kaufmann in Martinique vorbestellt waren, sondern weil sie mein Mißfallen erregt hatten. Ich las sie während des Restes der Reise selbst, um sie sodann über Bord zu werfen — wofür sie tatsächlich am besten taugten.

Nachdem ich mir die Befestigungsanlagen angesehen hatte, lenkte ich die Aufmerksamkeit des dänischen Gouverneurs auf die schwachen Punkte des Forts, das zur Verteidigung des Hafens gedacht ist, und schlug ihm auch Verbesserungen vor, die geeignet sind, einem Angriff von Land her zu begegnen.

Meine Landsleute haben den Ort im Jahre 1688 überfallen und das Lagerhaus der Dänischen Handelskompanie geplündert. Zum Glück für die Dänen waren jedoch die wertvollsten Waren gerade in einem Keller versteckt, den die Privatiers nicht entdeckten.

Die Reise an den Kleineren Virgin-Inseln vorbei ist recht vergnüglich. Die ›Aventurière‹ passierte St. Jan und Tortola, die so nahe nebeneinander liegen, daß man beinahe von der einen zur anderen hinüberspringen kann. Ihre dichtbewaldeten Hänge steigen aus dem grünblauen Wasser zu einem strahlend blauen Himmel empor. Die letzte Insel der Gruppe und zugleich die größte ist Virgin Gorda, wo die Engländer wegen des Mangels an Frischwasser ein kümmerliches Dasein fristen.

Die Insel Anegada, die sehr niedrig und flach ist, so daß ein großer Teil davon unterhalb des Wasserspiegels liegt, ist bei rauhem Wetter ein wahrer Friedhof für Schiffe.

Ich kenne mehrere Privatiers, die Monate auf der Insel verbracht haben auf der Suche nach den Schätzen einer spanischen Galeone, von der gesagt wird, daß sie hier gestrandet ist. Alle Suchen sind jedoch bisher ohne Erfolg geblieben. Die Leute sagen, daß entweder der Treibsand die Galeone verschluckt hat oder sie vom Teufel weggeschleppt worden ist, der nicht will, daß Leute sie finden, die mehr mit den Schätzen anfangen können als er selbst.

Als nächstes sahen wir Sombrero, eine Insel in der Form eines spanischen Hutes, dann Anguilla, St. Bartholomew, St. Martin und Saba, ein vulkanischer Kegel, der sich geradewegs aus den Wellen erhebt und eine perfekte natürliche Festung darstellt.

Da die ›Aventurière‹ nach Martinique segelte und Guadeloupe nicht anlaufen würde, steuerten wir nach St. Kitts, wo ich an Land ging. Obwohl mir der Abschied von M. des Portes schwerfiel, war ich doch ganz zufrieden, für eine Weile an Land stapfen zu können, wo ich bei den Jesuiten blieb, die sich über mein Abenteuer mit den Spaniern königlich amüsierten. Sie taten, was sie konnten, um meine Garderobe wieder zu vervollständigen. Ich aß mit dem Comte de Gennes zu Abend, dem Gouverneur des französischen Teils der Insel.

Das Gespräch drehte sich in der Hauptsache natürlich um die Nachfolge Philipps V. auf dem spanischen Thron, was mit Sicherheit Eifersucht in Europa und einen Krieg mit England bedeutete.

Die englischen Einwohner der Insel machten auch kein Geheimnis bezüglich ihrer Absicht, unseren Teil zurückzuerobern, und ich hatte deshalb nur den Wunsch, schnell nach Guadeloupe zurückzukehren, wo ich sehr gebraucht wurde, um bei den Vorbereitungen zur Verteidigung zu helfen. Ich hörte, daß in Kürze ein Schiff aus Nantes auslaufen würde, und der Comte de Gennes gab dem Kapitän Befehl, nicht ohne mich abzusegeln.

Inzwischen bestand Kapitän Julien Lambert darauf, daß ich bis zur Abreise bei ihm bliebe, und er nahm mich zu einem Besuch bei einem englischen Freund, Captain Burrows, mit.

Wir saßen gerade bei Tisch, als ein gewaltiges Trompetenschmettern ertönte, das die unerwartete Ankunft des englischen Generalgouverneurs der Inseln, General Codrington, ankündigte, den ich immer schon einmal zu treffen gewünscht hatte.

Wir gingen alle hinaus, um ihn zu begrüßen, und der General, dem ich gleich vorgestellt wurde, saß bei Tisch neben mir. Der General wandte sich an Kapitän Lambert und bedeutete, wie überrascht er sei, hier seinen Frieden mit ihm machen zu können, da er ihm während des letzten Krieges manchen Ärger bereitet und ihm oft den Schlaf geraubt habe. In der Tat ist Kapitän Lambert einmal beinahe erfolgreich damit gewesen, General Codrington zu kidnappen.

Das Gespräch wandte sich naturgemäß aktuellen Ereignissen zu, und der General kündigte unverblümt an, daß er bald Herrscher über das ganze St. Kitts sein werde. Ich gab zu verstehen, daß ich eher gedacht hätte, eine derartige Eroberung sei seine Zeit nicht wert, und fragte ihn, ob er nicht eigentlich eher an Martinique denke. Er wehrte ab und meinte, das wäre doch ein zu großer Happen für den ersten Mundvoll. Er wolle den französischen Teil von St. Kitts, und dann werde er kommen und mich in Guadeloupe besuchen. Ich sagte ihm, daß ich dort in kürzester Zeit sein und diese Nachricht dem Gouverneur übermitteln wolle, dem ich im übrigen bei seinen Vorbereitungen helfen würde, damit wir ihm dort den ihm gebührenden Empfang bereiten könnten. Kapitän Lambert klärte ihn über meine Nebentätigkeit als Konstrukteur auf, woraufhin der General mich doch mit erhöhtem Interesse musterte.

General Codrington ist auf Barbados geboren, doch in Paris aufgezogen worden, und er hat viele Jahre lang in Frankreich gelebt. Jedermann bei Tisch konnte französisch sprechen und tat dies, wohl aus Höflichkeit mir gegenüber. Ich meine aber, daß die ganze Unterhaltung einen unverhohlenen Dünkel der Engländer erkennen ließ und sie große Verachtung gegenüber jeder anderen Nation, insbesondere der irischen, hegen.

Irgend jemand bemerkte, unsere Kolonie auf St. Kitts sei schwach, und der General antwortete sofort, er rechne nicht damit, daß der Comte de Gennes sie verstärken werde — außer, wenn er die Iren zur Verteidigung heranzöge, falls es ihm mit Hilfe der Franzosen allein nicht gelingen sollte.

Die Mahlzeit zog sich sehr lange hin, doch brach General Codrington kurz danach in vollem Staat auf.

Außer seinem Kaplan und seinem Adjutanten hatte er acht Diener dabei, zwei Trompeter, die ihm vorausritten, und neun oder zehn Mann zu Fuß oder, besser, laufende Sklaven. Ich muß einen kleinen Jungen bedauern, der in dieser Arbeit angelernt wurde. Er war mit einem Lendenschurz bekleidet, den er zum Laufen abnehmen mußte. Er wurde gezwungen, als erster zusammen mit einem älteren Sklaven hinter sich zu laufen, der ihm jedesmal die Waden peitschte, sobald er in Reichweite der Peitsche zurückfiel. Obwohl jedermann einen kurzen Handgalopp ritt, waren die Sklaven dieses Tempo so gewohnt, daß sie sich vor den Pferden hielten. Ich neckte meinen Boy, indem ich ihm sagte, ich würde ihn dalassen, damit ihm Captain Burrows dasselbe beibringe, woraufhin er schon aus Angst vor der Vorstellung davonlief.

Die Drohung des Krieges hatte in vielen Siedlern den Wunsch geweckt, ihren wertvollsten Besitz in Sicherheit zu bringen, doch konnte dies nur insgeheim getan werden, da der Gouverneur fürchtete, daß die Einwohner, sobald sie ihre Habe in Sicherheit wußten, im Fall eines Krieges kein Interesse mehr an der Verteidigung der Insel haben würden. So half ich M. Lambert und anderen meiner Freunde, ihre Effekten auf das Schiff zu bringen, mit dem ich segeln sollte, so, als ob die Sachen mir gehörten. Auch nahm ich sechs junge Sklaven mit, die noch nicht wehrpflichtig waren; teils, um sie zu schützen, doch auch als Geiseln, damit ihre Eltern ihren Herren im Kriege treu blieben.

Die Reise von St. Kitts nach Guadeloupe dauerte gut einen Tag, doch gerieten wir in Sichtweite unseres Bestimmungsortes in eine Flaute und trieben weitere drei Tage hilflos dahin. M. Auger, der Gouverneur von Guadeloupe, hatte jedoch Nachricht erhalten, daß ich mich an Bord befand, und er schickte ein Piragua, um mich abholen zu lassen. Ich ging also an Land und eilte zur Mission, wo Père Imbert mich hocherfreut empfing und all seine Sorgen vor mir ausbreitete, ehe ich noch Zeit hatte, Luft zu holen. Er legte mir auch sofort die Rechnungsbücher vor und sagte, ich solle sie so schnell wie möglich überprüfen, da er mich sodann nach Martinique mitnehmen wolle, wo er mir die Stelle des Abts anbot.

Ich war gar nicht erbaut von diesem Vorschlag, dankte ihm jedoch zunächst für die gute Absicht, um ihm dann meine Pläne zu unterbreiten. Er verstand schließlich, daß ich mein Versprechen dem Gouverneur gegenüber einhalten mußte, da auch er einsah, daß es ganz sicher bald zum Kriege kommen würde. Weil auch ihm bekannt war, daß in Guadeloupe ein Experte im Festungsbau dringend fehlte, entschied er, für den Posten des Abts jemand anders zu wählen.

Beim Abendessen berichtete ich dem Gouverneur von meiner Unterhaltung mit General Codrington. Wir waren beide der Meinung, daß er der englischen Regierung ganz sicher Guadeloupe für eine Invasion vorschlagen würde, wenn auch nur, um den Ruf seines Vaters zu rehabilitieren. Zehn Jahre zuvor nämlich war Codrington senior gezwungen worden, den größeren Teil seiner Artillerie vor dem Fort von Guadeloupe zurückzulassen, da er in aller Eile seine Belagerung aufgeben mußte, als der Marquis de Ragni einen Entlastungsangriff unternahm. M. Auger sagte, wir müßten auf alles vorbereitet sein, und erinnerte mich noch einmal an mein Versprechen, die notwendigen Arbeiten an den Befestigungsanlagen vorzunehmen, was ich erneut bestätigte.

Doch weit entfernt von derartigen Arbeiten wurde ich zunächst in der Mission festgehalten, während Père Imbert nach Martinique ging. Die Missionsquartiere waren schrecklich eng und eine Vergrößerung dringend erforderlich. Es mußte Kalk besorgt und Holz gefällt werden; auch waren Boote für den Transport des Baumaterials zu chartern.

Sobald ich Zeit dazu hatte, stellte ich Nachforschungen über M. Vambels Neger an und fand heraus, daß er sich in den Händen von Père Lucien befand, dem Geistlichen in Saints, der ihn von Kapitän Daniel geschenkt bekommen hatte.

Der Pirat hatte zwischen Saints und Dominika festgestellt, daß sein Proviant knapp wurde. Da er es auf Hühner abgesehen hatte und wußte, daß es auf Saints eine Menge Geflügel gibt, warf er während der Nacht bei dieser Insel Anker. Da Friede war, wurde an der Küste keine Wache gehalten. So war es für die Piraten einfach, zu landen und das Haus des Geistlichen sowie einige andere Häuser zu überfallen. Die Piraten brachten den Geistlichen und die Siedler, die sie festnahmen, an Bord ihres Schiffes und postierten Männer, die die Kirche und den Landeplatz bewachen sollten. Ihren Gefangenen gegenüber waren sie die Freundlichkeit in Person und erklärten, daß sie nur Wein, Schnaps, Geflügel und andere Vorräte haben

wollten. Nachdem sie sich dies alles zusammengestohlen hatten, baten die Piraten den Geistlichen, auf ihrer Barke die Messe zu lesen. Er sah keine Möglichkeit, diese Bitte abzuschlagen.
Man ließ die Kirchenparamente kommen, baute am Heck des Schiffes einen schönen Altar auf, und die Messe wurde mit großer Freude gesungen. Eine Salve von acht Kanonenschüssen zeigte den Beginn des Gottesdienstes an. Beim Sanctus feuerten sie eine zweite Salve, eine dritte bei der Wandlung, eine vierte beim Benedictus und schließlich nach dem Exaudiat eine fünfte, während das Gebet für den König von einem inbrünstigen ›Vive le Roi‹ gefolgt wurde. Nur ein kleiner Zwischenfall störte die Zeremonie ein wenig. Einer der Piraten nahm während der Wandlung eine nicht gerade andächtige Haltung ein und pinkelte im hohen Bogen in die See. Als er deshalb vom Kapitän zurechtgewiesen wurde, antwortete er lauthals mit einem schrecklichen Fluch. Daniel zog prompt seine Pistole und schoß ihm durch den Kopf, während er bei Gott schwor, daß jedem das gleiche passieren würde, der derartige Respektlosigkeit gegenüber dem Heiligen Sakrament zeige. Der Priester war ganz verdattert, denn dies alles geschah unmittelbar neben ihm. Daniel jedoch sagte: ›Ärgern Sie sich nicht, mein Vater, es ist nur ein Schuft, der für eine Respektlosigkeit bestraft worden ist und seine Pflicht in Zukunft nicht so leicht vergessen wird.‹
Eine recht wirksame Methode, möchte ich meinen, um den armen Burschen davor zu bewahren, sein Vergehen je noch einmal zu wiederholen.
Als die Messe beendet war, wurde der Leichnam in die See geworfen, und die Piraten belohnten den Priester dafür, daß er an Bord ihres Schiffes gepredigt hatte. Sie gaben ihm viele wertvolle Dinge, und als sie hörten, daß er keinen Sklaven zu seiner Bedienung hatte, beschenkten sie ihn mit dem Neger, den zurückzubesorgen ich gebeten worden war.
Ich konnte M. Auger meine Vollmacht vorweisen, der daraufhin dem Kommandanten von Saints befahl, den Neger zu fassen und nach Guadeloupe zurückzuschicken. Die Karmeliter ließen mich wissen, daß sie M. Vambel den Neger gern abkaufen würden, und baten mich, dies zu arrangieren. Tatsächlich war ich einige Zeit später in der Lage, dies zu allseitiger Zufriedenheit zu bewerkstelligen ...«

Mit den Seeräubern auf großer Fahrt

»In den ersten Tagen des Jahres 1705 erhielt ich Order, wieder einmal nach Guadeloupe zu gehen, wo die unrechtmäßige Trauung eines Paares geklärt und Arbeiten an der Zuckermühle durchgeführt werden mußten.
Ich bat M. de Machault, mir eine Passage zu besorgen. Der Gouverneur stellte sofort Nachforschungen an und erfuhr, daß der Flibustier-Kapitän Daniel bald den Hafen verlassen würde. M. de Machault erteilte ihm Order, auf mich zu warten, um mich nach Guadeloupe mitzunehmen.
Vor der Abreise gab ich ein Abendessen zu Ehren von Kapitän Daniel, zu dem ich auch den Quartier- und Zahlmeister einlud. Am 7. Januar setzten wir um etwa vier Uhr nachmittags Segel, und ich rechnete damit, das Frühstück am folgenden Morgen schon in Guadeloupe einnehmen zu können. Unsere Barke war in Bermuda gebaut und ein schneller Segler. Bestückt war sie mit sechs Kanonen, und die Mannschaft bestand aus neunzig Mann.
Gegenüber Prêcheur drehten wir bei, wo die Mannschaft an Land ging, um den Rest ihres Geldes auszugeben, wie es dem Brauch entspricht. Ihr Gesetz erlaubt es den Flibustiers nicht, Geld auf See mitzunehmen, und so geben sie, bevor sie absegeln, falls sie noch etwas in ihren Taschen haben, alles in irgendeiner Spelunke aus. Kapitän Daniel versammelte die Mannschaft etwa um neun Uhr abends, und wir setzten erneut Segel. Alles ging gut, bis wir die Mitte des Kanals zwischen Martinique und Dominika erreichten, wo sich der Wind plötzlich legte und wir in eine Flaute gerieten.
Unser Lotse machte sich über die Bedeutung dieser Windstille jedoch keine falschen Hoffnungen und sagte gleich, es werde ein Sturm kommen. Er holte alle Reffs des Hauptsegels ein, fügte neues Takelwerk zum Gib- und Focksegel und überprüfte die Laschungen der Kanonen und des Beibootes. Kaum hatte er diese Arbeiten beendet, als schon ein wütender Windstoß von Ost-Süd-Ost das Schiff voll traf und unser Hauptsegel in der See begrub. Wir hatten Glück, daß nicht alle Masten abbrachen, und nachdem wir die Fetzen unserer Segel wieder geborgen hatten, trieben wir unter blanken Masten dahin, mit nur einem kleinen Gibsegel, das nicht größer als eine Serviette war.
Obwohl mir niemand vorwerfen kann, ein schlechter Seemann zu sein, war das Wetter doch so rauh, daß ich nicht einen Augenblick lang schlafen konnte. Außerdem hatte sich meine Matratze bald mit Wasser vollgesogen, da das Schiff dauernd von Wellen überschwemmt wurde.
Ich setzte mich am Heck hin, eingewickelt in meinen Talar, einem Affen ähnlich, um die Mitte mit einem starken Tau am Schiff festgebunden, damit ich nicht über Bord geschwemmt werden konnte. Unsere Mannschaft

Pater Labat: Glanz und Gloria

befolgte alle Befehle mit vorbildlichem Gehorsam und arbeitete nach besten Kräften. In der See schien die Hölle los zu sein, und die Nacht war so dunkel, daß ich außer während der Blitze nichts sehen konnte. Allerdings kamen die Blitze in so rascher Folge, daß ich doch alles wahrnahm, was die Mannschaft tat.

Kapitän Daniel gab mir eine Flasche Rum, und ich nahm einen guten Schluck davon. Dieser Trunk, auf den ich nie großen Wert gelegt hatte, war hier doch sehr willkommen und wärmte mich auf, da ich halb erfroren war und es keinen trockenen Faden mehr an meinem Körper gab.

Um etwa vier Uhr morgens begann es zu regnen, und gleichzeitig legte sich der Wind ein wenig. Bei Tagesanbruch schrie der Ausguck: ›Land zur Linken!‹ — und ein paar Minuten später sahen wir es auch; und dazu noch ein Schiff, das an Land geschleudert worden war. Nun begann die Diskussion unter unseren Leuten: Einige meinten, es handele sich hier um eine Stelle, die noch nie entdeckt worden sei, während der Kapitän und der Lotse behaupteten, daß es das kleine Avis-Eiland sei. Diese Insel darf man nicht verwechseln mit der Insel gleichen Namens an der leewärtigen Seite von Curaçao, wo sich Marschall d'Estrees und seine ganze Flotte im Jahre 1689 die Nasen brachen. In der Tat war es Avis, das etwa fünfzig Seemeilen leewärts von Dominika liegt. Es schien uns unmöglich, diese Reise innerhalb von sieben Stunden gemacht zu haben.

Um sieben Uhr früh warfen wir etwa eineinhalb Meilen windwärts von dem Schiffswrack Anker. Der Regen ließ um acht Uhr nach, Ostwind kam auf, und um etwa zehn Uhr war die See so ruhig, als ob es nie einen solchen Sturm gegeben hätte, wie er noch ein paar Stunden zuvor gewütet hatte.

Die Männer wechselten ihre Kleider und tranken ein paar Schluck Rum. Dann sprachen wir unsere Gebete und nahmen mit gutem Appetit das Frühstück ein. Während wir beim Essen saßen, diskutierten wir, was zu tun sei. Gleich nach dem Frühstück bewaffneten sich der Kapitän, der Steuermann und so viele Männer, wie das Beiboot trug, und gingen an Land.

Es waren etwa ein Dutzend Leute, die am Strand standen. Sie schienen Engländer zu sein, und ihren Zeichen war zu entnehmen, daß sie um Hilfe riefen. Unsere Leute sprangen an Land, und das Boot kehrte zurück, um noch mehr der Unsrigen auf die Insel zu schaffen. Ich befand mich bei der dritten Gruppe. Wir trafen zwei Damen von guter Herkunft aus Barbados mit acht Sklaven beiderlei Geschlechts sowie vierzehn englische Matrosen. Sie erzählten uns, daß sie schon elf Tage hier warteten, da ihr Schiff an Land getrieben sei, weil der Kapitän noch nie von dieser Insel gehört habe. Sie nahmen an, daß ihr Schiff nicht so schwer beschädigt sein könne, da nur sehr wenig Wind geherrscht hatte, als sie auf Grund liefen.

Dieses Schiff kam aus England und war in Barbados zwischengelandet,

wo die zwei Damen an Bord gekommen waren, mit der Absicht, Weihnachten mit Verwandten in Antigua zu verbringen.
Ihr Kapitän und Lotse, die rechte Schufte gewesen sein oder ein Interesse am Verlust des Schiffes gehabt haben müssen, ließen die Passagiere mit einigen der Mannschaft zurück. Sie sollten auf der Insel warten, während sie mit den besten Matrosen in ihrem Beiboot davonsegelten, um angeblich auf einer der englischen Inseln ein Bergungsschiff zu chartern. Die Leute auf der Insel rechneten jeden Augenblick mit ihrer Ankunft und hatten uns schon für ihre Landsleute gehalten.
Diese Nachrichten veranlaßten Kapitän Daniel, alles vorzubereiten, damit das Schiff, auf das man wartete, erobert werden konnte. Er brachte die zwei Damen, ihre Sklaven und all ihr Eigentum an Bord unserer Barke, wo er ihnen seine Kabine überließ. Er und auch die ganze Mannschaft behandelten sie mit jeder erdenklichen Höflichkeit und größtem Respekt. Die Damen gaben mir ein Geschenk, das aus zwei goldenen Ringen aus Barbados bestand, die auf wunderbare Weise aus kleinen, doppelten Gliedern gefertigt waren. Die Arbeit ist so fein, daß, wenn die Ringe am Finger getragen werden, sie wie ein solider Kreis Metall aussehen; erst wenn man sie abnimmt, hält man nur ein Häufchen von Gliedern in der Hand, das nicht größer ist als ein Viertel einer Haselnuß.
Mir ist auf Barbados und anderen englischen Inseln so viel Gastfreundschaft erwiesen worden, daß ich erfreut war, diese Gelegenheit wahrnehmen zu können, meine Dankbarkeit zu zeigen, indem ich tat, was ich konnte, um diesen Damen zu helfen. Ich veranlaßte Daniel zu versprechen, sie in St. Kitts oder einer der anderen englischen Inseln an Land zu setzen, statt sie gefangenzunehmen und in irgendeine unserer Kolonien zu verschleppen, wie es an sich üblich war. Die gleiche Fürbitte legte ich für ihre Sklaven ein. Über den Preis für die Sklaven war man sich bald einig, und Daniel sagte, daß er sich auf ihr Versprechen zu zahlen sogar auch dann verlassen werde, wenn er gezwungen sein sollte, sie zu einer Insel zu bringen, wo sie nicht bekannt seien und deshalb vielleicht keinen Kredit erhalten würden. Die Damen hatten von daher Grund genug, die Höflichkeit französischer Flibustiers zu preisen. Es war ihnen erlaubt, an Land zu gehen, wann immer es ihnen gefiel; sie wurden bedient, und man gehorchte ihnen fast genausogut wie in ihrem eigenen Heim.
Das Wrack war ein neues Schiff mit zweiunddreißig Kanonen, wenngleich sich nur vierundzwanzig davon an Bord befanden. Nachdem sie es untersucht hatten, kam unsere Mannschaft auf die Idee, das Schiff wieder flottzumachen. Sein Rumpf war halb voll Wasser, aber dies, so meinten sie, sei durch die Luken hineingeströmt und nicht durch Lecks in seinem Rumpf. Die Toppsegel wurden wieder angebracht, da die Engländer die großen Segel bereits verwendet hatten, um Zelte daraus zu bauen. Kanonen, Anker, Ladung, kurz, alles, was nicht niet- und nagelfest war, wurde aus dem Schiff

geholt und am Strand arrangiert, ähnlich wie man in einem Laden Waren auslegt. Ich habe nie Männer mit größerer Bereitwilligkeit arbeiten sehen. Die Gefangenen wetteiferten mit unserer Mannschaft, um zu zeigen, wer das meiste tragen konnte, und als sie einige Pipen Madeira und Kanarischen Wein sowie Bier und Cider in Fässern und Flaschen gefunden hatten, war es ein Vergnügen, sie alle essen und trinken und zusammen schaffen zu sehen. Sobald es dunkel wurde, beorderte Daniel allerdings seine Männer und die Damen an Bord unseres Schiffes, während die Gefangenen an Land in ihren Zelten schliefen.

Etwa um neun Uhr früh am Montag, man schrieb den 12. Januar, gerade als wir das Frühstück beendet hatten, schrie unser Ausguck von der Spitze des Mastes herunter, daß er ein Segel sähe. Die ganze Mannschaft kam sofort an Deck, und Daniel fragte die Damen, ob sie nicht lieber auf der Insel bleiben wollten. Doch sie zogen das Risiko des Gefechts vor und wurden in das Innere des Schiffsrumpfes geschickt, wo weniger Gefahr herrschen würde als an Deck.

Das herankommende Schiff war eine Barke, und es stellte sich heraus, daß es diejenige war, die wir erwarteten. Es war deshalb für uns nur normal, daß wir uns dem Schiff entgegenwarfen, um ihm den Ankerplatz zu zeigen. In weniger als einer Stunde lagen wir längsseits mit ihm, und sobald wir zwei Musketen abgefeuert hatten, wurde seine Flagge schon heruntergelassen. Das Schiff war mit acht Kanonen bewaffnet und hatte zwanzig Mann an Bord. Der Kapitän des Schiffes, das an Land getrieben worden war, hatte das Kommando über die Barke. Er sagte uns, daß er noch ein Piragua erwarte, welches er ebenfalls gechartert, jedoch während der Nacht aus den Augen verloren habe, da er sehr in Eile gewesen sei, schnell hierher zu gelangen. Wir nahmen fünfzehn dieser neuen Gäste an Bord unserer Barke und schickten zwanzig unserer eigenen Leute hinüber, um die Prise zu bemannen. Wir hatten nicht den Wunsch, daß das Piragua zwei Schiffe statt seines einen Kompagnons sichtete, doch unglücklicherweise tauchte es früher als erwartet auf und verlor keine Zeit, sein Heck in den Wind zu drehen. Daniel entschied, das Schiff nicht zu jagen. Nicht, daß er im Zweifel darüber gewesen wäre, es nicht einnehmen zu können, sondern weil wir dann ziemlich weit zur leewärtigen Seite hin geraten wären, wodurch viel Zeit verlorengehen würde, wieder zur Insel zurückzugelangen.

Diese Piraguas werden im allgemeinen für Frachten benutzt und segeln nur dann gut, wenn sie Rückenwind haben. Ich sah allerdings früher einmal eines, das die Flibustiers zum Zweck von Raubzügen bewaffnet und bemannt hatten. Es hatte sogar eine gute Anzahl Prisen gemacht. Diese Schiffe erregen nämlich überhaupt keinen Verdacht, und die größeren erlauben es ihnen, nahe heranzukommen. Sie werden dadurch zu ihren Opfern, da sie nicht einmal im Traum daran denken, jemand könne auf die Idee kommen, ein solch kleines Boot zu bewaffnen.

Wir kehrten mit unserer Prise zurück und ankerten um etwa sechs Uhr abends in der Nähe des Wracks. Die Neuankömmlinge wurden an Land gebracht, und am folgenden Tag waren erneut alle Hände beschäftigt, das Wrack zu entladen, um es wieder flottzumachen. Schließlich stellte sich heraus, daß dies unmöglich war, da das Schiff doch sehr durchlöchert und sogar sein Kiel gebrochen war. Dies rief natürlich viele Beschuldigungen und Beschimpfungen gegen jene hervor, die behauptet hatten, das Schiff könne wieder flottgemacht werden.

Wir schafften den Steinballast aus den zwei Barken und ersetzten ihn durch den Ballast des Wracks, der aus Metallbarren, Fässern mit Nägeln usw. bestand. Alles, was mit dem Seewasser in Berührung gekommen war, wurde auf dem Sand ausgebreitet, um so gut wie möglich zu trocknen. Sodann wurde unsere Prise mit allem, was überhaupt an Bord ging, beladen. Doch auch nachdem sie schon übervoll war, lagen noch immer Waren aller Art auf dem Boden der Insel verstreut.

Am Dienstag sahen wir bei Tagesanbruch in etwa drei Meilen Entfernung das Piragua wieder und hißten nun die englische Flagge über den zwei Barken, um es in Versuchung zu führen, zur Insel zu kommen. Tatsächlich kam es heran und warf friedlich längsseits seines alten Begleiters Anker. Sein Kapitän glaubte, daß die zwei Barken, die er gesichtet hatte, als er sich der Insel zum erstenmal näherte, Freunde seien, da sie ihn nicht verfolgt hatten. Nachdem er sich zu dieser edlen Annahme durchgerungen hatte, war er drei Tage lang gegen den Wind gesegelt, um die Insel schließlich wieder zu erreichen.

Seine Landsleute zogen ihn auf, bis ich dachte, daß er verrückt würde, während wir ihm für alle die Sorgen dankten, die er auf sich genommen hatte, um uns zu helfen, ›unsere‹ Waren verladen zu können.

In der Tat hatten wir allen Grund, dem Mann dankbar zu sein, denn ohne sein Schiff hätten wir noch sehr viel der Ladung den Vögeln auf der Insel überlassen müssen.

Diese neuerliche Eroberung änderte unsere Reisepläne, denn Daniel hatte zunächst beabsichtigt, unsere Damen in St. Kitts an Land zu setzen und dort, wenn möglich, die Zahlung für ihre Sklaven entgegenzunehmen. Nun aber fragte er die Kapitäne der Prisenschiffe, ob sie nicht das Piragua und so viel der Ladung, wie es tragen könne, auslösen wollten. Die Kapitäne waren damit einverstanden. Da sie aber in St. Kitts keinen Kredit hatten und unsere Leute nicht nach Antigua oder Nevis gehen wollten, beschloß Daniel, nach St. Thomas zu segeln, wo er das Piragua und seine Ladung auch dann verkaufen konnte, wenn die Kapitäne sich weigern würden, die Vereinbarung einzuhalten.

Nachdem die Barke beladen war, wurde als nächstes das Piragua bis zu seinen Masten mit Rahnocken, Kanonen und Waren aller Art gefüllt. Daniel hielt den wertvollsten Teil der Ladung, wie Silber, Goldbesätze, Brokat,

Borten, indische Seide usw., für sein eigenes Schiff zurück, abgesehen von den Mengen, die die Mannschaft sich schon angeeignet hatte. Die Männer hatten sich in alle möglichen Arten feiner Garderobe geworfen, und es war ein komischer Anblick, wie sie in Federhüten, Perücken, seidenen Strümpfen und Goldborten an den verschiedensten Kostümen über die Insel stolzierten. Von den Sklaven brachten sie in Erfahrung, daß einige Kisten mit Wertsachen und Silber vergraben worden seien, und so wurde dem Ladungsaufseher des Wracks eine Inventarliste der Gesamtladung, die man gefertigt hatte, gezeigt und diese mit seinen Frachtbriefen verglichen. Die zwei Listen erwiesen, daß viele wertvolle Dinge fehlten, und unser Steuermann sagte ihm, daß, wenn die verlorenen Waren nicht sofort gefunden würden, man schon einen Weg wüßte, ihn zu bewegen, seinen Mund aufzumachen. Die Angst brachte den Mann dazu, alles zu enthüllen.

Die Insel Avis scheint etwa sechs Meilen Umfang zu haben, und obwohl sie aus der Entfernung nur wie eine Sandbank aussieht, bin ich sicher, daß die Mitte der Insel mehr als fünfzig Fuß über dem Meeresspiegel liegt. Der Boden besteht in der Hauptsache aus Sand, doch gibt es in der Mitte graue, steinige Erde, die ständig durch den Vogelmist angereichert wird.

Die Vögel auf der Insel waren, als wir ankamen, so zahm, daß sie uns zuerst nicht einmal aus dem Weg gehen wollten; doch nach einigen Bestrafungen für dieses schlechte Benehmen wurden sie etwas höflicher.

Es gibt kein Frischwasser auf dieser Insel, doch sind eine Menge brackiger Sümpfe und Tümpel da, die die Heimat für zahllose Seevögel darstellen. Es gibt auch viele Büsche und sogar Guavas, Corossoliers und Cachimans dort. Diese Bäume sind natürlich klein und verkrüppelt, da das Erdreich nicht sehr tief ist, aber sie lieferten uns doch die gesamte Feuerung, die wir für unsere Küche benötigten, und deren Bedarf war ziemlich groß.

Sollte irgend jemand später einmal Apfelsinen- und Limonenbäume auf der Insel vorfinden, so hat er dies mir zu verdanken, da ich an verschiedenen Stellen Keime säte. Diese mögen, wenn sie wachsen, jenen helfen, die die Vorsehung einmal auf diese Insel verschlagen sollte.

Unsere zwei Ladies übernahmen im Zusammenhang mit der kulinarischen Seite unseres Aufenthalts alles und vollbrachten wahre Wunder. Ihre Sklaven hatten wahrlich keine Gelegenheit, auch nur ein einziges Gericht der Küche von Barbados zu vergessen. In einem Wort gesagt, wir alle erfreuten uns der großartigen Speisen. Diese guten Mahlzeiten zeitigten hervorragende Ergebnisse, und jedermann war begeistert von unseren Damen. Niemandem fiel es ein, daß wir eigentlich auf einer verlassenen Insel waren, und alle arbeiteten sehr willig.

Ich zeigte den Damen, wie man Tauben im Sand röstet, und sie lehrten mich die irische Methode, ein Bruststück vom Rind zu kochen, Kuchen zu backen, Schildkrötensteaks zu bereiten und ich weiß nicht wie viele Ragouts. In der Tat könnte ich einen Band zum Thema ›Die englisch-amerikanische Küche‹

schreiben, in dem ich erzählen würde, wie man auf einer verlassenen Insel hundertfünfundzwanzig Gedecke serviert — ohne Unkosten und dennoch in hervorragendem Stil.

Nachdem wir schließlich unsere zwei Prisen beladen und so viel wir konnten an Bord unseres eigenen Schiffes genommen hatten, ohne dabei seine Kampftauglichkeit zu beeinträchtigen, schickten wir die eroberte Barke mit einer Mannschaft von zehn Flibustiers und vier Engländern nach Martinique. Vierzehn Franzosen und sechs Engländer wurden beordert, das Piragua zu bemannen, und beide Schiffe wurden mit gesalzenem Fleisch, mit lebenden und gerösteten Tauben, Madeira, Kanarischem Wein, Cider und Bier gut verproviantiert.

Am Mittwoch, dem 28. Januar, stachen wir um neun Uhr früh in See, während das Wrack und eine Anzahl anderer Dinge auf der Insel zurückgelassen wurden — für jedermann, der nach uns dorthin kommen mochte.

Da es in St. Thomas kein geeignetes Wasser gibt, um das Salz aus den Sachen herauszuwaschen, beschlossen wir, zur Insel der Krabben zu segeln, die eine Menge kleiner Flüsse hat. Während dieser kurzen Reise passierte nichts von Bedeutung. Wir konnten wegen des Piraguas nur unter halben Segeln fahren und wurden außerdem vor St. Croix von einer Flaute betroffen, so daß wir nicht eher als am letzten Tag des Monats Januar bei der Insel der Krabben Anker warfen.

Unverzüglich wurden all unsere Gefangenen an Land geschickt, denn wir erlaubten es keinem von ihnen, an Bord unseres Schiffes zu bleiben, während wir vor Anker lagen. Die Kanonen waren ständig geladen, und es wurde eine Wache am Strand aufgestellt, um jedweden Plan der Engländer zu durchkreuzen, sich eines der Schiffe zu bemächtigen und uns auf der Insel sitzenzulassen. Wir lagen in einer sandigen Bucht bei der Mündung eines hübschen Flusses im Süden der Insel, etwa an der gleichen Stelle, wo ich schon einmal gewesen war, als ich im Jahre 1701 mit der ›Aventurière‹ aus San Domingo zurückkehrte.

Wir verblieben bis zum 4. Februar auf dieser Insel und setzten erst Segel, nachdem wir all unsere Sachen gewaschen und getrocknet hatten und ich eine Anzahl wilder Schweine und Vögel für den Topf geschossen hatte. Am 5. Februar langten wir in St. Thomas an, wo die englischen Ladies an Land gingen. Sie äußerten sich sehr zufrieden über die Behandlung, die sie durch unseren Kapitän erfahren hatten. Ich begleitete sie, um den Gouverneur zu sprechen. Wir hatten uns im Jahre 1701 schon einmal gesehen; er erkannte mich auch sogleich wieder und war sehr freundlich zu uns. Vom Haus des Gouverneurs aus gingen wir zu den Büros der Dänischen Gesellschaft, wo wir ebenfalls sehr gut empfangen wurden. Die Damen sagten die nettesten Dinge über unseren Kapitän, die man sich vorstellen kann, und vergaßen auch nicht die kleinen Dienste, die ich ihnen geleistet hatte.

Daniel aß an jenem Abend mit uns zusammen. Wir wurden bestens untergebracht und hervorragend behandelt. Daniel überließ sowohl das letzte Wildschwein als auch alles, was von den Tauben und wilden Vögeln, die wir auf der Insel der Krabben geschossen hatten, übrig war, den englischen Gefangenen. Tatsächlich hatten die Damen keine Schwierigkeiten, das Lösegeld für ihre Sklaven aufzutreiben. Schon am nächsten Morgen wurde es Daniel und seinem Steuermann ausgezahlt.

Ein Neger und eine Negerin waren noch an Bord geblieben, um nach dem Gepäck ihrer Herrinnen zu schauen. Als man sie am folgenden Tag in einem Boot an Land bringen wollte, weigerte sich die Negerin, das Schiff zu verlassen. Sie sagte, sie sei Katholikin und Französin und wünsche, inmitten ihrer Landsleute zu sterben. Kapitän Daniel war schon geneigt, sie fesseln zu lassen und zwangsweise an die Küste zu schaffen, als ich an Bord kam. Ich wußte, daß die Frau verheiratet war und in Guadeloupe Kinder hatte, da sie im Jahre 1703 von den Engländern verschleppt worden war. Deshalb sagte ich Daniel, ich wolle das Angebot machen, sie zu kaufen, woraufhin er mir die Sache überließ. Ich erklärte der englischen Dame, daß ihre Sklavin eine verheiratete Frau sei, erzählte ihr all die Umstände ihres Falles und bot an, sie für den gleichen Betrag zu kaufen, den sie soeben an Daniel gezahlt hatte. Mrs. Stapleton wollte jedoch das Geld nicht, sondern gab der Sklavin ihre Freiheit unter der Bedingung, daß ich versprach, darauf zu achten, daß sie nicht wieder zum Sklaven gemacht würde, sobald sie nach Guadeloupe zurückkehrte. Es war eine höchst ergreifende Szene, als ich die Negerin an Land brachte, um ihrer Herrin zu danken; beide Frauen weinten. Mrs. Stapleton gab ihr etwas Geld, Kleider usw., und die Negerin blieb noch mit ihrer Herrin zusammen, bis diese absegelte.

Sobald unsere Männer ihren Anteil an dem Geld für das Piragua und dessen Ladung erhalten hatten, gingen sie dem Brauch entsprechend prompt an Land, um so lange zu zechen, wie das Geld reichte. Am 9. stachen die zwei Ladies in einer dänischen Barke in See, die nach St. Kitts gehen sollte. Kapitän Daniel gab ihnen einen weitläufigen Passeport; einen ähnlichen übergab er dem Kapitän des Piragua, der am gleichen Tage absegelte. Wir tauschten viele Komplimente und Geschenke aus, denn es war ein trauriger Abschied. Wir hatten so glücklich miteinander gelebt, als ob wir der gleichen Religion und Nation angehörten, so daß wir uns wie alte Freunde fühlten. Nachdem sie zu Hause angekommen waren, schickten sie mir ganz überraschend noch ein Geschenk, nur um mir dafür zu danken, daß ich mich so um sie gekümmert hatte.

Der Großteil der Mannschaft hatte etwa am 20. Februar all sein Geld verpulvert, und so half ich Daniel, sie wieder auf das Schiff zurückzubringen. Um uns dies etwas zu erleichtern, streuten wir in der Stadt das Gerücht aus, ein englisches Handelsschiff werde in St. Thomas erwartet. Als die Mannschaft dies hörte, kam sie noch am gleichen Abend geschlossen an Bord. Ich hatte mich bereits vom Gouverneur verabschiedet und dem Direktor und den

Beamten der Gesellschaft für all ihre Freundlichkeit gedankt, die sie mir entgegengebracht hatten. Die französischen Hugenotten schickten mir ein Geschenk, das aus etwas Wein bestand; einige von ihnen kamen sogar mit mir an Bord, wo sie den ganzen Abend blieben, da wir erst um Mitternacht die Anker lichteten.

Wir segelten zwischen den Virgin-Inseln durch, und Daniel drehte bei, als wir etwa neun Meilen vor Paneston waren. Ich verstand dieses Manöver zuerst nicht, bis er der Mannschaft erzählte, daß er, falls das Schiff, auf das sie warteten, nicht vor Tageslicht erscheinen werde, die Absicht habe, diese kleine Insel zu überfallen. Er fuhr fort, es sei sicher, daß die Engländer in Paneston eine Menge Geld hätten, und es würde ein leichtes sein, sie in einem Überraschungsangriff zu überwältigen, was etwa zwei Stunden vor Tagesanbruch geschehen sollte. Mit diesem Plan war man einverstanden. Wir ankerten zwischen zwei Inseln, so daß wir von Paneston aus nicht gesehen werden konnten, und verbrachten den Tag mit Fischfang.

Als die Sonne unterging, sichteten wir ein Schiff, doch war es zu weit weg, als daß wir hätten erkennen können, welche Farben es führte. Wir setzten Segel und sahen etwa um sechs Uhr abends, daß es ein ziemlich großes Schiff war und sich am Winde hielt. Wir manövrierten, um in windwärtige Richtung von ihm zu kommen, und näherten uns ihm um etwa zwei Uhr früh bis auf halbe Kanonenreichweite.

Das Zwielicht ließ es größer erscheinen, als es in Wirklichkeit war, und außerdem glaubten wir, Licht auf den Zwischendecks zu sehen, was auch bedeuten konnte, daß es zwei Batterien hatte. Deshalb hielten wir uns vorsichtig windwärts und beobachteten es den Rest der Nacht über. Sobald der Tag anbrach, hißten wir englische Farben. Das Schiff folgte unserem Beispiel, indem es gleichzeitig mit der Flagge wie durch Abfeuern einer Kanone salutierte. Daraufhin holten wir unsere falschen Farben bei, hißten die weiße Flagge Frankreichs und salutierten dieser, indem wir drei Schüsse in den Bug des Engländers feuerten. Sie verteidigten sich etwa eine halbe Stunde recht gut mit ihren Kanonen, während wir sie mit den Musketen aufwärmten. Gerade, als wir schon darangehen wollten, das Schiff zu entern, ergab es sich, daß sein Kapitän an Bord unserer Barke kam. Er hätte besser daran getan, sich etwas früher zu ergeben, denn dadurch hätte er das Leben dreier seiner Männer gerettet.

Nachdem die Prise bemannt worden war, machten wir uns wieder nach St. Thomas auf, um sie dort zu verkaufen. Sie war ein altes Schiff von zweihundert Tonnen und hatte eine Ladung Rum, Sirup, Zucker, ein paar Ballen Baumwolle, Felle und zwei Kisten Schokolade an Bord. Es sollte nach Virginia gehen, wo seine Ladung gegen gesalzenen Fisch, Erbsen und Holz für die Siedler in Antigua ausgetauscht werden sollte. Während wir unterwegs waren, einigte sich Daniel mit dem Kapitän über das Lösegeld, das für Schiff und Ladung bezahlt werden sollte.

Kurz vor Tagesanbruch am 23. Februar warfen wir eine halbe Seemeile vor St. Thomas Anker. Kapitän Daniel und sein Steuermann gingen mit dem englischen Kapitän und dessen Zahlmeister an Land, um den Preis, auf den sie sich geeinigt hatten, entgegenzunehmen. Der Betrag belief sich auf fünfundzwanzigtausendfünfhundert Francs, und diese Summe wurde zum Teil in bar und zum Teil in Wechseln gezahlt, die auf Martinique gezogen waren. Daniel kehrte abends mit dem englischen Kapitän an Bord zurück, der dann mit uns zusammen zu Abend aß. Nach dem Essen wurde er wieder in den Besitz seines Schiffes gebracht, von dem im Zuge der Plünderung nur vier Kisten Rum, eine Kiste Schokolade und ein paar andere Kleinigkeiten entwendet worden waren. Beide Schiffe machten sich bei Tagesanbruch am Samstag, dem 24. Februar, wieder auf den Weg, und jedes steuerte erneut seinen eigenen Kurs an.

Der Engländer salutierte mit fünf Kanonenschüssen, wir antworteten mit dreien, was er wiederum mit einem anerkannte. Wieder segelten wir zwischen den Virgin-Inseln durch, und die Mannschaft vergaß ihre Absicht, Paneston zu überfallen. Ich glaube allerdings nicht, daß sie viel dabei verloren, denn im Gegensatz zu dem, was Daniel ihnen erzählt hatte, wußte ich von einem Priester, der dort einmal gefangen gewesen war, daß die Siedler sehr, sehr arm waren.

Da wir etwas knapp mit Mehl waren, beschloß Daniel, die Insel St. Martin anzulaufen. Der Boden dieser Insel kam mir nicht sehr reich vor; besonders nicht in jenem Teil, den ich besuchte. Die Siedler bauen Tabak, Erbsen, Maniok und ein bißchen Kakao an und gewinnen so viel Salz, wie sie haben wollen, aus den Salinen, die ihnen nicht einmal Arbeit oder Unkosten verursachen.

Seit der Zeit, als die Franzosen und Holländer sich die Insel zum erstenmal teilten, lebten die beiden Nationen dort bis 1688 in Ruhe und Frieden zusammen. Als jedoch die Engländer zu Beginn jenes Krieges aus St. Kitts vertrieben wurden, siedelte man die Franzosen aus St. Martin und St. Bartholomew auf St. Kitts an, um die dortige französische Bevölkerung zu verstärken und den englischen Teil der Insel besetzen zu können. Die Franzosen wurden sodann ihrerseits wieder von St. Kitts vertrieben, und der Ruin dieser blühenden Kolonie brachte Unglück auch für die Kolonien von St. Martin und St. Bartholomew, da viele ihrer Siedler umgebracht wurden und manche sich auf anderen Inseln ansiedelten. Nur ein Überrest kehrte nach dem Frieden von Rijswijk zurück. Ihr Kommandant war ein Leutnant des Königs und verblieb in St. Martin, bis er im Jahre 1702 zurückgerufen wurde, als wieder Krieg ausbrach.

Als unsere Generale erneut versuchten, die Siedler zu bewegen, nach St. Kitts oder auf irgendwelche anderen französischen Kolonien zu gehen, erinnerten sie sich ihres Unglücks bei der letzten Gelegenheit und weigerten sich zu gehen. Sie erneuerten das alte Konkordat mit den Holländern, und die

zwei Nationen unterstützen einander so wirksam, daß sie sogar Piraten zwingen, ihren Frieden zu respektieren.
Als wir in St. Martin ankamen, gab es an der Spitze der französischen Kolonie keinen königlichen Beamten. Ihr Kommandant war ein Siedler, von Beruf Wundarzt, und ich denke, er hatte von Kommandeur de Guitant eine Art Kommission erhalten, als dieser noch Generalgouverneur der Inseln war. Außer daß er den Pflichten eines Gouverneurs nachkam, amtierte dieser Mann, dessen Namen ich leider vergessen habe, auch als Geistlicher. Der Kapuzinerpater war im Jahre 1699 von einem Eingeborenen ermordet worden, und seitdem hatte keiner der Orden einen Priester als Ersatz in diese Kolonie geschickt. Geistliche aus St. Kitts besuchten die Siedler von Zeit zu Zeit, doch hörten diese Besuche auf, als die Engländer St. Kitts vollständig für sich eroberten. Es war zu der Zeit, daß M. le Commandant seine Leute an Sonn- und Feiertagen zur Kirche rief und predigte, Gebete sprach, Nachrichten über Festtage und Feierlichkeiten gab und ich glaube sogar jenen Schafen seiner Herde, die es versäumten, seine Gottesdienste zu besuchen, väterliche Verweise erteilte. Der Kommandant war auch Richter und assistierte dem Schulmeister, der außer dem Lehramt auch noch das eines Assessoren und Bevollmächtigten des Königs innehatte.
Ich sah mich genötigt, eine ganze Reihe Messen zu halten, Taufen vorzunehmen, und ich nahm der ganzen Kolonie die Beichte ab. Außerdem veröffentlichte ich die Heiratsaufgebote für viele Paare, von denen einige heiraten wollten, während andere es nicht für notwendig gehalten hatten, auf einen Priester zu warten, der ihre Einheit segnete, sondern mit einem privaten Arrangement zufrieden gewesen waren. Diese letzteren Paare — und ich war überrascht, dies zu sehen — waren trotz ihrer langen Lehrzeit noch immer so glücklich miteinander, daß sie nicht zögerten, sich nun rechtmäßig zu verheiraten.
Die Frömmigkeit der Insulaner und die Feiertage, die den Hochzeiten folgten, machten es Daniel unmöglich, sein Mehl und seine Erbsen früher als am Samstag zu bekommen. Dann mußte ich am Sonntag noch die Messe halten und mit dem holländischen Gouverneur, seinem Minister und dem Kapitän und dem Leutnant einer englischen Piratenbarke zu Mittag essen, die ein paar Tage vorher längsseits der unsrigen vor Anker gegangen war. An jedem anderen Ort hätten die zwei Schiffe sich angegriffen — doch dank der Einigkeit der beiden Kolonien wurden auch wir vom Frieden inspiriert, ja sogar zur Höflichkeit bewegt. Das englische Schiff salutierte, bevor es Anker warf, und wir erwiderten Kanonenschuß für Kanonenschuß. Bei unserer Abreise salutierten wir wiederum mit unseren Kanonen, und sie antworteten in der gleichen Weise.
Am Montag lichteten wir vor Morgengrauen die Anker und steuerten nach St. Bartholomew, so daß wir uns bei Tagesanbruch gut windwärts von St. Kitts befanden. Ich begann zu hoffen, Guadeloupe bald zu erreichen.

In der Tat wäre ich über diese lange Reise sehr verärgert gewesen, wenn es die Pflicht mir nicht erlaubt hätte, unsere Siedler in St. Martin zu besuchen, was mich über die Verspätung in meinen eigenen Angelegenheiten hinwegtröstete. Aber wie es das Unglück wollte, sah uns ein englisches Boot irrtümlich für einen Landsmann an und kam längsseits. Wir erlaubten ihm, nahe genug zu kommen, um seine Flucht zu vereiteln. Sodann wurde seiner Mannschaft ihr Irrtum kundgetan, und sie wurden aufgefordert, an Bord zu kommen. Sie schienen ein wenig unwillig, dies zu tun, doch entschieden ein paar Musketenschüsse, die wir über ihren Bug hinwegschossen, die Sache zu unseren Gunsten.

Es waren sechs Weiße und vier Neger in dem Boot, das mit Post für General Codrington nach Barbuda ging. Der General, so informierte man uns, verbrachte mit einigen seiner Freunde einen Urlaub auf dieser Insel. Kaum hatte unsere Mannschaft dies gehört, als sie auch schon beschloß, ihn zu kidnappen.

Da es erforderlich sein würde, bei Nacht dort anzukommen, machten wir einen Umweg in Richtung Antigua und legten erst in Richtung Barbuda bei, als es dunkel war. Nur ganz wenige Leute leben auf dieser kleinen Insel, die General Codringtons Eigentum ist. Sie versorgen seine Schafe, Ziegen, Tabakpflanzen usw.

Als wir die Insel erreichten, gingen fünfzig Mann der Besatzung in unser Beiboot sowie in das Boot, das wir gekapert hatten, und landeten um drei Uhr früh. Dann zwangen sie zwei der Gefangenen, denen die Hände auf dem Rücken zusammengebunden worden waren, vor ihnen her zu marschieren. Die Männer führten unsere Leute so gut, daß sie eine kleine Wache von sechs Mann überraschten, die sie gefangennahmen und in Fesseln legten. Von diesen Gefangenen erfuhren sie jedoch, daß General Codrington bei Sonnenuntergang die Insel verlassen hatte und bereits nach Antigua zurückgekehrt war. Diese Nachricht stellte eine große Enttäuschung für unsere Mannschaft dar, insbesondere für jene, die in Guadeloupe leben, denn diese hatten geschworen, General Codrington für die Brandschatzung ihrer Häuser im Jahre 1703 teuer zahlen zu lassen. Sie stahlen jedoch all sein Eigentum, plünderten sein Haus und nahmen fünfzehn Sklaven gefangen. Auch fanden sie einige unglückliche Iren, die auf diese Weise einer grausamen Sklaverei entkamen und sich freudig unserer Mannschaft anschlossen. Ich glaube, daß die ganze Insel ausgeplündert und verbrannt worden wäre, wenn sich nicht am Horizont ein Schiff gezeigt hätte, was jedermann veranlaßte, so schnell die Füße ihn trugen, an Bord zurückzukehren.

Wir machten uns in Richtung dieses Schiffes auf. Als wir aber näher beidrehten und seine Seite sahen, empfanden wir doch ein wenig mehr Respekt. Wir zählten zweiunddreißig Kanonen auf seinen Decks und Aufbauten, und es hätte durchaus noch eine weitere Batterie da sein können, da noch

andere Luken offen waren. Mit anderen Worten, es schien doch ein etwas zu zäher Brocken für unsere Verdauungsmöglichkeiten zu sein.
Daniel wußte nicht, was er tun sollte, da der Großteil der Mannschaft sagte, das Schiff sei zu groß, als daß wir es erobern könnten, und wir es ziehen lassen und uns nach einem anderen Opfer umsehen sollten. Während sie noch diskutierten und berieten, was zu tun sei, traf das Schiff die Entscheidung für uns, indem es das Feuer eröffnete, obwohl wir noch gut außer Reichweite waren. Dies genügte, um Daniel davon zu überzeugen, daß sie vor uns Angst hatten, und er schrie: ›Sie ist unser! Sie ist nur ein Handelsschiff!‹ Und dann, indem er sich zu mir drehte, setzte er fort: ›Komm her, Pater! Sag deine Gebete, nimm einen Schluck.‹ So erteilte ich der Mannschaft die Absolution und sagte ihnen ein Wort der Ermahnung; es wurden Wein und Rum heraufgebracht, und dann begannen wir alle, auf die Engländer zu schießen.
Das Handelsschiff hatte einen großen Wimpel am Hauptmast gehißt, führte eine Standarte am Heck sowie einen ›Jack‹ an seinem Bug. Wir erhielten einen Schuß in den Rumpf, der die Splitter nur so fliegen ließ und zwei unserer Leute verwundete, während Daniel herumlief, um die Bewegungen des feindlichen Schiffes zu beobachten; so konnte er beurteilen, welch ein Schiffstyp es war. Doch das englische Schiff verblieb eine Zeitlang auf seinem Kurs, um dann hinter uns herzukommen. Da uns diese Manöver nichts sagten, drehten wir wieder in seine Richtung bei, doch diesmal floh es, wodurch wir noch verwirrter waren als zuvor. Schließlich stellten wir uns backbord achteraus vor ihm auf und wärmten es mit unseren zwei Heckgeschützen und Musketenfeuer auf, die letzteren mit dem Effekt, daß, sobald nur ein Mann auf dem Heck oder Vorderdeck erschien, dieser sofort niedergeschossen wurde. Wenn auch nur die kleinste Bewegung an irgendeiner Luke beobachtet wurde, nahmen wir diese sofort unter Feuer. In weniger als zwei Stunden hatten wir seine Segel und Takelung in Fransen, während wir einen Mann und fünf Verwundete eingebüßt hatten. Daniel beschloß sodann, es zu entern. Als wir aber noch näher an seine Backbordseite herankamen, gab es auf. Wir stellten sofort das Feuer ein, worauf der englische Kapitän und seine Frau in ihrem Boot zu uns herüberkamen. Daniel bat mich, sie an Bord zu empfangen, da er andere Dinge zu tun hatte, und Sie können mir glauben, daß ich dies so freundlich tat, wie ich nur konnte. Der englische Kapitän war in den Arm geschossen worden, und unser Arzt beeilte sich, die Wunde zu untersuchen. Er fand heraus, daß es keine ernsthafte Sache war, da der Schuß nur durch das Fleisch gegangen war. Ich legte ihn in Daniels Kabine und gab die meinige seiner Frau, die ich, so gut ich eben in der Lage war, tröstete.
In der Zwischenzeit war Daniel an Bord seiner Prise gegangen und fand dort 22 lebendige Engländer, 14 Verwundete und 8 Tote. Die Leichen wurden in die See geworfen, und man widmete sich den Verwundeten.

Zehn Engländer wurden auf unsere Barke geschickt, während 12 von ihnen und 40 von unserer Mannschaft zusammen mit unserem Steuermann auf der Prise belassen wurden. Daniel schickte dem Kapitän und seiner Frau all ihr Eigentum, denn er erlaubte nie, daß Gefangene beraubt würden, sondern war im Gegenteil so freundlich wie möglich zu ihnen. Es war fast sieben Uhr abends, als dieses Schiff sich uns ergab, und wir verblieben für den Rest der Nacht über beigelegt, während wir die Takelung splißten und alles wieder in Ordnung brachten. Die Prisenladung bestand aus 389 Pipen Madeira und trockener Handelsware. Die Lukendeckel wurden zugenagelt, und am Donnerstag setzten wir kurz vor Morgengrauen Segel in Richtung Guadeloupe, Grand Cul de-Sac . . .«

Abschied von der Karibik

»Ich landete mit meinem Boy auf der Isle de Goaves, nachdem es uns zweiundfünfzig Tage gekostet hatte, von Martinique nach Guadeloupe zu reisen — eine Entfernung von neunzig Meilen. Ich ließ meinen Koffer an Bord der Piratenbarke und nahm nur mein Eingeborenenkörbchen mit mir, in dem ich meine Wäsche und Bekleidung hatte. Die Nacht verbrachten wir bei Père Gassot, dem Geistlichen dieser Gemeinde, und am folgenden Tag gingen wir nach Baillis weiter.

Meine Ankunft rief bei meinen Bekannten große Freude hervor, denn man hatte nichts mehr von mir gehört, seit wir bei Avis die Prise gekapert hatten, die später nach Martinique gekommen war, wo man sich mein langes Ausbleiben nicht erklären konnte.

Bei der Ankunft in Guadeloupe erfuhr ich vom Tod meines besten Freundes, des Kapitäns Julien Lambert, einem der tapfersten und erfolgreichsten Korsarenkapitäne, die Amerika gekannt hat. Obwohl er im Kampf um St. Kitts einen Arm verloren hatte, war er doch schon im nächsten Jahr bei der Landung auf Guadeloupe wieder dabei, wo er sich durch seine Bravour auszeichnete. Ich übergehe diese schweigend, denn Lamberts Vorzüge waren allgemein bekannt, und es bedarf nicht meiner Feder, damit er von aller Welt geschätzt werde. Er hatte genügend Besitz, um angenehm leben zu können, und seine Freunde rieten ihm daher, nicht mehr aufs Meer zu ziehen. Doch seine Kühnheit erlaubte es ihm nicht, untätig in seinem Vaterland zu verweilen, sobald sich zeigte, daß er ihm einen Dienst erweisen konnte.

Also rüstete er ein Schiff mit sechs Kanonen und achtzig Mann Besatzung aus. Innerhalb von zwei Jahren machte er damit große Beute und häufige Landungen an den Küsten der englischen Inseln, wo er Sklaven in Mengen mitnahm und beträchtliche Gelder einstrich. Als er schließlich am letzten Januartag dieses Jahres auf einen englischen Korsaren traf, der stärker war als er und seine Leute, griff er ihn mit solcher Verve an, daß der Engländer sich nach einem Kampf von fast vier Stunden ergab. Er hatte schon seine Fahne eingezogen, als einer der Engländer noch einen Schuß aus seiner Pistole abgab und Kapitän Lambert genau in den Kopf traf. Lambert starb wenige Augenblicke später. Dieser Zwischenfall verwirrte seine Mannschaft sehr, und der Engländer, der die Nervosität unter ihnen bemerkte, nutzte die Gelegenheit, seine Fahne erneut zu hissen und zu fliehen.

Der Leichnam meines Freundes wurde nach Martinique gebracht und am 3. Februar in unserer Kirche in Mouillage beigesetzt. Sein Tod wurde von all denen in der Kolonie beweint, die ihn schätzten und liebten. Sogar die Engländer, die ihn umgebracht hatten, bedauerten dies und ließen ihm

Gerechtigkeit widerfahren, indem sie erklärten, niemals einen tapfereren und ehrenwerteren Mann gekannt zu haben.

Der Tod meines Boys, der mir lange gedient hatte, folgte dem des Kapitäns Lambert. Der Junge war erst sechzehneinhalb Jahre alt, hatte aber für sein Alter mehr Verstand, Ordnungssinn, Treue und guten Willen, als man von einem Erwachsenen gewünscht hätte. Obwohl er mit allen Einzelheiten des Hauses betraut war und die Aufsicht über alle anderen Bediensteten hatte, teilte er seine Zeit doch immer so ein, daß es schien, als ob er nichts zu tun habe. Er hatte eine wunderbare Geistesgegenwart und überraschende Genauigkeit.

Am 13. Juli 1705 starb er als guter Christ und, wie ich sagen darf, als ein wahrer Held, der jene tröstete, die seinen Tod beklagten. Er beichtete zweimal in den vierundzwanzig Stunden, die sein Todeskampf andauerte, und empfing mit großer Frömmigkeit die Sakramente. Seine Krankheit war eine Wundstarre, hervorgerufen durch einen Insektenstich in die Ferse drei Tage zuvor. Obwohl solche Stiche im allgemeinen tödlich sind, glaube ich doch, daß die Unwissenheit des Arztes, der ihn behandelte, zu seinem Tod beitrug, und der Tod hätte vermieden werden können. Doch beschränkte sich der Arzt auf die üblichen Methoden dieser unwissenden Brüder und legte einen Verband von ›Diapalme‹ an, der die Wunde trocknete und zusammenzog, wodurch es zum Brand kam.

Ich habe den Jungen wegen seiner guten Eigenschaften sehr geliebt. Er war zwar so stolz, wie nur ein Neger es sein kann, doch war dies sein einziger Fehler, der ihn, wie es häufig der Fall ist, davon abhielt, in andere Unarten zu verfallen. Ich hatte vorgehabt, ihn mit mir zu nehmen und ihm Europa zu zeigen.

Die Lage der Dinge in unserer Mission, die ständigen Angriffe, die gegen unsere Privilegien unternommen wurden, die schreienden Ungerechtigkeiten und der Verfall der Religiosität, der sich zeigte, hatte uns nämlich zu dem Entschluß gebracht, einen aus unseren Reihen nach Europa zu schicken, um zu versuchen, dort Mittel und Wege gegen die Mißstände zu finden.

Das Los fiel auf mich, und ich wurde trotz Widerstrebens für diese Aufgabe auserwählt. Der General-Superior bestallte mich zum Kommissar für ganz Frankreich, und die Mission verschaffte mir eine Notarvollmacht, so daß ich in allen Angelegenheiten, mit denen ich betraut war, nach eigenem Ermessen handeln konnte.

Man gab mir einen Scheck über zweitausend Franc, und meine Freunde gaben mir Geld, Zucker, Schokolade und andere Delikatessen, damit ich in Frankreich Geschenke machen könnte. Man ließ dann Proviant auf das Schiff bringen, und nachdem ich von einigen Freunden Abschied genommen hatte, die von dem Geheimnis meiner Reise wußten, verließ ich am Samstag, dem 3. August 1705, um drei Uhr früh unser Kloster in Mouillage. Ich war verpflichtet, die Abreise geheimzuhalten, damit unsere Feinde mir nicht

Abschied von der Karibik bedeutet für Pater Labat auch Abschied von so manchem vertrauten Hafen

noch ein Hindernis in den Weg legen konnten. So fuhr ich zusammen mit dem General-Superior in einem Boot nach Fort Royal. Wir schafften zunächst mein Gepäck an Bord des Schiffes und gingen dann zu den Kapuzinern, wo wir aßen und einen Teil des Tages verbrachten, bis der General-Superior mich gegen fünf Uhr abends auf das Schiff brachte, das mich nach Europa mitnehmen sollte.

Dieses Schiff war die ›Saint Paul‹ aus Marseille. Es trug vierundzwanzig Kanonen und hätte vierzig gehabt, wenn seine Ladung weniger gewichtig gewesen wäre. Der Sieur Gautelaume kommandierte dieses Schiff, einer der ehrenwertesten und höflichsten Seeleute, die ich je kennengelernt habe. Unsere Mannschaft bestand aus fünfundzwanzig Mann, die alle aus der Provence stammten, mit Ausnahme eines alten Steuermannes, der aus La Rochelle kam. Unser Geistlicher war ein Schuster, genannt Père Comte, ein frommer Mann von gutem Beispiel. Dieses Schiff gehörte den Herren Maurellet aus Marseille, die mehrere Jahre lang auf Martinique gelebt haben. Einer von ihnen war Sieur Jean-Baptiste Maurellet, ungefähr vierundsechzig Jahre alt, ein sehr feiner Mann und guter Christ, der durch seine Ehrenhaftigkeit und guten Manieren die Achtung und Freundschaft aller Bewohner der Insel gewonnen hatte. Ich gehöre seit langem zu seinen Freunden, und mit ihm und seiner Familie verbindet mich eine innige Freundschaft. An Bord des Schiffes befand sich auch Madame Boisson, Frau eines Enkels des Sieur Maurellet. Sie war eine Kreolin aus der Gemeinde Sainte Marie auf Martinique. Diese Dame mochte 25 bis 26 Jahre alt sein, sie war sehr klug, besaß sehr viel Geist und war eine wirkliche Schönheit. Der Rest unserer Flotte bestand aus vierzehn weiteren Schiffen, unter denen sich eines mit vierzig Kanonen befand. Es war die ›Sencelar‹, die für Rechnung der Compagnie de l'Assiente Neger nach Cartagena gebracht hatte. Die ›Sencelar‹ war ein Schiff des Königs.

Der Kommandant dieses Schiffes bot sich an, der Flotte Geleitschutz zu geben, doch stellte er derart ungewöhnliche Bedingungen, daß die übrigen Kapitäne auf seinen Schutz verzichten mußten. So nahm er seinen Weg auf der einen und wir den unsrigen auf der anderen Seite.

In der Nacht von Samstag auf Sonntag, den 9. August 1705, wurden zwei Stunden vor Mitternacht alle Segel gehißt, und gegen zehn Uhr morgens verloren wir Martinique allmählich außer Sicht.«

Die meisten »Boys« in der Karibik sind fast noch Kinder. Auch der Pater Labats war erst sechzehneinhalb Jahre alt, als er starb. Labat konnte ihm Europa nicht mehr zeigen

Drei Tage später, am Morgen des 12. August, segeln sie an einer einsamen Insel irgendwo zwischen Puerto Rico und San Domingo vorbei. Es ist La Mona, die Affeninsel; dieselbe, vor der am 19. November 1528 überraschend ein englischer Dreimaster aufgetaucht war — der erste, von dem man weiß, daß er Westindien sah. Er eröffnete die farbige und turbulente Zeit der Buccaneers, die mit Sir Henry Morgan ihren Höhepunkt erreichte und in den Tagen zu Ende ging, als La Mona vor den Augen unseres Pater Labat hinter dem Horizont verschwand.

Nach fünfundfünfzig Tagen kommt Pater Labat im spanischen Cadiz an und reist von dort nach Paris weiter; schon bald wird er mit neuer Order nach Afrika und Ostindien entsandt. Endlich wieder an die Seine zurückgekehrt, setzt er sich in der Klosterzelle an der Rue St-Honoré, unweit der Place Vendôme, an seine Memoiren. Die zwölf Jahre, die er in Westindien verbracht hat, bleiben ihm unvergeßlich. Am 6. Januar 1738 verläßt Pater Labat, 75 Jahre alt, für immer diese Welt.

Paris, Rue de la Sourdière — hier landete Pater Labat schließlich wieder

Zu dieser Zeit ist kaum noch ein Buccaneer in Westindien. Nach und nach haben sie die ihnen so vertrauten, lieblichen Buchten ihrer Schlupfwinkel verlassen, verfolgt von Befehlen der französischen und englischen, holländischen und dänischen Gouverneure, die sich den Grundsatz »Tod den Piraten — es lebe Ruhe und Handel« zum Ziel gesetzt haben.

Und wieder müssen die Seeräuber sich nach neuen Jagdgründen umsehen. Vor Madagaskar, im Golf von Bengalen oder auf den Seychellen findet mancher Buccaneer, nun zum Piraten geworden, samt seinen Kompagnons zweifelhaften Ruhm oder den Tod; selten Gold und Schätze.

Nur ein Stapel vergilbter Dokumente und Memoiren erinnert heute an ihr abenteuerliches Leben. Ein paar von immergrünem tropischem Gewächs bedeckte Ruinen sind zwischen Porto Bello und Panama als Beweis für ihre Schandtaten geblieben. Hier und da ziehen Sporttaucher, die Piratenschätzen nachjagen, korallenbewachsene Kanonen oder verrostete Anker aus der kristallklaren, türkisfarbenen See — Reste ihrer einstmals Tod und Verderben bringenden Schiffe. Die Goldstücke, die sie auf ihren Streifzügen erbeuteten, gingen zumeist über die Kneipentheken in den Häfen von Jamaika, San Domingo oder Martinique an neue Besitzer; sie zerrannen über der ganzen damaligen Welt. Vielleicht ist der Goldring, den einer von

uns trägt, aus ihnen geschmolzen; vielleicht liegen sie, zu einem modernen Schmuckstück verarbeitet, beim Juwelier um die Ecke.
Zwischen Jamaika, Barbados und Costa Rica tönen in schwülen, sternklaren Nächten die klagenden Gesänge der Fischer. In ihren Liedern leben die Buccaneers weiter, deren Geister noch immer die längst verwischten Pfade über den Isthmus bevölkern sollen. Und an den Stränden einsamer Inseln glaubt man inmitten der dröhnenden Brandung gelegentlich die Schreie ihrer Opfer zu hören — und dann ist es doch nur das Kreischen der Möwen . . .

Aus der Karibik nach Moskau

Letztlich wollte es eine Laune des Schicksals, daß es doch noch einem Mann gelang, was Generationen englischer, französischer und holländischer Seeräuber — Piraten, Buccaneers und Flibustiers — nicht fertigbrachten: den Spaniern das Gold der Neuen Welt zu entreißen. Er war alles andere als ein Seefahrer und saß im fernen Moskau. Sein Name: Josef Wissarionowitsch Dschugaschwili, genannt Stalin.

Am 10. November 1936, einem frostigen Spätnachmittag, bot der Südteil des Hafens von Odessa ein ganz unalltägliches Bild. Die Schauerleute waren hier zwar in letzter Zeit manches gewohnt. Im Eiltempo wurden Tag für Tag und Nacht für Nacht Transporter bis an den Rand mit Kanonen, Panzern, Munition und Gewehren beladen, die beim wehmütigen Heulen der Sirenen in Richtung Spanien in See stachen, wo der Bürgerkrieg tobte.
Dieses Mal war jedoch nicht, wie gewöhnlich, etwas zu verladen — im Gegenteil. Die vier Frachter, die soeben aus Spanien zurückkehrten, sollten schnellstens entladen werden. Das Staunen der Hafenarbeiter wurde noch größer, als man ihnen erklärte, daß sie ihren gewohnten Arbeitsplatz nicht einmal betreten dürften. Die strengsten Sicherheitsvorkehrungen waren ergriffen und das gesamte Gelände von schwerbewaffneten Posten abgeriegelt worden, während Funktionäre der NKWD, der berüchtigten Geheimpolizei, die speziell zu diesem Zweck aus Moskau und Kiew angereist kamen, die Arbeit der Schauerleute übernahmen.

Manuel Acana

Juan Negrin

Der spanische Bürgerkrieg dauert noch nicht ganz drei Monate an, als Anfang Oktober 1936 im zweiten Stock der Sowjetbotschaft in Madrid ein chiffrierter Eilfunkspruch aus Moskau empfangen wird. Er trägt den Hinweis: »Streng geheim; nur von Schwed persönlich zu entschlüsseln!«
Schwed ist der Codename Alexander Orlows, des Generals der NKWD, der als vertraulicher Berater der Republikanischen Regierung für den Geheimdienst und die Probleme der Guerilla-Kampfführung zuständig ist. Den Funkspruch hat, was recht selten vorkommt, Stalin selbst abgezeichnet. Er hat folgenden Wortlaut:
»Mit Ministerpräsident Largo Caballero Verschiffung der spanischen Goldreserven nach der Sowjetunion besprechen. Sowjetfrachter dafür nehmen. Strengste Geheimhaltung wahren. Falls Spanier Quittung verlangen, verweigern — ich wiederhole: verweigern. Gültige Quittung wird die Staatsbank Moskau ausstellen. Mache Sie persönlich verantwortlich für das Unternehmen. Iwan Wassilijewitsch.«
Eine der dunkelsten Affären unserer Zeit kommt damit ins Rollen. Die Führer der von Moskau unterstützten republikanischen Regierung Spaniens fürchten, der Nationalistengeneral Franco könne eines Tages den Staatsschatz erobern — und sehen ihn daher lieber in der Obhut Stalins.
Am 13. September 1936 unterzeichnen Staatspräsident Manuel Acana und Finanzminister Dr. Juan Negrin einen Geheimerlaß. Zwar ist vorgesehen, ihn einmal dem Parlament vorzulegen und damit zu legalisieren, doch dazu kommt es nicht mehr. Schon der Erlaß ist in aller Eile verfaßt worden, während Madrid von den Truppen Francos eingenommen zu werden

droht. Das geheime Dekret ermächtigt den unterzeichnenden Dr. Negrin persönlich, alle Schätze aus den Stahlverliesen der Bank von Spanien an einen Ort zu verlagern, der seiner Ansicht nach größere Sicherheit bietet. Und dieser Ort ist für den Professor der Psychologie Dr. Negrin kein anderer als Moskau.

Ohne eine Ermächtigung hierfür zu haben, wendet er sich unverzüglich an den sowjetischen Handelsattaché, den er um Unterstützung bei der Deponierung des Goldes in der Sowjetunion bittet. Stalin wird routinemäßig davon in Kenntnis gesetzt; die Unterstützung selbstverständlich nicht verweigert.

Inzwischen gelingt es Dr. Negrin, die Stahlkammern der Bank von Spanien in Madrid zu leeren und ihr Gold in den Felsenhöhlen eines Munitionslagers der spanischen Marine, etwa acht Kilometer nördlich von Cartagena, zu verstecken. Womit der Hauptakt der Verschleppung der Schätze Spaniens bereits abgelaufen ist. Denn die Hafenstadt Cartagena an der Südostküste der iberischen Halbinsel ist der wichtigste Umschlagplatz der aus der Sowjetunion eintreffenden Waffentransporte. Jederzeit stehen hier sowjetische Frachtschiffe und -arbeiter zur Verfügung.

General Orlow alias Schwed schaltet ebenfalls schnell. Schon zwei Tage nach Erhalt des Geheimfunkspruchs zitiert er Finanzminister Dr. Negrin zu sich in die Botschaft, der ihn bereitwillig über den Verbleib des Goldes in Kenntnis setzt. Und der Marine- und Luftwaffenminister Indalecio Prieto stimmt sofort zu, als Orlow sich wegen einiger Kriegsschiffe als Geleitschutz für den Konvoi auf seinem Wege durch das Mittelmeer nach Odessa an ihn wendet.

Immerhin — die Kriegsmarinen Hitlers und Mussolinis würden sich diese kostbare Fracht ganz sicher nicht entgehen lassen, sollten sie irgendwie davon erfahren.

Bereits am Tag darauf ist Orlow in Cartagena, wo ihm der sowjetische Marineattaché und spätere Marineminister Nikolaij Kuznetzow zur Seite steht. Orlow befiehlt ihm, sämtliche russischen Frachter, die im Hafen liegen oder erwartet werden, zu requirieren. Der hilfsbereite spanische Kommandant des Flottenstützpunktes Cartagena steuert überdies sechzig kräftige Matrosen bei.

Der Transport des Goldes vom Marinedepot zum Hafen stellt ebenfalls kein Problem dar. Zufällig nämlich ist zwei Wochen zuvor in Cartagena eine sowjetische Panzerbrigade ausgeschifft worden, die unter dem verheißungsvollen Namen »Die Freiheitsbringer« am Bürgerkrieg teilnehmen soll. Ihr Kommandeur nennt sich General Melé; er ist kein anderer als Oberst Sergej Kriwoschein. Schon drei Jahre später, am 20. September 1939, wird er nach der Zerschlagung Polens in Brest-Litowsk gemeinsam mit Hitlers General Guderian die Truppenparade beider Bundesgenossen abnehmen. Melé, der mit seinen Panzern in Archena steht, etwa dreißig

Kilometer von Cartagena entfernt, stellt seinen Landsleuten zwanzig schwere ZIS-5-t-Laster samt den besten seiner Panzerfahrer zur Verfügung. Am 22. Oktober ist alles bereit. Vom Politkommissar bis zum letzten Küchenjungen erhalten die Mannschaften der vier sowjetischen Frachter Instruktionen, weitere Befehle abzuwarten. Die zwanzig ZIS-Lastwagen und die Sowjetpanzer stehen fahrbereit — ihre Bemannung hat man für alle Fälle als spanische Soldaten verkleidet. Die sechzig Matrosen — die Besatzung eines spanischen U-Bootes — hat man schon vorausgeschickt. Die Russen haben zwar nicht das beste Gefühl bei der Sache — lassen es sich aber nicht anmerken; immerhin kennen auch sie den Nationalstolz der Spanier und können sich ausmalen, was passieren wird, falls jemand erfährt, daß sie dieses Volk um sein wertvollstes Gut zu erleichtern gedenken.

Bei Einfall der Dämmerung begibt sich Orlow an der Spitze der Lastwagenkolonne zum Marinedepot. Nach mühsamer Reise über gewundene, schmale Bergstraßen stehen sie endlich vor seiner Einfahrt. Unzählige schwere Eisentore und Wachtposten versperren ihnen noch den Weg in die Bergstollen. Doch nicht lange. Alles ist ja vorbereitet.

Drinnen ruhen in breiten, spärlich beleuchteten Felsenhöhlen Tausende Holzkisten. Darin das Gold der Konquistadoren. Zusammen zehntausend Kisten mit je fünfundsechzig Kilogramm Gold. Orlow gibt das Zeichen. Die spanischen U-Boot-Fahrer schleppen schweigend die schweren Kisten zu den Lastern. Orlow befiehlt, jeden Wagen mit nur fünfzig Kisten zu beladen, und beordert je zehn Lastwagen zum Hafen von Cartagena, dessen Lichter in der Ferne flimmern. So kann man besser zählen. Orlow selbst führt die Kolonne zum Hafen, gemeinsam mit einem Beamten des spanischen Schatzamtes.

Erstaunlicherweise verlangt, obwohl einige Regierungsvertreter dabei sind, kein Mensch von Orlow irgendein Ermächtigungsschreiben. Besser noch — keiner der Offiziellen weiß überhaupt, wieviel Gold die Russen eigentlich verschiffen sollen. Man überläßt dies einfach deren Einschätzung.

Als Orlow nach zwei Stunden wieder vor dem Depot eintrifft, sind schon die nächsten zehn Lastwagen beladen und abfahrbereit.

Wenn man berücksichtigt, daß im Lande Bürgerkrieg herrscht, daß Tag und Nacht republikanische Milizpatrouillen insbesondere in Hafennähe Nationalisten oder deutschen Spionen nachjagen, während die russischen Fahrer zwar spanische Uniformen tragen, aber kein Wort Spanisch sprechen, kann man den Sowjets eine Portion Glück nicht absprechen, denen während der nächsten Nächte das Verladen, der Abtransport und die Verschiffung der Kisten gelingt, ohne daß es zu Zwischenfällen gekommen wäre.

Drei mondlose Nächte lang fahren die sowjetischen Panzersoldaten von sieben Uhr abends bis kurz vor Sonnenaufgang ohne Licht auf unbeleuchteten und zunächst unbekannten Straßen — ohne eine einzige Panne.

Largo Caballero bei russischen Panzerfahrern

Zum Glück haben aber auch tiefhängende Wolken Francos Flieger abgeschreckt. Ein paar Bomben nämlich hätten zu dieser Zeit — das Marinedepot strotzt nur so von Munition und Sprengstoff — den ganzen Plan durchkreuzen können. Erst in der letzten Nacht greifen gegen vier Uhr morgens ein paar deutsche Heinkel 111 den Hafen von Cartagena an und versenken sogar ein Schiff, das dicht bei den goldbeladenen sowjetischen Transportern liegt.

Am Vormittag des 25. Oktober 1936 lichten die vier Dampfer Anker. Einer der spanischen Ministerialbeamten faßt sich im letzten Augenblick ein Herz und bittet General Orlow um eine Quittung.

»Eine Quittung? Aber, Compañero, dazu bin ich leider nicht berechtigt«, antwortet Orlow barsch. Man einigt sich schließlich dahin, daß auf jedem der vier Schiffe ein Beamter des Schatzamtes mitreist.

Am 10. November 1936 erreicht der Transport den Hafen von Odessa. Drei Tage und drei Nächte lang lädt man die Dampfer aus. Je vier Funktionäre der NKWD schleppen die kleinen, erstaunlich schweren Holzkisten aus den Bäuchen der Schiffe zu einem entlang dem Kai stehenden Sonderzug, in dem sie verstaut werden. Am Abend des 13. November ist es soweit. Die wachhabenden Soldaten nehmen ihre Plätze im Zuginnern ein; es sind gut hundert Mann eines Sicherungstrupps, und der schwerbeladene Zug setzt sich langsam in Bewegung — Richtung Moskau. Seine Ladung: der Staatsschatz Spaniens. Das Gold, das die Konquistadoren

in Mittel- und Südamerika fanden, das Gold, um dessentwillen die größten Kulturen der Erde, die der Maja, Azteken und Inka, von gierigen Eroberern zugrunde gerichtet wurden; das Gold, das fast vierhundert Jahre lang unter Schweiß, Blut und Tränen von Sklaven dem Innern der Erde entrissen wurde; das Gold, das Stürme und Hurrikane, Korallenriffe, Sandbänke und vor allem Piraten, Buccaneers und Flibustiers überstand und die schützenden Häfen Spaniens erreichte — dieses Gold rollt hier nun durch die verschneite russische Landschaft gen Norden.
Auch Franco schaltet, als er im eroberten Madrid nur die leeren Safes der Bank von Spanien vorfindet. Er schweigt. Hätte die Welt in diesem Augenblick erfahren, daß die Kasse leersteht, wäre die spanische Währung, momentan schwach genug, zusammengebrochen.
Die vier Vertreter des spanischen Schatzamtes können erst knapp vor Ausbruch des zweiten Weltkrieges nach Hause zurückkehren.
»Mit den Kisten hätte man den ganzen Roten Platz auslegen können«, erzählten sie später.
Nach dem Tode des ehemaligen Finanzministers Dr. Negrin findet man 1956 in seinen Papieren einige mit der Maschine beschriebene Seiten, die ein paar Unterschriften tragen: die Bestätigung für den Erhalt von siebentausendachthundert Kisten Gold aus Spanien »zur treuhänderischen Aufbewahrung« in Moskau. Sie ist die letzte Spur des verschwundenen Goldes der Konquistadoren.

37 Jahre später, im März 1973, kommt es in Warschau und Helsinki zu ersten Geheimgesprächen zwischen Vertretern Spaniens und der Sowjetunion.
Themen: die Aufnahme diplomatischer Beziehungen und der spanische Goldschatz, dessen Wert heute auf 20 Milliarden Deutsche Mark geschätzt wird.
Es ist bekannt, daß den Sowjets, die eine Abneigung gegen den Welthafen Las Palmas auf Gran Canaria hegen, auf der Kap-Hoorn-Route eine Zwischenstation für ihre Schiffe fehlt.
Und spanische Bauunternehmer bereiten sich insgeheim schon auf den Riesenauftrag vor: den Bau eines Hafens für die Sowjetschiffe auf Teneriffa, der Sommerinsel deutscher Touristen. Er soll zum größten russischen Flottenstützpunkt außerhalb der Sowjetunion werden.
Der Lohn für diese Gefälligkeit: die ratenweise Rückgabe des Goldschatzes.

Bibliographie

ARCHENHOLZ, Joh.-Wilh. v.: Die Geschichte der Flibustier; Tübingen 1803
BIGGES, W.: A Summarie and true Discourse of Sir Francis Drake's West Indian Voyage; London 1589
BLOME, Richard: Description of the Island of Jamaica; 2. Bde., London 1628
BURNEY, James: A chronological History of the Discoveries in the South Sea or Pacific Ocean; London 1803—1817; Bd. IV: History of the Buccaneers of America
Calendar of State Papers, Colonial Series; America and the West Indies; London 1574—1699
CHARLEVOIX, s. LE PERS
Coleccion de Documentos inéditos, relativos el descubrimiento, conquista y organización de las antiguas posesiones espanoles en América y Ocanía; 42 Bde., Madrid 1864—1884
COMPAEN, Claes: T'begin, midden en eynde der Zee-Roveryen; hoe hij met weynich schepen de zee oweylich gemaekt, een ongeloof buyt en groot getal shepen gerooft heeft; Amsterdam 1707
CORBETT, Sir J. St.: Sir Francis Drake; London 1890
— Drake and the Tudor Navy; London 1898
DAMPIER, William: A New Voyage around the World; London 1697
DAVIS, John, Navigator: The Seaman's Secrets; London 1607
DEBIEN, Les engagés français pour les Antilles; 1634—1715; (in: *Revue de l'Histoire des Colonies;* Paris 1951)
DRAKE, Captain Philip: Revelations of a Slave Smuggler; London 1860
DUCÉRÉ, Edouard: Les corsairs sous l'ancien régime; Bayonne 1895
DUTERTRE, le Père Jean-Baptiste: Histoire générale des Isles de S. Christophe, de la Guadeloupe, etc., Paris 1654
— Histoire générale des Antilles habités par les Français; 4 Bde., Paris 1667—1671
EXQUEMELIN, Alexander Olivier: Die Amerikanischen See-Räuber, ... aufgesetzt durch; in Verlegung Christoph Riegels, Nürnberg 1679
FALCONER, William: An Universal Dictionary of the Marine; London 1769
FERNANDEZ de OVIEDO y VALDES, Gonzalo: Coronica de las Indias; le Historia general de las Indias; Salamanca 1547 bzw. 1526—1535
FERNANDEZ-DURO, Cesáreo: Armada Española desde la unión de los reinos de Castilla y de Aragon; 9 Bde., Madrid 1895—1903
FROUDE, James Anthony: The English in the West Indies; or, the Bow of Ulysses; London 1888
— The Spanish Story of the Armada and other Essays; London 1892
GAGE, Thomas: The English American, his travail, ... — or: A New Survey of the West Indies; London 1648
HACKE, W.: A Collection of Original Voyages; London 1699
HAKLUYT, Richard: The Principal Navigations, Voiages, Traffiques and Discoveries of the English Nation ...; 3 Bde., London 1598—1600

HARING, Clarence Henry: The Buccaneers in the West Indies in the XVII Century; New York 1910

Jamaica Council; Miscell. Public Documents: To the Queen's most Excellent Majesty ...; Spanish Town/London 1711

— The present state of Jamaica with the Life of the Great Columbus ...; Spanish Town/London 1683

— A narrative of affairs lately received from His Majesties Island of Jamaica; London 1683

— A sad ... Relation of the ... Earthquake ... at Jamaco, 7th July, 1692; London 1692

— The Truest Account of the late Earthquake; London 1693

— The Case of the Island of Jamaica; London 1713

— The Groans of Jamaica expressed ...; London 1714

JAMESON, J. F.: Privateering and Piracy in the Colonial Period; New York 1923

JOHNSON, Captain Charles: History of the Robberies and Murders of the most notorious Pyrates; London 1724

LABAT, le Père Jean Baptiste: Nouveau Voyage aux isles de l'Amérique; 6 Bde., Paris 1722

LE PERS, le Père J.-B.: Histoire de l'Isle Espagnole ou Saint-Domingue; Paris 1730 (Gedruckt nach Überarbeitung durch CHARLEVOIX; Orig.-Manuskript Bibliothèque Nationale, Paris, ms. fr. no. 8990-92)

LESLIE, C.: New History of Jamaica; London 1740

LITHGOW, W.: Rare Adventures and painful Peregrinations; London 1632

LONG, Edward: The History of Jamaica; 3 Bde., London 1774

MANWAYRING, Sir Henry: The Seaman's Dictionary; London 1644

MARCEL, Gabriel: Les corsairs français au XVIe siècle dans les Antilles; in: Compte rendu du Congrès des Américanistes; Paris, Sept. 1900

MARCEL, Roland: Les Corsaires français dans les Antilles; Paris 1902

MARGRY, Pierre: Saint Domingue en 1692; Paris 1867

— Découvertes et établissements des Français dans l'Ouest; 6 Bde., Paris 1875—1881

MEIER, Joachim: Schauplatz der englischen Seeräuber in den West-Indischen Gewässern; Goslar 1728

MOORE, John Hamilton: A new and complete Collection of Voyages and Travels ... including voyages and travels of the natives of ... France, Russia, Spain ...; 2 Bde., London 1780

NICHOLS, Philip: Sir Francis Drake revived; London 1626

PACHECO, Cardenas, y Torres de MENDOZA: Colección de documentos relativos al describrimiento, conquista y colonización de las posesiones españoles en América y Oceanía; Madrid 1864—1883

RAVENAU de LUSSAN: Journal du voyage fait à la mer du Sud avec les flibustiers de l'Amérique en 1684 et années suivantes; Paris 1689

RINGROSE, Basil: The Dangerous Voyage and Bold Assaults of Captain Bartholomew Sharp and Others; London 1685
ROCHE, James Jeffery: The Story of the Filibusters; in: *The Adventure Series;* London 1890
SCELLE, Georges: La traite négrière aux Indes de Castille; Paris 1906
SERVANT, G.: Les compagnies de Saint Christophe et les isles de l'Amérique (1626—1653); Paris 1914
SHARP, Bartholomew: The voyages and adventures of Captain B. Sharp ..., in the South Sea ...; London 1684
SLOANE, Sir Hans Bart.: A Voyage to the islands of Madeira, Barbadoes, .. ; 2 Bde., London 1707—1725
— The Present State of Physick in the Island of Cajamai *(i. e. Jamaica);* no. 1; London 1710
STRONG, Frank: Causes of Cromwell's West Indian expedition; in: *American Historical Review;* 1899
THOMAS, Sir Dalby: An Historical Account of the Rise and Growth of the West India Colonies; London 1744 bzw. 1690—1744
UZTARIZ, Gerónimo de: Theorica y practica de comercio y de marina, etc. Madrid 1742
VAISSIERE, Pierre de: Saint Domingue; 1629—1789; Paris 1909
— La Société et la vie créole sous l'ancien régime; Paris 1909
VIGNOLS, Léon: Les compagnies des îles de l'Amérique; Paris 1928
WAFER, Lionel: A new Voyage and Description of the Isthmus of America; London 1699
WARD, E.: A Trip to Jamaica in 1698; London 1698
WILSON, T. W.: Piratical Descents upon Cuba; Havana 1851
WOODALL, Dr. John: The Surgeons Mate; London 1617
ZARAGOZA, Justo: Piraterías y agresiones de los ingleses, y de otros pueblos de Europa en la América espanola desde el siglo XVI al XVIII, deducidas de las obras de D. Dionisio de Alsedo y Herrera; Madrid 1883

Miami
Habana
Antonio
Kuba
Span. Town
Jamaika
G.v. Honduras
Kap Gracias a Dios
R. Coco
Providencia-Ins.
Porto Bello
Panama
Königs-Inseln
Golf v. Panama
Kap. San Francisco
Guayaquil
Galapagos-Ins.
G.v. Guayaquil
Payta